투쟁의 장으로서의 고대사

TOUSOU NO BA TOSHITE NO KODAISHI
– HIGASHI AJIA SHI NO YUKUE -

by Sungsi Lee
Copyright © 2018 by Sungsi Lee
First published 2018 by Iwanami Shoten, Publishers, Tokyo
This Korean edition published 2019 by Samin Books, Seoul
by arrangement with Iwanami Shoten, Publishers, Tokyo

투쟁의 장으로서의 고대사

2019년 8월 30일 초판 1쇄 펴냄

지은이 이성시
옮긴이 박경희

펴낸이 신길순
펴낸곳 (주)도서출판 **삼인**
(03716) 서울시 서대문구 성산로 312(연희동 220-55) 1층
전화 02-322-1845
팩스 02-322-1846
e-mail saminbooks@naver.com
등록 1996. 9. 16. 제25100·2012·000046호

표지 본문 디자인 끄레 어소시에이츠

ISBN 978-89-6436-165-8 93910

값 28,000원

투쟁의 장으로서의 고대사

동아시아사의 행방

이성시 지음
박경희 옮김

삼인

머리말

이 책은 지난 20년 남짓 동안 필자가 발표한 고대사, 동아시아사에 관한 사학사 논문을 집성한 것이다. 여기서 말하는 사학사에 대해서 본격적으로 논한 것은 이시모다 쇼石母田正의 「일본 사학사 서론日本史學史序論」(『日本歷史講座』8, 東京大學出版會, 1957년)이다. 이에 따르면, 사학사란 학설사·연구사적인 측면에 그치지 않고 사학사상·역사관·역사의식의 측면이 통일되고 나아가 역사 서술의 역사도 포함되었을 때 비로소 사학사가 역사학의 일부로서 성립된다고 한다.

 이 책에 수록한 여러 논문이 그러한 사학사가 되는지는 몹시 염려되지만 적어도 이시모다 쇼의 아래와 같은 지적에 깊이 공감하면서 그러한 사학사를 의식해왔다. 즉,

> 학설사는 어떤 문제에 대해서 누가 어떠한 설을 제출하고 증명해왔는가 하는 연구의 역사가 관심의 중심이어서 개개 학자의 입장·세계관·방법·체계 등은 주된 문제가 되지 못하는 것이 보통이다. 그러나 어떤 학설이든지 학자의 입장·세계관·방법과 관계가 없을 수는 없다. 이는 학자가 의식하든 하지 않든, 또 이른바 실증주의 역사학처럼 고의로 그 관계를 무시하든, 그러한 것과 상관없이 움직이기 어려운 사실로서 존재한다. 객관적 진실을 추구하는 과학자도 구체적으로는 늘 특정 세계관이나 이데올로기와 결부되어 있다. 이 이데올로기는 시대나 계급, 기타 여러 조건에 의해 역사적으로 제약을 받기 때문에 그것을 통해 학설사·연구사도 이데올로기 일반의 역사 일환이 되고 동시에 사회나 정치의 역사와 불가분의 관계를 가

지고 전개된다.(이시모다 쇼, 앞의 논문)

　필자는 동아시아사, 특히 한반도와 깊은 관련이 있는 고대사 연구에 종사해왔는데, 이 분야에서는 동일 사료를 사용하면서도 국가나 민족, 그 밖의 여러 조건에 현저하게 구속되며, 때로는 여러 설 사이에 신학론적인 논쟁과 같은 양상을 드러내기도 한다. 당연히 여러 설에는 각기 입장이나 세계관, 방법 등이 깊이 각인되어 있다. 1970년대에 역사 연구의 길을 걷기 시작했을 무렵 학회 발표를 둘러싸고 갑론을박이 격렬하게 전개되었다. 각자 진리라 믿어 의심치 않는 학설을 역설해서 학술적인 논의가 곤란해 보이기조차 했다.

　때마침 1980년대에 들어와 동아시아 국가들 사이에는 근대 역사 교과서 서술을 중심으로 한 역사 인식 논쟁이 전개되고, 1990년대 접어들어 냉전 후에는 공통의 역사 인식이라는 것은 역사학의 문제라기보다는 정치상의 문제인 듯한 양상을 띠게 되었다. 실제로 2000년대에 들어와 한일, 그 후 중일 사이에 일본 정부가 주도하고 각국은 당사국으로서 자국의 역사 연구자들이 참석하는 역사가회의를 개최했다. 또 같은 무렵에 중국의 '동북공정'에 의해 고구려·발해사의 귀속을 둘러싸고 한국과 중국 사이에 격렬한 논쟁이 전개되어 외교상의 문제에까지 이르렀다.

동북공정東北工程
중국 동북 변경邊境의 역사와 현상에 대한 연구를 촉진하고 동북아시아 변경 지역의 안정 강화를 목적으로 중국 사회과학원과 동북 3성(遼寧省·吉林省·黑龍江省)이 연합해서 추진한 대형 프로젝트. 정식 프로젝트 명칭은 '동북 변경의 역사와 현상계열 연구공정'이며, 2002년 2월에 발족하여 5년간 계속되었다. 중요 연구 과제 중에 동북지방사 연구, 동북민족사 연구, 고조선·고구려·발해사 연구, 한중 관계사 연구 등이 포함되었다. 특히 고구려 연구는 고구려사를 중국사 일부로 삼는 것을 지향했기 때문에 2003년에 한국과의 사이에 정치 문제화되고 한국·중국 간에 외교 문제가 되기까지 하여 국제적으로도 고대사에 대한 국가 분쟁으로서 주목받았다.

이러한 연구를 둘러싼 환경에서 논쟁적인 여러 문제를 마주 대할 때 필자가 언제나 유의한 것은 어느 학설이 올바른지가 아니라 각 논자는 어째서 그러한 학설을 도출하려 하는지, 그 논자의 입장이나 역사관, 방법 등, 그 설의 근거를 내재적으로 검토해보는 것이다.

카를 만하임Karl Mannheim이 가르쳐주듯이 어떤 사상도 언제나 특정 시대의 세계관이나 이데올로기로부터 자유롭지는 않다(「存在被拘束性」, 『イデオロギーとユートピア』). 오히려 인식 주체는 어떤 시대의, 어떤 조건에 구속되어 있는지를 자각함으로써 동시대의 사상적 구속으로부터 자유로울 수 있다는 사고에 따라 논쟁적인 여러 문제를 검토하는 데에 노력했다.

제1부 '국민국가 이야기'에 수록한 4편의 논문은 동아시아 국가들의 고대사 연구가 국민국가 형성기의 이데올로기에 깊이 뿌리박고 있음을 논한 것이다. 고대 일본의 한반도 지배를 중심으로 하는 한일 관계사, 고대 일본의 수·당과의 관계를 논한 고대 중일 관계사, 또 동아시아 국가들의 학계에서 다루고 있는 발해사가 주제이다. 그것들이 띠고 있는 국민국가의 이데올로기가 각각의 주제와 어떻게 관련되어 있는지, 그 연구들이 어떤 상황에서 발생했는지 하는 학설사에서의 유래를 추구했다. 먼저 각 문제에 입각해서 그러한 역사 연구가 어떤 시대에 어떠한 요청에 의해 논한 것인지 역사적으로 밝히는 것이 전제이다.

'임나일본부'의 존재 여부 문제를 비롯해 한일 관계사와 관련 있는 고대사상古代史上의 논쟁은 일본 학계에서는 당초 이웃 나라의 학설을 학술적이라 말할 수 없는 내셔널리즘의 산물이라 간주했다. 그러나 그 학설의 기원으로 거슬러 올라가면 동아시아 국가들의 고대사에는 근대 일본의 고대사 연구가 패러다임이 되어 있음을 새삼 문제 삼는 것이다.

  제2부 '출토 문자자료와 경계'는 광개토왕비문을 중심으로 고대사 연구에 중요한 동시대 사료라 말할 수 있는 출토 문자자료를 둘러싼 논문을 취급했다. 한반도와 관련 있는 편찬 사료는 중국이나 일본과 비교하면 대단히 적은 상황이다. 그런 까닭에 비석이나 금속에 기록된 금석문, 나무나 대나무에 기록된 목간이나 죽간은 중요한 자료로 활용되고 있다. 그것들은 근대국가와는 다른 시대의 자료인 만큼 편찬 사료에 보이는 정치적인 목적이나 근대국가 이데올로기의 구속으로부터 자유로울 가능성이 있을 터인데 근대 역사학은 이러한 출토 문자자료를 오히려 철저하게 '국민국가의 이야기'에 활용해왔다고 말할 수 있는 것은 아닐까. 그러한 연구 상황이 있으면서도 목간을 중심으로 하는 출토 문자자료 연구의 연구 동향을 논한 것이 제5장 「출토 사료는 경계를 넘을 수 있을까」이다.

  고대 한일 관계사에서 '국민국가의 이야기'를 상징하는 것이 광개토왕비문을 둘러싼 논쟁이다. 1972년에 제기된 광개토왕비문 개찬설改竄說을 단서로 큰 사회적 반향을 초래했고 마침내 동아시아 규모의 논쟁이 되었다. 출구가 보이지 않는 논쟁과 같은 상황을 드러냈는데, 제6장 「표상으로서의 광개토왕비문」은 이 논쟁을 사료론으로서 고쳐 읽을 것을 제기한 시론이며 연구상의 애로를 극복하는 방도를 사학사적 방법을 의식하면서 시도한 것이다. 연구사의 새로운 전개에 입각하여 보유補遺로서 논한 것이 제7장 「석각문서로서의 광개토왕비문」이다. 필자의 눈에 이 논쟁은 아직까지도 큰 후유증을 남긴 것처럼 보이는데, 그것은 2012년에 발견된 지안고구려비 연구의 진전과 함께 개선되는 것은 아닐까 하고 기대한다.

  제3부 '식민지와 역사학'은 제1부·제2부에서 논한 태평양전쟁 패전 후의 고대사 연구가 배태하고 있는 문제점의 먼 원인으로는 식민지주의와 역사학에 대한 본격적인 대응이 결여되었다는 것이며 식민지 지배·

피지배를 초월한 내부적 식민지주의의 자각과 반성이 없는 한 현재의 고대사 연구가 껴안고 있는 문제를 극복할 수 없음을 논한 것이다.

근대 일본은 한국을 식민지로 만들자 역사편찬사업과 고적조사사업을 전개했는데 그것은 근대 일본의 역사학과 깊은 관련이 있었다. 그 때문에 두 사업은 일본이 자랑할 만한 사업으로서 태평양전쟁 패전 후에도 칭찬의 대상이 되기도 했다. 근대 역사학이란 이민족 지배와 그들의 신민화를 겨냥한 '국민교화'의 역사학이었다. 국민교화의 역사학은 이 시대가 끝난 뒤에도 동아시아 각국에서 비판의 대상이 되지 못한 채 계속 남아 있는 심각한 문제이기도 하다. 제8장 「콜로니얼리즘과 근대 역사학」은 근대 일본의 역사학이 식민지 지배와 밀접하게 관련되어 있음을 구로이타 가쓰미黑板勝美의 식민지 조선에서의 연구 활동을 통해 밝히려 했다. 그런 의미에서 연구 주체의 무의식 속에 있는 식민지주의의 극복은 태평양전쟁 패전 후의 일본 및 동아시아 각국의 해방 후 역사학에 공통의 문제이며 과제이다. 이러한 문제의식에서 제9장 「조선왕조의 상징공간과 박물관」은 근대 한국의 박물관이 식민지주의와 역사학을 동아시아 규모로 현재화顯在化하기 위해서도 중요한 대상이 될 수 있음을 논했다.

그런데 식민지기 한국에는 조선총독부가 전개하는 조선사 연구에 대항한 민족주의사학이 존재했는데, 제10장 「식민지기 한국의 마르크스주의사학」은 일본의 지배에 저항하기 위한 민족주의사학을 굳이 전부 부정하고 정말로 식민지로부터의 해방을 지향하기 위한 역사학으로서 제기한 백남운의 『조선사회경제사』를 중심으로 일본에서 수용된 한국의 초기 마르크스주의사학을 논한 것이다. 식민지주의에 대한 대항으로서 1920년대 일본 경유 마르크스주의를 대치한 동향에 주목했다.

또 11장에서 쓰다 소키치津田左右吉를 사례로 '근대 일본의 아시아 인식'을 거론한 것은 "동양사학의 발달과 반비례하는 형태로 일청전쟁 시대부터 일본인의 아시아, 특히 중국·조선에 대한 인식이 현저하게 불구

가 되어 저하한 사실은 일본인의 그 후 능력의 개화를 얼마나 억제하고 정신 구조를 왜곡해버렸는지, 과거의 이 딱한 사실을 사학史學의 역사에 대해 분명히 할 것, 이것이 근대 사학사에 요청하고 싶은 한 측면이다"(「近代史學史の必要について」, 『歷史評論』150, 1963년)라는 이시모다 쇼의 지적에 부응하려 한 것이다. 여러 민족에 대한 멸시와 학문의 성과는 별개의 세계인지, 식민지주의와 역사학을 검토하는 데에 필수 과제라 생각한다.

제4부 '동아시아세계론의 행방'은 니시지마 사다오西嶋定生가 이론화하고 태평양전쟁 패전 후 역사학계에 큰 영향을 끼친 '동아시아세계론'을 검토한 것이다. 일본의 고대사 분야에서 동아시아라는 관점은 1961~1962년 사이에 마쓰모토 신파치로松本新八郎, 도마 세이타藤間生大, 니시지마 사다오, 하타다 다카시旗田巍 네 사람에 의해 집중적으로 발표되었다. 이들 연구에 공통되는 점은 단지 국제관계를 중시한다든가 동아시아 역사의 일부로서 일본 고대사를 이해하는 것이 아니라 태평양전쟁 패전 후 독립한 동아시아 여러 민족의 공존과 연대의 질서가 현실적인 가능성으로서 그 이전의 학문을 비판하는 가운데 생겨난 새로운 시도로 인식되고 있다. 결국은 니시지마의 설은 동아시아세계론으로 결실되었고 태평양전쟁 패전 후 일본의 역사학, 역사 교육을 논할 때 지금도 큰 위치를 차지하고 있다.

1990년대 말 니시지마의 동아시아세계론을 학설사로서 책 한 권으로 정리하고 있을 때 한국의 학회나 강연회에서 보고하면 으레 일본 역사학계의 동아시아론은 태평양전쟁 패전 전의 타율성 사관과 마찬가지로 한국사를 동아시아에 매몰시키는 학설이라 단정하고 '동아시아세계론'에 대해서는 먼저 태평양전쟁 패전 전의 이데올로기인 대동아공영권과의 차이를 말해야 한다는 지적을 종종 받았다. 지금도 일본의 동아시아라는 역사 틀에 대한 의심은 중국 학계에서도 나오고 있다(葛兆光, 『中國再考』, 岩波現代文庫). 국경을 초월한 생산적인 논의를 위해 제12장 「동아시아세계론과 일본사」는 이제까지의 동아시아세계론 비판의 검증을 통해 동아시아세계론의 오늘날의 의의와 유효성, 나아가서 향후의 비판적인 검토에 제공하기 위한 논고이다.

마지막 장 「'동아시아'라는 역사관」은 동아시아세계론이 지금도 유효성을 가진 이론으로서의 사정거리를 문화사상文化史上의 문제를 주된 대상으로 해서 비판적으로 검토했다. 동아시아세계론에 대해서는 지금까지도 많은 비판이 나왔지만 동아시아세계론을 대체하는 이론은 아직 제시된 적이 없다. 그 때문에 향후에도 비판적인 검증이 요구되는데, 동아시아세계론이 풍부한 사실史實을 발굴하는 뛰어난 사관이라는 점도 아울러 검토할 필요가 있음을 통감한다.

이상과 같은 구성을 통해 이 책에서 지향하는 것은 단적으로 말해서 국민국가 이야기로서의 고대사에서 해방되는 것이다. 이 책에서 제시하는 바와 같이 역사 연구는 아무리 해도 인식 주체가 처한 현실로부터 자유롭지 못한 숙명이 있다. 특히 고대사는 우리의 상상 이상으로 현실의 정치 상황에 깊이 뿌리박고 있다. 그러한 사실을 자각하는 것이야말로 벗어나기 어려운 구속으로부터의 탈각의 시작은 아닐까. 그렇게 함으로써 지금까지 간과해온 고대사 연구의 많은 주제가 새롭게 발견되기를 기대한다.

또 이 책에서는 언뜻 보기에 동아시아 국가들 사이에 공유하기 곤란해 보이는 고대사 인식이긴 하지만 어떻게 하면 상호 이해가 가능한지, 고대사의 공통 이해에 이르는 길로서 어떤 방법이 있을 수 있는지 하는 역사 인식의 공유 가능성 추구가 큰 목적이다. 이미 지적한 바와 같이 동아시아 지역의 역사 연구가 내포하는 문제의 하나로 국민교화를 목적으로 한 일국사관一國史觀이 있는데, 그러한 사관으로부터 해방하기 위해서는 우선 고대사 연구부터 착수해야 한다고 제4부에서 다룬 '동아시아세계론'이 가르쳐주고 있다고 생각하지 않을 수 없다. 그런 의미에서 동아시아세계론의 심화와, 그것을 대체할 수 있는 일국사 극복 패러다임의 추구는 향후에도 계속된 과제로서 남아 있다고 말할 수 있다.

한국어판 서문

이 책은 2018년 6월에 일본 이와나미서점岩波書店에서 간행한 『투쟁의 장으로서의 고대사—동아시아사의 행방闘爭の場としての古代史—東アジア史の行方』의 번역서이다. 이 책에 수록한 13편의 논문은 4편을 제외하고는 2004년 이후에 발표한 논고이다. 그 4편은 2001년에 한국에서 간행한 『만들어진 고대—근대 국민국가의 동아시아 이야기』에 이미 수록되어 있음을 우선 양해하기 바란다.

이 책은 원래 『만들어진 고대』의 속편으로서 약 10년 전부터 기획하고 있었는데, 일본에서 『투쟁의 장으로서의 고대사』를 간행하면서 책 전체의 편별 구성상 4편을 포함하지 않을 수 없는 사정이 있었다. 그래서 먼저 2001년에 한국에서 간행한 『만들어진 고대』와, 2018년에 일본에서 간행한 『투쟁의 장으로서의 고대사』 두 저작의 간행 경위에 대해서 아래와 같이 적어두고자 한다.

『만들어진 고대』의 간행은 1998년 4월부터 1999년 3월까지 한국에서 체재하는 동안 외우畏友 박환무朴煥武 선생과의 만남이 인연이 되어 한국 고대사 관련 사학사 논고들을 한국에서 출판하게 된 것이다. 1998년 6월에 개최된 역사학대회 종료 후 어느 간담회 자리에서 처음 박환무 선생을 만났다. 근현대 일본사 연구자인 박환무 선생에게 사학사 관련 논문들을 보냈더니, 나중에 상세한 코멘트를 하면서 한국에서 간행할 것을 강하게 권유했다. 막연히 일본에서 사학사 논문집을 간행하려고 생각하고 있었는데 필자의 사학사 연구의 의의를 설명해주신 박환무 선생과의 만남으로 그 후 한국에서의 연구 생활은 아주 달라졌고 또 삼인출판사의 간곡한 권유도 있어서 한국에서의 간행을 결심하게 되었다.

다행히『만들어진 고대』는 한국 고대사뿐만 아니라 널리 근현대사 연구자나 역사학 외 다른 분야에서도 많은 독자를 얻을 수 있었다. 그것은 번역을 맡은 박경희 씨의 진력에 의한 바가 크다.『만들어진 고대』간행에는 원문의 용어상 문제나 쉽지 않은 고대사 사료에 관한 번역어 선정에 이르기까지 세심한 주의를 기울여 번역에 힘써주었다. 빈틈없는 번역에 대해서 다방면의 찬사를 받았음을 이 기회에 분명히 적어두고자 한다. 이번에도 졸저의 번역을 위해 특별히 배려해주셔서 새삼 감사드린다.

또 1999년에 들어와 서울 생활을 마치고『만들어진 고대』의 간행 준비를 구체화하고 있을 무렵 박환무 선생을 통해 임지현 선생과 문부식 씨를 소개받아 함께 한일 역사 교과서 작성을 협의하게 되었다. 얼마 안 있어 우리의 구상을 확대하여 '비판과 연대를 위한 동아시아 역사포럼'을 결성하고 한국과 일본에서 각각 역사 연구자, 문학 연구자를 조직하여 역사 인식 대화를 계속하기로 결정했다. 그것은 마침『만들어진 고대』가 간행된 2001년 무렵이며 포럼의 활동이 구체화되어서 2002년 제1회 포럼부터 2007년까지 5년에 걸쳐 워크숍이나 국제회의를 개최했다. 그동안『만들어진 고대』는 포럼이 지향하는 국사의 틀을 넘는 역사 인식의 사례로서 거론되기도 했다. 뒤돌아보면 포럼 활동이 위에서 말한 폭넓은 독자 획득으로 이어졌음에 틀림없다.

포럼과 거의 동시에 병행하여 시작한 또 하나의 공동연구가 있다. 2002년에 필자가 근무하는 와세다대학이 문부과학성의 COE프로그램(경쟁적 자금의 선택과 집중)에 채택되었고 그 프로젝트에 가담한 필자는 한국의 국립문화재연구소와 한국 출토 목간의 공동연구에 종사하게 되었다. 한국에서 최초로 본격적인 목간 발굴을 하고 있던 국립창원문화재연구소와의 공동연구가 시작되고부터는 거의 매달 창원이나 서울에서 공동연구와 포럼 동료들과 교류했다. 이 교류가 진전됨에 따라 그 무렵부터 필자의 연구 내용이나 연구 스타일은 그 이전과 크게 달라졌다.

특히 국립창원문화재연구소(현 국립가야문화재연구소)와의 공동연구에서는 외국 거주 연구자가 목간이라는 출토 유물, 즉 국가가 관리하는 매장문화재를 취급하는 쉽지 않은 문제가 있어서 이전에 직면한 적이 없는 곤란한 문제에도 대처하지 않을 수 없었다. 또 포럼에서의 한일 역사인식 문제의 저류에는 식민지주의의 갈등이 있어서 한일 쌍방에 복잡하게 얽혀 있는 식민지주의와 그 극복 과제는 두 공동연구를 진행시켜 나가는 데에 매우 현실적인 과제이며 뒤로 미룰 수 없는 문제에 직면하게 되었다. 그 때문에 이후의 논문 주제를 다룰 때는 자연히 한일 쌍방의 '독자'를 의식하게 되었다. 또 대처해야 하는 과제는 한일 쌍방에 공통되고 관련되는 것도 있어서 쌍방의 독자에게 설득력이 없으면 앞으로 나아갈 수 없다고도 느꼈다. 일국사의 극복과 식민지주의의 극복은 한일 양국에 공통된 절실한 과제라 믿는다.

글 첫머리에 쓴 바와 같이 이 책에는 이전 저서의 논문 4편이 포함되어 있지만 나머지 9편은 2002년 이후의 연구 활동을 빼고는 생각할 수 없다. 그것은 2004년 이후에 발표하고 대부분은 공동연구나 포럼이 일단락된 뒤에 발표한 논고이다. 따라서 『투쟁의 장으로서의 고대사』는 『만들어진 고대』 간행 이후 필자의 연구가 심화되면서 발표한 논문을 한데 합친 것이어서 말 그대로 『만들어진 고대』의 속편이라고도 할 수 있다.

이 책의 후기에도 썼지만, 한국에서의 두 번째 장기 체재가 허락된 2009년 3월에 한국에 건너가기 직전에 이와나미서점 편집부에서 사학사 논문집의 간행 협의를 했다. 마침 박환무 선생과 『만들어진 고대』 속편 간행을 상의하기 시작한 무렵이기도 했다. 그러나 2009년 4월부터 한국에 체재하는 동안에는 한국병합 100년을 검토하는 심포지엄 계획을 주최자의 한 사람으로서 진행해야 하고, 또 출토 문자자료의 공동연구가 정리 단계에 접어들기도 했으므로 이 책의 간행을 단념하지 않을 수 없었다. 실제로『만들어진 고대』속편에 걸맞은 논문의 축적도 충분치 않았다.

일본에 돌아와 2010년 8월에 한국병합 100년 심포지엄을 끝냈을 무렵 이와나미서점 편집부에서 이미 편집회의를 시작하고 있던『이와나미강좌 일본역사岩波講座日本歷史』(2013~2016년 간행)의 편집위원으로서 참여를 요청받았다. 특히 테마 권으로서『지역론』이나『역사학의 현재』의 책임편집을 담당하게 됨에 따라서 새로운 과제에 몰두하게 되었다.

특히『이와나미강좌 일본역사』에서는 세계사적인 어프로치, 구체적으로는 동아시아의 관점을 명확하게 내세우는 것이 필자의 역할이기도 했으므로 포럼에서의 경험이 크게 도움이 되었다. 편집위원으로서 강좌 편집을 추진할 때 1960년대 이후의『이와나미강좌 일본역사』,『이와나미강좌 세계역사』등을 통해 각각의 강좌에 중심적으로 참가했던 이시모다 쇼石母田正 씨, 니시지마 사다오西嶋定生 씨의 강좌 전체를 통찰하는 근원적인 물음과, 그 과제에 대한 응답과 관련된 논의에는 크게 고무되었다. 사학사의 구상은 두 분의 논의에서 새롭게 다시 배우는 기회를 얻게 되었다.

이 책이 지향하는 바는 고대사 연구에서의 일국사 극복과 식민지주의의 극복인데, 언뜻 보기에 이시모다와 니시지마 두 분에게는 이 두 가지 과제에 대한 대처가 희박한 듯 보인다. 사실 이 점에 대해서 이 책에서 비판적으로 논한 바가 있다. 그러나 연구자가 처한 상황이 다르면 역사적인 과제도 다르며 역사에 대한 물음도 다를 수밖에 없다. 그러한 상황의 변화에도 불구하고 동시대 역사학을 근원적radical으로 묻는 두 분의 자세는 종전의 틀을 깊이 연구한 바가 있기 때문에 새로운 패러다임을 구상할 때 귀중한 실마리가 되었다.

두 분이 역사 연구에 몰두한 데에 관해서 필자가 우연히 알게 된 에피소드가 있다. 2001년에 니시지마 씨의 사론을 정리한『고대 동아시아

세계와 일본古代東アジア世界と日本』(岩波現代文庫)을 출판했을 때 이와나미서점 편집부 관계자와 함께 니시지마 씨의 영전에 바치게 되었다. 니시지마 씨 사모님이 연구자로서 지낸 서재, 자택의 모습을 보여준 뒤 이시모다, 니시지마 두 분이 종종 밤늦게 한 시간 이상 전화 통화를 했다는 이야기를 했다. 두 분의 역사학상의 유대에 대해서는 니시지마 씨의 에세이가 남아 있는데(이 책 292쪽 참조), 심야의 전화 내용은 학문상의 내용보다는 현실적인, 극히 정치적인 논의가 대부분이었다고 기억한다는 것이었다.

덧붙여서 현재의 일본을 둘러싼 상황에 관해 말하면, 『이와나미강좌 세계역사』 제4권에는 니시지마 씨의 「황제 지배의 성립皇帝支配の成立」이라는 논고가 있는데 황제 지배의 성립과 동아시아 세계의 형성이 불가분의 관계임을 논했다. 또 원호元號 법제화 운동이 전개되기 시작한 무렵 그것에 반대하는 니시지마 씨의 논고가 발표되었다(「皇帝支配の象徵—存續論は"ちょんまげ派"」, 『讀賣新聞』 1976년 11월 22일 석간, 나중에 「皇帝支配の象徵—元號をめぐって」라고 제목을 바꾸어 『西嶋定生著作集』 제5권에 수록). 또 니시지마 씨가 도쿄대학 교양학부 수업을 담당하고 있던 1970년대 당시 중국, 한국, 베트남에 황제가 존재하지 않는 현재, 일본에 황제 제도의 유제가 계속 남아 있는 것을 어떻게 생각해야 하는지를 수강생에게 질문했다고 한다. 학부생 때 수강한 몇몇 연구자에게서 들은 사실이다. 니시지마 씨가 동아시아 규모로 역사를 문제 삼았다는 것은 항상 동아시아의 현실을 마주하고 역사상의 과제에 몰두했다는 점을 이시모다 씨와 대화를 했다는 일화에서 뼈저리게 느끼게 된다. 니시지마 씨는 일본 역사학계에서 동아시아라는 역사적 틀을 이론적으로 제창하고, 이시모다 씨는 그 내실화에 노력한 대표적인 연구자였다.

이 책 글 첫머리에 이시모다 씨의 사학사에 대한 사고를 인용하거나 니시지마 씨의 동아시아세계론을 검토한 것은 앞에서 말한 바와 같이 역사학의 근원적인 물음 방법을 따르기 때문이지 결코 그 표층을 뒤쫓는 것은 아니다. 새로운 틀을 제기하기 위해서는 종전의 틀을 철저하게 검토하거나 극복해야 된다는 생각 때문이다. 역사학 연구가 곤란한 여러 문제에 직면하고 다양한 과제를 껴안고 있는 지금, 선인이 도달한 학술상의 성과를 충분히 섭취한 다음, 선인과는 다른 역사적인 상황에서 새로운 과제를 속속들이 파고들어 깊게 연구할 필요가 있다. 두 분이 제창한 학문적 관점을 현실적인 과제 속에 재검토하는 것이 절실하게 요구된다. 지금까지의 사상을 절차탁마하지 않은 채, 눈부신 사상을 마술사처럼 되는대로 논의의 도마 위에 올려놓아서는 두 분이 추구한 경지에 도달할 수 없을 것이다.

국제적으로도 한일 양국에서도 역사학 연구는 심각한 과제에 직면해 있다. 그러한 현재, 한국어판 글 첫머리에 필자의 문제의식을 일본 역사학계에 대한 소감과 함께 소개하는 것은 결코 헛되지 않으리라.

끝으로 이전 저서에 이어 이 책의 간행을 위해 진력해주신 박환무 선생과, 이번에도 졸저 번역에 특별한 배려를 해준 박경희 씨에게 심심한 감사의 뜻을 표한다. 또 이 책 간행을 재촉하며 계속 기다려준 삼인출판사에 다시 한 번 감사드린다. 『만들어진 고대』도 이 책도 1998년에 한국에 체재하지 않았다면 있을 수 없다. 지금으로부터 40년 전에 서강대학교 연구실에서 이기백 선생님께서 온화한 얼굴로 한국사에 대한 내재적 이해가 부족함을 질책해주신 것이 한국 체재를 결심하는 것으로 이어졌다. 항상 격려해주신 이기백 선생님의 영전에 한국 고대사 연구자 후진의 한 사람으로서 이 책을 바친다.

2019년 2월 28일

차례

제1부

국민국가 이야기

제1장 고대사에 나타난 국민국가 이야기

일본과 아시아를 가로막는 것

현대의 국가 기원 이야기

태평양전쟁 패전 후 50년을 맞이하여 올해(1995년)도 일본 정부가 주최하는 기념식전과 이에 반대하는 집회를 세트로 보도하는 건국기념일 뉴스를 접하고 예년과 다름없는 정경이라 생각하면서도 문득 여느 때와는 다른 감개에 사로잡혔다. 작년 이맘때쯤 일본 매스컴은 북한의 단군묘를 둘러싼 뉴스를 전했다. 그것은 4천 수백 년 전에 조선을 건국했다고 하는 단군왕검의 유골이 발견되었고 김일성의 지시로 장대한 분묘를 조영 중이라는 내용이었는데, 뉴스를 전하는 톤은 지금 왜 한민족의 시조가 되살아나지 않으면 안 되는가 하는 곤혹감과 불가해함을 표명하는 것이었다고 기억한다.

단군묘 조영을 시대착오라고 파악하는 저 보도와 건국기념일 보도가 한순간 겹친 것이다. 그것은 단지 이러한 일본에서도 생각해보면 민족과 국가의 기원이 같은 위상에서 이야기된다는 사실만은 아니었다. 먼 과거의 일이며 현재와는 무관하다고 생각하기 쉬운 고대에 우리가 실은 깊이 얽매여 있었던 것은 아닐까 하고 이때 새삼 뼈저리게 느꼈다.

매년 2월 11일에 으레 보도되는 건국기념일을 둘러싼 찬반 논의에 대해, 경축일개정법안이 상정되던 1950, 1960년대 무렵에 비하면 최근 국민의 반응은 시들해졌다. '건국기념일'에 대해 돌이켜보면, 진무神武 천황이 즉위했다고 하는 (신유년) 춘정월 경진庚辰 초하루를 기원절紀元節이라 이름 붙이고 태양력으로 산출한 2월 11일을 국가 경축일로 정한 것은 1873년의 일이었다. 건국 2600년에 해당하는 1940년에는 거국적으로 성대한 축하 행사를 했고, 또 태평양전쟁 패전 후 일부 출판물에는 진무천황이 즉위한 해를 원년으로 삼는 황기^{皇紀}가 사용되기도 했다. 그리고 건국기념일을 경축일로 정한 것은 1966년이다.

태평양전쟁 패전 전에 정해진 기원절을 패전 후에도 '건국기념일'로서 경축일로 삼는 것이 옳은지 그른지를 여기서 문제 삼으려는 것은 아니다. 메이지^{明治} 시대(1868~1912년) 이래 오늘날까지 일관되게 위정자들은 국가 기원을 공적으로 정하는 것이 국민의식 함양에 중요하다고 생각해온 사실을 문제 삼으려는 것이다. 그것이 현재 국민 수준에서 어떻게 받아들여지는지는 또한 별개의 문제이다. 그러나 다른 한편에서 외국의 역사의식에 대해서 느끼는 위화감에는 특히 민감한 부분이 있는 것도 부정할 수 없는 사실이어서 거기에 국가 이야기에 감춰진 문제를 풀 열쇠가 있는 듯하다.

고대 한일 관계와 근대 일본

일본의 많은 역사가들이 태평양전쟁 패전 전의 역사 연구 자세를 깊이 반성하고 패전 후 50년에 걸쳐 새로운 역사학을 모색해왔음은 새삼스레 말할 필요도 없다. 이른바 황국사관^{皇國史觀}의 극복은 패전 후 역사학계의 최대 과제였다. 그러나 거시적으로 보면 패전 전에 구축된 역사의 틀이 오늘날에도 일본 국민을 사로잡고 놓아주지 않는 부분이 있는 것 같다.

예를 들어 필자가 역사 교육을 받은 1960년대에는 일본사 연표에 "663년 백촌강^{白村江}에서 일본군이 패전하여 반도의 권익을 잃었다"라고 되어 있었다. 이러한 이해는 결코 특이하지 않으며 당시에는 예사로 받아들였다.

연구서나 교과서를 불문하고 일본 고대사의 일반적인 기술은 왜^倭 왕권인 야마토^{大和} 조정이 4세기 후반 한반도에 진출하여 그곳을 지배하고, 이후 반도 남부의 지배·경영을 둘러싸고 한반도의 나라들과 갈등을 거듭했으며, 고대 일본의 대對중국 외교도 이러한 한반도 정세와 관련하여 전개되었다고 되어 있다. 즉 통설적인 이해에 따르면, 4세기부터 7세기까지 일본의 대외관계는 한반도 지배에서 시작하여 그것을 상실(663년)하기까지의 과정이라고 해도 좋을 것이다.

이러한 고대 일본의 대외관계사 이해를 뒷받침하는 근거에는 4세기에 일본군이 한반도에 군사 진출하여 그곳을 지배했음은 움직이기 어려운 사실이라는 인식이 있으며, 이를 기점으로 해서 백촌강 전투에 이르는 과정의 의미 부여가 문제가 된다. 그런 까닭에 유감스럽게도 종전의 권익을 상실해버렸다는 평가가 연표에 쓰여 있는 것은 당연한 결과이기도 하다.

그런데 고대 일본의 한반도 지배라고 하면, 야마토 조정이 4세기 무렵부터 고구려, 백제, 신라의 삼국을 비집고 들어가듯이 한반도 남부에 진출하고 그곳을 경영하기 위해 설치했다고 하는 '임나일본부任那日本府'를 먼저 떠올릴 것이다. 하지만 이것을 이전처럼 200년에 걸쳐 한반도 남부 지역을 지배·경영하기 위한 통치기구라고 파악하는 연구자는 일본에서도 소수파가 되었다. 근래에 이루어진 가야사에 대한 문헌·고고학 연구의 비약적인 성과에 의해 '임나일본부'의 해석은 미묘해졌다.[1]

여기서 가야사에 관한 연구 상황을 자세히 설명할 겨를은 없지만, 낙동강 유역에 산재해 있던 20국 내외의 소국(가야 제국)에는 저마다 독자의 역사와 문화가 있었다는 것, 백제·신라·왜의 틈새에서 맹주적인 두세 소국이 전략적 외교를 전개하여 가야 제국의 통합 내지는 보전을 꾀했지만 결국은 562년 신라에 병탄되어버렸다는 것, 임나란 가야 제국에 대해 고대 일본에서만 특수하게 사용되던 총칭인데 원래는 한 맹주국의 별명에 지나지 않는다는 것 등이 고대사 연구자의 공통된 인식이다.[2] 따라서 '임나일본부'라는 기구의 통치 대상이나 명칭 자체도 그대로는 성립할 수가 없다.

잘 알다시피 '임나일본부'를 중심으로 한 고대 일본의 한반도 지배에 대한 해석을 강력하게 지탱해온 것은 바로 광개토왕비문廣開土王碑文이었다. 비문의 묵본墨本이 1883년 일본에 들어오자 육군 참모본부에서 해독과 해석이 시도되었고, "신묘년(391년)에 왜가 바다를 건너 백제·신라를 쳐부수고 신민臣民으로 삼았다"라고 적힌 부분이 일약 각광을 받았다. 이로써『일본서기日本書紀』의 진구神功 황후의 '삼한정벌三韓征伐'은 방증되었다고 보았던 것이다.

비문은 그 후 오랫동안 '부동의 사실史實'을 뒷받침하는 사료로서 계속 주목받았는데, 비문이 이렇게 자리매김된 역사적 배경을 단적으로 보여주는 것으로서 동양사학의 제일인자였던 시라토리 구라키치白鳥庫吉[3]의 다음과 같은 말은 흥미롭다.

> 이 비문은 당시에 가장 신용할 만한 역사상의 유물이다. 이로써 일본이 조선 남부를 지배했음을 확실하게 알 수 있다. (중략) 당시 일본은 삼한 반도의 남부를 지배했는데, 북부의 고구려와는 반대 지위에 서 있었다. 고구려는 마치 지금의 노국露國(러시아)과 같은 관계여서 일본이 반도 남부에 세력을 얻으려 하면 고구려가 이를 누르려 했다. (중략) 남부의 삼국을 지배하고 또 지속하기 위해서는 어떻게 해서든지 북부의 고구려를 꺾지 않으면 안 되었다. 그 관계는 마치 일본이 지금의 조선을 충분히 휘어잡기 위해서는 북의 노국을 치지 않으면 안 되는 것과 조금도 다름이 없다. 조선에서 세력을 획득하고자 하는 희망 때문에 전에는 지나支那(중국)와 싸웠고 지금은 노국과 싸우는 것과 마찬가지로 정치상의 관계에서 일본은 고구려와 전쟁을 벌였던 것이다.[4]

여기서 알 수 있듯이 1900년 전후의 동아시아 정세가 아무런 망설임도 없이 비문碑文 속에 투영되어 있다. 고대 대외관계의 해석 도식에 러일전쟁 당시의 시대 인식이 결정적인 것이다. 더욱이 시라토리는 왜가 결국은 고구려에 패한 것으로 비문을 독해하고 러일전쟁 후 국민적 규모로 대비할 수 있는 마음가짐을 환기시키는 데에 유용하게 쓰고자 비석 자체를 일본에 반입할 계획까지 세웠다.

종래 광개토왕비문은 고대 일본의 한반도 지배를 뒷받침하는 제일급 사료로 취급되었는데, 비문의 내용 해석은 어디까지나 근대 일본이 낳은 해석의 산물이었다. 새삼 비석을 세운 목적이나 비문의 독자를 검토해보면 비문에 반드시 그러한 사실이 기록되어 있다고는 말하기 어렵다. 적어도 고구려인의 콘텍스트로 되돌아가서 해석해보면 그 내용은 그리 단순하지 않음을 알 수 있다.[5]

요컨대 광개토왕비문에 의거하여 입론된 고대 일본의 한반도 지배는 청일전쟁, 러일전쟁 시기 역사 과정의 표상화로 되살아난 과거라는 성격을 가진다. 당시의 동아시아 정세가 고대에 투영되어 그 문맥 속에서 읽어낸 고대사 상像으로 보아도 좋다. 하지만 어느새 일본 고대사상古代史上의 정점적定點的인 사실로서, 의심할 여지 없는 '국가 이야기'로 정착하여 오늘에 이른다.

발해를 둘러싼 국가 이야기

고대 역사가 국가 이야기가 된 것은 특별히 일본에만 있는 일은 아니다. 예를 들어 고대 동북아시아에서 흥기했던 발해국을 둘러싼 문제는 남북한이나 중국에서의 국가 이야기를 생각하는 데에 참고가 된다. 발해는 고구려 멸망 후 30년이 지나 건국되었고, 판도는 한반도 북부에서 중국 동북 지방, 나아가 연해주에 걸쳐 있었으며, 7세기 말에서 10세기 초까지 약 230년 동안 존속했던 국가이다. 발해에 대해서는 발해인 자신에 의한 기록이 소실되어 거의 전해지지 않고 교섭 상대국이던 중국이나 일본에 단편적으로 사료가 남아 있을 뿐이어서 그 전모는 명확하지 않다.

북한에서 발해가 공식적으로 한국사 속에 자리 잡은 것은 1962년에 간행된 『조선전사朝鮮全史』[6]에서였다. 발해를 적극적으로 한국사의 일부로 간주한 것은 '고구려→발해→고려'로 이어지는, 즉 북부에서 발흥한 국가에서 정통적인 계보를 찾아내려는 시도이기도 하다. 그런데 발해가 한국사의 불가결한 일부임을 주장하기 위해서 내세우는 근거가 주목된다. 거기에서는 발해의 혈통과 문화를 문제 삼아 그것이 오늘날 한민족의 혈통과 문화적 전통의 구성 부분이라고 단정한다. 발해 왕족과 지배층은 고구려인이며 민족 구성에서도 고구려 시대의 연장이라는 인식이 이러한 해석의 전제가 되었다.

또 그 근거를 보강하기 위해 새로운 민족관이 창출되었다. 즉 그때까지는 적어도 한민족의 형성은 스탈린의 민족 이론에 따라 나로드노스치 narodnosti (준민족)[7]에서 나치아natsia (민족)로 단계적으로 구상되어 있었는데, 발해가 한국사에 자리 잡은 무렵을 경계로 해서 한민족이 고대 이래 '엄연한 단일민족'이었음을 주장하게 되었다. 그 후에 출판된 체계적인 통사에서도 "조선인은 수천 년을 단일민족으로서 살아"왔으며, "우리 인민은 예부터 하나의 핏줄을 이어받은 단일민족"이라고 거듭 강조되었다.[8]

이는 발해를 한국사에 편입할 즈음에 요청된 논리상의 문제라 보아도 좋을 것이다. 즉 발해를 한국사 체계에 집어넣으면 한국사에서 국가 통합은 필연적으로 10세기의 고려에 이르러 달성되었다고 볼 수밖에 없게 된다. 그러나 이전부터 통일신라(7세기 후반)에서 "단일적인 조선 준민족(나로드노스치)의 급격한 형성과 발전"을 찾아내고 있었기 때문에 민족의 성립도 지연되어버린다. 그래서 앞에서 말한 민족 이론을 버리고 거꾸로 한민족의 성립을 옛날로 거슬러 올라감으로써 복수의 국가 대립이 동일 민족 사이에서 전개된 것으로 보아 고대의 국가 형성과 민족 문제를 그 나름대로 해결한 것이다.[9]

마찬가지로 한국에서도 발해를 한국사 체계 속에 적극적으로 자리매김하려는 노력이 보인다. 종래 '통일신라'라 불리던 이 시대도 동일 민족에 의한 두 국가, 곧 신라와 발해가 한반도 남북에 병존했다고 인식함으로써 '통일'에 얽힌 역사적 평가는 뒤집어지면서 '남북국시대'라 호칭하는 방식이 정착되고 있다.

이처럼 남북한에서는 발해를 한민족韓民族의 국가로 간주함으로써 오늘날의 분단 상황 극복이라는 현실적 과제를 신라·발해 병립 시대에 투영하여 동일 민족이 남북으로 병립해 있는 부자연스러움과 불완전함을 환기시키고 통합을 향한 전망을 열어 보이려는 것이다. 여기서도 현재를 과거에 투영한 행위를 명확하게 간파할 수 있을 것이다.

고대(발해)에서 현대를 읽어낸다는 점에서는 중국에서도 사정이 같다. 남북한이 발해 지배층으로서의 고구려족을 중시하는 데 비해 중국에서는 발해 영역 내의 대다수를 차지하던 말갈족에 비중을 두면서 발해는 당대唐代 소수민족인 말갈인의 지방정권이라는 공식 견해가 지배적이다. 어디까지나 발해가 중국사의 일부라는 것이 전제이다. 그리고 중국사의 주체적 역할은 항상 한민족漢民族이 해왔다는 입장에서 비非한민족인 말갈인의 국가였던 발해는 독립된 민족·국가로서는 인정하지 않고 당대의 지방 민족이 건국한 국가이며 당조唐朝의 지방정권이라고 자리매김하고 있다.

새삼스레 지적할 필요도 없이 중국의 현실적 과제가 고대에 가탁되었다고 말할 수밖에 없다. 중국에서 소수민족 국가인 발해의 정치적·문화적 자립성은 인정하지 않으면서도 중국사에 자리매김하려는 것은 오늘날 쉰이 넘는 여러 민족의 단결을 도모하고 또 그 위에 10퍼센트도 되지 않는 소수민족이 차지하는 전 국토의 60퍼센트 지역을 중화인민공화국의 정통이 되는, 역사적 근거가 있는 영토로서 자리매김하려는 현실적 과제와 관련이 있다.[10] 중국 정부의 일관된 입장은 중국이 진·한秦漢 이후 줄곧 통일된 중앙집권적 국가이며 계속 한족을 주체로 해서 소수민족을 포함하는 다민족국가였다는 것이다.[11] 다민족국가의 현상을 과거에 투영하여 해석하는 원근법적 도립倒立이라 말할 수 있는 이유가 여기에 있다.

오늘날 중국이 국가 영역 안에 조선족을 포함하고 한민족韓民族 국가와 인접하고 있기 때문에 국제적으로도 한국사 범주에서 이야기되는 고구려의 흔적을 지워 없애려는 것은, 남북한에서 말갈족을 극도로 낮게 평가하려는 것과 서로 공통성을 가진다. 동아시아 나라들 사이에는 현재를 과거에 투영하여 과거를 배타적으로 점유하려는 표상을 둘러싼 투쟁이 전개되며, 상이한 두 이야기가 서로 부딪치는 가운데 두 이야기가 서로 강화되어가는 관계를 여기서 엿볼 수 있다.

견당사와 근대 일본

이러한 문맥에서 보면 발해를 둘러싼 남북한과 중국의 여러 설에 대해 당장 그 해석의 자의성을 깨닫게 될 것이다. 그렇다면 오늘날 일본에서 설명되고 있는 고대사에는 앞에서 말한 한일 관계 말고는 그러한 문제가 전혀 없는 것일까? 여기서 굳이 문제 삼고 싶은 것은 초등학교 역사교육에서 시작하여 그 후에도 역사 교육의 장에서 거듭해서 설명되는 '견당사遣唐使'[12]에 대해서이다. 일본사에서 고대 대외관계라 하면 반드시 견당사가 등장하는데, 이것이 도대체 어느 시기에 어떻게 해서 창출된 역사 이해인지 물으면 의외의 배경이 떠오른다.

견당사라고 하면 630년부터 894년까지 264년 동안이나 존속했던 초장기적이며 또 장대한 국가적 사업이었다는 평가조차 있는데, 이로써 일본은 고도의 중국문명을 적극적으로 흡수·수용하여 그 이식에 성공했으며, 따라서 율령국가 아래에서 꽃피운 당풍唐風 문화는 바로 견당사에 의한 것이었다고 말한다. 그리고 당의 고도한 문명을 그저 수입하는 데만 힘쓴 것이 아니라 그것을 자기 것으로 만들어 마침내 국풍國風 문화[13]를 낳기에 이르자 견당사를 파견할 필요성이 줄어들어 마침내 폐지되었다고 이해한다.

일본열도와 주변 여러 지역과의 문화 교류라는 관점에서 보면, 고대 일본의 대외 교류는 일본과 중국 두 나라 사이에만 국한되지 않고 한반도의 여러 나라와 중국 동북 지방이나, 남으로 남서 제도, 북으로는 오호

츠크 해역의 여러 섬 사이에 사람과 물자의 교류가 있었음이 명백하며, 그러한 사실은 근래 고고학 발굴 성과가 뒷받침해준다. 그러나 견당사를 중시하는 입장은 선험적으로 그것이 일본과 중국 사이에 문화 교류의 주요한 루트였다면서 그 밖의 루트는 그것을 보완하는 것, 부수적인 것으로서 경시한다. 예를 들어 일본과 신라나 발해의 공식적 교류는 횟수 면에서는 일본과 수·당과의 상호 교섭 횟수를 능가하지만, 그것은 일본과 중국과의 교류를 중계하는 데에 지나지 않는다고 여기는 식이었다.

그러한 해석이 나온 배경으로서 나라奈良 시대가 근대에 **발견되었다는** 점에 유의해야 한다. 1940년에 출판된 구리타 모토쓰구栗田元次의『나라 시대의 특성奈良時代の特性』[14]은 다이카 개신大化改新[15] 이후의 나라 시대가 '현대'와 아주 닮은 시대임을 강조하고, 그 유사점으로서 외래법 계승, 외교 진전, 이종족 복속, 해외 출전出戰, 외래문화의 수용 등을 들었다. 특히 외래문화의 수용과 관련해서는 나라 시대에 당 문화가 활발하게 들어온 것은 "현대에 서양문화가 도입되는 것과 똑같으며" 이로써 일본 "문화가 세계성을 띠게 되는 것도 공통된다"라고 한다. "더욱이 외래문화의 수용이 두드러짐과 동시에 이에 굴종하지 않고 개국 정신에 의거하여 고유의 장점을 발휘한 자주적 태도도 한층 더 두드러진 유사점"으로 중시된다.

또 다음과 같은 구절은 나라 시대가 어떤 표상화로서 되살아났는지를 잘 보여준다.

나라 시대 문화의 큰 특색 중 하나는 세계성이 뚜렷하다는 것입니다. 우리나라 문화는 이제 섬나라에 고립된 문화가 아니라 널리 세계문화를 수용하고 이를 세계적 수준에 도달하게 하여 당시의 최대 문화국인 당과 대립하며 세계문화의 일익을 담당하기에 이른 것입니다. 이러한 의미에서의 세계성이라는 점에서 나라 시대에 필적할 수 있는 시대는 우리 국사상 오직 메이지유신 이후의 현대가 있을 뿐입니다.[16]

이러한 인식 아래 나라 시대의 중국문화 수용과 메이지 시대 이후의 서양문화 채용이 나란히 설명된다. 즉 우리가 품고 있는 견당사의 이미지에는 메이지 시대 이후의 '현대'에 끌어 맞춰진 나라 시대의 해석과 평가가 깔려 있는 것이다. 그러나 그러한 원근법적 해석은 다양한 기법에 의해 알아차리기 어렵게 되어 있다.

예를 들어 견당사를 다각적으로 해석한 어느 책에 실린 「근대 서양문명에의 '견당사'=이와쿠라 견미구사절단岩倉遣米歐使節團」[17]이라는 칼럼에는 1871년 이와쿠라 도모미岩倉具視[18]를 특명전권대사로서 구미에 파견한 사절단을 거론했는데 그 취지는 견당사의 연장선상에 메이지 시대의 견미구사절단[19]이 있다고 말하려는 것이다. 그러나 이는 분명히 뒤집힌 논의이다. 그것은 이와쿠라의 『휴대수첩携帶手帳』에서 「견수당사 및 학생지사遣隋唐使竝學生之事」의 한 절을 인용하여 다른 의미를 부여했지만, 오히려 '견수당사'라는 말에서 보이듯이 이른바 견수사遣隋使[20]나 견당사는 바로 이와쿠라 도모미에 의해 발견되었다고 말해야 할 것이다.

그리고 오늘날의 견당사에 대한 해석 도식은 구리타 모토쓰구의 주장에서 볼 수 있는 것처럼 메이지유신 후의 정책이 일정한 성과를 거두었다고 자부할 수 있을 무렵에 형성되었다고 보아야 한다. 즉 견당사에 역점을 둔 고대의 대외관계사는 근대에 구미와의 접촉에 의해 상기된 역사이며, 그 이전에 견당사가 객관적인 과거로서 사람들에게 인식되었던 것은 결코 아니다. 그러므로 견당사의 의의가 발견된 배경도 또한 개국 이래 구미 열강과의 사회심리적인 갈등에 있었다고 말할 수 있다.

이와 관련하여 일본의 고대 대외관계사에 빈번하게 나오는 '대등 외교'라는 용어에 주목하려 한다. 견수사, 견당사는 현재도 일부 학자들이 '대등'이었는지 아닌지를 집요하게 문제 삼고 있으며 고대사의 큰 테마이기도 하다.[21] 원래 '대등'한 것이 있을 수 없는 전근대 왕조국가 간의 관계에 '대등'이라는 개념을 제기하려는 배경은 개국 이후의 대외관계를 염두에 두지 않으면 도저히 이해할 수 없다. 그러한 구도는 뜻밖에도 구리타의 다음 문장에서도 나타난다.

> (일본의 국민성과 다른 율령을 채용한 것은 모순이지만) 어째서 이런 모순을 무
> 릅쓰면서까지 이것을 채용했는가 하면 당시의 당이 세력이나 문화 면에서
> 모두 세계에서 으뜸가는 세계적 제국이었으므로 그 제도를 채용하는 것이
> 우리나라의 국제적 지위를 높여 당과 대립해나아가는 데에 없어서는 안
> 될 요소임은 메이지 시대, 특히 조약 개정 전에 서양 제도의 계승이 필요
> 했다는 것과 마찬가지였기 때문이라 생각합니다.[22]

이러한 서술에서 고대의 대對중국 관계사가 구축되는 과정에 조약 개
정에서의 불평등조약 철폐가 국민적 과제로서 강하게 의식되어 있었다
는 사실에 생각이 미치는 것이다.

여기서 조약 개정을 담보로 구미 열강이 일본 국내의 거류지 철폐와
외국인의 여행·거주·영업 자유의 승인을 요구하고 이로써 초래된 '내지
잡거內地雜居 문제'[23]가 해결되기까지의 경위에 대해 유의하고자 한다. 이
과정에서 '일본인'과 '외국인'을 준별할 필요가 생김에 따라 국적법이나
외국인의 재류在留 관리에 관한 법률이 1900년 전후로 공포되고, 마치
여기에 부합하기라도 하듯이 메이지 시대 전반기에는 거의 사용되지 않
았던 '민족'이라는 말이 'nation'의 번역어로서 사용되었으며, 마침내 이
말은 청일전쟁, 러일전쟁을 거치는 시기에 이르러 동조동족同祖同族을 함
의하는 용어로 급속하게 보급되었다.[24]

'현대'와 아주 유사한 나라 시대의 발견이란 바로 이러한 역사 과정 없
이는 있을 수 없었으며, 견당사는 '일본문화', '일본 민족', '국제적 지위'
가 국민적 관심사가 되기 시작한 시대에 자아낸 국가 이야기인 것이다.

이야기의 상극이 초래한 것
앞에서 살펴본 사례에서도 알 수 있듯이 고대 일본의 대외관계, 문화 교

류, 민족 간 교류 등의 영역에서 이야기되는 담론은 그 원상原像이 100년 전으로 거슬러 올라가 있다고 보아도 좋다. 고대 역사를 구상하는 사고의 틀은 일본의 근대국가 형성 과정과 불가분의 관계에 있으며, 거기서 산출된 이야기는 국민(민족) 의식의 형성에 커다란 역할을 했을 뿐만 아니라 현재 우리의 의식까지도 강하게 구속하고 있다.

더구나 그러한 현상이 일본뿐 아니라 남북한과 중국 등 동아시아 나라에서도 마찬가지로 나타나 여러 국민의 상호 이해를 크게 저해한다. 동아시아 각국에서는 고대 역사가 국민 창출의 이야기가 되어 마치 공동체의 동일성을 확인하기 위한 '이데올로기로서의 문화론'이 되어버린 것처럼 보인다. 그러한 문화론은 '전통', '국민성', '경계', '정체성'과 같은 용어와 개념이 자주 사용되는 고전적인 정적靜的 모델에 바탕을 둔 문화론이어서 민족 상호의 편견을 조장하는 것이 특징이다.[25] 하긴 고대에서 국민의 정체성 근거를 찾는 것이기 때문에 어떤 의미에서는 당연한 일인지도 모른다.

오늘날 동아시아 각국의 고대사에서는 그러한 문화론과 같은 이른바 고정적인 역사관을 파악할 수가 있다. 또 그 고정화를 조장하는 요인의 하나로서 발해사에서 볼 수 있는 것처럼 동아시아 나라들 사이에 서로 이야기를 강화하는 상호 의존의 관계가 있는 것은 아닐까 생각하지 않을 수 없다. 예를 들어 일본이 고대 한반도를 지배한 이래 늘 정치적으로 우위에 있었다고 하면서(일선동조론日鮮同祖論) 근대의 식민지 지배를 합리화하고, 일본이 한국의 근대화에 기여했으며 한국을 문명화시켰다는 담론이 한편에 있기 때문에, 그에 대해 유사 이래 한반도에 일본 문명화의 발광체가 있었다고 주장한다. 왕인王仁 박사의 도래를 비롯하여 한반도로부터 사람과 물자가 이동되었음을 중시하고 한반도에서 건너온 사람들이야말로 일본에 문명을 가져다주었다는 것이다. 나아가서는 일본의 고대국가 형성은 도래인渡來人이 열도에 형성한 분국分國 사이의 항쟁 과정이었다는 주장조차 나왔다.

교류 이야기는 때때로 자기에 대해서는 앞다투어 말하지만 타자에 대해서는 자기의 연장선상에서나 조작의 대상으로밖에 보지 않는다. 이전의 일선동조론은 예부터 한반도를 일본의 연장선상에서 파악하려 한 것인데, 그것과 지금 남북한의 도래인에 대한 과대한 역사적 평가는 서로 대응 관계에 있다고 해도 지나치지 않다.

또 대체로 남북한이나 중국의 역사학계에서의 고대 일본상은 부정적이든 긍정적이든 근대 일본이 '현재'를 투영하여 과거 속에서 읽고 만들어낸 일본상(자화상)의 구속을 받는다. 자기와의 관계 속에서 일본을 어떻게 자리매김할 것인가 할 때 근대 일본의 해석 도식이나 평가 기준이 전제가 되어버리는 것이다. 그런 의미에서 동아시아 각국에서의 국가 이야기는 근대 일본의 태내에서 자라났다고 말할 수 있다.

이러한 사태는 불행하게도 악순환을 거듭하는 구조로 되어 있다. 기시다 슈岸田秀의 지적처럼 근대 일본에 있어 한국은 구미와 자기동일화하려는 자기에게 부끄럽게 여겨야 할 자기, 부정해야 할 자기였다.[26] 그 때문에 모멸로 가득 찬 근대 일본의 한국관은 구미 열강에 대한 열등감의 뒤집기만큼이나 처참하지 않을 수 없었다. 근대 일본인의 손으로 이루어진 역사 속의 한국도 그러한 심상心象 풍경 속에서 형성되었기 때문에 원래 일본형 오리엔탈리즘이 각인되어 채워진 이야기인 것이다.[27]

앞에서 말한 해방 후 한국인에 의한 고대 한일 관계사가 그러한 이야기의 대항으로서 만들어졌다고 하면 동일한 지평에서의 순환 고리에 말려들지 않을 수 없다.

국가 이야기는 국가 간의 울타리를 높이며, 국가 이야기의 상극相克은 상호 이해를 가로막아 그러한 울타리를 더욱더 높이지 않을 수 없게 만든다. 원래 그것은 자기와 타인을 갈라놓는 내부의 담론이기 때문이다. 국민국가는 이미 내용耐用 연한을 넘겼다고 이야기된 지 오래이지만, 19세기에 창출된 국민국가 이야기는 여전히 살아남아 동아시아 각국 사이에서는 이 이야기가 상극 속에서 오히려 강화되고 있다는 느낌이 전연 없다고 할 수 없다.

훗날 동아시아 사학사에서 20세기란 국민국가의 거푸집 속에서 상상의 공동체를 창출하기 위한 이야기를 재생산한 '국사國史의 시대'로 자리매김될 것임에 틀림없다. 그렇다손 치더라도 도대체 우리는 '국사의 시대'에 짜인 이야기에서 언제쯤이면 해방될 것인가?

제2장 근대국가의 형성과 '일본사', '일본문화'의 발생

새로운 동아시아론을 위하여

1. 일본사의 발생

일본 사람들은 일본화日本畵라는 말을 들으면 당연히 헤이안平安 시대의 야마토에大和繪[1]나, 에도江戶 시대[2]의 린파琳派[3]라든가 가노파狩野派[4]의 그림을 떠올린다. 또 대다수 사람들은 일본화라고 하면 일본에서 죽 그려온 고유의 회화라고 믿어 의심치 않는다.

그러나 '일본화'는 메이지明治 시대에 만들어진 장르이며 서양화에 대응하기 위한 것으로서 19세기 말에 급속하게 정착한 개념이라는 사실이 지적된 지 오래다.[5] 요컨대 일본화는 서양 화법이 근대 일본에 급격하게 밀려옴으로써, 종래의 전래 회화가 서양화와의 대항 관계 속에서 자각됨에 따라 비로소 의식화된 것이다.

따라서 일본화는 처음부터 서양 회화의 강한 영향을 받고 그것과의 갈등 속에서 형성되었다고 해도 좋다. 그런데 그러한 일본화의 성립 과정은 잊어버리고 언제부터인지 고대 이래 면면히 이어져 내려온 일본화의 전통이 있었던 것처럼 이야기되어왔다. 그러나 말할 것도 없이 일본화는 버젓한 근대의 역사적인 산물이다.

이와 관련하여 흥미로운 것은 일본에서 최초로 활자화된 일본 미술사 『고본 일본제국 미술약사稿本日本帝國美術略史』가 1900년의 파리 만국박람회에 보내기 위해 편찬된 'Histoire de L'art du Japon'의 일본어 번역이라는 사실이다.[6] 즉 근대에 이르러 최초로 정리된 일본 미술사는 애당초 일본인 독자를 대상으로 해서 쓴 것이 아니었다. 이러한 사실을 통해 일본 미술사라는 것이 무엇보다도 서양인에 대응하기 위한 일본 미술사로서 새롭게 창조되어야 했던 경위를 알 수 있다. 요컨대 '일본화', '일본 미술사'는 최초부터 있었던 것이 아니라, 서양의 시선을 강렬하게 의식하면서 힘껏 '일본'을 이야기하지 않으면 안 되었다.

근대국가 일본이 서양 열강과 어깨를 나란히 하기 위해서는 문화적 전통이 있음을 보여주어야 했고, 그래서 우선 일본도 독자적 전통, 독자적 일본 미술사를 가지는 것이 불가결하다고 여겼다.[7] 게다가 그 방식은 서양 미술과 공통되어야 했다. 이러한 점에 일본 근대의 실태 자체가 나타나 있다. 즉 서양 근대를 추종하면서도 일본적인 것에 지나친 자의식을 가진 일본 근대의 모습[8]이다.

이러한 일본화, 일본 미술사의 발생 유래는 '일본사'의 발생 유래를 생각할 때도 많은 것을 시사해준다.

알다시피 근대 일본 최초의 본격적인 통사『국사안國史眼』은 시게노 야스쓰구重野安繹,[9] 구메 구니타케久米邦武,[10] 호시노 히사시星野恒[11] 세 사람이 집필했는데, 이『국사안』을 펴서 읽어보면 범례 서두에 다음과 같이 쓰여 있다.

> 메이지 10년 프랑스 파리 만국박람회 사무국의 위촉을 받아 태정관太政官[12] 수사관修史館에서 국사 중에서 제도·학예·민업民業·풍속·물산 등 사물의 기원과 연혁을 적고 천황 세차世次로 묶어 네 책을 만들었다. 제목을『일본사략日本史略』이라 붙였다. 이것을 초고初稿라 한다. (중략) 메이지 18년 내각 수사국修史局에서 편찬 체제를 고쳐 21기紀로 나누어 천황 세차를 대신했다. 이것을 제2고稿라 한다. 이때 뒤섞여서 복잡한 사물은 조리에 맞게 했는데 결점과 실수도 함께 보였다. 그런 까닭으로 또 보정하여 메이지 21년 제국대학 편년사편찬괘編年史編纂掛에서 다시 장을 구분하고 항을 나누어 새롭게

『국사안』이라 이름 붙였다. 이것을 제3고라 한다. 아직 완전하지 않다고 할지라도 대학에 새로 국사과를 설치했으나 응용할 사편史編이 없으므로 원고본을 활판으로 만들어 수업의 자료로 삼았다.

이에 따르면『국사안』으로 성립하기까지는 세 단계를 거쳤음을 알 수 있다. 먼저 원래 편찬 계기는 메이지 10년(1877년)에 파리 만국박람회 사무국으로부터의 요청이었으며, 그래서 태정관 수사관에서 편찬한 것이『일본사략』이었다. 이어서 두 번째로 메이지 18년(1885년) 내각 수사국에서 천황 세차에 맞춰져 있는『일본사략』의 서술을 신화 시대부터 메이지 시대까지를 21기로 구분하는 서술로 고쳤다고 한다. 그리고 세 번째로 메이지 21년(1888년) 도쿄제국대학의 편년사편찬괘에서 편별 구성을 가다듬어『국사안』이라 이름을 붙이고 국사학과 교과서로 썼다는 것이다.

이로써 근대 일본에서 나온 최초의 통사가『일본사략』이며, 편찬 계기는 파리 만국박람회 사무국으로부터의 요청이었음이 판명되었다. 그렇다면 앞에서 본『고본 일본제국 미술약사』와 같은 경위를『일본사략』에 적용시켜보는 것도 가능하다. 아니, 정확하게는『고본 일본제국 미술약사』가『일본사략』을 본떠서 편찬되었다고 말해야 할 것이다. 어쨌든 중요한 것은 '일본사', '일본 미술사' 모두 편찬 계기는 외부에 있었으며 당초부터 일본인 독자를 대상으로 해서 쓴 것이 아니라 서양인에게 제시할 만한 일본사, 일본 미술사로서 새롭게 창출해야 했던 사정이 있었다는 점이다. 바꿔 말하면 서양의 시선이 없었다면 그것들은 처음부터 성립하지 않았다. 그러한 시선을 받는 가운데 일본의 역사나 미술의 연원이 문제가 되었다.

그런데『국사안』에 대해 흥미로운 것은 초고인『일본사략』의 단계에서 천황 세차에 "제도·학예·민업·풍속·물산 등 사물의 기원과 연혁을 쓰는" 서술 스타일이 취해졌다는 점이다. 또 제3고인『국사안』의 서두

　　　　　　　　　　제1부 국민국가 이야기

를 장식하는 것은 진무^{神武} 천황 이래 당시 천황인 메이지 천황에 이르는 역대 천황의 휘^諱·칭호·궁호^{宮號}·재위 연수·연호·향년·산릉^{山陵}·모친·후비^{后妃}를 열거한 '역조 일람^{歷朝一覽}'이었다는 점이다. 즉 '만세일계^{萬世一系}'는 일본 국민이 아니라 서양에 먼저 보여주지 않으면 안 되었던 것이다.

그러한 자세의 한 부분은 이토 히로부미^{伊藤博文}가 모든 천황릉을 확정하려 한 경위를 말하는 다음 문장이 잘 전해준다.

조약 개정 논의가 일어났을 때 백작 이토 히로부미는, 만세일계의 황통을 삼가 받드는 제국^{帝國}이면서 역대 산릉의 소재가 아직 분명하지 않은 것이 있다는 사실은, 열국에게 외교상의 신의를 잃기 때문에 속히 이를 검토해서 국체의 정화^{精華}를 국내외에 선양하지 않으면 안 된다고 생각했다.[『明治天皇紀』 메이지22년(1889년) 6월 3일조]

즉 "만세일계의 황통을 삼가 받드는 제국"으로서는 "역대 산릉의 소재"에 조금도 불분명한 점이 있어서는 안 되며, 이토에게 그 불비^{不備}는 곧 '조약 개정 논의가 발생했을 때' 서양 열강에게 외교상의 신의를 잃는 것으로 인식되었다.

2. '일본사'의 창출

이토 히로부미는 불평등조약 개정을 위해서는 "만세일계의 황통을 삼가 받드는 제국"으로서의 외관을 갖추어야 한다고 강하게 의식했는데, 거기서 주목되는 것은 메이지 시대 초기에 입헌국가로서 출발할 즈음에 황실 제도를 어떻게 정비해나갈 것인가를 이토와 마찬가지로 부심했던 이와쿠라 도모미^{岩倉具視}라는 인물이다.

이와쿠라는 황실 제도의 입안에 더할 나위 없는 정치력을 발휘했다고 한다. 그는 국제 사회에서 서구에 비견하는 선진국이 되기 위해서는 황실 의례의 구상, 특히 '구관舊慣' 보존책이 불가결하다고 하는 야나기와라 사키미쓰柳原前光[13]의 의견을 받아들여, 1883년 '교토 황궁 보존에 관한 의견서'를 가지고 '구관' 보존책을 전개했다.[14] 여기서 말하는 '구관'이란 에도 시대 말까지 행해지던 의례를 그대로 부활시키는 것은 아니었다. 왜냐하면 야나기와라의 의제儀制[15]는,

> 고유의 예禮를 채택하여 우리 황실 관례에 바탕이 있음을 드러내고, 그리고 외국 가운데서도 특히 오스트리아와 러시아 같은 제국帝國의 예例를 참작하여 외교에 편리하게 하고 시세에 따라 변통할 것(「岩倉具視文書」)

이라고 말했듯이, 무엇보다 "외교에 편리하게 하고 시세에 따라 변통"하는 것이 추구되었기 때문이다. 홉스봄Eric Hobsbawm이 말하듯이 전혀 새로운 목적을 위하여 오래된 재료를 가지고 참신한 형식의 '전통'을 창출[16]하는 것이 지향되었다고 할 수 있다. 그러한 재료는 '진무神武 창업 이래의 역사를 가진 황실'에 충분히 축적되고 저장되어 있어 입수하기 쉬웠다.

그런데 이제까지 살펴본 바를 돌이켜보면, 『국사안』 집필자 가운데 한 사람인 구메 구니타케, 역대 천황릉의 소재를 '속히 검토'하도록 제언한 이토 히로부미, '구관' 보존책에 진력한 이와쿠라 도모미 세 사람에게 공통되는 점은 서양의 시선을 견딜 수 있는 근대국가의 외관을 어떻게 정비하는가 하는 것에 있었다고 말할 수 있다. 그렇다면 그들이 이러한 행동을 하도록 몰고 간 것은 무엇이었을까?

그래서 상기되는 것이 그들이 함께 참가한 1871년의 견미구사절단遣米歐使節團이다. 이와쿠라 도모미를 특명전권대사로 삼아 당시 정부 핵심 관료의 반을 차지하는 46명의 관료와 유학생·수행원으로 이루어진 백여 명의 사절단은 1871년 12월 23일 요코하마항을 출발하여 1년 10개월에 걸쳐 미국·유럽의 12개국을 순방했다. 사절단의 주요 목적은 이미 국교

가 있는 나라를 순방하여 각국의 원수에게 국서를 바쳐 방문의 예를 갖추는 동시에 조약 개정의 예비 교섭에 들어가는 것이었다. 그 사유서를 보아도 조약 개정이라는 절실한 과제를 안고 문명화된 국민국가의 모든 외관을 정비하는 것이 선결 과제였던 사정을 엿볼 수 있다.[17]

그렇게 보면 이와쿠라 도모미, 이토 히로부미, 구메 구니타케 세 사람에게 구미 시찰이라는 공통의 체험이 있었음은 무시할 수 없는 사실이다. 이러한 경험이야말로 그 후의 일본사, 일본문화의 창조와 연관이 있다고 추측되기 때문이다.

견미구사절단에 관여했던 그들의 사명감은 여러 가지 표상을 낳게 되는데, 그 예로서 먼저 이와쿠라 도모미가 찾아낸 '견수사遣隋使', '견당사遣唐使'를 들고 싶다. 이와쿠라는 그의 『휴대수첩携帶手帳』 중의 한 절(「遣隋唐使竝學生之事」)에서 다음과 같이 썼다.

> 스이코推古 15년(607년) 처음으로 견수사를 파견하고 나서부터 지금에 이르기까지 1265년이 된다.(宮內廳書陵部 소장 문서)

즉 자신들의 견미구사절단을 고대에 수·당으로 파견한 사절까지 거슬러 올라가 자리매김한 것이다.[18] 오늘날 일본 고대의 대외관계사는 견수사, 견당사를 제쳐놓고는 말할 수 없다. 더욱이 그것은 '대등 외교'라는 용어와 밀접하게 결부시켜 이야기하는데, 그러한 대외관계사의 해석 도식은 서양 열강과 맺은 불평등조약을 개정하고자 하는 이와쿠라의 사명감이 고대 일본과 중국과의 관계에 투영됨으로써 초래된 역사적 산물이었다.[19] 견당사에 편중하는 고대 일본의 대외관계사는 이러한 배경을 가지고 창출된 것이다.

다음으로 들 수 있는 것은 에도 막부의 붕괴와 함께 일단 단절된 것처럼 보였던 '노能'[20]를 구메 구니타케가 국가 문화재로서 재생시킨 예이다. 구메는 나중에 이와쿠라 도모미의 살롱에서 노 부흥 사업의 사무를 담당하게 되는데, 구미 시찰 이전에는 노에 흥미도 없고 일정한 견해조차 가지고 있지 않았다고 한다.[21] 그러한 구메가 유럽의 궁전에 장엄하고 화려한 오페라 극장이 있는 것을 보고 국민 오락의 필요성을 절실하게 느끼면서 노의 예술적 가치를 깨달았다고 하며, 또 뒷날 구미 시찰에서 얻은 견문이 노 보존 운동의 동기가 되었다고 한다.[22] 구메와 같이 노를 보는 시선의 전환이 있고 나서 비로소 노가 재생되고, 일본문화의 중추에 위치하는 예술로서 일본에서 가장 고상한 연예로 변신해나갔던 것이다.[23] 그 때문에 현재의 노에 대한 평가는 메이지 시대 초기 서양과의 접촉 없이는 있을 수 없다고 할 수 있다.

불평등조약 개정이라는 국가적 사명은 우선 서양 선진국에 비견할 만한 황실의 권위를 신장시켜야 한다는 욕망을 북돋웠다. 동시에 모든 것은 서양의 외관과 비슷하게 창출되어야 한다고 강박적으로 의식하게 되었다. 가상된 서양적인 것과의 낙차에 의해 자국의 동일성을 설정하고 서양에 대한 모방과 그에 대한 반발의 역학에서 자국의 역사를 만들어내려는 기도企圖[24]가 단숨에 가동되기 시작했다. 거기서는 철저하게 서양의 방식이 참조되고, 그에 대한 모방과 대조 속에서 일본사와 전통문화가 창출된 것이다.

3. '일본사'의 정착

서양의 시선에서 표상된 전통은 일단 창출되고 나니 국민 사이에 정착하는 것도 의외로 빨랐다. 그리고 '전통'은 그 이후 사람들에게는 예부터 면면히 이어져온 것으로서 믿어 의심치 않게 되었다.

여기서는 그와 같이 창출된 전통이 급속하게 공유되어간 1900년 전후 시대 상황에 주목해보기로 하자. 특히 중요한 것은 조약 개정이 일단락되는 이 무렵 '일본인'이라는 법적 근거가 정비되거나 '우리 일본인'

의식이 고양된다는 점이다. 예를 들어 19세기 말 서양 열강이 일본에 대해 조약 개정의 담보로 일본 국내의 거류지 철폐와 외국인의 여행·거주·영업의 자유를 승인해줄 것을 요구한 것이 계기가 되어 '내지 잡거內地雜居 문제'가 거국적인 관심사가 된다. '내지 잡거'란 내지, 즉 일본열도 내에 일본인뿐만 아니라 외국인이 자유롭게 거주하거나 여행하는 것이며, 이로 인해 야기될 여러 문제를 어떻게 해결해가는가 하는 것이 논의의 대상이다. 그들과 잡거하는 사태가 임박하자 부득이 '우리'와 '그들'을 구별할 필요가 생겨난 것이다.

요컨대 '내지 잡거 문제'를 현실적인 과제로서 검토하는 과정에서 '일본인'과 '외국인'을 준별할 필요성이 생겨나고, 이로 인해 국적법이나 외국인 재류 관리에 관한 법률이 1900년을 전후해서 공포되었으므로, '우리 일본인'이라 말하는 것은 엄밀하게 말하면 채 100년도 되지 않은 셈이다.

어쨌거나 더 중요한 것은 마치 이와 부합하듯이 메이지 시대 전반기에는 거의 사용되지 않았던 '민족'이라는 말이 'nation'의 번역어로서 사용되고, 마침내 동조동족同祖同族을 함의하는 용어로서 급속하게 보급되는 것이 청일·러일전쟁을 거치는 시기였다는 사실이다.[25]

'민족'이라는 말이 확대되어가는 데 있어 간과할 수 없는 커다란 사회 변화는 신문과 잡지의 급격한 보급이었다.[26] 이른바 신문의 택배 제도는 세계에서 유례없는 근대 일본이 낳은 독자적인 시스템인데, 그것은 러일전쟁을 치르는 가운데 확립되었다.[27] 이로써 신문이라는 미디어가 국민의식을 광범위하게 장악하게 되는데, 출판 자본주의가 점점 더 많은 사람으로 하여금 전혀 새로운 방식으로 자신에 대해 생각하고 또 자기와 타인을 관계 짓는 것을 가능하게 만들었다.[28] 우리 일본인이라는 상상의 공동체를 창출하는 데에 청일·러일전쟁 시기의 신문이 맡은 역할을 경시할 수 없다.

죽음의 정보를 상품화한 신문이 국민 사이에 이제까지 없던 형태로 파고들어 이윽고 새로운 전개를 보이게 된다. 상징적으로는 러일전쟁 종결 후인 1907년에 나쓰메 소세키夏目漱石[29]가 도쿄대학 교사에서 아사히 신문사朝日新聞社로 스카우트되는 형태로 나타났다. 그 배경에는 대량 발행을 위해 설비 투자를 계속한 신문사가 러일전쟁의 종결로 상품으로서의 전쟁 정보를 잃어버렸기 때문에 생사를 걸고 이번에는 소설을 태평양전쟁 패전 후 신문 경영의 주력 상품으로 삼으려 한 전략이 있었다.[30]

이처럼 당시 서구 열강과의 다양한 수준의 접촉이나 대외 전쟁이라는 과정 없이는 창출되고 얼마 되지 않은 '전통'의 공유는 있을 수 없었던 것이다. '우리' 의식이 고양되는 가운데 '일본 민족'의 역사나 '일본문화'의 전통이 국민 사이에서 널리 이야기되면서 정착하여 그 발생 유래를 묻는 일은 완전히 없어졌다.

4. '일본사'의 잔영

제2차 세계대전 후 일본 역사학 연구에는 종래의 황국사관으로 대표되는, 즉 일본사를 일본열도 내에 고립시켜 자기완결성을 강조하는 역사관을 깊이 반성하게 되었다. 그런 가운데 일본사를 세계사에 자리매김하기 위해 제창된 것이 니시지마 사다오西嶋定生의 '동아시아세계론'이다.[31] 니시지마는 전근대의 일본사를 세계사적으로 이해하는 방도로서 일본 국가의 형성이 동아시아 세계 속에서 실현되었음을 보이고[32] 일본사를 동아시아 역사 속에서 구상하기 위해 동아시아세계론을 제창했다.[33]

니시지마에 따르면 일본사는 동아시아 세계 속에서 구상되어야 하며, 독자적인 일본문화라고 생각되는 여러 문화는 동아시아 세계의 추이와 관련하여 발생한 것으로, 그것은 일본문화에만 국한되지 않고 동아시아 세계에 포함된 여러 민족문화가 모두 그렇다고 한다. 특히 동아시아 세계 속에서 일본문화의 자리매김에 대해 논한 다음 문장에는 니시지마의 기본적인 생각이 드러나 있어 흥미롭다.

> 말하자면 일본 역사에 있어 중국은 문화의 공급원이었는데, 일본은 그것
> 을 흡수하면서도 중국 역사의 움직임과는 직접 관련 없이 자기의 역사를
> 전개했다. 말할 나위도 없이 우리나라의 문화는 때때로 조선 혹은 중국에
> 서 가지고 오면서도 그 문화가 그대로 정착한 것이 아니라 재래 문화와 융
> 합하여 독자의 문화를 창생創生했다. 그중에서도 10세기 이후 대륙과의 정
> 식 교섭이 두절되자 그에 따라 국풍國風 문화가 성립되었음은 잘 아는 바이
> 다. 또 가마쿠라鎌倉[34] 불교의 성립이든 혹은 무로마치室町 시대[35] 이후의 노
> 能·교겐狂言[36]이나 다도茶道·화도華道, 나아가서는 에도 시대의 하이쿠俳句[37]·가
> 부키歌舞伎[38]든 그것들은 일본 독자의 문화로서 성립한 것이라는 점에는 여
> 러 말이 필요 없을 것이다.[39]

이러한 주장을 볼 때면 이와 같은 이야기가 오늘날의 우리에게 가져
다주는 것은 도대체 무엇인지 묻지 않을 수 없다. 니시지마는 일본사,
일본문화를 고립화하여 자기완결적으로 보는 것이 아니라, 동아시아 세
계라는 광역의 세계 속에서 그 전개상을 파악하는 것을 지향했다. 그러
나 앞에서 든 문장을 살펴보는 한 그러한 시도가 반드시 성공했다고는
간주하기 어렵다.

우선 첫째로, 니시지마의 저작에서 고대부터 현대에 걸쳐 종횡무진
사용되는 "우리나라의 문화", "일본 독자의 문화", "일본 고유의 문화",
"독자적인 민족문화", "일본문화의 개성적 성격", "일본 독자의 창조물"
등과 같은 용어에 당혹감을 느끼지 않을 수 없다. 이미 살펴본 바와 같
이 "우리나라의 문화", "일본 독자의 문화"란 메이지 시대 초기에 서양
의 시선 속에서 발견되고 창출된 것이다.

분명히 니시지마는 그것들을 동아시아 세계 속에서 자리매김해야 한
다고 역설하지만, 그로 인해 초래되는 것은 오히려 메이지 시대 초기에

창출된 전통문화를 동아시아 세계라는 새로운 무대에 재등장시킴으로써 발생하는 새로운 차이의 창출이라는 사태임에 틀림없다. 그것은 일본사, 일본문화의 독자성과 고유성의 재생산이라고 해야 할 것이다.

둘째로, 동아시아 세계 속에서 일본문화가 지니는 독자성으로서 '국풍문화', '가마쿠라 불교', '노', '교겐', '다도', '화도', '하이쿠', '가부키' 등이 열거되는 점에 대해서이다. 예를 들어 이 가운데 '노'는 이미 살펴본 바와 같이 구메 구니타케가 서양의 시선을 받고 새로이 발견, 재생한 것이다. 나머지도 노와 마찬가지로 서양의 시선과 연관 없는 채 현재에 이르기까지 '독자성'을 띠는 것은 거의 없다. 그런데도 그것들을 동아시아 세계에서의 일본 독자성의 표상으로서 새삼스럽게 들고 나와 동아시아 세계 속에서 일본의 특이성을 강조하는 것은 어떤 의미인가?

셋째로, 이와 관련하여 유의해야 할 것은 니시지마의 동아시아세계론에서는 동아시아 여러 지역의 역사와 일본사가 새로운 관계를 맺는 것은 결코 문제 삼지 않는 특이한 관점에 대해서이다. 이를테면 무엇 때문에 중국사를 배우는가 하는 물음에 대해 니시지마는 중국의 전근대가 가진 의미를 다음과 같이 한정한다.

> 일본 민족의 형성과 전개가 어떻게 중국사와 관련되는가 하는 범위 내에서 중국사를 배우는 의미를 생각하기로 하고, 따라서 그 경우의 중국사란 전근대사에 대한 것이며 더욱이 그중에서 그것이 일본사에 어떤 의미를 가지는지를 생각해보고자 한다.[40]

앞에서 인용한 문장과 마찬가지로 일본사, 일본문화라는 것이 선험적으로 성립되어 있고, 그것과의 대조로서 중국사, 중국문화가 상정되었다. 이미 말한 바와 같이 일본사도 일본문화도 그 성립 과정은 서양의 시선 속에서 서양과의 대항 관계에서 창출된 것이다. 그러한 일본사, 일본문화의 발생 유래를 살펴보지 않고 일본사와 중국사가, 일본문화와 중국문화가 전제 없이 대비되는 경우에는, 동아시아 세계라는 것이 설정된다 하더라도 거기에 드러나는 것은 일본사의 고유성, 일본문화의 독자성이며, 결국 일본은 일본이라는 자기 반복만이 있는 것이 아닐까?[41]

동아시아세계론 속의 일본사는 근대 일본이 서양의 시선에 의해 창출한 '일본'이라는 잔영을 짙게 내재한다. 니시지마가 지적한 대로 역사를 배우는 것은 미래를 지향하기 때문에 과거로 눈을 돌리는 실천적 행위라고[42] 한다면, 일본에서 국민국가 형성의 획기적인 시기였던 19세기 말, 20세기 초부터 100년이 지난 현재는 당연히 100년 전과는 다른 미래가 지향되지 않으면 안 된다. 따라서 동아시아 세계 속의 일본사에 내재하는 잔영과도 확실하게 결별을 고해야 하지 않을까?[43]

제3장 삼한정벌

고대 한반도 지배 담론

머리말

오늘날에도 한국과 일본에는 근현대사 못지않게 고대 한일 관계사에 관심을 가지는 사람이 많다. 예를 들어 일본에서는 고대 일본이 한반도를 먼저 지배했고 그 이후 고대 한반도의 여러 나라는 거듭해 일본에 조공을 해왔음을 강조한다. 이는 근대 이후에는 '국민적' 상식이 되었다. 그런데 1972년에 이러한 고대 일본의 한반도 지배를 학문적으로 뒷받침한다고 여기는 광개토왕비(414년 건립)가 일본 육군에 의해 개찬改竄되었다는 주장이 학계에서 제기되자[1] 주요 신문사는 이를 1면 기사로 보도했다. 그 후 비문에 그려진 내용, 즉 4세기에서 5세기 초반까지 왜의 세력이 한반도에서 어떠한 활동을 전개했는지에 대해 오랫동안 '국민적' 관심을 모았고 신문이나 텔레비전 역시 그 동향을 계속해서 보도했다.

한편 이와 반대로 한국에서는 고대 시기 한반도에서 일본열도로 건너간 사람들이 선진적 기술과 문화를 전달했다고 하는 데에 그치지 않고, 지배자 집단이 한반도에서 건너가 일본의 지배자 집단을 형성했다고 믿는 사람들이 적지 않다. 한국의 텔레비전 방송국 각 사는 매년 일본열도의 도래인 유적 취재를 반복하고 이를 선조들의 발자취라고 방영한다. 이렇듯 한국과 일본에서는 고대 한일 관계에서 어느 쪽이 우세했는지가 대중의 큰 관심 대상이 되어왔다.

그런데 여기서 주목할 점은 일본의 경우 고대 한반도 지배의 담론이 근대 이후에 이르러 갑자기 등장한 것이 아니라는 사실이다. 8세기 초에 『고사기古事記』, 『일본서기日本書紀』가 편찬된 이래 일본열도의 지배자 집단뿐 아니라 많은 사람도 먼 옛날 진구神功 황후[2]가 삼한(한반도 남부)을 '정벌'하고, 신라·백제·고구려 삼국이 그에게 복속을 맹세했음을 기점으로 하여 때때로 한반도와 일본 사이에 일어나는 현실적 문제를 다루려고 했으며, 이러한 담론은 때로는 떠오르기도 하고 사라지기도 했지만 1200년 이상에 걸쳐 되풀이해서 계속 이야기되었다.

이와 같은 긴 과거 역사 위에 세워진 근대 일본의 역사학은 진구 황후가 정벌한 삼한 땅에 임나일본부라는 통치기관을 설치해 200년에 걸쳐 통치했다는 것을 사실史實로 인정하고, 이를 역사 교육을 통해 유포해서 '국민적' 상식으로 여기게 했다. 진구 황후의 '삼한정벌'과 '임나일본부'에 의한 고대 한반도 지배는 일본의 국민적 정체성의 중핵적 요소가 되어 한국에 대한 우위성을 내세우는 역사로서 큰 역할을 해왔다. 그리고 그 이미지가 근대 일본의 국민의식 형성에 결정적 영향을 끼쳤다고 해도 지나치지 않다.

그런데 1945년에 한국이 식민지 지배에서 해방되자 한국, 북한, 일본의 학자들에 의해 고대 일본의 한반도 지배가 부정되었을 뿐 아니라 과거 고대 시기 일본열도에서 한반도에 끼친 정치적 지배의 벡터가 역전되어 반대로 한반도에서 일본열도로 건너간 집단이 고대 일본의 지배자가 되었음을 강조하게 되었다. 그것은 해방 후 한국과 북한의 국민적 내지 민족적 정체성 형성에 큰 영향을 끼쳤다.

고대 한일 관계사는 고대의 문제로 그치지 않고 근현대에도 '국민'의 기억으로 반복되었으며, 그 인식을 둘러싸고 일본 국내에서, 그리고 동시에 한국, 북한, 일본의 연구자들이 장기간에 걸쳐 논쟁을 거듭했다. 그러한 논쟁의 기점은 '진구 황후의 삼한정벌'이며, 그중에서도 특히 삼한정벌을 둘러싼 역사 연구와 이데올로기의 투쟁이 주의를 끌었다.

1. 진구 황후의 삼한정벌 설화와 그 변주

이른바 진구 황후의 삼한정벌 설화는 『일본서기』에 대략 다음과 같이 전한다.

　'주아이仲哀 천황이 즉위 9년(199년) 구마소熊襲[3] 일족을 무찌르려 지쿠시筑紫에 갔다가 갑자기 급사하는 바람에 이듬해에 진구 황후가 섭정하게 되었다. 황후는 주아이 천황 생전에 신내림을 받았는데, 구마소를 치기 전에 신라를 치면 구마소도 자연히 항복할 것이라는 신탁信託을 받았기 때문에 보물이 많은 나라를 찾아 신라를 치기로 했다. 황후는 여러 나라의 선박을 모아 전쟁을 준비한 다음, 손수 부월斧鉞을 들고 삼군에 명령하여 신라로 향했고 바람, 파도, 큰 물고기들의 도움을 받아 순식간에 신라에 이르렀다. 배를 실어 나른 파도가 신라에 넘치게 다다르자 신라 왕은 두려워서 항복했고, 그 이후 신라 왕은 말 조교調敎나 사육 같은 비천한 일을 맡아서 선박의 키를 말릴 사이도 없이 말빗과 채찍을 헌상하고 남녀를 바쳐 신하의 예를 취하기로 맹세했다. 신라 왕은 재물을 배 80척에 싣고 일본 군대를 따르게 했다. 후에 신라 왕이 항상 조공물 80척을 일본에 헌상한 것은 이 고사에서 유래한다. 이때 고구려 왕과 백제 왕은 신라가 일본에 복속했다는 소식을 듣고 스스로 일본 진영에 찾아와 머리를 땅에 대고 신하가 되어 조공을 그치지 않겠다고 맹세했다. 그래서 그 땅에 조정의 직할 영지를 정하고, 이를 삼한이라고 일컬었다.'

　이러한 내용을 담은 삼한정벌 설화는 오늘날에는 사실史實과 무관하며, 설화 대부분이 7세기 이후에 형성되었다고 본다. 더욱이 진구 황후의 실재성조차 부정되고 있다. 그 이유는 우선 진구 황후가 주아이 천황 사후에 정치·군사의 실권을 쥐고 신라를 토벌하다가 임신해 귀국했고, 이후 태어난 오진應神 천황의 섭정으로 오랫동안 정치를 장악하여 여제女帝처럼 그려지지만, 이러한 현상은 스이코推古 천황 즉위 이전에는 없었다. 또 스이코 천황 이후에 나타난 여성 천황, 즉 고교쿠皇極 천황, 사이메이齊明 천황, 지토持統 천황이 남편 사후에 황태자가 성장할 때까지 황위에 있었던 경우가 많기 때문에 이들을 모델로 구상한 인물일 것이라고 본다.[4]

　설화에서 황후가 손수 원정군의 지휘를 담당한 것은 사이메이 천황이 7세기 중엽에 백제에 구원병을 보내 신라를 공격하기 위해 북규슈北九州에 출정한 것이 유일한 사례인데, 이런 사이메이 천황의 사례가 진구 황후의 군사행동 이야기에 투영되었다고 본다. 나아가 일본풍의 시호나 계보에 대한 의문 등으로 보면, 7세기 이후 여제를 모델로 한 인물상이 점차 형성되었으며, 최종적으로 『고사기』, 『일본서기』 편찬자 손에 의해 윤색되고 조작이 더해져 이 이야기가 완성되었다고 본다. 그리고 이러한 골격이 고착화된 것은 673년부터 697년 전후의 신라와 일본의 관계가 배경에 깔려 있다고 한다.[5]

　실제로 이 시기에는 신라와 일본 사이에 35회의 공적 사절이 왕래했을 뿐만 아니라 백제·고구려 멸망 후의 혼란과 당과의 전쟁 문제를 떠안고 있던 신라는 일본과의 외교 교섭에 저자세를 취하지 않을 수 없었고 멸망한 고구려의 후예를 동반하고 조공도 했다.

　8세기에 이르러 신라는 당과 긴밀한 외교 관계를 맺고 종전의 저자세 외교를 고치려 했지만, 일본 측은 위에 서술한 바와 같이 『일본서기』에 기술된 진구 황후의 고사를 내세워 그에 따른 외교를 집요하게 요구했다. 예를 들어 752년 신라 사절인 왕자 김태렴金泰廉 일행이 헤이조쿄平城京를 방문했을 때도 고렌孝廉 천황은 김태렴에게 "신라가 일본에 공봉供奉한 것은 진구 황후가 신라를 평정한 이래의 일이며, 지금까지 계속 우리나라를 지키는 번병藩屛의 나라가 되었다. 그런데 신라의 이전 왕들은 언행이 태만하고 항상 지켜야 할 예의를 결여했다. 사자를 파견해 그 죄를 물으려 했는데 그사이 신라 왕이 이전의 잘못을 후회하며 스스로 내조來朝하고자 바랐다"라고 말했다고 한다.(『속일본기續日本紀』 제18권).

　이러한 『고사기』, 『일본서기』에 의해 완성된 삼한정벌 설화는 8세기에는 일본 지배층에게 널리 수용되었다. 위의 사건과 동시대의 한시집

『회풍조懷風藻』나 가집歌集『만엽집萬葉集』에도 진구 황후의 신라 정벌을 기리는 전승이 노래로 전한다.[6]

진구 황후의 삼한정벌에 대한 기억은 9세기가 되면서 신라의 조공이 끊어지고 일본의 국력이 쇠약해지는 상황을 배경으로 변화한다. 즉 삼한정벌에 원한을 품은 '적국' 신라의 침공을 두려워하면서 그 불안을 불식하는 의미에서 삼한이 진구 황후에게로의 귀복歸服을 보장하는 천지신기天地神祇의 영위靈威에게 귀의한다는 위기의식 속에 신라 상像이 그려진다. 이는 신라가 진구 황후로부터 '은의恩義'를 입었으면서도 반대로 원한을 품었다는 신라관新羅觀이다. 이 무렵에 실제로 조공하지 않는 신라의 현저한 외교 자세가 일본의 지배층에게는 진구 황후의 '은의'를 업신여기는 태도로 비쳤다. 여기에는 무력 발동의 주객을 역전시켜 어디까지나 진구 황후의 고사에 기인하여 현실을 담론화하려는 점이 9세기 이후의 특징이라는 지적이 있다.[7]

더 시대를 내려와 13세기 말의 원구元寇, 이른바 몽고 내습으로 일본이 두 번에 걸쳐 원나라 군대의 공격을 받자 삼한정벌에 관해 새롭게 변주된 기억이 만들어진다. 즉 원구를 격퇴한 뒤에 이와시미즈 하치만샤石清水八幡社의 신관神官이 외국을 격퇴한 신덕神德을 강조하며 막부의 은상恩賞을 받으려는 목적으로 작성한『하치만구도쿤八幡愚童訓』[8]이 그것이다. 이에 따르면, 주아이 천황 시대에 이상한 형상을 한 '진린塵輪'이란 자가 일본에 내습했으므로 주아이 천황은 진구 황후와 함께 5만 병사를 이끌고 싸우러 갔다가 그만 날아오는 화살을 맞아 죽었다. 삼한의 대군 침입이 가까워짐을 안 진구 황후는 바다를 건너 삼한의 적을 멸했다. 외국의 왕과 신하는 이후 일본의 '개'가 되어 일본을 수호하고 매년 연공을 상납할 것을 약속하자, 황후는 활로 '신라국의 대왕은 일본의 개다'라고 쓴 뒤 귀국했다.[9]

원나라 군대의 공격이라고 하는 대외적 위기 속에서 진구 황후 전설은 외국의 공격을 받자 복수를 위해 출정한 것으로 내용을 고쳤는데, 여

제1부 국민국가 이야기

기에는『일본서기』에 나타난 삼한정벌의 목적, 즉 '보물이 많은 나라'를 찾아 획득하는 경위는 전혀 언급되지 않는다. 게다가 신라 왕은 '개'로 취급된다. 또 진구 황후가 출병할 때 오진 천황을 임신 중이었다고 전해지는데, 오진 천황을 모시는 하치만八幡 신사神社는 하치만 신앙의 침투와 함께 전국 각지에 건립되었고, 이들 신사에서 작성한 유래에는 대부분 진구 황후 설화가 포함되어 있다. 대략적인 내용 구성은『하치만구도쿤』을 답습했다고 한다.[10]

원의 침공을 받은 후 3세기가 지난 16세기 말 두 번에 걸친 도요토미 히데요시豊臣秀吉의 조선 침략(임진왜란, 정유재란) 때에는 히데요시의 군세軍勢 자체가 진구 황후의 설화를 강하게 의식했다고 전해진다. 예를 들어 히데요시 일행은 교토에서 규슈의 나고야名護屋[11]로 가는 도중에 나가토노쿠니長門國府에서 진구 황후 및 주아이 천황의 사당에 배례했다. 더욱이 히데요시뿐 아니라 그의 부하인 나베시마鍋島, 마쓰우라松浦, 가토加藤, 조소카베長宗我部, 시마즈島津 등 각 다이묘大名에 종군한 가신들이 편찬한 기록에도 공통으로 진구 황후 설화가 들어간다. 진구 황후의 정복을 선례로 해서, 황후 이래 일본에 보내와야 할 조공물이 근년 중단된 것을 유감으로 여기고 그 부활을 내걸며 이때의 침략을 정당화했다. 또 무사단에 전설이 침투된 것은 히데요시 측에서 일방적으로 주입해서가 아니라, 규슈 각지를 중심으로 무사단의 토착 신앙이자 정신적 유대인 하치만 신에 대한 신앙이 기반이 되었고, 군신群神인 하치만 대보살八幡大菩薩에 대한 신앙은 진구 황후 설화를 따른 데 기인한다.[12] 히데요시의 군세가 가진 의식에 진구 황후 설화는 커다란 그림자를 늘어뜨리고 조선을 침략 대상으로 삼는 인식을 강화한 것이다.

히데요시의 조선 침략 이후 진구 황후 설화가 대중에까지 공유된 계기로서 간과할 수 없는 것은 에도江戸 시대의 조루리浄瑠璃나 가부키歌舞伎이다. 그중에서도 조루리 작가인 기노 가이온紀海音(1663~1742)의 〈진구 황후 삼한책神功皇后三韓責〉은 각본이 남아 있어 근세 민중 사이에서 진구 황후 설화가 여러 형태로 널리 퍼졌던 요인을 엿볼 수 있다. 이것은 1719년에 오사카 도요타케자豊竹座에서 초연되었는데, 이야기의 전반은 진구 황후가 주요한 무사를 데리고 삼한정벌을 위해 자리를 비운 사이에 주아이 천황의 아들 오시쿠마노 미코忍熊皇子가 모반을 꾀해, 이를 다케우치노 스쿠네武內宿禰[13]가 저지한 내용이며, 후반에는 삼한정벌이 등장한다.

특히 주목할 점은 다케우치노 스쿠네에 초점이 맞춰졌다는 사실이다. 『일본서기』에 따르면, 다케우치노 스쿠네는 게이코景行 천황, 세이무成務 천황, 주아이 천황, 오진 천황에게 약 200여 년간에 걸쳐 출사하여 천황의 정치를 보좌한 대신의 모범으로 칭송받았다. 그럼에도 『일본서기』의 삼한정벌에는 다케우치노 스쿠네가 직접 관여한 기사가 없다. 오히려 다케우치노 스쿠네의 군공軍功이란 삼한정벌에서 황후의 부재중에 일어난 오시쿠마노 미코의 모반을 평정한 공적이며, 이것이 황후 섭정 시대에 다케우치노 스쿠네가 군사적으로 보필했다고 특필하는 이유이다.

그런데 근래 에도 시대의 한일 관계는 통신사를 통해 조선 국왕과 막부 쇼군將軍 사이에 대등하면서 평화적 관계가 유지되었다는 점이 강조된다. 실제로 통신사를 지식인이나 민중이 경의의 시선으로 맞이한 사실은 여러 일화를 통해서도 이야기된다. 그러한 일면이 없었던 것은 아니지만, 당시 위정자나 국학자 등 지식인의 조선관朝鮮觀에는 그것과 다른 면모도 있었다. 진구 황후의 삼한정벌이 자주 그들의 논의 대상이 되고, 한반도 여러 나라가 일본에 조공했다는 『일본서기』의 기록을 전제로 조선을 조공해야 할 속국으로 보는 견해가 실재했다.

또 통신사가 일본에 갈 때마다 이를 구경하기 위해 화보를 넣은 행렬 해설서가 출판되었는데, 그것으로 서민들도 전혀 다른 기억을 공유했다. 1만 부 이상 발행되었다고 추정되는 행렬기[14]는 진구 황후 전설의 해설로 시작되며, 황후의 삼한정벌 이후 한반도에서 일본에 조공을 바쳤고, 도중에 중단되었지만 히데요시의 출병에 의해 조공이 재개되었다고 하여 그러한 연장선상에서 통신사를 자리매김했다. 통신사의 행렬은 그러한 지식을 몸에 익힌 서민들이 볼 때 삼한 이래의 조공사였던 셈이다.[15]

조루리나 가부키를 감상하고 통신사의 행렬을 구경하던 에도나 오사카 민중도 역시 앞서 말한 기노 가이온이나 지카마쓰 몬자에몬近松門左衛門, 나미키 쇼조並木正三 등이 묘사한 신국神國 일본 진구 황후의 삼한정벌에 갈채를 보냈다는 사실과 중첩해보면, 진구 황후의 삼한정벌은 18세기 이후 가부키, 조루리 등 당시의 미디어를 통해 서민에게도 널리 공유되었다고 보아야 한다. 무위武威로 한반도를 압도했다는 먼 고대에서 유래하는 진구 황후 설화의 기억은 근대 이전에도 광범위한 규모로 존재했음을 알 수 있다.[16]

2. 삼한정벌의 표상: 니시키에, 지폐

19세기 전반부터 메이지明治 시대에는 진구 황후의 삼한정벌을 소재로 그린 다색도 목판화 니시키에錦繪가 남아 있다. 그중에는 진구 황후와 황후를 보좌한 다케우치노 스쿠네를 두드러지게 크게 그린 형상이 적지 않다. 니시키에뿐 아니라 두 사람의 초상은 뒤에 서술하는 바와 같이 메이지 시기부터 다이쇼大正 시기의 지폐에도 등장한다.

다케우치노 스쿠네는 앞에 서술한 대로 기노 가이온의 〈진구 황후 삼한책〉 이래 황후의 섭정 시대에 군사적으로 보좌한 충신으로 특별히 다뤄지는데, 이러한 진구 황후와 다케우치노 스쿠네를 그린 니시키에는 에도 시대 말부터 메이지 시기에 지속적으로 생산되었다. 삼한정벌도와 관련한 니시키에 중에서도 그린 연대를 특정할 수 있거나 혹은 추측 가능한 것 중에는 다음과 같은 것이 있다.[17]

① 〈진구 황후 삼한퇴치도^{神功皇后三漢退治圖}〉(우타가와 구니야스^{歌川國安}, 1815~
1830년경)

② 〈다카사고 오노에 아이오이 마쓰의 유래^{高砂 尾上相生松之由來}〉(우타가와
히로시게^{歌川廣重}, 1842~1847년경)

③ 〈진구 황후 삼한퇴치도회^{神功皇后三韓退治圖會}〉(가쓰시카 호쿠사이^{葛飾北齋},
1843년경)

④ 〈명고백용전 진구 황후^{名高百勇傳 神功皇后}〉(우타가와 구니요시^{歌川國芳}, 1844
년)

⑤ 〈진구 황후^{神功皇后}〉(3대 우타가와 도요쿠니^{歌川豊國}, 1852년)

⑥ 〈다케우치노 스쿠네^{武內宿禰}〉(우타가와 구니요시, 1850년경)

⑦ 〈진구 황후 삼한정벌도^{神功皇后三韓征伐之圖}〉(우타가와 구니요시, 1850~
1860년경)

⑧ 〈진구 황후 삼한벌 수취급도^{神功皇后三韓伐隨就給之圖}〉(우타가와 사다히데^歌
^{川貞秀}, 1856년)

⑨ 〈대일본사략도회^{大日本史略圖會}〉(다이소 요시토시^{大蘇芳年}, 1879년)

⑩ 〈일본약사도해 인황15대^{日本略史圖解 人皇15代}〉(미즈노 도시카타^{水野年方},
1885년)

가장 이른 시기의 삼한정벌도인 ①은 그림 오른편 해상에는 배 위에
서 진구 황후와 다케우치노 스쿠네가 상륙한 선진^{先陣}의 전황을 바라보
고 있다. 왼편에는 왕성^{王城}이 있고 성문에는 '고려국 대왕'이라고 쓰여
있는데, 제목에 '삼한^{三韓}'이 '삼한^{三漢}'으로 잘못 표기되었다. 진구 황후의
삼한정벌을 최초로 그림 제목으로 삼은 것은 당시 야쿠샤에^{役者繪[18]}와 미
인도로 기량을 발휘한 초대 우타가와 도요쿠니의 문인인 우타가와 구니
야스라고 한다.[19]
　②는 니시키에 중앙에 개선한 진구 황후를 현재의 효고현^{兵庫縣} 아이오
이^{相生} 포구에서 다케우치노 스쿠네가 무릎을 꿇고 맞이하는 듯한 광경

① 우타가와 구니야스, 〈진구 황후 삼한퇴치도〉.

② 우타가와 히로시게, 〈다카사고 오노에 아이오이 마쓰의 유래〉.

③ 가쓰시카 호쿠사이, 〈진구 황후 삼한퇴치도회〉.

④ 우타가와 구니요시, 〈명고백용전 진구 황후〉.

⑤ 3대 우타가와 도요쿠니,
〈진구 황후〉.

⑥ 우타가와 구니요시, 〈다케우치노 스쿠네〉.

⑦ 우타가와 구니요시, 〈진구 황후 삼한정벌도〉.

⑧ 우타가와 사다히데, 〈진구 황후 삼한벌 수취급도〉.

⑨ 다이소 요시토시, 〈대일본사략도회〉.

⑩ 미즈노 도시카타, 〈일본약사도해 인황15대〉.

진구 황후의 초상화를 사용한 일본 최초의 화폐.

다케우치노 스쿠네의 초상화를 사용한 조선은행권.

을 그렸고, ③은 16연작으로 그중 한 장에는 다케우치노 스쿠네가 진구 황후 앞에서 적병의 머리를 베는 모습을 그렸다. 이는 대신^{大臣}으로서 삼한정벌 시 황후를 보좌한 다케우치노 스쿠네의 역할이 대단했음을 보여준다.

진구 황후를 단독으로 그린 ④는 칼을 차고 오른손에는 활을 쥔 진구 황후의 모습을 그렸고, ⑤는 갑옷 입은 모습으로 홀로 우뚝 서서 오른손에 활을 든 진구 황후의 모습을 그렸는데, 얼굴은 우키요에^{浮世繪}에서 볼 수 있는 에도 시대의 여성 모습이다. ⑥은 바다에 떠 있는 배 위에서 갑옷을 두른 무장들을 그린 '가토 기요마사^{加藤淸正}의 조선 침공도'인데, 뱃머리에 선 갑옷 무장의 옆구리에 세워진 깃발에는 '다케우치노 스쿠네'라고 쓰여 있다. ⑦과 ⑧에는 해변에서 갑옷을 두르고 출발하는 말에 올라탄 다케우치노 스쿠네와 말 위의 진구 황후가 그려져 있고, 주위에는 용맹하게 싸우는 일본군이 마치 근세의 전쟁 그림을 묘사한 듯하다.

이상은 에도 시대 말기의 니시키에인데, 메이지기에 들어와서 그린 것 중 ⑨는 해안의 암벽에 활을 가지고 글자를 새기는 모습과 왼편에는 다케우치노 스쿠네가 황후를 지키고 서 있는 모습을 그렸다. ⑩은 신라가 헌상한 보물을 중앙에 두고 오른쪽에는 진구 황후와 다케우치노 스쿠네가, 왼쪽에는 꿇어 경배하는 신라 왕을 시작으로 고구려인, 백제인 세 사람의 모습이 그려져 있다. 그림 오른쪽 위에는 다음과 같이 쓰여 있다.

일본약사도해^{日本略史圖解} 인황^{人皇} 15대 진구 황후가 하늘의 뜻을 받들어 대신 다케우치와 도모하여 신라를 정벌했다. 신라 왕이 항복하고 금, 은, 비단, 명주를 배 80척에 실어 헌상했다. 이를 조공의 정해진 총액으로 삼았다. 이에 고구려, 백제 두 나라도 항복했다. 이를 삼한이라고 한다. 지금의 조선국이다.

제1부 국민국가 이야기

이른바 『일본서기』 진구 황후기神功皇后紀의 삽화 같은 분위기를 자아내는 내용이다.

니시키에의 구도에는 진구 황후가 단독으로 그려진 ④와 ⑤를 제외하면, 황후의 근시近侍인 다케우치노 스쿠네가 반드시 함께 그려진다. 또한 히로시게가 그린 ②나 호쿠사이가 그린 ③에서도 볼 수 있듯이, 삼한정벌도는 가부키와 조루리에 의한 시각화의 산물로 볼 수 있다. 이러한 니시키에가 동시대의 사상적 산물인 것은 ①과 ⑦, ⑧ 등에서처럼 근세의 전쟁도와 같이 갑옷을 입고 출정하는 무장이 말 위에서 무기를 들고 싸우는 모습으로 그려진 것을 보아도 잘 알 수 있다.

또한 ⑥과 같이 가토 기요마사의 조선침공도에 다케우치노 스쿠네의 깃발을 그리거나, 〈진구 황후 삼한정벌 어조련도神功皇后 三漢征伐御調煉之圖〉(하세가와 사다노부長谷川貞信, 연대 미상)에 프랑스 국기나 일장기를 세운 흑선黑船을 그린 것은 시대착오라고 보기보다는 오히려 삼한정벌의 의장意匠이 시대를 넘어 대외관계의 표상으로서 널리 유통되었다고 볼 수 있다.

메이지기에 들어서면 ⑨나 ⑩과 같이 그림 한쪽 구석에 역사적 유래를 써넣는 형태가 나타난다. 에도 시대에 가부키나 조루리에 의해 가시화된 진구 황후 설화가 니시키에에 묘사되고, 여기에 『일본서기』의 삽화 같은 니시키에 ⑩이 등장하기에 이른다. 가부키, 조루리의 공상적 무대장치와 함께 삼한정벌이 도상화되는 것인데 그것은 사실史實로서 새로운 기억의 생산에 기여하기 시작한 것이다.

근대에 들어와서 삼한정벌을 도상화하는 또 하나는 지폐이다. 메이지 신정부는 독일에서 새 지폐를 주문해서 1872년부터 서양식 지폐를 처음으로 발행하는데, 일본산의 개조 지폐는 1881년에 1엔권, 1883년에 10엔권이 발행되었다. 그 지폐 앞면에 그려진 초상화가 바로 진구 황후였다. 나아가 더욱 흥미로운 점은 일본은행이 1885년에 은태환銀兌換 은행권을 발행하는데, 1889년 개조 1엔권의 초상화는 다름 아닌 다케우치노 스쿠네였다는 사실이다. 그 도안은 앞의 진구 황후 초상화와 함께 이탈리아인 동판화 조각사 에도아르도 키오소네Edoardo Chiossone가 제작했다.

키오소네는 이에 앞서 1878년 발행한 기업공채起業公債의 도안을 제작했는데, 도안에 그린 초상도 역시 진구 황후였다. 왜 기업공채나 최초의 지폐에 진구 황후의 초상이 선택되었는지에 대해서는 진구 황후가 메이지유신 신정부에게 '국권 확장의 상징이 될 수 있다'라는 지적이 있다.[20] 나아가 좀 더 추측하면, 그 배경으로서 고대 이래 현실적인 대외관계 속에서 현재를 과거와의 관계 속에서 다루고자 할 때 진구 황후가 거듭 부활했다는 점을 상기해야 하지 않을까. 예를 들어 요시다 쇼인吉田松陰에게서 보이듯이 미국·영국·프랑스의 압력 속에서 『일본서기』에 매달려 삼한정벌을 한국에 대한 외교에서 소생시킨 사실은 경시할 수 없다.[21]

메이지 정부의 한국 정책과 지폐와 관련하여 유의해야 할 것이 바로 다음의 사례이다. 즉 일본 정부는 1910년 한국병합 후 일본 국내의 '내지 경제권內地經濟圈'을 옹호하기 위해 장벽으로서 한국을 본국에서 분리해 조선은행법을 만들고 이 법에 의거해 별개로 한국에는 조선은행권을 발행했다.[22] 이른바 '엔환 본위제円爲替本位制'를 기반으로 1914년에 새로운 100엔권을 발행하고, 이듬해 1915년에는 긴 수염의 노인 그림을 인쇄한 1엔, 5엔, 10엔권 지폐 세 종류를 발행했다.

이 지폐 세 종류에 그려진 노인 그림은 일반적으로 다케우치노 스쿠네라고 하지만,[23] 이를 부정하는 견해도 있다. 그 이유는 1889년, 1899년에 일본 국내에서 발행된 일본은행 태환권의 도안이 된 다케우치노 스쿠네 그림과 도상이 다르다는 것이다.[24] 그러나 19세기 전반부터 메이지 시대에 이르기까지 진구 황후의 삼한정벌도가 니시키에에 빈번하게 그려졌고, 이것에 익숙한 많은 사람이 볼 때 그 초상이 누구를 가리키는지는 동시대의 문맥에서 보면 일목요연하며 반사적으로 이해되는 초상화였음에는 틀림이 없다.

이러한 판단에서 볼 때 흥미로운 점은 진구 황후와 다케우치노 스쿠네가 지폐의 초상으로서 그려져 발행된 시기이다. 진구 황후의 초상이 그려진 지폐의 발행은 앞서 소개한 바와 같이 일본에서는 1881년과 1883년인데, 이는 1876년 조일수호조규朝日修好条規 후에 조약 실시를 둘러싸고 양국의 대립이 발생한 시점이다. 당시 부산에 이어 신규로 두 항구의 개항이 지연되는 상황에서 1880년에는 원산, 1883년에는 인천이 개항한 직후였다. 두 항구의 개항에 의해 한일 무역의 확대가 도모될 때 진구 황후의 초상화가 대량으로 유통된 것이다.

또 다케우치노 스쿠네의 초상화가 일본 국내에서 1엔권으로 등장하는 1889년 전후는 한국에서 일본으로 곡물 수출이 증대된 시기에 해당한다. 즉 1885년 일본이 내지 통상권을 획득하고 한국 곡물의 역외 반출이 증대함에 따라 한국 내에서 미곡가가 높아졌고, 이로 인해 한국 지방관은 방곡령防穀令을 빈번하게 발포했다. 대두는 1887년부터, 쌀은 1890년부터 수출이 급증했는데, 그로 인해 1889년과 1890년에는 한국 지방관의 방곡령에 의한 사건이 빈발했다. 1893년에는 일본 공사가 일본 상인이 손해를 입었다고 주장하면서, 배상금을 요구하고 최후통첩까지 전달하는 강경 수단을 취해, 다액의 배상금을 획득한 방곡령 사건이 일어났다. 요컨대 진구 황후와 다케우치노 스쿠네의 초상이 들어간 지폐 발행 시기는 한국과의 무역 통상에 의해 일본 경제가 활성화된 시기와 부합한다.

조선은행법에 대해서는 앞에서 서술했는데, 조선은행의 영업 방침이란 "국외적 임무는 국세의 대외적 발전에 긴요한 금융상의 후원을 말한다. 환언하자면, 한국의 경제적 세력이 만주 방면에 북진함과 동시에 조선은행의 영업 범위를 이 방면으로 확장하는 것이다"(조선은행, 「朝鮮銀行の過去及將來」, 1912년 12월)라고 하며, 조선은행은 만주로 영업 범위를 확장하는 것을 기본 방침으로 삼았다. 실제로 1913년 5월 데라우치 마사타케寺内正毅 조선총독은 조선은행에 만주 진출을 명했고, 7월에는 펑톈奉天, 8월에는 다롄大連, 9월에는 창춘長春에 각각 조선은행 출장소를 개설했으며, 만주에서의 조선은행권 유통도 사실상 공인했다. 이러한 사명을 띤 조선은행의 은행권이 1915년에 다케우치노 스쿠네의 초상과 함께 발행된 것이다.

그 후 1917년 12월부터 조선은행권은 칙령에 의해 관동주와 만철滿鐵 부속지에서 강제 통용력을 부여받았다. 조선은행권의 영업 범위는 만주에서 몽골, 시베리아, 화북華北으로 적극적으로 확대되어갔는데, 이 지역의 통화를 조선은행권으로 통일해 조선은행을 사실상 동아시아의 중앙은행으로 만들려는 구상은 오쿠라 대신大蔵大臣인 쇼다 가즈에勝田主計에 의한 것으로 알려져 있다.[25] 한국뿐 아니라 만주, 몽골, 시베리아로 다케우치노 스쿠네가 그려진 지폐가 유통되기를 기대한 것이다. 조선은행권 100원 지폐 도안도 얼마 되지 않아 다케우치노 스쿠네의 초상으로 통일되었고, 이 초상은 이윽고 중국인 사이에서 '라우토 표老頭兒票'라는 친숙한 용어로 불렸다.[26] 조선은행권은 일본인의 뇌리에 새겨진 진구 황후 설화의 기억과 함께 한반도에서 대륙으로 확대되어갔다.

3. 근대 역사학과 삼한정벌 설화

8세기 초 『고사기』, 『일본서기』에 고대 한일 간의 교섭 기점으로서 하나의 이야기로 정리된 진구 황후 설화는 그 후 각 시대에 새로운 해석이 부가되면서 동시대의 상황을 설명하는 담론으로 변용을 되풀이하며 19세기까지 계승되었다. 이러한 진구 황후 설화는 19세기 말에 새로운 국면을 맞이하는데, 그것은 19세기 말부터 20세기 초에 있었던 두 차례의 대외전쟁과 1910년의 한국병합이다.

이를 상징적으로 말해주는 것은 한국병합이 있던 해 11월에 발행된 잡지 『역사지리』의 임시 증간호 『조선호朝鮮號』이다.[27] 이 잡지의 권두에는 '한국병합 조서韓國倂合の詔書', '이왕책봉 증서李王冊封の証書', '의친우우 증서懿親優遇の証書', '대사 및 면조 증서大赦及免租の証書'가 실렸고, 이어서 도쿄대학

사료편찬소 등에서 자료를 제공받은 조선 사절 내조來朝 에마키絵巻나 한국의 궁궐 또는 사적史跡 사진이 배열되었으며, 그다음에는 당시 일본을 대표하는 역사 연구자 22명이 쓴 논문이 게재되었다.

『역사지리』의 간행 주체인 '일본역사지리학회'는 1899년에 설립되고 전국에서 열리는 민간학회로서, 태평양전쟁이 격렬해지기까지 82권(6개월마다 1권)의 월간 체제를 유지하면서 상당한 역할을 했다.[28] 설립자인 기타 사다키치喜田貞吉 외에도 요시다 도고吉田東伍, 오모리 긴고로大森金五郎, 오카베 세이치岡部精一 등이 중심이 되어 근대 역사학의 보급에 공헌한 것으로도 저명하다.

이 『조선호』의 간행 취지는 오카베 세이치가 쓴 「『조선호』 발간사『朝鮮號』發刊の辭」에 실려 있다.(밑줄은 인용자가 표시. 이하 이와 같다)

> 피아의 역사에 비추어 보니 양국의 교통은 일찍이 이미 스사노오노미코토素戔嗚尊의 소시모리曽尸茂梨[29]에서 서막을 열고 (중략) 진구 황후에 의한 정한征韓의 큰 전쟁이 있었으며 (중략) 메이지유신의 위업을 이루게 되어서는 우리는 또다시 서로 돕고 이끌어주는 방침을 취하고, 전후 두 차례의 큰 대외전쟁을 거쳐 국면의 발전을 촉진하고 드디어 이번 병합을 보게 되었다. 사람들은 이를 옛 상태로의 복구라고도 하지만 나는 꼭 복구라고 말하지 않는다. 이는 실로 2천여 년 국사國史의 정수를 발양한 것이 아니고 무엇이랴.
>
> 이에 나는 일대 사실史實에 관해 현대 역사계의 석학 대가를 모시고 순수한 역사학의 견지 위에 성립된 진지하고도 탁월한 논설을 망라하여 근본적으로 일한의 과거를 해설하고, 이를 통해 현재를 살아가는 원인을 밝히며 나아가 장래를 잘 처리하기에 필요한 큰 지식을 세상에 공급하고자 한다. 이는 우리 학회가 학계에 대한 직책을 수행하는 것이며, 이로써 세상을 이롭게 하는 데 크게 쓰일 것임을 믿어 의심치 않는 바이다.[30]

즉 청일전쟁·러일전쟁 두 차례 전쟁을 거쳐 한국을 병합한 것은 '진구 황후에 의한 정한의 큰 전쟁' 시대로 단순히 복구하는 것이 아니라 '2천여 년 국사의 정수'임을 강조했다. 이러한 취지 아래 역사계의 석학 대가에게 의뢰한 논문 22편은 한국병합이라는 일대 사건과 관련하여 역사학의 견지에서 '진지하고도 탁월한 논설을 망라'해 근본적으로 한일의 과거를 해설하고 현재를 낳게 한 유래를 명확하게 하며 장래에 필요하게 될 지식을 국민에게 공급한다는 것이다.

실제로 집필자 명단에는 시데하라 다이라幣原坦, 호시노 와타루星野恒, 쓰보이 구마조坪井九馬三, 구메 구니타케久米邦武, 세키노 다다시關野貞, 요시다 도고, 하기노 요시유키萩野由之, 기타 사다키치, 나카 미치요那珂通世(고인), 구로이타 가쓰미黑板勝美, 가나자와 쇼자부로金澤庄三郎, 미우라 히로유키三浦周行, 이마니시 류今西龍, 쓰지 젠노스케辻善之助라고 하는 당대를 대표하는 역사 연구자들의 이름이 나열되어 있다. 주목해야 할 것은 이들 집필자 22명 가운데 12명의 논문이 앞에 든 '발행사'에 답하는 듯이 고대 한반도 지배를 언급하고 고대 이래의 한일 관계사를 이야기하면서 한국병합을 축하하는 내용을 담고 있다는 점이다.

그렇기 때문에 진구 황후의 삼한정벌에 대해서는 많은 논자가 언급하고 사실史實로서의 성격이 강조되었다. 예를 들어 한국사 연구자이면서 도쿄제국대학 교수와 타이완대학 총장을 역임했으며 관료로서도 유명한 시데하라 다이라는 권두 논문인 「일한 교통의 개요日韓交通の槪要」에서 다음과 같이 서술했다.

진구 황후의 삼한정벌은 한국 역사에서 해당 사실이 전해지지 않고, 다만 그 전후에 있었던 일본인의 신라 침략만을 다룬다. 이는 일본 사서에 전하는 내용과는 다르다. (중략) 황후의 삼한정벌 결과로 일한 교류에 면목을 일신하고 신라로부터 받은 80척의 조공을 시작으로 고구려와 백제도 서번西蕃이라고 칭하며 조공을 끊이지 않고 바쳤다. 한지韓地에 조정의 직할 영지 우치쓰미야케內官家를 정하고 신라에는 수비병을 두니 우리나라 세력

제1부 국민국가 이야기

이 갑자기 한지에서 확장되었다.[31]

그는 한국 측의 사서에는 '삼한정벌'에 대응하는 기록이 없지만 진구 황후의 삼한정벌이 한일 관계의 새로운 시기를 여는 계기가 되어 일본의 세력이 한반도에 확대된 것은 『일본서기』에 기록된 대로임을 강조한다.

또 도쿄제국대학 문과대학 사학과 졸업 후 문부성의 교과서 편수관으로 근무하고 '관학아카데미즘 역사학의 틀을 넘어 자유로운 발상에 기초해서 폭넓은 관심을 가진 개성 풍부한 학자'[32]로 평가받은 기타 사다키치는 한국 측에 해당 사서가 없는 점을 지적한 시데하라와는 달리 진구 황후의 삼한정벌에 대해서 다음과 같이 썼다.

> 스진崇神 천황 시대에 임나任那가 내부內附했고, 진구 황후 때에 신라뿐 아니라 백제, 고구려도 복속한 것은 거의 의심할 여지가 없다. 조선의 역사에는 보이지 않지만 앞서 말한 호태왕비에는 분명히 임나의 일도, 신라, 백제를 신민으로 삼은 것도 적혀 있다. 다만 이 비석에 고구려의 일이 없는 것은 고구려가 다른 나라와 어느 정도 복속 관계가 달랐기 때문인지, 여하튼 우리나라 세력이 고구려까지 미친 것은 확실하다.[33]

이렇게 진구 황후 시대의 신라, 백제, 고구려 복속은 의심할 여지가 없는 일로서 다뤘을 뿐 아니라 십수 년 전에 일본에 막 소개된 광개토왕 비문을 들어 진구 황후의 삼한정벌은 고구려까지 포함한 세력권이 역사적인 사실임을 강조했다.

『역사지리』에 기고한 논자들은 삼한정벌을 역사적 사건으로 다룬다는 점에서 거의 차이가 없는데, 이 특집의 편집을 맡은 오카베 세이치는 「진구 황후의 삼한퇴치神功皇后の三韓退治」라는 제목의 논문에서 삼한정벌의 역사성을 다음과 같이 풀어간다.

황후의 삼한정벌은 너무나도 위대한 일로, 당시 우리나라의 문화 수준으로는 아무래도 그 정도로 큰 사건은 일어날 수 없는 일이 아닌가 하거나 혹은 과대한 전설이 아닌가 하는 의심조차 담긴 논의도 있다. 그러나 우리나라가 한국에 있었음을 아는 것은 이때가 처음이 아니며, 피아의 교통은 신대神代부터 행해왔고, 또 외정外征으로도 그 시대에 상당히 이루어졌음은 말할 필요도 없는 사실이다. (중략) 이로부터 천 년 후가 되어 메이지 37, 38년의 일러전쟁을 생각하면 사실이 아니라고 생각하는 사람도 제법 있을 것임에 틀림없다. 그래서 황후에 의한 정한의 전말을 논하는 것은 (하략)[34]

이와 같이 신화와 현대의 사건을 직결시켜 진구 황후의 삼한정벌의 사실성史實性을 청일전쟁, 러일전쟁이 천 년 후에 의심받는 것과 같다고 비유하며 그 고증을 시도한다. 오카베는 육군 편집관이 되어 청일전쟁의 편집에 종사했고 나중에 유신 사료 편찬관이 되었으며, 메이지 말기부터 다이쇼기에 걸쳐 역사학의 보급에 공적이 있다고 평가받는다.[35]

또 오카베는 동양사의 창시자라고 할 수 있는 나카 미치요가 2년 전에 타계했기 때문에 편집인 마쓰이松井 등의 힘을 빌려 나카 미치요의 『외교역사外交繹史』 일부를 발췌해서 「신라고기의 왜인新羅古記の倭人」이라는 제목으로 이 특집에 게재하는 데에 힘썼다. 그것은 나카 미치요가 한국 측 사료(『삼국사기』 신라본기)에 기록된 왜인 관계 기사 20여 조를 들어 해설을 덧붙인 것에 지나지 않는데, 발췌된 나카의 논문 서두는 다음과 같다.

진구 황후 정한 이전의 시대에는 황국皇國과 관계된 사적事跡 가운데 한사韓史에 보이는 것이 20여 조 있다. 그것이 터무니없어서 믿을 만하지 않으나 무조건 내쳐버리기 어려운 점도 있어서 참고하기 위해 이에 열거한다.[36]

그리고 말미는 다음의 문구로 마무리했다.

그 후 16년 내물이사금㆑勿尼師今 7년이 되어 진구 황후의 친정親政이 있었다. 그때부터 양국 교섭의 국면이 크게 변했다.[37]

오카베가 일부러 진구 황후의 삼한정벌과 직접 관련 없는 나카의 문장을 『조선호』에 게재한 것은 서두와 말미에 진구 황후의 삼한정벌과의 관계가 얼마 안 되지만 논했기 때문이다. 근대 역사학의 시조 나카 미치요가 생전에 남긴 글을 동원해서라도 진구 황후의 사실성을 드러내고 싶은 강한 의지가 보인다. 『역사지리』 '조선호'는 근대 역사학의 입장에서 진구 황후의 삼한정벌을 원용함으로써 한국병합의 의의를 고창高唱하는 역할을 했다고 말할 수 있다.

진구 황후의 삼한정벌을 시작으로 고대 한반도의 지배를 청일전쟁·러일전쟁과의 관계에서 논하려는 논문이 여기저기 보이는 것도 이 임시 증간호에 게재된 논문들의 특징이다. 이 글들은 천년 이상 이어지는 진구 황후 담론의 전통을 충실히 따른 것이다. 나가하라 게이지永原慶二가 '어디까지나 실증주의 역사학자'이며 '전통적인 역사가'[38]라고 평가한 미우라 히로유키는 「일한의 동화와 분화日韓の同化と分化」에서 다음과 같이 논했다.

진무神武 천황의 동천東遷 이래 황화皇化가 점점 오야시마大八州[39]에 널리 퍼졌지만, 지리상·정치상의 관계에서 한국과는 서서히 소원해졌다. 진구 황후의 정한은 이 상태를 쇄신하신 것으로, 후세에 이르기까지 삼한퇴치라고 하면 철없는 아이들과 어리석은 사람들도 즐거워하지 않는 자가 없을 정도로 깊은 인상을 끼쳤기 때문에 이후 일한 관계에 어떤 변천이 있더라도 우리 국민의 대한對韓 사상은 삼한퇴치의 범주를 벗어나지 않는다. (중략) 그리고 나서 메이지유신 후의 일한 관계에도 다소 변천이 있었지만, 요컨대 종래의 역사를 되풀이하며 그동안 조선이 어느 때는 일본에, 어느 때는 청이나 러시아에 기우는 것도 필경 독립이 불가능한 국가 사정 때문이다.

그러나 이 나라 가운데 역사적으로 가장 오랫동안 친밀 관계를 거듭해온 나라는 일본 외에는 없다. 특히 청국이나 러시아의 압박이 지금까지 볼 수 없을 정도로 강하게 가해온 것은 우리나라 식자 사이에 조선을 일본 상고 시대의 가장 친밀한 상태로 돌이키는 것이 국방상의 최대 급무임을 느끼게 했고, 숱한 노력 끝에 많은 희생을 치르고 서서히 병한倂韓의 성립을 보기에 이르게 된 바이다. 그렇기에 한국 병합은 전혀 피할 수 없는 역사적 국연國緣에 기초했다고 말해도 좋을 것이다.[40]

메이지유신 후의 한일 관계는 삼한정벌의 역사를 '되풀이하는 것'으로, 현실의 한일 관계를 진구 황후 담론과 연결시켜 논한다. 미우라는 '과거와 현대의 유사한 상황이나 착상에서 새로운 주제로 차례차례 몰두했다'[41]라고 평가받는 인물인데, 여기서 현대와 대조되는 '삼한퇴치'는 미우라에게는 현대를 설명하는 그럴듯한 언설이었던 것이다.

이것과 같은 취지는 다른 논자에게서도 여기저기 보인다. 예를 들어 기타 사다키치는 더 나아가 다음과 같이 서술했다.

> 한반도에서 일어난 여러 나라는 항상 동양의 귀찮은 존재였다. 그렇기 때문에 우리나라는 동양의 평화를 위해, 그리고 우리 국민의 안녕을 도모하기 위해, 나아가 반도 주민에게 행복을 누리게 하려는 의미에서 어쩔 수 없이 여러 차례 군대를 동원했다. 이를 위해 많은 희생을 치렀지만 후회하지 않고 오로지 정의를 위해 거사했다. 진구 황후의 정한, 청일전쟁·러일전쟁 두 전쟁이 이와 같다.[42]

이와 같이 청일전쟁·러일전쟁의 체험이 진구 황후의 설화를 불러내어 현실과 과거에 새로운 의미를 부여하는 것이다. 진구 황후의 삼한정벌과 청일전쟁·러일전쟁은 동일하게 동양의 평화를 위해, 일본의 안녕을 위해, 반도 주민의 행복을 위해 희생을 돌아보지 않은 정의의 전쟁이었다. 청일전쟁·러일전쟁을 거칠 무렵 '민족'이라는 용어가 일본 국민 사이에 널리 퍼졌는데, 그 가운데 바야흐로 고대의 한반도 지배는 진구 황후 전설을 매개로 국민의 기억에 새겨졌다.

이는 결코 기타 사다키치 혼자만의 조사調査라고 할 수 없다. 근대 일본 사학사에서 아카데미즘 실증주의 역사학의 상징적 인물로 알려진 구메 구니타케 역시 동시대와 고대를 중첩시키면서 다음과 같이 설명했다.

> 한국 병합은 메이지 초부터 점차 진행되어 이미 메이지 27, 28년의 전쟁 (청일전쟁)으로 근본적으로 해결되었다. 메이지 37, 38년의 전쟁(러일전쟁) 에 막대한 희생을 치르며 종결했고, 더구나 그 후 5년간을 책망하지 않 고 시기를 숙성한 후의 일이니, 우리의 역사적 사상思想에서 볼 때에는 매 우 느리고 답답함을 느낀다. 지금에 와서 새삼스럽게 타인과 같이 기뻐서 소란을 피울 정도의 일은 아니다. 그러나 두 지역이 떨어져 있은 지 이미 1240년이나 오랜 세월이었기 때문에 그 이유를 풀지 않아서 한지韓地의 오 랜 내란으로 인해 지나支那의 간섭이 더해졌고, 결국은 형제와 같은 혈육의 인연이 끊어져 타인보다도 멀어지게 되었다. 그 결과 한지가 받은 피해는 실로 말을 잃을 정도로 극심하니, 지금부터 소생시키려 해도 짧은 세월로 는 회복하기가 어려울 것이다.[43]

여기에서 한국병합이라는 현실과 고대의 한반도 지배는 청일전쟁·러 일전쟁 쟁탈 과정의 연장선상에 놓여 있다. '1240년이나 오랜 세월'은 660년 이래의 일을 말하며, 구메 구니타케는 백촌강에서의 일본군 패 배를 상기시킨 것이다.

그러한 현실과 관련하여 고대 한반도 지배의 실태에 대해서도 언급한 부분이 있다. 오모리 긴고로는 「임나일본부의 흥폐任那日本府の興廢」에서 다 음과 같이 한국병합과 임나일본부에 의한 지배의 대비를 시도했다.

진구 황후 정한의 기사는 매우 유쾌한 서식이지만, 실은 부문浮文이 많을 것이다. (중략) 오늘날의 병합에서는 한국 황제를 단순히 이왕李王이라고 하고 조선 국왕이라고도 하지 않는다. 군사·재정·외교 등의 일에 일절 관계하지 못하게 된 것이다. 그것은 모두 조선총독부에서 한다. 그러면 이전의 통감 정치와 같은 것이냐 하면, 임나에 일본부를 두고 재신宰臣을 파견하여 다스린 것과 조금 닮았는데 통치 구역의 대소는 물론 권한과 그 밖의 일에서도 천지차이이다. (중략) 바야흐로 한국병합이 일어나 사방 1만 4천여 리의 토지와 1천만의 인구가 일본에 더해진 것은 고금에 유례가 없는 일이며, 이로써 국가의 영광이 이보다 더한 것이 없다. 따라서 이것을 통치하고 동화시키는 것에 충분한 주의를 기울이지 않으면 안 된다. 이를 임나일본부 통치 시대와 비교하자면 천양지차이지만, 앞선 수레의 전철을 밟지 않게 되는 교훈도 될 수 있으니 임나일본부의 흥폐를 기술하는 동시에 다소 주의를 해야 하는 점이다.[44]

스에마쓰 야스카즈末松保和는 과거 임나 문제에 관한 가장 체계적인 학술서 『임나흥망사任那興亡史』(1949)에서 '임나일본부'의 실태가 조선총독부와 같은 지배와는 큰 차이가 있었다고 강조했지만, 앞서 소개한 오모리의 글에서는 병합 당시에 임나일본부와 조선총독부를 동일시하는 언사가 널리 주창되었음을 간파할 수 있다. 오모리의 입장은 머나먼 과거의 역사를 눈앞의 현실에 대한 교훈으로 삼기 위해서는 고대의 지배 사실을 냉철하게 규명하지 않으면 안 된다는 것이다.

고대 일본의 한반도 지배는 진구 황후의 삼한정벌 후 덴지天智 천황이 백제 구원을 위해 백촌강에 출병한 일이 실패로 돌아갔기 때문에 '조선경영'을 포기하지 않으면 안 되었다는 것이 당시 일본 역사학계의 일반적인 이해였다. 오모리가 '앞선 수레의 전철을 밟지 않고 교훈으로 삼겠다'고 한 것은 진구 황후의 삼한정벌을 기점으로 한 역사 인식이다. '조선호'에 게재한 여러 논문에는 상술한 바와 같이 한국병합이 덴지 천황의 한을 풀었다는 식의 논지가 반복해서 등장한다.

　시게노 야스쓰구重野安繹, 구메 구니타케와 함께 『국사안國史眼』을 집필한 도쿄대학교 사학과 교수 호시노 와타루 또한 그중 한 사람으로 「역사상에서 본 일한 동역의 복고와 확정歷史上より觀たる日韓同域の復古と確定」이라는 제목의 글에서 다음과 같이 논했다.

> 긴메이欽明 천황 23년(562년)에 신라가 결국 임나를 멸하고, 우리 관부官府를 무너뜨렸으므로 역대 왕조 대대로 임나 부흥을 꾀했다. 그러나 성공하지 못하고 (중략) 사이메이 천황 시대에 이르러 신라가 당의 군사를 빌려 백제를 멸했다. 덴지 천황 시기에 황태자였는데 규슈에 진발進發해서 군사를 파견해 백제를 돕고 당의 군사와 여러 차례 교전했지만 승리하지 못하고 왕사王師가 결국 되돌아왔다. (중략) 때는 덴지 천황 칭제稱制 2년으로 <u>진구 황후의 정한으로부터 460여 년, 결국 한지韓地와 분리되는 불행에 이르렀다.</u> <u>실로 개탄할 일이로다. 덴지 천황도 분명 매우 분하고 원통하게 생각했으리라.</u> (중략) 올해 8월 29일 한국을 들어 일본제국에 병합하고 공공의 안녕을 유지해 민중의 복리를 증진시킬 것을 도모했다. **이에 일한 동역同域은 확정되고 만년 영원히 치평治平의 경사로 기대된다.** 하늘에 계신 조종祖宗의 신령도 분명 만족했을 뿐 아니라 <u>필경 덴지 천황의 신령도 오랜 울분을 해소할 일로 생각된다.</u>[45](원문의 방점은 고딕으로 표시함―옮긴이)

　고대 한일 관계사의 기조를 이룬 것은 청일전쟁·러일전쟁과 한국병합이 불러일으킨 진구 황후의 삼한정벌에 대한 기억이며, 그 문맥에서 십수 년의 경험과 기억이 고대에 투사된다. 바로 『역사지리』 '조선호'는 삼한정벌의 기억의 장 역할을 한 셈이다.

4. 임나일본부와 삼한정벌의 주술에서의 해방

태평양전쟁 패전 후 일본에서는 황국사관을 반성하는 측면에서, 진구 황후의 삼한정벌이 역사 서술에서 말소되어갔다. 그러면서도 광개토왕 비를 4, 5세기 동시대의 유력한 사료적 근거로 삼아 야마토^{大和} 왕권에 의한 한반도 지배를 인정하고, 그렇기 때문에 4세기에는 일본열도가 왜^倭 왕권(야마토 조정)에 의해 통일되어갔다고 간주했다. '반도 지배'는 '열도 통일'을 뒷받침하는 논리로, 일본 고대국가 형성의 불가결한 사실로서 강조되었다. 그러한 사고방식에서 구축된 고대 일본의 대외관계사는 1960년대 학습참고서에 다음과 같이 기술되었다.[46]

『위지^{魏志}』에는 3세기 전반에 왜인이 조선 남부에 진출했다고 전해진다. 그후 4세기 중반까지 거의 일본을 통일한 야마토 조정은 4세기 후반에 조선 남부의 변한 지방에 세력을 뻗쳤다. 391년부터 408년에는 남조선의 백제, 신라, 임나를 따라 북조선의 고구려와 자주 교전한 것이 호태왕비문에 명기되어 있고, 『일본서기』에도 진구 황후의 신라 정벌로 전설화되었다. 413년부터 502년 사이에 산^讚·친^珍·사이^濟·고^興·부^武 등 왜의 다섯 왕이 종종 사신을 파견하여 조공하고 남조선의 지배권을 중국왕조에게 인정받으려는 동시에 북조선의 고구려와 교전을 계속했다.

6세기가 되면 야마토 조정의 호족들이 조선 경영에서도 대립하는데, 그사이 신라와 백제의 세력이 강대해져 점차 임나 여러 나라를 병합했다. 562년에는 남은 임나 여러 나라도 모두 병합되어 임나일본부도 망했다. 긴메이 천황에서 고토쿠^{孝德} 천황까지 7대 약 80년간 임나 부흥을 도모했지만 모두 실패로 돌아갔고, 660년 일본과 친밀했던 백제는 당과 신라에 의해 멸망했다. 663년 백제 부흥군을 도운 덴지 천황의 구원군이 당과 신라의 연합군에게 백촌강에서 패했으므로 야마토 조정은 조선 경영을 모두 포기하게 되었다.

여기서는 진구 황후의 삼한정벌을 '전설화되었다'고 하면서도 광개토 왕비문과 같은 수준의 근거인 듯 취급하면서 고대 일본의 한반도 지배를 뒷받침하는 것으로서 다룬다. 그 밖에도 여기저기 '조선호'가 이용한 진구 황후 전설에 얽힌 역사 이해의 흔적을 인식할 수 있다.

　　그런데 위에 서술한 바와 같이 '고대 일본의 한반도 지배'는 태평양전쟁 패전 후 지식인 사이에서 공유되고 다양한 장에서 통념으로서 보강되어 왔다. '열도 통일'과 '반도 지배'가 일체화되어 논의되었다고 설명했는데, 도요토미 히데요시豊臣秀吉의 조선 침략이나 정한론도 역시 고대의 반복인 듯 파악한 것이다. 예를 들어 우에노 지즈코上野千鶴子는 제국주의의 상징 논리에 대해 다음과 같이 설명한다.

　　　통일국가의 성립과 외정外征은 왠지 항상 보조를 같이한다. 예를 들어 7세기 야마토 국가의 성립과 임나 진격, 히데요시의 국토 통일과 조선 파병, 19세기 메이지 국민국가의 성립과 정한론과의 조합은 절묘하게 부합되어 있음을 볼 수 있다. 취약한 유년기에 있는 통일국가가 그의 힘을 돌아보지 않고 무모한 외정을 시도한 것은 이해하기 어려운 어리석은 행동으로 보인다. 사실 사이고 다카모리西鄕隆盛의 정한론에 대해 오쿠보 도시미치大久保利通는 그러한 이유로 반대했다. 그러나 여기서도 공리주의적 역사실증주의보다는 상징 논리의 방법이 우리를 하나의 해답으로 이끈다. '중심'이 성립되었을 때 그것은 '외부'를 부인하지 않으면 안 되기 때문에 '외부'의 존재를 용인할 수 없었다고. '제국주의'의 상징 논리란 이러한 것이다.[47]

　　인용문에서 보이듯이 '제국주의의 상징 논리'의 사례로서 고대의 한반도 지배를 당연한 사실史實인 듯 설명한다. 덧붙여 우에노의 '제국주의의 상징 논리'와 관련지어보면, 태평양전쟁 패전 후 대표적 역사가 이시모다 쇼石母田正 역시 4세기부터 6세기 고대 일본의 한반도 지배를 전제로 고대의 제국주의에 대해 논한 바 있다. 이시모다 쇼는 개별적이고 구체적인 고대의 사실事實에만 역점을 둔 것이 아니라, 오히려 제국주의의 논리 자체에 주요한 관심을 두었다. 즉 왜국이 남조南朝 송宋에 조공하고 지배의 승인을 얻은 것을 '미일안보조약'에 비유하며 냉전 아래 태평양전쟁 패전 후 일본이 미국의 산하에서 한국, 타이완, 동남아시아에 대한 소제국적小帝國的 활동을 경고하는 데 그 목적이 있는 것이다.[48] 그렇기 때문에 고대 일본의 국가 구조는 이시모다 쇼에 의해 '소제국'으로 불리게 되었다. 동이東夷의 소제국론은 현재도 일본 고대사 연구자에게 중요한 패러다임이다.

새삼 말할 필요도 없지만 두 연구자에게 고대 일본의 한반도 지배는 결코 긍정되어야 할 문제가 아니라 상징 논리의 명증성明證性이나 제국주의 비판에 이용되는 것이다. 그러나 중요한 점은 고대 한반도 지배는 전혀 의심받을 대상이 아니라는 사실이다. 오히려 그것은 자명한 것으로 다양한 논의가 전개되는 구조로 짜여 있다. 이러한 사고방식을 규정하는 고대의 한반도 지배란 이미 설명한 바와 같이, 오랜 세월 속에서 삼한정벌 설화의 기억으로 계승되고, 청일전쟁·러일전쟁 또한 삼한정벌 설화와 중첩되며, 나아가 근대 일본의 식민지 지배를 통해 고대의 한반도 지배와 근대 역사학에 의해 그 확신을 높였다고 할 수 있다.

진구 황후의 삼한정벌과 중첩시켜 야마토 왕권의 반도 지배로서 논해 온 임나사任那史 또는 야마토 왕권의 출장 기관인 임나일본부에 대한 일본 사학계의 최대공약수적 이해는 앞에 제시한 학습참고서의 기술 그대로이다. 4세기 후반부터 562년까지 200년에 이르는 반도 지배는 태평양전쟁 패전 후 사반세기 동안 적어도 일본 사학계에서 회의적으로 취급된 적이 없었다.

1970년대가 되면서 학계와는 별도로 고대 한일 관계사에 대한 비판이 나왔다. 그 계기는 다카마쓰즈카高松塚 고분의 발견과 광개토왕비문 개찬설이 제창된 1972년을 기점으로 한다. 다카마쓰즈카 고분벽화의 발견은 고대 한반도의 고분벽화와의 관련성으로 이목을 집중시켰고, 학술 교류가 거의 전무했던 시대에 한국과 북한을 대표하는 대표자가 초빙될 정도로 고대 한일 관계가 새롭게 주목받았다. 광개토왕비문 개찬설 문제는 이것을 고대 일본의 한반도 지배를 뒷받침하는 핵심적 사료로 여겼던 만큼 충격은 상당했다.

두 사건은 그 이전부터 제창되어온 고대 한일 관계사에 대한 두 가지 문제 제기를 부각하기도 했다. 하나는 에가미 나미오江上波夫의 기마민족정복설(『騎馬民族國家』, 1967년)이고, 다른 하나는 김석형金錫亨의 분국론分國論(「삼한삼국의 일본열도 내 분국에 대하여」, 『고대 조일 관계사』, 1969년)이다.

에가미의 기마민족정복설이란, 동북아시아계의 기마민족(부여 혹은 고구려)이 신예 무기와 마필馬匹 문화를 가지고 한반도 남부에 진출해 진국辰國을 세우고 나아가 일본열도의 북규슈 혹은 혼슈本州 서단부西端部에 침입해 4세기 말경에는 기나이畿內에 진출했으며 거기에 강대한 세력을 가진 야마토 조정을 세워 일본열도의 통일국가를 형성하자, 고국인 한반도 남부의 진국도 지배하는 연합 왕국을 형성했다고 보는 견해이다. 이러한 정복설의 원형은 1948년에 제창되었고, 이에 대한 반론과 비판을 고려하면서 몇 번의 수정을 거친 후 위와 같은 설로 정리되었다.

한편, 김석형의 『고대 조일 관계사』는 고대 한일 관계는 삼한 삼국에서 건너간 사람들이 일본열도에 세운 분국(콜로니)의 통합 과정이라는 내용이다. 즉 기원전 수 세기 이래 몇 세기에 걸쳐 일본열도에 대량 이주가 일어났고, 각지에 한국인 분국이 성립되었다. 그 현상은 삼국 시대가 되어도 계속되었으며 여러 분국은 본국에 대해 식민지적 종속 관계였지만, 5세기 후반 이후 점차 야마토 왕권에 포섭되거나 통합되었고, 7세기 전반에 고대국가의 통일에 의해 분국은 해체되었다. 다만 분국을 통일한 야마토 왕권의 유력자는 한국계 귀족군貴族群이었다는 것이다.

'일본 고대국가가 조선 지배를 기초로 성립했다는 것이 의심할 여지가 없는 사실로 여겨져왔다'는 인식에 대해, 김석형의 분국론은 "일본의 학문 연구가 근대 이후 일본의 한국 지배와 함께 진행되어온 점을 지

적하고, 제2차 세계대전, 즉 한국 해방 후에도 천황 중심·일본 중심의 이른바 황국사관·한국종속사관이 잔존하는 데에 비난을 쏟아내면서 그 인식을 강하게 압박한 것"[49]이었다. 김석형의 분국론이 일본에서도 소개되자, 재일조선인 작가 김달수金達壽는 김석형이 『고사기』, 『일본서기』, 『신찬성씨록新撰姓氏錄』, 그리고 몇몇 지방 풍토기에 보이는 한국 관련 씨족의 거주지, 신사, 신궁의 소재지 등을 분국 소재의 유력한 흔적으로 본 수법을 모방하여 일본 전국의 지명, 사사社의 기원을 둘러싸고 그들의 유래 속에 한반도에서 건너간 사람들의 흔적이 남아 있는지를 조사했다. 그 후 일본열도의 고대국가 형성이나 선진 문화의 수용에 도래인이 담당한 역할을 강조한 시리즈 『일본 속의 조선문화日本の中の朝鮮文化』가 1970년에 간행되기 시작했다.[50] 이 시리즈는 커다란 영향을 미쳤고 그때까지 '귀화인'이라고 부르던, 고대 한반도에서 일본열도로 건너간 사람들을 '도래인'으로 고쳐 부르는 계기가 되었다.

472년에 다카마쓰즈카 고분 발견과 광개토왕비 개찬설이 주장되자, 이러한 기마민족설이나 분국론은 이에 호응했고, 그로 인해 진구 황후의 삼한정벌에 의해 정식화되어온 '국민적' 기억은 근저에서부터 번복되었으며 광범한 시민들에게 충격을 주었다. 기마민족설과 분국론에서 보이는 공통점은 아카데미즘의 세계에서는 이 견해에 대한 찬동자가 전혀 나타나지 않았지만 많은 시민에게 압도적인 영향을 미쳤다.[51] 1972년의 '사건'을 계기로 이윽고 일반 시민을 중심으로 한 '동아시아의 고대를 생각하는 모임東アジアの古代を考える会'이 결성되었고, 계간지 『동아시아의 고대 문화東アジアの古代文化』(1974~2009년)를 간행함으로써 고대의 한일 관계사를 재검토하도록 학계에 요청하는 시민운동이 전개되었다.

오늘날 한국의 학계에서는 과거 임나사를 대신하여 가야사라는 한반도 남부의 고대국가 형성사의 시각에서 논하게 된 지 오래다. 한편 일본에서 가야사의 시각으로 고대 한일 관계사의 재검토를 제기한 이들이 바로 이 '동아시아의 고대를 생각하는 모임'이다. 일본 학계에서도 획

기적인 학술서로 인정한 『가야는 왜 망했는가伽耶はなぜほろんだか』(大和書房, 1991년)는 일본과 한국의 고대 문헌학, 고고학 연구의 제일선에서 활약 중인 연구자가 최초로 가야사를 종합적으로 검토한 심포지엄의 기록인데, 그 계획의 수립과 운영은 '동아시아의 고대를 생각하는 모임'의 유지들이 주관했다.[52]

『일본서기』에 기록된 진구 황후의 삼한정벌에 관해서는 태평양전쟁 패전 후 일본사 학계에서도 사료 비판적 논문이 속출했고, 이제는 학계에서 아무런 문제도 되지 않는다. 그러나 '사실史實'로서 고대 일본의 한반도 지배라는 인식은 여전히 지속되고 있다. 그러한 '사실'로서의 고대 일본의 한반도 지배 논의를 결정적으로 끊어버린 것은 왕성한 가야사 연구였다고 할 수 있다.[53] 이른바 본고장인 한국에서 고고학이나 문헌학의 성과에 기초한 가야사 연구는 물론, 일본의 가야사 연구에 시민권을 안겨준 것은 앞서 소개한 바와 같은 1970년대의 동향이었음을 '진구 황후의 삼한정벌'에 대한 기억의 문제로서도 명기해야 한다.

맺음말

고대 이래 20세기에 이르기까지 현재를 설명하기 위해 반복해서 '진구 황후의 삼한정벌'의 의장意匠을 입고 때때로 한반도와 일본의 관계를 표상해온 담론이나 도상을 살펴보았다. 각 시대에 삼한정벌에 대한 기억이 퇴적물과 같이 축적되어가고 나아가 다음 시대의 표상表象 자원이 되는 것처럼 보이기도 한다.

진구 황후의 삼한정벌은 20세기 초두에 근대 역사학에 의해 국사라는 국민적 이야기로 널리 공유되었지만, 1970년대 이후 시민의 역사 운동에 의해 해체되어갔다. 마치 학문의 패러다임 전환처럼. 그렇다면 그러한 패러다임 전환은 왜 일어났는가. 다른 표현을 빌리자면, 앞으로 대외적 변화 가운데 진구 황후의 삼한정벌이 다시 살아나 그러한 담론을 이용하면서 현재를 설명하는 일은 일어나지 못할 것이다.

여기에서는 무라카미 요이치로村上陽一郎가 주장한 이론언어와 일상언어의 관계를 이용해 생각해보고 싶다.[54] 근대 역사학에 의해 재편되고 확립된 고대 일본의 한반도 지배는 이른바 일상언어, 즉 고대부터 진구 황후가 삼한을 정벌했다는 민중적 기억을 기반으로 한다. 태평양전쟁 패전 후에 이르러 황국사관의 비판과 극복에 의해 이론언어로는 삼한정벌이 설화가 되어버렸지만, 아직도 여전히 '고대 일본의 한반도 지배'라는 패러다임은 남아 있다. 그런데 1970년대가 되어 일상언어 쪽에서 급속한 변화가 일어나 그 영향도 받으면서 이론언어도 어쩔 수 없이 변경되었다. 요컨대 많은 연구자에 의해 고대 한반도 지배가 부정되었다(이론언어에 큰 변경이 생겼다)고 한다면, 그 배경에는 그것을 지탱한 일상언어에 큰 변화가 생긴 사실에 주목하지 않으면 안 된다. 진구 황후의 삼한정벌은 공동체의 기억이며 일상언어였지만 이제는 공동체의 기억으로 수습할 수 없는 상호 교섭이 공동체(국가) 간에 일어났다고 할 수 있지 않을까. 1970년대에 활발해진 한일 간 고고학자의 왕래, 시민 수준의 왕래는 공동체의 기억을 상대화했을 것이다. 일국 내 폐쇄적 공간에서 지어낸 삼한정벌이라는 기억은 동아시아 기억의 장에서는 의미를 가질 수 없게 되었다.

다만 진구 황후의 삼한정벌이 후퇴되거나 소멸해간다고 할지라도 그것과의 대항 관계 속에서 생성되어 강화된 기마민족정복설이나 분국론과 같이 고대 한일 관계사의 또 다른 설화가 한국이나 북한에서 국민적 기억으로 퍼져 있다면 그 기억 또한 문제 삼지 않으면 안 될 것이다. 그러나 그것은 향후의 과제로 삼을 수밖에 없다.

제4장 발해사를 둘러싼 민족과 국가

국민국가의 경계를 넘어서

머리말

발해는 서기 698년부터 926년까지 약 230년 동안 북으로는 현재의 러시아 연해주 및 중국 헤이룽장성黑龍江省과 지린성吉林省, 남으로는 북한의 북부에 걸치는 광대한 지역에 존속했던 국가이다. 발해의 건국은 고구려 멸망 후 요동 지방에 강제 이주당했던 유민들이 거란족의 반란을 틈타 동으로 달아나 무단강牧丹江 상류 둔화敦化에 근거하여 자립한 데서 시작한다. 건국 이래 발해는 당이나 일본과도 빈번한 교류를 하고, 또 신라·일본과 함께 당 문화의 영향을 받으면서 독자적인 문화를 꽃피워 당시의 중국인이 해동성국海東盛國이라 일컬었던 대국이기도 하다.

그런데 발해의 역사나 문화에 대해서는 근래 발견된 묘지墓誌 두 개를 제외하면 발해인 자신에 의한 기록이 거의 전해지지 않기 때문에 발해와 교류했던 중국이나 일본에 잔존하는 기록에 의존하지 않을 수 없으며 불명확한 점도 적지 않다. 그런 까닭에 그 역사나 문화가 오늘날 일본에서 문제시되는 일은 거의 없다고 해도 좋은 상황이다. 그렇지만 태평양전쟁 패전 전의 일본에서는 국책의 일환으로서, 그리고 패전 후에는 발해의 영역이 위에서 말한 세 국가의 영토에 미치기 때문에, 발해사는 그 나라들이 내포하는 현실적 과제와 더불어 각 국가의 불가결한 역사로서 근래 점차 적극적으로 연구하고 있다.

현재 각국에서 주목받는 발해사 연구는 각국에 속한 연구자의 특색 있는 문제의식이 현저하게 보이며 저마다 고유의 논점이 제시되고 있다. 이 장에서는 각국 사이에 큰 차이를 보이는 발해의 족속族屬 문제를 거론하고 이 문제를 국제적인 규모에서 검토하기 위한 공통의 기반을 갖추도록 발해의 민족과 국가에 대한 시론을 말해보고자 한다.

1. 발해사와 족속 문제

족속 문제는 민족의 귀속이라는 의미에서 중국, 한국 학계에서는 이미 많이 사용되는 개념이다. 이 개념은 시대나 사서史書에 따라 호칭이 다른 민족이 어떤 민족 계통에 속하는지 구분할 때 자주 쓰이며 근래에는 일본 연구자 사이에서도 사용된다. 현재 발해사의 국제적인 중심 과제는 발해를 구성하는 민족이 오늘날 어느 민족에 귀속하는가 하는 족속 문제에 있다고 해도 과언이 아니다.

발해 민족이 오늘날의 '민족'에 곧바로 연결되지 않는다고 보는 필자는 이 같은 의미에서의 족속 문제라는 주제 설정 자체를 무조건 인정하는 것은 아니지만, 여기서는 편의상 문제의 소재를 그들의 의식에 입각해서 보여주기 위해 이 용어를 사용하고 내용을 검토하기로 하겠다.

그런데 족속 문제라는 시각에서 중국의 발해사 연구를 살펴보면, 발해는 당대唐代 소수민족인 말갈인의 지방정권이라는 공식 견해가 중국 학계를 지배하고 있다. 중국에서는 항상 중국사의 주체적 역할을 해온 것이 한민족漢民族이라고 보기 때문에 비非 한민족인 말갈인의 국가였던 발해는 독립된 민족·국가로 인정하지 않고, 어디까지나 당대唐代의 지방민족(소수민족인 속말말갈粟末靺鞨)이 건국한 국가이며 당조唐朝의 지방정권이라고 자리매김하고 있다.

한편 구소련 연구자들의 견해는 발해를 역시 말갈족의 국가로 보면서도 말갈인은 기원이나 언어를 달리하는 다양한 종족이 수천 년의 형성 과정을 거쳐 발해인으로서 단일민족을 형성했다는 것이다. 문화적으로도 당의 영향뿐 아니라 이웃 여러 민족의 영향을 널리 받아 독자적인 문화를 형성했다는 점에 역점을 둔다. 또 무엇보다 중요한 것은 발해사가 시베리아의 여러 민족, 여러 종족의 형성·발전사 속에 자리매김해서 발해가 극동 지방 여러 민족의 역사에서 그들 자신이 만든 최초 국가로 간주된다는 점이다.

이에 대해 한국·북한에서는 발해의 왕실 및 지배집단이 고구려인이라고 단정하고, 발해는 고구려의 계승자이며 고구려의 부활·재흥이라 보고 있다. 발해의 혈통 자체와 문화가 오늘날 한민족韓民族의 혈통과 문화적 전통의 중요한 구성 부분이 되었다고 하여 동시대에 발해 남쪽에 위치한 신라와 똑같은 한민족에 의한 두 국가가 병립했다고 보는 학설이 가장 유력하다. 이러한 인식에 입각하여 한국에서는 이 시대를 '남북국 시대'라고 부르는 방식이 정착하고 있다.

이런 여러 설을 죽 훑어보면 발해사에 대한 견해는 각국 사이에 상당한 차이가 있는 것처럼 보인다. 그러나 주목되는 점은 그럼에도 불구하고 발해사에 대응하는 방식에 분명한 공통점을 엿볼 수 있다는 것이다. 그것은 오늘날 각국에서의 민족과 국가에 대한 통념을 암묵리에 분석틀로 삼으며, 나아가 각국이 내포하는 현실적 정치 과제에 맞추어 발해사를 부각하려고 한다는 점이다.

예를 들어 중국에서는 소수민족 국가인 발해의 정치적·문화적 자율성을 인정하지 않고 어디까지나 중국사 안에 자리매김하고자 하는데, 이는 오늘날 쉰이 넘는 여러 민족의 단결을 도모하고 나아가 10퍼센트도 되지 않는 소수민족이 차지하는 전 국토의 60퍼센트 지역을 중화인민공화국의 정통성과 역사적 근거가 있는 영토로서 자리매김하려는 현실적 과제와 관련이 있음을 부정할 수 없다.[1]

또 남북한에서는 발해를 한민족의 국가로 간주함으로써 오늘날 남북

분단 상황의 극복이라는 현실적 과제를 발해·신라 병립 시대에 투영, 동일 민족이 남북으로 병립해 있는 부자연스러움과 불완전함을 환기시 킴으로써 통합을 향한 전망을 제시하려는 의도가 있음을 알 수 있다.

나아가 구소련에서도 발해를 시베리아 민족 형성사에 자리매김하여 발해가 이 지역 최초의 국가이며 여러 민족이 발해 민족으로서 단일민 족을 형성했다고 주장하는 배경으로서 다음과 같은 것을 생각할 수 있 다. 구소련은 1920년대 이래 중핵적인 도시도 농촌도 별로 가지지 못한 시베리아 소수민족을 어떻게 사회주의국가 체제에 편입시킬까 하는 과 제에 직면하여 시베리아 소수민족의 민족 통일체 창설이 급선무였다.[2] 더욱이 1960년대 이후 엄청난 인구 이동과 더불어 전국의 러시아화가 진행되는 가운데 여러 민족과 여러 언어의 '접근과 융합'을 캐치프레이 즈로 내걸고 산업화·공업화를 위해 연방 안에 존재하는 민족적·언어적 경계의 해소를 추진했던 동향[3]을 무시할 수 없다.

각국의 발해사 연구는 이러한 현실적 과제가 직간접적인 계기가 되었 는데, 여기서는 그 현실적 과제의 좋고 나쁨을 따지려는 것이 아니다. 그 러한 과제의 무게는 각각에 있다 하더라도 현실의 정치 과제를 매개 없 이 역사에 투영하거나 혹은 가탁하는 불모성不毛性을 문제 삼으려는 것이 다. 그것들은 내부를 향한 선전은 될 수 있어도 국제적인 범위에서 학술 적으로 발해의 족속 문제를 해명하는 데는 생산적인 논의가 될 수 없다.

전에 필자는 남북한에서 발해사를 한국사에 자리매김하려는 시도가 논거가 빈약하고 충분한 실증에 바탕을 두지 않은 점을 자세하고도 솔 직하게 지적한 적이 있다.[4] 적어도 역사 연구로서의 틀을 넘어선 자의적 인 해석에 대한 비판은 필요하며, 연구상의 공통 기반을 갖추기 위해서 도 상호 비판이 적극적으로 이루어지지 않으면 안 된다.

발해의 족속 문제로 돌아가면, 일본에서 본격적인 발해사 연구가 개 시된 이래 줄곧 발해는 고구려족의 국가였는가 말갈의 국가였는가 하 는 양자택일적인 물음을 해온 경위가 있다. 그리고 이 문제는 오늘날에

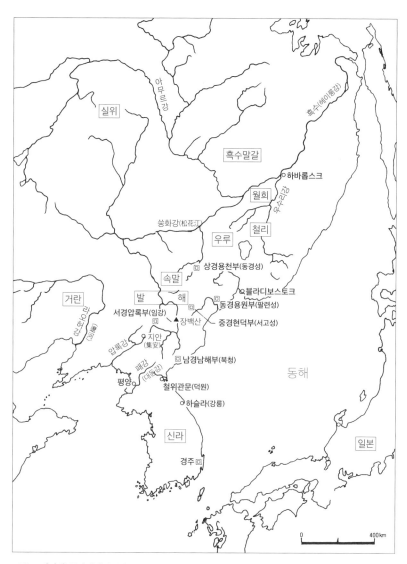

그림1 8세기의 동아시아[李成市, 『東アジアの王權と交易』(靑木書店, 1997년)에서].

이르기까지 발해사 연구의 주요한 위치를 차지하고 있다고 해도 과언이
아니다.

이 점에 대해서 일본 및 남북한에서는 고구려의 후예 국가로 보는 설
이 오래전부터 유력하며, 중국이나 구소련에서는 말갈의 국가로 보는 데
논의의 여지가 없다. 여기서 먼저 문제 삼고 싶은 것은 중국의 학설이다.

앞에서 살펴본 바와 같이 중국에서는 발해를 결코 독립된 국가로 보
지 않는다. 발해는 한민족漢民族·당 왕조의 소수민족 국가·지방정권이다.
중국사에 발해를 자리매김하려는 이러한 논리에서 필연적으로 도출되
는 시각은 그 논리 때문에 스스로 한계를 두는 논의가 되지 않을 수 없
다. 즉 당과 발해의 관계는 무엇보다도 중앙의 한민족 국가 대對 지방 민
족 정권이라는 관계의 규정이 중요한데, 이렇게 규정되면 지방정권 내
부의 구체적인 민족 구성(다양하고 복합적인 구성)에는 관심이 미치지 않
아 자연히 내적인 구조에까지 깊이 파고들 수 없게 된다.

사실 중국 학계에서는 발해가 흥기한 지방에는 고대부터 '숙신肅愼→
물길勿吉→말갈→여진→만주족'으로 그때마다 명칭은 다르지만 거의
동일한 민족이 자리하고 있었다고 본다.

또 굳이 발해 내부의 복잡한 민족 구성을 문제 삼지 않는 배경으로서
지배층의 일각을 차지했다고 인정하지 않을 수 없는 고구려족에 대해서
는 언급하고 싶지 않은 심리도 분명히 작용했을 것이다. 왜냐하면 고구
려족 및 고구려국은 오늘날의 한민족 및 그 국가로 이어진다는 국제적
인 암묵의 양해가 있기 때문이다.[5]

이러한 중국의 견해와 정반대 관계에 있는 것이 남북한의 견해이다.
즉 발해의 지배집단은 고구려족이며 발해 문화는 고구려 문화를 그대로
계승했기 때문에 민족적으로도 문화적으로도 오늘날의 한민족·문화로
이어진다고 보는 점에서 남북한이 거의 일치한다. 이러한 주장을 뒷받
침하는 고대국가와 민족에 대한 인식은 다음과 같다. 먼저 한민족의 성
립을 역사상 상당히 이른 시기로 상정하고(북한에서는 기원전에 둔다), 고

제1부 국민국가 이야기

구려·백제·신라 삼국은 한민족의 국가였기 때문에 고구려의 계승국인 발해는 한민족의 국가라고 본다. 다만 발해의 피지배층에 말갈족이 존재했음을 무시할 수 없기 때문에 말갈족을 적게 어림잡거나 그 역할을 과소평가하는 한편, 말갈족은 발해의 지배 체제 아래에서 민족적으로 발해화·고구려화했다는 논의도 있다. 대체로 말갈족에 대한 관심은 거의 없는 것이나 다름없다.

일본도 마찬가지로 단일민족 이데올로기가 만연하기 때문에, 그것에 대한 자각도 반성도 없는 남북한의 발해사 연구 현상에 대해 일본의 일부 연구자가 친근감을 느끼는 현상도 간과할 수 없다. 이러한 현상을 감안하여 한국사와 민족 문제에 대해서는 다음 두 가지 점만 부언해두고 싶다. 첫째, 고대 한국의 민족 문제에 대해서이다. 필자는 기원전부터 5세기에 이르는 시기의 다민족적 상황과, 인구 이동에 의해 초래된 사회 변화에 대해 의견을 밝힌 적이 있으며[6] 이 장에서도 이를 전제로 한다. 둘째, 이른바 한민족이란 것이 주관적으로나 객관적으로 파악되는 시점은 19세기에 이르러서부터이며, 오늘날의 한민족은 문화나 습속상으로도 고대부터 17, 18세기에 이르기까지 북부 지역의 여러 민족과의 끊임없는 교섭 속에서 역사적으로 형성되었다는 기본적인 인식에 대해서이다. 여기서는 이 두 가지 점을 전제로 고찰하려 한다.

이상과 같은 중국, 남북한의 학설과 달리 구소련의 견해는 이 지역 여러 민족의 주체적 발전을 시점에 둔 것처럼 보인다. 그러나 여러 말갈족의 통합 과정이나 민족의 통합체에 대한 평가는 구체적인 사실에 근거하지 않아서 단조롭고 단순한 관념적 논의라는 느낌을 지울 수 없다.

그런데 이러한 연구 상황 속에서 대세론에 눌려 그다지 주목받지는 못하지만 근래 각국에서 문헌학·고고학의 착실한 연구 성과가 나오고 있어, 그것들을 연결해 나아가면 새로운 전망을 할 수 있지 않을까 생각한다.

이미 밝혀진 점 가운데 가장 중요한 것은 발해 구성민의 대다수를 차지하는 말갈족은 역사적으로도 또 그 분포나 구성에서도 단순하지 않다는 것이다. 고구려 멸망으로 인해 종래의 말갈족 일부가 해체되는 한편 새로운 부족이 만들어지기도 했다. 즉 이전에 고구려에 종속되어 있던 여러 말갈족 사이에서 변동이 일어났으며, 더구나 다 같이 말갈이라 불리면서도 고구려 멸망을 전후해 속말부栗末部 말갈에 포섭된 남부 지역의 말갈족과 북부 지역의 말갈족 사이에는 문화적·민족적으로 큰 차이가 나타난다는 사실은 가벼이 볼 수 없다.[7]

애당초 발해는 속말말갈의 거주지에서 건국했으므로, 그 후 발해의 국가 발전 과정은 발해를 건국한 지배집단, 즉 속말말갈의 거주지를 점거한 집단이 북부를 중심으로 주변의 말갈족에 대해 정치적으로 통합하는 과정이었다고 보아도 좋다.

여기서 유의해야 할 점은 남부와 북부에 거주하는 여러 말갈족의 문화적·민족적 차이에 대해서이다. 권오중權五重에 따르면, 남부 지역의 중심적 말갈족, 즉 예부터 고구려에 정치적으로 복속해 있던 예濊·동옥저東沃沮라 부르는 민족 집단에 연원을 두는 속말말갈은 고구려 시대에는 백제·신라·당과의 대외 전쟁에서 고구려와 군사 활동을 함께했던 민족 집단이며, 오랫동안 고구려에 종속했던 이들 말갈족이야말로 발해의 중핵적 세력이었다는 것이다.

권오중의 이러한 견해는 건국자 대조영의 출신 문제와 관련해서도 참고할 만하다. 그의 출신을 기록한 중국 사료 중 하나는 그가 "고구려의 별종"(『구당서』)이라 하고, 또 하나는 "고구려를 따르는 속말말갈"(『신당서』)이라 하여 종래 이 차이로 인해 여러 가지 해석이 나오기도 했다. 그러나 이것을 오랫동안 고구려에 종속해온 남부 지역의 말갈족에 대한 관점을 달리한 표기라고 보면 무리 없이 이해할 수 있다. 발해의 지배집단에는 고구려 왕족의 성姓인 고高씨가 여러 사료에 산견되는 데서 알 수 있듯이, 고구려 왕족의 일부가 가담했음은 의심할 여지가 없지만, 권오중의 지적대로 건국자 및 중핵적인 집단이 오랫동안 고구려의 지배 아래에 있던 말갈족이었음은 인정하지 않을 수 없다.

한편 권오중은 북부에는 역시 말갈이라 불리면서도 속말말갈과는 민족이나 문화를 달리하는 여러 말갈족이 존재하며, 그들은 삼국 시대에는 읍루挹婁, 북위 시대에는 물길이라 불리던 민족 집단이라 추정한다. 즉 당으로부터 말갈이라 총칭되었지만, 여러 말갈족 사이에는 문화적·민족적 차이가 있으며, 발해는 국가 형성 과정에서 남부 지역의 예濊계 말갈이 북부 지역의 읍루계 말갈에 대해 정치적 통합을 추진했다고 보는 것이다.

이러한 점은 고고학상으로도 보완할 수 있다. 근래에 기쿠치 도시히코菊池俊彦는 구소련·중국의 발해 고고학 성과에 입각하여 중국에서 '동인同仁 문화'라 부르는 문화복합이 구소련에서 '말갈 문화'라 부르는 것과 완전히 일치함을 지적하고, 그것이 바로 흑수黑水말갈의 문화복합임을 밝혔다.[8] 이는 이미 언급한 북부 말갈, 즉 읍루계 말갈의 문화복합에 해당한다.

기쿠치에 따르면, 북부 지역의 유적 가운데는 동인 문화, 즉 말갈 문화와 발해 성립 후의 문화를 겸비하여 종전의 동인 문화가 발해 문화로 변용되었다고 추정되는 유적(楊屯大海猛 유적)이 있는 한편, 동인 문화가 그대로 내적 발전을 거친 유적(동인 유적)이 있어서 양자의 차이가 대비된다. 요컨대 발해 영역의 북부에는 발해 성립 후에 발해 문화의 영향을 받아 종전의 동인 문화를 변용시켜가는 지역과, 종전의 문화를 그대로 발전시켜나간 지역이 각각 존재했음을 확인할 수 있다. 따라서 이러한 것을 통해서도 여러 말갈족 상호 간에는 민족적·문화적 차이를 전제로 발해 성립 후에 일어난 정치적 지배의 침투에 의해 문화 변용을 야기한 지역이 있었음을 이해할 수 있다.

발해의 건국자가 말갈인인지 고구려인인지를 둘러싸고 중국과 남북한의 연구자 사이에 견해의 차이가 있지만, 이 점을 보류한다면 어쨌든 발해 건국 당초의 지배 지역은 속말말갈부의 거주지이며 그곳은 예전에 고구려 지배 아래에 있던 지역임을 인정하지 않을 수 없다. 따라서 이 지역의 고구려 유민, 즉 고구려인을 포함하는 속말말갈, 다시 말해 예계 말갈에 의한 북부 말갈족의 정치적 통합 과정이 있었다고 볼 필요가 있을 것이다.

이러한 발해 성립 전후의 민족적 상황을 염두에 두면, 중국의 학설처럼 말갈이라 하면 마치 결이 없는 하나의 바위 같은 민족을 상정하고 그것을 오늘날의 만주족으로 이어지는 민족이라 간주한다든지, 혹은 남북한의 학설처럼 지배층의 일부를 차지한 고구려인을 오늘날의 한민족과 같다고 보고 말갈족의 존재를 무시한다든지 하는 것은 너무나도 일면적이어서 발해의 족속 문제를 논하기에는 불충분하다.

이 같은 연구 상황에 입각하여 다음 세 가지 점에 유의하면서 발해의 족속 문제를 검토할 필요가 있다. 첫째 수대隋代부터 당대唐代에 걸친 시기, 특히 발해 성립 전후에 여러 말갈족은 내부에서 큰 변동을 일으켜 분열·재편되었고, 둘째 발해는 문화적·민족적으로 서로 다른 다원적인 여러 말갈족을 점차 복속·통합시켜갔으며, 셋째 여러 말갈족은 일단 발해에 일원적으로 포섭·통합된 것처럼 보였지만 발해 붕괴기에는 저마다 예전의 부족명을 대외적으로 표방하면서 분열·자립화했다는 것이다.

이러한 특징을 가진 여러 말갈족의 정치 통합 과정과, 붕괴기의 분열 현상을 정확하고 또 역동적으로 파악하는 방법상의 개념으로서 '민족 집단ethnic group'이라는 개념을 의식하며 고찰해나가려 한다. 그 이유로는 먼저 종래의 연구는 근대 국민국가의 민족 개념을 무자각적으로 실체화하여 안이하게 과거에 투영했으므로, 위에서 말한 다원적이며 역동적인 민족 상황을 시야에 넣을 수 없었기 때문이다. 그것에 대해 에스니시티ethnicity의 '민족' 개념은 발해의 복합적·다원적인 민족 구성을 객관적으로 파악하기에 걸맞다. 더욱이 발해의 성립부터 붕괴에 이르는 과정에서 발해에 흡수되거나 이탈하는 여러 말갈족의 동향에는 집단의 객관적인 속성만으로는 다 파악할 수 없는 집단의 주관적인 귀속 의식에 주의를 기울일 필요가 있는데, 이 개념을 사용함으로써 이러한 점을 포괄할 수 있기 때문이다.

에스니시티론은 예정조화적으로 민족의 형성·통합을 논해온 내셔널리즘론에 대해 정치 통합과 분열 과정을 이론화함으로써 위에서 말한 유효성을 발휘하는데, 이미 일본에서도 뛰어난 사례 연구가 나오고 있다.[9] 이 장에서는 작업가설로서 여러 말갈족을 각각의 '민족 집단(에스닉 그룹)'으로 보고 고찰함으로써 발해의 족속 문제 해명의 실마리를 얻고자 한다. 또 이 장에서 사용하는 민족이라는 용어도 특별한 경우를 제외하고는 이 '민족 집단'을 의미하는 것임을 부언해두고 싶다.

이상을 고찰의 전제로 하여 발해의 민족과 국가에 관한 시론을 언급하고자 한다.

2. 수령제와 대외 통교

발해의 족속 문제를 민족의 통합과 분열의 구체적인 과정 속에서 부각하기 위해 먼저 발해의 지방 지배 체제에 대해 언급하겠다.

9세기에 발해 땅을 방문했던 중국인에 따르면 발해의 지방 행정제도는 5경京, 15부府, 62주州였다고 하며, 연구자에 의해 현縣의 수는 130 이상으로 추정된다. 표면적으로는 정연한 중국적인 군현제가 시행되었던 것처럼 보이지만 그 실체는 전혀 달랐다. 예를 들어 일본 사료『유취국사類聚國史』에 전해지는 기록을 보면 주, 현이라고 해도 관역館驛이 있는 것이 아니라 말갈족의 자연 촌락에 대해 주, 현과 같은 명칭을 붙인 것에 지나지 않았다. 즉 개개의 말갈 촌락이 주이며 현인 것이다. 발해는 재지在地 촌락 수장들을 수령 직위에 임명하고, 여러 촌락의 중심이 되는 촌락에는 도독都督, 자사刺史와 같은 지방관을 중앙에서 파견하여 그곳을 통괄하게 했다.[10]

지금까지 일본 학계에서는 그러한 재지 수장인 수령에 주목하여 발해의 지배 체제에 관한 연구가 축적되어 있다. 이를 수령제首領制 연구라 할 때 이러한 일련의 수령제 연구에 의해 발해는 고구려 이래의 재지 사회를 해체하지 않고 재지 수장인 여러 부족의 수장을 수령이라 이름 붙여 그들을 정치적으로 재편성한 국가였음이 밝혀졌다.[11]

　이러한 수령제 연구는 발해가 고구려의 지배 체제나 이민족 지배를 계승한 점에 주목한다. 그래서 문제가 되는 것은 남북한의 연구자들이 중시하는 고구려계 지배층의 이민족, 즉 말갈족에 대한 지배라는 이른바 민족 구성의 이중성이다.

　이미 살펴본 바와 같이 남북한에서는 발해의 지배공동체를 주체적으로 담당했던 층이 어떤 민족인가 하는 것이야말로 발해의 족속 문제를 결정한다고 말해왔다. 대체로 고구려계가 발해의 지배층에 적지 않게 참여했을 가능성은 여러 사료가 뒷받침한다. 예를 들어 발해 지방 지배의 실체를 서술한 『유취국사』에 나오는바 중앙에서 파견된 소수의 '토인土人'이란 고구려인으로 해석되고, 그들이 압도적 다수의 말갈 촌락을 지배했다고 보는 견해가 유력하다. 이러한 구조는 기본적으로는 고구려 시대의 이민족 지배[12]와 다름없으며, 이에 따라 발해는 고구려가 재흥한 국가라는 생각도 성립될 수 있다.

　사실 한국에는 고구려에서 발해로 이행되어도 지배집단이나 피지배집단은 민족 구성이 고구려 시대와 다르지 않고, 양적으로도 말갈족은 대부분을 차지하는 것이 아니라 오히려 점차 지배 민족에게 융합되었다고 보는 논자조차 있다.[13]

　어느 국가의 민족을 논할 때 지배층의 민족적 계보만을 문제 삼는 것은 의미가 없지만, 지배층의 민족을 완전히 무시하는 것도 역시 문제가 된다. 왜냐하면 발해에서는 지배층과 피지배층의 민족 구성의 이중성이 『유취국사』의 기사에서 볼 수 있듯이 발해 국가의 구조상 본질적인 문제였고 발해를 방문했던 외국인에게 감지된 발해의 국가적 특징이기도 했기 때문이다.

따라서 발해의 민족과 국가는 민족적으로 이중성을 가진 집단이 상호 어떤 관계를 맺었고 또 어떻게 국가적으로 편성되었는지를 깊이 연구하는 가운데 저절로 밝혀질 것이다. 다만 민족 구성의 이중성을 문제 삼을 때 사실로서 지적해야 할 것은 이중성이라 해도 그 정도로 단순화할 수 없는 지배층 내부의 복합성과 피지배층의 민족적 다원성이라는 문제가 남는다. 여기서는 우선 이 점을 유보하고 논의를 진전시키기로 하겠다.

이제까지의 연구 성과에 따르면 발해의 국가적 발전은 고구려계 집단을 포함한 속말말갈 중심의 지배공동체가 여러 말갈족의 수령층을 통합·재편한 과정이기도 했다. 그러나 이러한 과정을 발해 측의 관점에서 파악한 사료는 전혀 없다. 다만 이러한 사료 부족의 측면은 발해의 대외활동에 의해 중국이나 일본 측에 남겨진 통교通交 관계 기록에서 조금이나마 보완되며, 이것이 발해의 국가 통합 과정을 해명하는 실마리로 주목받아왔다.

이 기록들을 바탕으로 발해 및 여러 말갈족의 대외 통교 관계를 보면 8세기부터 10세기 초까지 발해 및 여러 말갈족의 대외 활동에는 두드러진 특징이 있음을 알 수 있다.

시기별로 대당對唐 통교의 특징은 다음과 같다. 첫째, 8세기 초에는 건국 초기 발해와 함께 불열부拂涅部, 월희부越喜部, 철리부鐵利部, 흑수부黑水部, 그밖의 여러 말갈족이 제각각 단독으로 당과 빈번한 교섭을 하고 있어서 발해와 여러 말갈족이 경합하는 시대라고도 할 만한 시기가 약 40년(710~750년) 정도 보인다. 둘째, 이어서 8세기 중엽부터는 여러 말갈족이 대당 통교에서 자취를 감추고 북방 영역에서 발해와 최후까지 대립한 흑수말갈과 발해 양자 사이에 경합이 보인다. 셋째, 9세기에 이르면 발해가 단독으로 당 왕조에 대해 매년 일정한 교섭을 유지하는 안정적인 통교가 보인다. 넷째, 10세기가 되면 계속해서 통교 관계를 유지하는 발해 외에 흑수말갈이 다시 대對중국 통교의 장에 모습을 드러낸다는 점이다.

발해 및 말갈 부족들의 대당(對唐) 통교 횟수

당 연호	서력	발해	불열부	월희부	철리부	흑수부	기타
開元 원년	713	①					
			②	①	①		
	715						
		①	①				
5년		①	①				
		①	①		①		
		①	③	①	①		
	720						
		①	①		①		
10년		①	①	①	②	②	
			①	①	①		
		①	①	②	②	①	
	725	③	①	①	①	④	
		③				①	
15년		③			②	①	①
		②					
		④					
	730	③	①			②	①
		②					
20년							
		①					
	735		①	①	①		
			①				①
25년		③	①				
		②					
		②					
		②	①				
	740	①		①	①		
		②	①	①		①	
天寶 원년							
		①					
	745						
5년		①					
		①				①	
						②	
	750	①				①	
		①					
10년							
						①	
		①					
		①					
	755						
至德 원년 乾元 원년							
		①					
上元 원년 寶應 원년 廣德 원년	760	①					
		①					
永泰 원년	765	①					

(『冊封元龜』, 『舊唐書』에 의함)

지금까지 이러한 대당 통교의 상태가 그대로 발해의 정치과정과 겹쳐진다는 점에 유의해왔다. 즉 이러한 추이는 발해가 여러 말갈족을 정치적으로 통합함으로써 대외 통교를 독점해가는 과정이라고 볼 수 있는 것이다.

　한편 발해의 대일對日 통교도 두드러진 특징을 보여준다. 첫째, 최초의 통교인 727년부터 약 60년 동안은 신라와의 대립과 긴장을 배경으로 쇼군將軍(군인)의 대사를 파견한다든지 철리부를 따르는 대량의 인원을 파견한다든지 하는 변칙적인 통교가 이루어졌다. 둘째, 이어서 9세기에 들어오면 이후 발해의 쇠망기에 이르기까지 일정한 인원(105명)이 어느 정도 정기적으로 파견되어 경제 목적의 교섭을 했다.

　그런데 200년 가까운 발해와 일본의 교섭 과정에서 발해 사절단 중 수령층이 광범위하게 참가했다는 사실이 지금까지 중시되어왔다. 그때 발해 국가 체제의 말단에 위치한 수령들의 대일 통교 참가는 우선 역무役務의 역할로 추정해왔다. 그러나 그들이 대외 통교를 위해 부역으로 동원되었다는 것으로는 충분히 설명되지 않는 문제가 있다.

　왜냐하면 발해 사절단의 조공에 대해 일본 측에서 받는 답례품의 양이 막대하며, 826년 우대신右大臣 후지와라노 오쓰구藤原緖嗣의 말처럼 일본 측이 이를 실질적인 교역으로 인식하였기 때문이다. 842년의 「발해국중대성첩渤海國中臺省牒」에 기재된 인원을 예로 『연희식延喜式』에 실린 「사번객례賜蕃客例」를 참조하여 수령층에게 어느 정도의 비단 제품이 답례로 건네졌는지 산출해보면, 답례품 전체의 반을 족히 넘는 양이 수령층에게 건네졌음을 알 수 있다.[14] 그 때문에 장기간에 걸친 발해의 대일 통교, 특히 8세기 중엽 이후의 통교는 확실히 통상 목적이었다고 지적되고 있다. 이러한 대일 통교가 도대체 누구를 위해 계속되었는지를 생각해보지 않으면 안 되겠지만, 통상이 목적이었다고 보는 대일 통교에서 수령들이 수익자의 중심이었음은 명백하다.

　앞에서 살펴본 바와 같이 8세기 중엽까지는 여러 말갈족이 단독으로 당과 통교를 했지만 그 후로는 그들의 독자적인 활동이 보이지 않는다. 이는 그들이 발해에 정치적으로 포섭되었기 때문이라고 생각해왔다. 하지만 이런 현상이 결코 그들의 대외 통교가 봉쇄되었음을 의미하는 것은 아니다. 일본 측에 남아 있는 발해의 대일 통교 시 작성한 구체적인 인원 구성 기록을 보면 발해국 이름 아래 다수의 말갈족 수령이 대외 통교에 참가했고, 더욱이 그것에 의해 통교 상대국(일본)의 물산을 대량으로 입수할 수 있었다.

이렇게 보면 발해는 포섭한 여러 말갈족 수령층에게 대외 교역의 편의와 안전을 부여하여 종전의 권익을 보증해줌으로써 여러 말갈족에 대한 정치적 지배를 달성했던 것은 아닐까? 이와 같은 가설 아래 779년 300명 이상에 달하는 철리인을 대동했던 발해의 대일 통교를 살펴보고자 한다.

일본 측 기록 『속일본기續日本紀』에 따르면, 이때 고구려 왕족의 성인 고씨를 칭하는 "압령押領(감독관) 고양죽高洋粥"이나 "통사通事(통역) 고설창高說昌" 등은 다수의 철리인을 데리고 데와出羽에 도착했다. 일행의 입경이 허가되지 않아 데와에 체류한 철리인들은 자신들을 관리하기 위해 수행한 발해 관리들과 술자리에서 석차를 다투는 등 일본 관리 앞에서 발해 고관을 능멸하는 듯한 모멸적 태도를 취했다고 전한다. 일본 측 기록은 이때의 사절을 가리켜 '발해 및 철리'라고 기록했는데, 당시 철리부는 이미 이전과 같은 대당 통교가 정지되어 있었으며, 실제로 760년대까지는 발해 왕권과 지배·복속 관계를 맺고 있었다고 추정된다.[15]

요컨대 이때의 사절단은 발해와 철리부의 그러한 정치적 관계 속에서 발해 관리의 향도 아래 도항했는데, 철리인들은 발해 관리를 따라왔기 때문에 대일 통교가 실현 가능했음에도 불구하고 대외 교섭의 장에서 터무니없이 자신들의 민족적 귀속 의식ethnic identity을 강하게 주장한 것이다.

이러한 사실을 통해 다음을 추측할 수 있다. 즉 고구려에서 발해로 이행되었을 때 설령 기본적인 민족 구성이나 정치적 편성 원리가 유사했다 하더라도 고구려 시대와 다른 큰 요소로서 경시할 수 없는 것은 발해의 경우 지배공동체에 의한 피지배공동체의 편성 과정을 단순한 지배와 복속 관계로는 다 파악할 수 없는 면이 있다는 점이다. 일본 체재 중에 철리인이 보인 태도에서 알 수 있듯이 지배공동체가 여러 말갈족을 편입하는 과정에서 단순히 무력에 의한 일방적인 강제력을 행사했다고 상정하는 것은 곤란하다.

이러한 철리인을 동반한 대일 통교의 경우는 다음과 같이 해석된다. 발해 왕권에 포섭되기 이전에는 여러 말갈족이 단독으로 대외 교역을 했지만, 발해와 정치적 관계를 맺음으로써 종래 독자적으로 행하던 대외 교역 활동을 발해 왕권으로부터 보증받았다는 것이다. 바꿔 말하면 발해 왕권의 개재하에 새로이 여러 말갈족의 수장층을 편성한 교역단 같은 것이 조직되고 그들이 발해의 국가적 사절의 일원으로서 대외 통교에 통상적으로 가담하게 되는 것이 바로 초기 단계의 정황이었다.

여기에서 우리는 고구려 시대와 같이 압도적인 군사력을 배경으로 한 지배공동체에 의한 피지배공동체의 지배·복속 관계와는 다른 양상, 즉 여러 말갈족의 성장에 의해 타협적인 정치 편성을 행하지 않을 수 없는 관계로 크게 변모한 양상을 엿볼 수 있지 않을까?

앞에서 말한 바와 같이 발해는 여러 말갈족의 수장층을 포섭하자 그들을 당, 일본과의 정기적인 통교에 가담시켰으며 또 그렇게 한 것이 말갈족의 포섭·통합과 깊이 관계가 있었다고 추측된다. 그러나 이처럼 말갈족에 대한 발해의 정치적 지배와 대외 통교의 관계를 추정했을 때 아주 기이하게 비치는 것은 신라에 대한 발해의 관계 방식이다.

발해와 신라의 통교 관계는 현재 남아 있는 사료에 국한해서 보면 전 시대를 통해 두 차례(790, 812년) 신라 측에서 발해로 사자를 파견한 데에 그친다. 하지만 남북한의 연구자는 이러한 기록에는 후세의 의도적인 개찬이 더해졌다고 추단하고 양국 사이에는 서로 빈번한 교섭이 실재했다고 간주한다.

그러나 이러한 상정은 성립하기 어렵다. 한 예로 다음의 설화는 양국의 국경 부근 상황을 웅변적으로 말해준다. 『신당서』 「신라전」에는 "신라의 국경 동쪽에는 키가 3장尺에 온몸이 검은 털로 덮여 있고 톱 같은 치아와 열쇠 같은 손톱을 가진 거인이 살면서 사람을 잡아먹고 여자를 약탈하므로, 신라는 관문에 철문을 설치하고 정예부대를 배치하여 이를 수비했다"라는 내용의 이야기가 전해진다. 필자는 언뜻 보기에 황당무계한 이 설화의 내용이 기본적으로는 8세기부터 9세기에 걸친 신라의 동북 국경 부근의 변방 정책과 일치하며, 또 동북 국경 이북의 발해 영역민에 대한 당시 신라인의 심적 경향을 보여주는 귀중한 일화임을 밝힌 적이 있다.[16]

이를 요약하면 신라인에게 발해인은 이형異形의 존재로 공포의 대상이며, 거기에는 발해인을 공포의 대상으로 보게 만든 양자 사이의 몰沒교섭과 군사적 긴장이 개재되어 있었다는 것이다. 발해와 신라 양국이 장기간에 걸쳐 적대적이었음은 이 밖의 사료를 통해서도 밝힐 수 있는데, 신라가 발해와의 국경 부근에 강대한 군사시설을 설치한 것이나 발해 영역민에 대해 이형의 이미지를 가지고 있었음을 통해 보더라도 양국 사이에 빈번한 상호 교섭이 있었다고 추정할 여지는 없다.

다시 말하면 발해의 대외관계는 매우 특이한 일면을 가지고 있는데, 일본과는 일관되게 우호적인 정치적·경제적 교섭을 유지하고, 당과도 건국 초기에 한때 정치적으로 대립한 적은 있지만 전반적으로는 정치적으로도 경제적으로도 안정된 관계였다. 그런 가운데 이와 같은 신라와의 몰교섭의 태도는 두드러져 보이며 일본과 당의 관계하고는 역력한 차이를 보인다.

말갈족에 대한 발해의 정치적 지배에는 당·일본과의 통교 관계가 중요한 요소로 작용했음을 이미 살펴보았다. 이와 같은 상황을 상기한다면 신라와의 관계가 발해의 정치·경제 활동에 얼마나 특이한 위상을 차지하는지 새삼 이해하게 될 것이다. 그런 까닭에 이러한 발해의 특이한 대외관계를 초래한 배경을 찾는다면 발해의 국가적 성격의 일면을 밝힐 수 있지 않을까? 그래서 다음으로 이 문제를 생각해보고자 한다.

3. 발해와 신라의 경계

발해와 신라 양국은 장기간에 걸쳐 몰교섭 관계였다고 했지만, 이것이 서로 무관심했다는 말은 결코 아니다. 서로 적대적이었기 때문에 거꾸로 양국은 국경 부근에 매우 강한 관심을 가지고 있었다고 말할 수 있다. 사실 신라 측은 서북과 동북 두 국경에 장성長城을 쌓는 등 구체적인 군사정책을 적극적으로 펴고 있었다. 한편 발해는 책성부柵城府(東京龍原府)에서부터 신라 국경의 천정군泉井郡에 이르는 길을 '신라도新羅道'라 이름 짓고 그 사이에 39역驛을 두었다는 사실이 중국 사료인 가탐賈耽의 『군국지郡國志』에 전한다. 이러한 역도驛道의 존재를 가지고 양국 간의 빈번한 교섭 증거로 드는 논자도 많지만, 이것을 발해 측의 방위상 간선도로로 본다면 한편의 기점을 신라로 삼는 이 같은 역도가 제삼자인 당 측에 전해졌다 해도 이해할 수 없는 것은 아닐 것이다. 양국의 적대 관계에서 본다면 오히려 이러한 해석이 더 타당하다고 하겠다.

그래서 이러한 신라와 발해의 대립 상황을 상정하고 양자를 갈라놓는 경계에 역사적·사회적 필연성이 있었는지를 생각해보고 싶다. 예를 들어 이 지역이 오랜 기간에 걸쳐 전대의 고구려나 신라의 국경이었거나 혹은 이 경계 영역이 원래 서로 몰교섭적인 지역이었을까? 나아가서 양 지역에 민족적인 차이를 인식할 만한 것이 있었을까? 그러나 역사상 그러한 것은 전혀 발견할 수 없다.

우선 고구려는 신라·발해의 국경에서 더 남으로 내려간 지역을 오랫동안 차지하였으며, 한편 이러한 고구려에 대해 6세기에 들어와 반격에 나선 신라는 신라·발해의 국경에서 더 북부에 있는 예족을 누른 적이 있다. 그곳에 건립된 것이 유명한 두 개의 진흥왕순수비(568년)이다.

원래 동해 쪽의 이 지역 일대는 예족의 거주 지역이었으며, 통일신라 시대에도 이 지역에 말갈족(예족)이 거주했음을 확인할 수 있다. 그들은 고구려 멸망 후인 683년에 통일신라의 군단軍團 구서당九誓幢의 1군단인 흑금서당黑衿誓幢으로 편입되었다. 그런 까닭에 예부터 이 지역에 살아온 거주민에게 이는 아무런 필연성도 없는 경계가 분명하다.

또 꽤 훗날(18세기)의 일이긴 하지만 자연환경이 척박한 이 지역 주민은 한반도 남부의 지역과 밀접하게 교류하며 지역 물산인 인삼, 담비 가죽을 의류나 식량과 교환했다(이중환李重煥, 『팔역지八域志』). 이 지역 주민에게 한반도 남부와의 교역은 18세기에 이르기까지 불가결한 것이었다.

이렇게 보면 발해·신라 양국의 국경에는 경계가 되는 역사적·사회적 필연성은 발견되지 않고, 그 때문에 양국의 경계는 바로 발해의 성립과 깊은 관계가 있다고 말할 수 있다.

그래서 발해 성립기의 상황을 살펴보면, 신라와의 경계 지역에서 생긴 대립은 720년대에 들어 명확한 형태로 나타나고,[17] 마침내 732년 당과 발해 사이의 분쟁에 신라가 당의 요청을 받고 군사 개입함으로써 발해와 직접 교전하기에 이르렀다. 이를 계기로 신라는 9세기 초까지 서북·동북의 국경 지대에 군사시설을 증강하고자 부심했다.

특히 흥미로운 것은 신라와 대립한 발해가 같은 시기에 북방의 흑수말갈과의 대립을 격화시켰다는 점이다. 722년 흑수말갈이 당과 결탁함으로써 흑수말갈 지역에 대한 당의 지배가 진행되는 등 발해는 북쪽과 서쪽 양 방면에서 군사적 위협을 받게 되었다. 그것보다 앞선 신라와의 긴장 관계까지 포함하면 발해는 이 당시 동방의 해병부海兵部를 제외한 국토 전역에 걸쳐 외부의 위협에 직면해 있었다.

720년대에 시작하는 발해와 인접 지역과의 알력은 8세기 내내 지속되었는데, 이 시기는 또한 발해가 여러 말갈족을 포섭·통합해가는 시기

이기도 하다. 이러한 시기적 부합은 양자가 떼어놓을 수 없게 결합된 관계였음을 암시하는 것이 아닐까? 요컨대 발해가 북부를 중심으로 하는 주변 여러 말갈족에 대해 통합 혹은 타협적 재편을 강요한 것은 남쪽의 신라와의 팽팽한 대립과 북쪽의 흑수말갈과의 대립 항쟁 때문이었을 가능성이 높은 게 아닐까 생각한다.

실제로 이 시기부터 여러 말갈족의 대당 교섭이 줄기 시작하며 다른 한편에서 대일 외교가 개시되기 때문이다. 발해는 건국 초기인 8세기 초부터 중엽에 걸쳐 신라나 당, 흑수말갈과의 대립을 심화해가는데, 바로 이러한 국제 환경 속에서 북부 및 주변의 여러 말갈족을 통합하는 기세를 부린 것은 아니었을까? 앞에서 지적한 발해와 여러 말갈족의 대당·대일본 통교 관계의 특징은 무엇보다도 그 점을 뒷받침하는 것처럼 생각된다.

그렇다면 신라와의 국경에 걸쳐 실재했던 남부의 말갈족을 비롯한 여러 말갈족을 관리·규제하는 것은 발해에게는 국가 체제의 근간에 관계되는 중요 문제였다고 추찰된다. 왜냐하면 여러 말갈족이 가장 근접한 신라와 통교하는 것은 자연스러운 활동이지만, 신라와 적대하는 발해와 통교하는 것은 국가의 존립 자체를 위협하는 용인하기 어려운 행위가 되기 때문이다.

그 때문에 여러 말갈족에 대한 통제가 느슨해지는 발해의 쇠퇴기에 이르면 신라 국경 부근에 말갈족이 출몰하여 신라에 교역을 요구해오는 일이 표면화했을 것이다. 이와 같은 현상으로서 가장 먼저 확인할 수 있는 것이 886년 '보로국寶露國', '흑수국黑水國' 사람이 통교를 요구하며 신라 동북 국경의 북진北鎭에 몰래 침입해 온 사건이다. 더구나 발해 멸망 후에는 신라를 대신한 고려와 구舊발해 영역의 여러 말갈족(여진인) 사이에 빈번한 교섭이 보이고, 이것은 금이 출현할 때까지 계속된다.[18]

발해의 쇠퇴기부터 이전의 양국 국경 부근에서 이루어진 활발한 교류는 신라·발해의 병립기에는 나타나지 않던 현상이며, 이 변화는 발해의 쇠퇴·멸망에 의해 초래된 현상이라 보지 않을 수 없다. 따라서 이것은 발해의 국가적 성격과 관련 지어 고찰해야 할 문제이다.

한편 신라 북부에서부터 발해 남부에 걸친 동해안 지역에는 예부터 모피나 진귀한 물고기를 멀리 중국 내륙부까지 가지고 간 수렵·어로민(예濊·동해고東海賈·말갈)이 거주했음이 밝혀져서 그들이 원격 교역을 필수로 했던 점이 주목된다.[19] 발해의 대외 교역은 이러한 생업에 종사하는 여러 말갈족의 교역 활동을 이른바 국가적으로 편성했던 것이 아닐까? 그 때문에 발해는 다른 지역과의 교역에 대해 관리·통제하는 것을 최대 과제로 삼았음에 틀림없다. 그리고 그것은 여러 말갈족과 맺고 있는 정치 관계의 안정에 불가결한 요소였을 것이다.

바꿔 말하면, 발해에 일단 포섭된 여러 말갈족에 대해 발해 왕권이 대외 교역을 보증해줄 수 없는 경우에는 이들을 발해 내에 묶어둘 수도 없고 남방의 신라와의 통교도 억제할 수 없었을 것이다. 그러므로 장기간에 걸친 대당·대일의 안정된 통교 관계는 다른 한편으로는 남쪽에 인접한 신라와의 몰교섭까지 포함하여 발해의 기본적인 국가 전략이었다고 말할 수 있지 않을까?

이렇게 보면 9세기 말에 시작하는 여러 말갈족의 자율적 활동, 특히 북부의 말갈족이 단독으로 부명部名(국명)을 칭하고 신라 영역에서 적극적으로 활동하는 모습(예를 들어 앞에서 말한 886년의 사례)은 발해의 민족 통합과 분열의 계기를 상징적으로 이야기한다고 할 수 있다.

발해는 속말말갈을 중핵으로 삼아 북부 및 주변의 여러 말갈족을 차례차례 포섭하고 이들을 민족 집단 간의 차이를 넘어 발해 왕권 아래 복속시켜 통합한 것처럼 보인다. 그러나 국제 환경의 변화에 따라 경제적 조건에 변화가 있으면 그러한 통합에 균열이 생겨 언제든지 민족적 귀속 의식을 부활시키는 계기를 내포하고 있었다. 발해의 족속 문제를 에스니시티론의 관점에서 검토하려 한 것도 바로 이러한 국면에 대한 이해를 깊게 하기 위해서이다.

그런데 신라와 발해의 국경 부근을 포함한 한반도 북부는 예부터 대중국 통교의 루트로서 주목받았고, 그것을 저해했다는 명목으로 중국의 왕조가 이 지역의 세력에게 공격을 가한 것 또한 한漢의 무제武帝 이래 자주 있었던 일이다. 따라서 발해 남부 및 신라 북부 지역에서 수렵·어로를 생업으로 하는 부족들의 통교 루트를 확보하는 것은 이 지역의 정치 동향을 결정하는 중심 과제였다고까지 말할 수 있다.

그러한 의미에서 발해의 오경五京이 발해의 대외 교통망과 깊은 관련이 있음을 밝힌 가와카미 히로시의 연구[20]는 주목된다. 앞에서 말한 바와 같이 발해의 국가 발전 및 말갈족의 통합은 발해에 포섭된 여러 말갈족의 대외 교역 보증 여부에 달려 있었다고도 할 수 있으며, 따라서 발해 국가 체제의 요체인 오경이 당·일본과의 교통을 중시한 제도의 일환이었다는 점이야말로 발해의 국가 성격 자체를 말해주는 것이라 할 수 있다.

맺음말

이상의 논점에 입각하여 발해 및 발해의 존립과 깊이 관련된 신라의 멸망 문제를 언급함으로써 맺음말을 대신하고자 한다.

종래 발해 멸망(926년)이나 신라 멸망(935년)이 당의 멸망(907년)과 직접 관련이 있다고 보는 동아시아세계론 혹은 책봉체제론이라 부르는 입장의 이해가 오늘날에도 널리 인정되고 있다. 즉 당 제국과 정치적 관계를 맺고 있던 주변 국가들이 당 제국의 쇠망과 때를 같이하여 변동한 것은 동아시아 세계의 국제질서를 규제하던 당 제국의 정치적·문화적 규제력의 상실에 원인이 있다는 것이다. 주변 국가에서는 당의 규제와 보호를 받음으로써 국내에서의 권위를 유지하였기 때문에 주변 국가의 각 왕조는 그것을 잃어버리자 급속하게 세력이 실추되고 내외의 새로운 세력으로 대체되었다고 보는 것이다. 대략 이와 같이 당 말에 대한 일련의 붕괴 과정을 설명하는 종래의 견해는, 요컨대 당 멸망 후 동아시아의 국제적 변동을 어디까지나 당 왕조·중국왕조의 변동을 통해서만 파악하려는 견해이다.

이 장에서는 발해의 국가 기반 확립이나 국가 성격 자체가 신라나 흑수말갈과의 대립과 깊이 관련되어 있음을 자세히 보아왔다. 발해의 성립에는 국제 환경, 인접한 여러 국가와의 긴장 관계가 깊이 관련되어 있으며, 특히 발해의 국제관계는 신라와의 대립을 기조로 하는 전략으로 일관된 점에 큰 특징이 있다. 발해는 당, 신라, 흑수말갈과의 날카로운 대립 관계 속에서 8세기 중엽부터 여러 말갈족의 교역을 관리·통제하면서 북부를 중심으로 하는 주변의 여러 말갈족을 재편 강화해갔다. 그 때문에 여러 말갈족에 대한 발해의 지배를 효력 있게 한 것은 건국 시의 발해를 둘러싼 국제 환경이며 주변 국가들과의 긴장 관계였다고 말해도 좋을 것이다.

발해의 성립 과정에서 이와 같은 배경을 염두에 둘 때 그 붕괴 과정에서도 같은 문제를 유의할 필요가 있지 않을까 생각하지 않을 수 없다. 즉 발해의 붕괴 문제는 성립 시와 마찬가지로 당과의 관계만으로는 다 파악할 수 없으며 주변 국가 사이의 긴장 관계 또한 경시할 수 없는 위치를 차지한 것이 아닐까 한다. 발해의 국내 지배를 성립시키고 존속시킨 것이 여러 국가 간의 긴장 관계였다고 한다면, 발해의 갑작스러운 쇠망·붕괴에는 예를 들어 남쪽의 신라와의 이른바 상호 의존적인 긴장 관계의 이완이라는 문제에 주목해볼 필요가 있지 않을까 생각한다.

이 점에 대해서는 좀 더 자세히 논해야 하겠지만, 그러나 적어도 위에서 말한 발해의 민족과 국가에 대한 검토를 통해 책봉체제론에서는 시야에 넣지 않았던 문제가 새롭게 떠오르게 된 것은 아닐까? 이상의 논점을 덧붙이면서 각필하고자 한다.

제1부 국민국가 이야기

제2부
출토 문자자료와 경계

제5장 출토 사료는 경계를 넘을 수 있는가

머리말

근대 일본에서는 한국 식민지 지배를 계기로 한국 고적 조사나 조선사 편수 등을 통해 고대 한일 관계사를 중심으로 하는 고대사 상像이 형성되고,[1] 또 그것에 의거한 고대사 연구는 근대 일본의 내셔널리즘 형성에 지적 자원을 공급해왔다.[2] 이 장의 목적은 근래 석비石碑나 목간木簡 등의 출토 자료를 이용한 연구를 거론함으로써 이들 연구가 고대사 연구를 오랫동안 규정해온 오늘날의 국경이나 민족의 경계를 넘을 수 있는 가능성에 대해 검토하는 것이다. 과연 근간의 석비나 목간 등 출토 자료 연구는 편찬 사료에 전형적으로 보이는 편찬 시의 정치적 이데올로기의 구속에서 벗어날 수 있는가, 나아가 동시대 사료의 연구는 어떻게 해서 국민국가의 이데올로기를 넘을 수 있는가. 이러한 시점에서 근래의 고대 동아시아 역사 연구를 사례로 그 성과와 과제에 대해 서술하고자 한다.

1. 한국 고대사 연구의 편찬 사료 금석문

'태화泰和(=太和) 4년'(369년)의 기년을 가진 칠지도七支刀(나라현 이소노카미 신궁石上神宮 소장)와, '갑인년'(414년)에 건립된 광개토왕비(중국 지안시)는 두 자료가 일체가 되어 고대 한일 관계의 확실한 기원을 이야기하는 자료로서 활용되어왔다.[3] 잘 알다시피 『일본서기日本書紀』나 『고사기古事記』에 전하는 진구神功 황후의 '삼한정벌'이나 '임나일본부'에 의한 한반도 남부 지배를 뒷받침하는 동시대 사료로서 각별히 중시되어왔다.[4]

예를 들어 칠지도는 백제·왜 관계의 역사적 성격을 말하는 동시대 사료로서 귀중히 여겨왔는데, 미야자키 이치사다宮崎市定가 "이것은 이전에 일본이 한반도를 지배했던 시세를 반영한 독해이며 요즈음은 그 반동으로서 한국 학자가 국수주의에 열중한 나머지 고대 일본을 백제의 속국으로 보려는 경향이 있다"라고 지적한 바와 같이[5] 칠지도는 국민국가 이야기에 이용되었다. 현재에 이르기까지 칠지도의 역사적 자리매김으로서는 백제 헌상설, 백제 하사설, 동진東晋 하사설, 백제·왜 대등설 등 여러 설이 있는데, 의식하든 하지 않든 상관없이 근대국가를 투영하여 동시대 사료를 해석해왔음을 보여주는 사례이다.

과학적인 조사를 전제로 오랜 기간의 연구사에 입각한 최신의 연구에 따르면, 칠지도는 태자 시대의 백제왕 근구수왕(奇=貴須)이 369년 11월에 왜왕의 뜻을 위해 만들었으며, 양면의 새긴 문장은 앞면에는 칠지도를 만든 연월일, 길상구吉祥句, 제작자 이름을 쓰고, 뒷면에는 구체적인 제작 사유를 쓴 것으로, 칠지도는 도가사상에 경도한 기奇가 의기儀器로 만들어 후세에 오래 전해지기를 바라며 왜왕에게 증여했다고 해석한다.[6] 칠지도를 에워싼 큰 역사적 문맥으로서는 한반도를 남하하여 백제에 압력을 가하는 고구려에 대항하기 위해 백제는 일본열도의 왜국에게 정치적인 공작을 하여 연대를 모색했다는 견해가 대부분의 지지를 받고 있다.

한편 광개토왕비에 대해서도 이른바 신묘년(391년) 조條의 32자(百殘新羅舊是屬民由來朝貢而倭以辛卯年來渡□破百殘□□□羅, 以爲臣民)는 비문 연구가 착수된 1880년대에는 '백제, 신라는 원래 고구려의 속민이었으므로 조공하고 있었는데, 왜가 신묘년부터 바다를 건너 백제와 임나·신라를 쳐부수고 왜의 신민으로 삼았다'라고 보아서 이를 『일본서기』의 진구 황후기나 임나일본부와 결부한 해석의 틀이 오랫동안 그 후의 연구를 구속했다.

1970년대에 이르러 광개토왕비 연구의 계기가 문제가 된다든지 '탁본' 연구에 의심스러운 부분이 드러난다든지 하는 가운데 광개토왕비의 육군 참모본부 개찬설이 제기되고,[7] 또 그 이전에는 앞에 든 32자에 수시로 주어·목적어를 보족하여 고구려 우위의 정세를 읽어내려는 해석도 주목받았다. 후자는 광개토왕비문을 철두철미하게 고구려 우위의 정세가 쓰인 텍스트로서 파악하려는 시도이다. 그러나 지금까지 원석 탁본 연구가 국제적으로도 축적되어 현재로서는 비문의 개찬설은 부정된다.[8] 또 비문의 필법 해명에 의해 문제의 32자는 백제나 신라에 대한 왜의 군사행동을 적은 것이라는 데에 의심할 여지가 없다. 새삼 지적할 필요도 없이 주어·목적어를 보충하여 고구려 우위의 정세를 읽어내려는 시도는 비문의 문맥을 잘못 파악한 오역이다. 다만 신묘년 조의 '해渡' 자는 판독 불명이며, 애당초 '임나'라고 해석해온 2자는 비석의 균열에 의해 해석 불능이지만 신라에 대한 동사로서 읽어야 한다고 여긴다.[9] 또 신묘년 조를 포함하는 8년 8조의 무훈武勳 기사는 그 자체가 현실을 찍어낸 기사라기보다는 교묘한 문장 꾸밈에 의한 정치적 목적을 가진 문장 구성으로 성립되어 있다는 견해도 움직일 수 없다.[10] 어쨌든 광개토왕비문 연구는 국제적으로도 왜의 실태를 포함하여 고대 일본의 정치세력이 한반도에서 군사행동을 전개했는지 여부가 계속해서 주요한 관심사였던 것이다.

　그러나 비문 전체를 시야에 넣으면, 오히려 중요한 문제는 1775자로 된 비문은 크게 세 가지 내용(①고구려 왕가의 유래와 광개토왕의 사적, ②8년 8조로 구성된 광개토왕의 무훈, ③수묘인守墓人의 목록 및 수묘역守墓役 체제에 관한 법령)으로 구성되었음에도 불구하고 오로지 ②의 일부에 불과한 신묘년 조의 진위가 국제적으로도 논의의 대상이 되어온 점이다. 요컨대 광개토왕비는 『일본서기』에 실린 '임나일본부'를 뒷받침하는 자료로서의 일면만이 강조되었기 때문에 비문 전체에 대한 고찰은 경시되었다고 해도 좋다. 100년에 달하는 연구사에서 비문 전체의 내용이나 구성은 계속 관심 밖에 있었던 것이다. 새삼 비문 전체의 구성에 주목하면, ②의 무훈 기사에 보이는 왜의 군사행동이란 수묘인 연호^{姍戶}의 역사적인 유래를 광개토왕의 구체적인 군사행동과 결부시켜 왕의 공적을 부동의 것으로 만들기 위한 문장 꾸밈이라고 말할 수 있는 데에 불과하다.[11]

비의 건립자에게 문장 구성상 가장 중요한 부분은 ③이며, 광개토왕비는 수묘인에 관한 법령이 적힌 석각^{石刻}문서로서의 기능에 주목해야 하는 것은 군말이 필요하지 않다. 무엇보다 그것을 뒷받침하듯이 2013년에 광개토왕 비문 ③의 내용과 아주 유사한 내용이 새겨진 지안^{集安} 고구려비(수묘인 연호비)가 발견됨으로써 광개토왕 비문의 수묘역 체제에 관한 법령 문서로서의 성격이 명확해졌다.[12]

그렇지만 흥미로운 것은 새로운 비석 발견 후 중국이나 한국에서 70편 이상의 논고가 발표되었는데도 일본에서 전문 논고는 1편에 그친다.[13] 그 이유 중 하나는 신묘년 조에 관심이 집중되어 있기 때문에 그러한 '고대 한일 관계사'에 직접 관계가 없는 비석에는 학술적인 관심이 미치지 않는 것이다. 일본의 광개토왕비문 연구가 어떠한 문맥에서 파악되어왔는지를 부각시키는 현상으로서 주목할 만하다. 요컨대 동시대 사료로서의 칠지도나 광개토왕비는 당해 시기에는 부재였던 내이션이나 아이덴티티의 형성에 이바지하는 것으로, 국민국가 이야기에 활용되어온 것이다.

2. 한국의 석비, 목간 연구의 진전

1970년대 이후 한국에서는 5세기부터 7세기 전반에 걸쳐 사용된 석비나 목간 등의 출토 문자자료의 발견이 이어졌다. 그러한 발견은 먼저 1970년대 후반에 있었는데, 1978년에는 한반도를 남하하는 고구려와 신라의 정치 관계를 이야기하는 중원고구려비^{中原高句麗碑}(5세기 후반)가 발견되고, 이듬해에는 신라 진흥왕의 북방 진출 단서가 된 경계 영역의 경영 방식을 전하는 단양적성비丹陽赤城碑(545년+α)가 발견되었다. 1980년대 후반에는 법흥왕이 동해안을 북상하여 구 고구려 영역에서의 신라법에 의한 지배와 살우 의식殺牛儀式을 전하는 울진봉평비蔚珍鳳坪碑(524년), 이듬 해에는 신라가 정치 지배를 하게 된 지역에서 재물 분쟁을 재정裁定하는 살우 의식을 거행했음을 전하는 영일냉수비迎日冷水碑(503년)가 각각 발견되었다.

이들 석비는『삼국사기』나『삼국유사』등 기존의 편찬 사료로는 알 수 없었던 5, 6세기 한반도 남부의 동향을 전하는 동시대 사료로서 획기적인 성과를 가져왔다. 일본 고대사와의 관계에서 말하면, 울진봉평비와 영일냉수비에 기록된 살우 제사는 '소를 죽여 신을 제사한다'는 가라카미漢神 신앙이 상기되는데, 지금까지 한반도에서의 실태는 알 수 없었다. 종래 한신 신앙은 표기로 보아 중국에 유래하는 제사로 여겨왔다.[14] 그러나 두 비의 발견으로 그것이 한반도에도 퍼져 있던 사실이 판명되고, '가라카미'란 한신韓神이며 한반도에 유래하는 제사일 가능성을 시사하는 발견이었다.[15]

그런데 위에 든 네 비는 모두 5, 6세기 한반도의 신라를 중심으로 하는 국제 정세, 특히 신라가 고구려의 압력을 밀어내고 주변 지역으로 지배를 확대하는 과정의 법 지배에 관한 자료라는 점에서 신라의 국가 형성사의 여러 문제, 특히 법제사에 새로운 빛을 비추게 되었다.[16] 주목하지 않을 수 없는 것은 한국 학계에서 그러한 법제사상의 논의가 일본 학계의 신라 법제사 연구의 비판을 중심으로 전개되었다는 점이다. 여기서도 동시대 사료가 연구자의 내셔널리티라는 경계의 강화에 기여한 것이다.

한편 석비가 발견된 1970년대부터 1990년대에 걸쳐 얼마 되지 않지만 목간 발견 소식도 전해졌다. 1975년에는 신라의 수도 경주의 궁원지宮苑池인 안압지에서 50점 남짓의 목간이 출토되고 내용에 대해서는 1979년에 공표되었다. 또 1980년대에는 신라의 왕성이었던 월성의 해자에서도 목간이 출토되었음이 관계자들 사이에서는 일찍부터 알려져 있었다. 그리고 백제의 마지막 수도였던 사비성(부여) 부근에서도 백제 목간이 발견되고, 1991년에는 서울 근교의 이성산성에서도 7세기 초의 목간이 발견되었다. 때마침 같은 무렵 이전에 '임나일본부'가 있었다고 여긴 경상남도 함안군 소재 성산산성에서 국립창원문화재연구소(현 국립가야문화재연구소)에 의한 발굴이 1991년부터 1994년까지 이루어졌다 (성산산성 목간 발굴조사는 현재까지 17차 조사가 계속되고 있다).

　1990년대 말경까지의 한국 목간은 정리된 출토 목간으로서는 위에 기술한 대로 성산산성 출토 목간 및 경주의 안압지 출토 목간과 월성 해자 목간, 이성산성 목간 등으로 한정되어 있다. 그렇기는 하지만 1999년에 한국에서 처음으로 목간을 주제로 한 국제학술회의가 국립김해박물관에서 개최되었고, 이 회의 직전에 출토 목간을 적외선 카메라로 공동 조사하는 등 동아시아 규모로 한국 목간이 주목받는 계기가 되었다. 이와 동시에 한국 목간 그 자체의 연구에서도 새로운 시대를 열게 되었다. 왜냐하면 이 무렵 마침 일본이나 중국에서 목간이 대량 발견된 사실과 겹쳐서 한국, 중국, 일본의 동아시아 나라들의 목간 연구 상황을 한눈에 바라보려는 학계의 기운도 높아져 한국 목간에 주목이 집중되었기 때문이다.[17]

3. 한국 출토 목간과 한일 공동연구

한국의 출토 목간은 점수로는 꼭 많지는 않지만 발굴 보고서 간행이 여러 이유로 지연되어 그 전체를 파악할 수 없는 상황이었다. 우연히 2002년에 와세다대학이 21세기 COE에 채택되자 와세다대학에서는 대학 내에 아시아지역문화 엔한싱 연구센터를 설립했다. 이 센터의 특색은 8개 연구팀이 연구 분야를 공유하는 해외 학술기관과 공동연구의 정식 협정을 맺고 현지에서의 공동연구를 추구하는 점이다. 새로운 출토 자료의 분석이나 현지 조사의 협정을 필수로 하는 시도이기도 했다.[18]

그중 한 팀인 조선문화연구소는 앞에서 언급한 한국 출토 목간의 공동연구를 하기 위해 국립창원문화재연구소와 상위 기관인 국립문화재연구소와의 공동연구를 제의했는데, 식민지기에 고고학 조사를 독점해온 경위도 있고 또 사립대학의 일개 부서에 지나지 않는 기관이 공동연구를 제의한 것 자체가 무모한 일이어서 교섭에는 당연히 시간이 필요했다. 이 사업에 관여한 당초에는 우선 종래 충분히 이루어졌다고는 말하기 어려운 식민지기의 '역사학·고고학' 연구를 동시 병행하여 진행하고 아울러 일본 목간 연구의 현상을 한국의 발굴 당사자에게 전하는 것부터 시작하기로 구상했다. 전자의 사업은 근대사 연구자나 고고학 연구자가, 후자는 한국·일본·중국 목간 연구자가 각각 담당했다.[19]

먼저 조선문화연구소가 국립창원문화재연구소에 제안한 것은 미발표였던 한국 출토 목간의 일체 조사였으며, 두 기관이 협력하여 지금까지 출토된 목간을 망라하는『한국의 고대 목간』[20]의 출판이었다. 조선문화연구소는 일본어판 간행에 협력하기로 했다. 이 도록은 한국 출토 목간 원래 크기의 사진과 적외선 사진을 게재하여서 전모를 전하는 자료집으로서 중요한 간행이다. 마침내 한국 목간의 공동연구는 국립문화재연구소의 정식 승인을 받아 조선문화연구소와 국립창원문화재연구소와의 협정이 체결되었다. 이로써 한국에서 출토되었지만 아직 조사하지 못한 목간에 대해 국립문화재연구소의 여러 기관과의 공동 조사가 이루어지고 2004년부터 2007년까지 매년 연구 집회를 개최하고 두 기관에 의해 한일 양국에서 각각 보고서를 간행했다. 또 그러한 성과는『한국 출토 목간의 세계』,『한일공동연구자료집 함안 성산산성목간』으로 간행되었다.[21]

그 후 한국 목간에 관한 공동연구는 국립중앙박물관과 일본 국립역사민속박물관과의 협정(2007년)이 체결됨으로써 계승되고 한국 목간에 대

제2부 출토 문자자료와 경계

한 한일 연구자의 본격적인 공동연구가 점점 더 속도를 더했다. 공동연구가 진전됨에 따라 우연하게도 전국에서 목간 발견이 이어져서 그 이전에 발견된 목간에 대한 공동연구와 병행하여 조사가 이루어졌다.[22] 약 10년에 걸친 성과는 근래 한일 양국에서 각각 전시로 공개되었다.[23]

한국 목간의 공동연구는 해가 감에 따라 심화하고 한일 양국의 고대사 연구자의 학술 교류도 진전되었다. 이러한 기운은 2007년에는 '한국목간학회'의 결성으로 결실을 보았다.[24] 현재 기관지 『목간과 문자』는 18호를 헤아리며 일본의 목간학회와 정식 교류 협정을 체결했다.

현재에 이르기까지 한국 목간은 고려 시대의 침몰선에서 출토한 목간, 죽찰竹札을 포함해도 출토 수는 800점 정도에 불과하지만 신라의 왕도 경주나 백제의 왕도였던 부여뿐만 아니라 신라나 백제 지방의 산성이나 관아 터로 추정되는 곳에서도 목간이 출토되고 있다. 37만 점 이상의 일본 출토 목간과 비교해도 찌지付札, 짐표荷札, 장부, 문서, 책갈피題籤軸, 주술목간, 습서목간習書木簡, 목간 부스러기 등 일본 목간에 대응하는 다양한 종류의 목간이 확인된다.[25] 최근에는 부여에서 구구단 목간도 발견되어 한국목간학회에서 한일중의 비교연구를 개최했다. 방대한 출토 점수가 있는 일본, 중국 연구자와의 교류는 단기간에 많은 성과를 거두어 동아시아 규모의 학술회의가 일상화했다.[26]

4. 출토 사료를 통해 경계를 넘을 수 있는 가능성

아직 출토 점수가 100점 정도인 단계에서부터 점차 점수가 증가하는 과정에서 한국 출토 목간을 논할 기회가 주어지고,[27] 그 후에도 미발표 출토 목간을 직접 관찰할 기회를 가지는 중에 일본 목간이나 중국 목간 연구자들이 한국 출토 목간의 특징과 자리매김에 대한 필자의 견해를 물었다. 방대한 출토 점수와 축적된 연구 성과의 관점에서 묻는 질문에는 단기간 내에 많은 시사를 주었다. 그러한 많은 지적에서 필자가 주목한 것은 종래 일본 학계에서는 일본 목간과 중국의 간독簡牘(죽간이나 목간) 사이에는 거의 관련성이 발견되지 않는다고 말해온 통설에 대해서이다. 실제로 목간의 형태도 서식도 전혀 다르다고 말해도 좋을 만큼 다르며, 무엇보다 사용된 시기의 차가 매우 크다. 중국에서 죽간, 목간이 사용된 것은 전국戰國 시대·진한秦漢 시대부터 4세기 무렵까지이다. 그러나 일본에서 사용되기 시작한 것은 7세기 전반 무렵이다. 이 때문에 일본 고대사 연구자는 일본 목간은 일본열도에서 고립되어 독자적으로 형성되고 발전한 것이라 믿고 있다.

한국 목간을 논하기 시작한 당시에 출토 점수가 결코 많지는 않았지만 몇몇 사례이기는 하나 일본 출토 목간과 관련지을 만한 목간이 검출되었고 그러한 점이 주목받았다. 1996년 목간학회에서의 보고는 일부의 찬동자를 얻을 수 있었다.[28] 그 후의 전개에 대해서는 앞 절에서 언급한 바와 같은데, 한국 출토 목간이나 석비 등의 출토 문자자료의 검토를 통해 고대의 한자문화 전파와 수용 과정이 밝혀진 점은 유의해야 한다. 종래 일본 학계에서는 당연히 고대 일본의 한자문화는 도래인(중국계 인사)이 직접 중국 대륙에서 가지고 온 것이라 생각해왔다. 그러나 근래에는 한반도의 한자문화를 매개로 해서 한자문화를 수용한 과정이 5, 6세기의 석비나 목간에 의해 학술적으로 증명되었다.[29]

중국문명, 특히 한자문화가 주변 여러 지역으로 전파·수용되어가는 과정에는 반드시 매개자를 필요로 하는 것이어서 그러한 매개적 기능에 주목할 필요가 있다. 이전의 식민지주의자들은 한반도의 문화 전파와 수용의 매개적인 역할을 철저하게 무시하고 혐오했다.[30] 국민국가의 문화적 아이덴티티를 과거에 투영한 복잡한 문화 전이의 과정을 근대의 민족적 자부에 환원하려 했기 때문이다. 사실 한반도와 일본열도 사이의 관계에 그치지 않고 5, 6세기의 석비나 목간에서는 한반도 내에서도 신라의 한자문화는 확실히 고구려 한자문화의 영향을 받았음을 쉽게 이해할 수 있다.[31] 문화의 전이에는 복수의 번역자, 매개자가 관련되어 있는 것이다.

그런데 앞에서 서술한 바와 같이 함안 성산산성에서 현재까지 약 200점의 목간이 출토되었다. 그 목간들은 당시 신라 영역 내의 성城·촌에서부터 가지고 온 곡물 등의 물자에 붙인 짐표이며, 서식이나 목간 형태는 고대 일본 목간의 원초 형태라고도 말할 수 있는 모습을 하고 있다. 즉 지금까지 중국 목간과는 전혀라고 말해도 좋을 만큼 결부시키지 않았던 일본 목간은 6세기 중엽 무렵이라 추정되는 함안 성산산성 목간과 형태나 서식 면에서 아주 유사해서 분명히 성산산성 목간은 7세기 후반 이후 일본 목간의 선행 형태임을 인정하지 않을 수 없다. 또 그 후 7세기 초의 복암리 백제 목간의 발견에 의해 일본 고대 목간의 원류가 백제에 있음을 일본의 목간 연구자가 인정하게 되었다.[32] 한일의 출토 목간 비교를 통해 일본의 한자문화는 신라나 백제를 매개로 수용되었을 가능성이 명확하게 된 것이다.

더욱이 한국 목간의 연구는 목간 문화의 전파와 수용에 그치지 않고 고대 일본의 율령국가 체제에 대한 생각에도 근본적인 변경을 가하게 했다. 예를 들어 오스미 기요하루大隅淸陽나 가네가에 히로유키鐘江宏之는 다이호 율령大寶律令 편찬 이전의 역사에 대해 중국을 의식한 당풍화唐風化라는 사적史的 이해는 단면적이며 중국보다는 백제나 신라가 동시대의 중국에서 수용한 여러 제도를 참조했음을 강조했다.[33] 이치 히로키市大樹도 7세기 말 후지와라 궁藤原宮 목간과 6, 7세기 한국 목간과의 비교를 통해 '한반도에서 많은 것을 배움으로써 일본 고대국가의 골격이 형성된 사실'을 지적했다.[34] 목간이라는 출토 문자자료를 얻음으로써 고대 일본사, 한국사에 그치지 않고 동아시아 규모 역사 연구의 중요한 열쇠를 쥐는 주목할 만한 연구 분야가 된 것이다.

예를 들어 종래 고대 일본의 중국문명화는 600년의 견수사遣隋使로 시작되고 630년부터의 견당사遣唐使와 아울러 약 100년에 걸친 중국과의 교류에 의해 701년의 다이호 율령, 결국은 중국적인 법률 체계에 바탕을 둔 국가 제도를 완성시켰다고 생각해왔다. 이는 일본 학계의 상식 중의 상식이었다.[35] 그런데 한국에서 신라나 백제 목간이 출토됨으로써 700년 이래 고대 일본의 여러 제도는 수나 당의 제도가 아니라 백제·신라가 수용한 중국의 여러 제도를 간접적으로 수용해온 것임이 목간에 의해 증명되었다. 요컨대 701년의 다이호 율령은 그 이전과는 현격하게 레벨이 다른 중국적인, 당의 제도를 직수입한 사실이 강조된 것이다. 견수사 이래 100년에 걸쳐서 고대 중국을 배운 것이 아니라, 그 전에 이웃 한반도 여러 나라의 제도를 배우면서 그것을 전제로 해서 701년에 이르러 지향해야 할 이상으로서의 중국적인 법 제도를 갖춘 것이 다이호 율령일 가능성이 높다. 이러한 이해는 한국 목간의 발견 및 송대宋代 천성령天聖令의 발견에 의해 진전시켜온 연구 성과라고 말할 수 있다.[36] 한국 목간 연구의 성과는 동아시아 규모의 역사상 변경을 재촉하는 것이다.

또 최신의 성과로서 1990년대 초에 평양에서 『논어』 죽간이 기원전 45년 낙랑군 25현의 호구통계부戶口統計簿와 함께 정박동 364호 고분에서 발견되었음이 최근에 판명되었다. 발굴 후 약 20년이 지나 매우 중요한 사실이 밝혀졌는데, 향후의 연구에 의해 중국 대륙에서 한반도로 어떤 한자문화가 전파되고, 그것이 한반도 여러 나라에 어떻게 수용되었으며, 또 그것이 어떻게 변용되어 일본열도에 전파되었는가 하는 문제가 출토 문자자료에 입각하여 해명되는 날도 머지않을 것이다.[37]

맺음말

한국에서의 석비나 목간 등 출토 문자자료의 발견은 한국 고대사뿐 아니라 종래의 고대 동아시아사 연구를 크게 변화시키고 있다. 이러한 연구 동향은 자료의 증대에 있는 듯 보이기도 한다. 그러나 그 전제에는 역사학 연구에서 필드 워크의 일상화가 있음을 잊어서는 안 된다. 일본의 한국 고대사에 입각해서 말하면, 1980년대 말부터 조직적이며 본격적인 필드 워크가 한국 연구자의 협력을 받아 계속적으로 이루어지고 신뢰 관계의 네트워크가 형성되어 있었다. 언뜻 보기에 자료의 증대에 의거한 것처럼 비치는 출토 문자자료 연구의 융성은 한일 연구자의 교류의 기반 위에 이루어졌다고도 말할 수 있다. 또 그러한 신뢰 관계가 형성되었기 때문에 출토지를 방문하고 출토 문자자료의 기기를 사용한 과학적인 분석이 가능했다.[38] 그러한 성과를 공유하는 절차도 이미 고고학 연구자 상호 간에 하고 있기도 하다.

고대사 연구는 식민지주의나 세계화와 무관한 듯하나 국민국가 형성기의 중요한 역할을 한 학문임을 새삼 상기해야 한다. 국민국가가 형성되고 유지되기 위해서는 국민의 생산, 재생산이 필요불가결하며 그것을 위한 내셔널 아이덴티티의 형성을 위해서는 내셔널한 주체의 형성과 역사가 요구되었다.

근대 역사학에게 국가의 시원에 관한 고대사는 결정적으로 중요하다. 그런 까닭에 출토 문자자료는 근대적인 역사학에 중요한 위치를 차지했다. 더구나 그것은 제국주의의 독점 대상이며 오랫동안 민족주의의 충돌의 장에서 중요한 역할을 해왔다. 무엇보다도 우리와 그들의 경계를 명확하게 하는 국사의 첨단적 도구였다. 그러한 의미에서 출토 문자자료가 갑자기 근래 20년에 국경을 넘은 것은 아니다. 세계화의 진전과 국민국가의 쇠퇴는 '내이션 없는 내셔널리즘'[39]인 까닭에 실태 없는 관념적인 정념을 수반하고 격렬한 반동을 보이고는 있지만 국경을 넘은 역사학은 출토 문자자료의 활용과 의의를 확실하게 높이고 있다고 보아야 할 것이다.

제6장 표상으로서의 광개토왕비문

머리말

1,580여 년 동안 비바람을 견뎌온 광개토왕비는 6미터 남짓 크기로 위용을 떨치며 고구려의 수도였던 지린성吉林省 지안시集安市에 지금도 우뚝 서 있다. 일찍이 일본 육군은 이 비석을 일본에 반입하여 제실박물관帝室博物館(지금의 도쿄국립박물관)에 진열하려는 계획을 세운 적이 있다. 30톤이 넘는 비석을 일본으로 반출하려는 계획을 세운 동기는 고대 왜倭의 한반도 진출을 일본 국민에게 드러내 보여 이후의 한반도 침략을 정당화하려고 했던 것도 아니며, 왜가 한반도에 진출한 듯이 비문을 개찬했기 때문에 그것을 은폐하기 위해서도 아니었다. 뒤에서 서술하듯이 그러한 일반의 추측에 반해서 실은 왜군의 패배를 기록한 이 비를 일본 국민 눈앞에 보여줌으로써 고대 일본의 대륙 진출 추이를 자세히 알게 하고, 러일전쟁 후의 정세에 국민적 규모로 대비할 수 있는 마음가짐을 환기하는 데 유용하게 하고자 하는 그 나름의 현실적인 목적이 있었기 때문이다. 다행인지 불행인지 그 계획은 실현되지 않았지만, 만일 계획대로 일이 추진되었다면 광개토왕비는 지금의 도쿄국립박물관에 옮겨지고 비가 서 있던 곳에서 멀리 떨어진 일본 땅에서 위에서 말한 역사적 역할을 다한 뒤에도 일본 고대사의 일급 사료로서의 위치를 부여받고 국민적 관심을 모았을 것이다.

　국민의 역사의식을 함양하기 위하여 광개토왕비를 박물관에 전시하는 일이 일본에서는 이루어지지 않았지만, 오늘날 남북한에서는 복제품을 적절한 장소에 전시함으로써 이를 다른 형태로 실현시켰다. 북한에서는 조선 인민의 투쟁과 창조의 역사를 보여주는 유물을 전시하는 조선중앙역사박물관에, 한국에서는 민족정기를 선양하기 위한 전당인 독립기념관 제1전시실 입구 정면에 복제품을 전시하고 있다. 어쨌거나 남북한에서는 비석에 적혀 있는 광개토왕의 위업을 오늘날 한민족의 긍지로 여기며 역사의식의 육성에 크게 활용하려 한다. 또 비석이 있는 중국에서도 광개토왕비는 중국 동북東北 민족, 즉 중국 국민의 중요한 역사적 유물로서 극진하게 관리되며, 다른 도시이긴 하지만 비석의 복제품을 만들어 전시하는 역사박물관이 있다.

이상과 같이 의도에는 조금씩 차이가 있지만, 네 나라의 국민교육에 저마다 광개토왕비가 특히 중요시됨을 이해할 수 있다. 그런데 비석 자체를 가지고 가거나 혹은 비석의 복제품을 새로 만들거나 해서 박물관에 진열하는 행위를 하게 하는 데는 비문에 대한 해석과 그것에 기인한 평가가 그 전제로서 불가결하다. 각국에 있어 극히 중요한 역사적 사실이 적혀 있다는 해석에 의거하고 더욱이 국민에게 널리 알릴 가치가 있다고 확신하고 나서야 비로소 그러한 행위에 의미가 생기기 때문이다.

그렇다면 비문이 이러한 내용을 가진 텍스트로서 주목받고 해독된 것은 언제부터였을까? 또 그러한 텍스트의 성립을 전제로 저마다 독자의 해석을 하게 된 것은 언제였을까? 나아가서는 동아시아 각국이 그것이 국민교육에 중요하다고 인식하게 된 것은 언제였을까?

이 물음에 답하기 전에 상기해야 하는 것은 광개토왕비문은 적어도 고구려 멸망(668년) 후부터 1,200여 년 동안 그와 같은 텍스트로서 주목받은 적이 결코 없었으며, 그 의미를 찾아내지 못한 채 방치되어 있었음에도 불구하고 19세기 말에 '발견'되자마자 역사 저편에서 홀연히 소생했다는 것이다. 무릇 이 비가 414년 고구려의 장수왕이 아버지 광개토왕을 위해 건립한 것이라면, 그러한 고구려의 텍스트가 근대 동아시아 각국에서 공통의 텍스트로서 영유되는 것 자체가 경이로운 일로서 주목되어야 할 것이다.

이제 광개토왕비문은 고구려의 텍스트라는 사실을 초월하여 근대 동아시아의 여러 민족, 여러 국가에 의해 자기 국가, 민족의 콘텍스트에 따라 해석되어 이용되고 있는 상황에 처해 있다.

물론 비를 세운 장수왕의 의도와, 근대 동아시아 각국의 비문에 대한 해석과 평가 사이에는 차이가 있는 게 당연하다. 여하튼 근대 텍스트로서의 비문 해석을 낳은 과정을 해명하는 데에, 광개토왕비문이 1880년에 발견되고 그로부터 4년 뒤에 일본인에 의해 연구가 착수된 이래 130년간의 연구 역사가 있다는 사정에 깊은 의미가 있다고 생각된다.

왜냐하면 일본 육군 참모본부에 의해 본격적인 연구가 개시된 직후에 이미 비문 해석의 큰 틀이 만들어지고 기본적으로는 현재까지 그 패러다임 속에서 이에 관한 논의가 이루어지고 있다고 보이기 때문이다. 뒤에서 밝히는 바와 같이, 언뜻 보기에 1970년 이후 사반세기에 걸쳐 다양한 논쟁이 격렬하게 이루어진 것처럼 보이지만, 그것은 일본인 연구자가 선도한바 철두철미하게 근대 텍스트로서의 광개토왕비문에 구속된 논의였다. 새삼스럽게 이 비문에 대해 고구려 텍스트로서의 내용 해석을 시도해보면, 비문을 둘러싼 이제까지의 논쟁은 근대 동아시아 각국(일본, 남북한, 중국)의 역사학 연구가 내포하는 문제 자체가 더 선명해질 것이다.

이에 이 글에서는 지난 사반세기에 걸친 광개토왕비문의 논쟁을 길잡이 텍스트로 하면서 아울러 고구려 텍스트로서의 비문 해석을 탐구함으로써 근대 텍스트로서의 광개토왕비문의 표상을 비춰보고자 한다.

1. 근대 텍스트로서의 광개토왕비문

근대에 되살아난 텍스트

광개토왕비를 세운 장수왕은 아흔여덟 살에 세상을 떠난, 말 그대로 장수한 사람이었다. 그의 아버지 광개토왕과 장수왕이 재위에 있던 100년 (391~491년) 동안은 고구려의 최전성기라고 한다. 그러한 장수왕이 아버지 사후 삼년상을 지낸 뒤 아버지의 유해를 능묘에 매장하고 그 옆에 건립한 것이 광개토왕비였다.[1]

비석은 각력응회암이라고 하는 자연석으로 만들어졌으며, 높이 639센티미터, 한 변의 길이가 135에서 200센티미터에 이르는 네모기둥 모양이다. 네 면에는 세로로 폭 14센티미터 전후의 괘선이 새겨져 있고 각 행에 정연하게 비문이 새겨져 있다.

한예漢隷 서체의 중후한 한문으로 쓰인 1,775자 전문全文은 서론과 두 가지 내용을 담은 본론으로 구성되어 있다. 서론으로서 시조인 추모왕鄒牟王이 건국 창업한 유래부터 광개토왕에 이르는 고구려 왕가의 세계世系를 약술하고, 이어서 본론의 제1 부분에 광개토왕 일대의 무훈武勳을 8년 8조로 나누어 연대기적으로 열거했으며, 본론 제2 부분에 광개토왕릉의 수묘인守墓人 330가家의 내역과 그들에 대한 금령과 벌칙을 기록했다. 이처럼 크게 세 단락으로 구성되어 있는 비문에는 고구려의 건국신화에서 시작하여, 동아시아의 유동적인 국제관계, 고구려의 이민족 지배·수묘역 체제·고유법 등 문화의 여러 가지 모습이 묘사되어 있다. 광개토왕비문은 실로 풍부한 내용을 응축한 5세기 고구려 문화의 결정이기도 하다.

이만큼 내용이 풍부한 비문임에도 불구하고 의외로 비문의 텍스트 전체가 종합적으로 문제가 된 것은 드물었다. 그러면 특히 어디가 어떻게 문제가 되어왔는가 하면, 본론 제1단의 무훈 기사 중에 다음 32자[2]가 각별한 관심을 끌었다.

百殘新羅舊是屬民由來朝貢而倭以辛卯年來渡□破百殘□□新羅以爲臣民

　이 32자의 해석을 중심으로 고대 동아시아의 국제관계를 둘러싸고 오늘날까지 논쟁이 지나칠 정도로 전개되어왔다. 근대 텍스트로서의 비문은 바로 이 32자에 집약되어 있다고 말해도 좋을 것이다.

　그래서 여기서는 주로 이 32자를 둘러싼 논쟁을 중심으로 시간의 추이에 따라 이 논쟁의 경위를 더듬어보고 일단의 전말을 개관하기로 하겠다.

근대 일본의 텍스트로서의 비문

1883년 육군 참모본부의 밀정인 포병 대위 사카와 가게아키酒勾景信는 지린성 지안현에서 광개토왕비의 묵본墨本(墨水廓塡本)을 입수해서 귀국했다.[3] 현지에서 비석이 '발견'된 지 3년 뒤의 일이었다. 사카와가 가지고 온 묵본[4]은 곧바로 참모본부에서 해독 작업이 진행되었고 그 결과는 재빠르게도 1884년에 2권의 저작으로(靑江秀, 『東夫餘永樂大王碑銘解』. 橫井忠直, 『高句麗古碑考』) 정리되어 나왔다.[5] 중요한 것은 요코이 다다나오橫井忠直의 연구를 근거로 하여 사카와가 가지고 온 묵본의 축소판이나 석문釋文과 해석이 그 후 『회여록會余錄』 제5집(亞細亞協會, 1889년)으로 간행되었다는 점이다. 왜냐하면 그 책에 축소하여 수록한 묵본은 그 후 오랫동안 탁본으로 믿어지게 되어, 근래까지 일본의 역사 교과서에 광개토왕비의 '탁본'[6]으로서 소개되고 많은 사람의 뇌리에 새겨졌기 때문이다.[7]

　『회여록』이야말로 광개토왕비문이 비석에서 독립하여 인쇄물로 찍힌 새로운 텍스트로서 해석되는 계기가 된 것이다. 근대 텍스트로서의 비문이 탄생했다고 말해도 좋을 것이다.[8]

　그런데 『회여록』에는 문제의 32자에 대해 다음과 같은 석문釋文이 실려 있다.

百殘新羅舊是屬民, 由來朝貢, 而倭以辛卯年來渡海, 破百殘□□新羅以爲臣民

  그 후의 비문 연구 대부분은 이 석문을 근거로 하여, 아무런 의심도 하지 않은 채 32자를 오랫동안 다음과 같이 해석해왔다.

    백잔·신라는 본디 속민이었으므로 원래 조공을 했다. 그런데 왜는 신묘년 (391년)에 와서 바다를 건너 백잔·□□(임나)·신라를 쳐부수고 신민으로 삼 았다.

  그리고 또 이러한 해석은 마침내 다음과 같은 움직일 수 없는 역사적 평가를 정착시켰다. 즉 "이 비문에는 391년(신묘년)에 야마토大和 조정의 군대, 즉 일본 군대가 한반도 남부를 공격하여 백제와 신라를 정복·복 속시켰을 뿐만 아니라 그 후 멀리 평양 부근까지 침공하여 고구려와도 싸웠다는 것이 기록되어 있어서 적어도 4세기 말부터 야마토 조정이 한 반도 남부를 예속시켰음을 증명하는 가장 유력한 제일급의 사료이다"[9] 라는 것이다.

  전에 나카쓰카 아키라中塚明가 정확하게 지적했듯이, 이는 바로 20년 전까지 이른바 일본인의 '국민적 상식'이었다. 광개토왕비를 일본 고대 사에서 빼놓을 수 없는 한 장면인 야마토 조정의 일본열도 통일을 증명 해주는 것으로 삼아, 대부분의 중·고등학교 역사 교과서에 『회여록』의 해당 사진을 '탁본'으로 게재하면서, 야마토 조정에 의해 통일된 일본의 군대가 한반도에 진출했음을 기록한 비석이라고 믿게끔 해왔다.[10]

  또 공공연하게 입 밖에 내는 일은 적어졌지만, 광개토왕비가 일본 국 가 형성사의 신기원을 방증하는 정점적定點的인 가치를 지닌 제일급 사료 이며 고대 일본의 한반도 지배가 이로써 증명된다고 하는 견해는 지금 도 여전히 명맥을 유지하고 있다.

  비문에 나오는 '왜'를 일본으로 해석한 결과, 고대의 국제 정세를 이렇게 해석하게 된 배경을 생각해볼 때 흥미로운 것은 비문에 대한 시라토리 구라키치白鳥庫吉의 독자적인 견해이다. 시라토리는 자신의 기본자세를 다음과 같이 기술했다.

> 이 비문은 당시에 가장 신용할 만한 역사상의 유물이다. 이로써 일본이 조선 남부를 지배했음을 확실하게 알 수 있다. (중략) 당시 일본은 삼한 반도의 남부를 지배했는데, 북부의 고구려와는 반대 지위에 서 있었다. 고구려는 마치 지금의 노국露國(러시아)과 같은 관계여서 일본이 반도 남부에 세력을 얻으려 하면 고구려가 이를 누르려 했다. (중략) 남부의 삼국을 지배하고 또 지속하기 위해서는 어떻게 해서든지 북부의 고구려를 꺾지 않으면 안 되었다. 그 관계는 마치 일본이 지금의 조선을 충분히 휘어잡기 위해서는 북의 노국을 치지 않으면 안 되는 것과 조금도 다름이 없다. 조선에서 세력을 획득하고자 하는 희망 때문에 전에는 지나支那(중국)와 싸웠고 지금은 노국과 싸우는 것과 마찬가지로 정치상의 관계에서 일본은 고구려와 전쟁을 벌였던 것이다.[11]

잘 알다시피 시라토리 구라키치는 일본에서 근대 동양사학, 실증사학의 시조와 같은 존재로 알려져 있고, 랑케Leopold von Ranke의 제자인 리스Ludwig Rieß에게서 직접 배웠으며, 나중에 많은 동양사학자를 키운 학자로도 저명하다.[12] 그러한 시라토리의 소박한 생각이 솔직하게 개진되어 있으며 그런 만큼 당시의 일본인 연구자들에게 비문이 어떤 콘텍스트로 읽혔는지 엿볼 수 있다. 비문에 쓰여 있는 고구려와 왜의 전투를 이제 막 교전을 시작한 일본과 러시아와의 각축전에 비긴 것처럼, 시라토리는 자신이 살고 있는 시대의 국제 상황을 철저하게 비문 속에 투영시켜 근대의 텍스트로서 비문을 읽었던 것이다.

비석 반출 계획은 이러한 시라토리의 독특한 비문 이해에 기인한 것이었는데, 시라토리는 이 점을 명확하게 다음과 같이 말했다.

제2부 출토 문자자료와 경계

나는 이 비문을 일본에 가지고 와서 박물관이나 공원에 세우는 것은 정말로 재미있는 일이라고 생각한다. 영국이나 독일이나 프랑스였다면 몇만 엔을 들여서라도 반드시 자기 나라로 가지고 갈 것임에 틀림없다. 다만 이 비문에는 일본에게 재미없는 것이 적혀 있다. (중략) 사실 일본은 고구려에게 졌던 것 같다. 고구려에 패하고부터 일본의 세력이 떨치지 못하게 되었으므로 일본이 대륙의 전쟁에서 패했다면 다시 대륙으로 진출하기는 쉽지 않다. 실제로 이번 전쟁에서도 반드시 노국을 이기지 않으면 안 된다. 만일 진다면 이후의 국세상國勢上 쉽지 않은 영향을 미칠 것이라는 사실은 옛 역사가 이미 증명하는 것이다.[13]

이런 사실을 적은 비를 내가 가지고 오자고 말하면 어쩌면 재미없는 일을 말하는 자라고 생각할 사람이 있을지도 모른다. 그러나 내 생각으로는 이처럼 패한 것을 있는 그대로 우리 후세에 알린다면 자손의 앞날에 비상한 인상을 주어 분개심을 가지게 할 수 있을 것이라 생각한다. 그것은 패한 결과를 알게 하는 데 이익이 있기 때문이다.[14]

비문에는 일본에게 재미없는 것이 적혀 있고, 그렇기 때문에 현재(러일전쟁 후)의 정세에서 이를 국민에게 교훈으로 제시한다는 의미가 있다. 이런 의도에서 제안을 한 시라토리의 비석 반출 계획은 바야흐로 군부에 의해 실행에 옮겨지려 했다. 이는 1907년 5월에 지안현 지사 우광궈吳光國가 봉천 제학사奉天提學使 고우라小浦에게 보낸 문서에 의해 밝혀졌는데, 제57연대장 오자와 도쿠헤이小澤德平가 비석을 구입하여 '일본박물원日本博物院'에 진열하려는 의사가 있었음은 중국 측에도 전해져 있었던 것이다.[15]

이상과 같이 육군 참모본부에서 비문 해독이 시작되었다는 점, 그리고 비문 해독에 관여한 사람들 사이에 비석의 반출이 당시의 시국에 이바지하는 것임이 암암리에 양해되었다는 점 등을 알 수 있다. 광개토왕

비문은 근대 일본이 처음으로 벌인 대외 전쟁의 전야에, 가까이 닥쳐온 외정군外征軍의 병참을 조사·연구하는 집단에 의해 새로운 의미가 창출된 것이다. 이로써 아득히 먼 고대의 텍스트는 단번에 근대로 끌어내려졌다. 바야흐로 근대의 텍스트로서 광개토왕비문이 소생한 것이다.

고대 한반도에서 벌어진 각국 간의 항쟁은 결국 한반도 남부를 둘러싼 고구려와 왜의 2대 세력에 의한 각축이었음을 비문이 웅변적으로 말해준다는 견해는 이후 사람들이 무의식적으로 행하는 자동적인 해독 도식이 되었다고 말해도 좋다.[16] 비문에 대한 그러한 관점이나 견해의 틀이 된 도식이 침투함에 따라 비문의 전문이 인용되는 일은 점차 줄어들었다.

근대 한국의 텍스트로서의 비문

이미 정식화되어가던 비문 이해를 정면에서 비판하고 통설적인 해석에 이의를 제기한 이는 정인보鄭寅普였다.[17] 정인보는 비문에 보이는 국제관계의 해석에 반론을 제기했다. 즉 비문은 광개토왕의 훈덕 위무勳德威武를 현양하기 위해 세운 것이기 때문에 32자에 대한 일본인의 해석으로는 광개토왕의 위대함을 손상시키게 되고 이러한 것은 사리나 문맥으로 보아 있을 수 없다는 것이다.

그래서 정인보는 종래의 32자 해석에 대해 다음과 같이 자구를 보충하여 새로운 해석을 제시했다.[18]

그리하여 왜는 일찍이 신묘년에 [고구려에 가서 침범하고] [고구려도 또] 바다를 건너 [왜를] 무찌르고, 백잔은 [왜와] **내통하여** 신라를 **침범했다.** [태왕은] 신민{인 백잔과 신라가 왜 이런 일을 하는가}이라고 생각했다.([   ]는 비문의 뜻을 보완해 추가해 넣은 어구, {   }는 비문에 대응 부분이 없는 해독 내용, 고딕은 추량한 글자)

요컨대 비문에 주인공인 광개토왕에게 불리한 것이 적혀 있을 리 없기 때문에 주어나 목적어가 생략되어 있다고 추정하고, 적당히 주어나 목적어를 보충하면서 32자에 적혀 있는 국제관계 기사를 시종일관 고구려에 유리한 정세로 고쳐 해석했던 것이다.

이러한 정인보의 독자적인 해석은 이윽고 1970년대에 북한의 연구자 김석형金錫亨과 박시형朴時亨에게 계승되었다. 김석형은 32자를 다음과 같이 해석했다.

> 그런데 왜가 신묘년에 [고구려에] 왔으므로 [고구려는] 바다를 건너 백잔을 쳐부수고 신라를 □□하여 [백잔과 신라를] 신민으로 삼았다.

즉 '쳐부순' 주체를 왜가 아니라 고구려로 본 것은 정인보와 같지만 더 나아가 '신민'으로 삼은 주체를 왜가 아니라 고구려라고 고친 것이다.[19]

한편 국제적으로 처음 비문을 종합적으로 고찰했던 박시형은 그의 저서에서,

> 그런데 왜가 신묘년에 [고구려에] 왔으므로 [고구려는] 바다를 건너 [왜를] 쳐부수었다. 백잔이 왜를 **불러들여** [신]라를 **침략하여** 신민으로 삼았다.

라고 하여 김석형과는 달리 고구려가 쳐부순 것은 백제가 아니라 왜였으며, 또 '신민'으로 삼은 주체는 고구려가 아니라 왜를 끌어들여 신라를 침략한 백제였다고 해석한 것이다.[20]

여기서 알 수 있듯이 두 사람의 해석은 반드시 동일하다고 할 수 없으며 오히려 상당한 차이가 있다. 그러나 어느 쪽이든 왜가 우세한 정세라고 하는 종래의 해석을 정인보의 해석에 따라 왜가 차지하는 비중을 줄이면서 고구려 우위의 정세로 읽어내려고 부심했다는 점에서는 공통된다.

오늘날까지 주로 한국에서는 비문 개찬설을 일부 섞으면서도,[21] 이 32자

는 고구려가 우세인 전쟁 상황의 묘사라고 해석하는 설이 속출하며, 또 이러한 설이 압도적인 지지를 얻고 있다. 그 때문에 해방 후부터 지금까지 남북한 연구자에 의한 비문 이해는 크게는 정인보에 연속해 있다고 보아도 좋다.[22] 그것은 요컨대 8년 8조의 무훈 기사 전체를 일관하여 고구려 우세하에 이해하려는 시도였다.

그런데 어떤 의도에서 비문을 이렇게 해석하게 된 것일까? 새로운 비문 해석의 선수를 친 정인보는 이 점에 대해 전혀 언급하지 않았는데, 비문 해석에서 정인보의 학설을 계승한 김석형은 태평양전쟁 패전 후의 일본 고대사 연구에 강한 충격을 준 『고대조일관계사』에서,

> 초기 조일 관계사는 일본 학자들이 말하는 것처럼 일본의 남부 조선 지배와 경영이 주된 내용이 아니라, 거꾸로 조선 각국의 서일본 개척과 일본 역사 발전에 조선인이 수행한 문화 개척자적 선진적 역할이 내용이다.[23]

라고 서술했다. 김석형 주장의 핵심은 고대에 일본 민족에 대한 한민족의 우위성을 설명하는 것이었다.[24]

이러한 주장의 배경은, 이전에 기타 사다키치喜田貞吉가 고대 한반도와 일본열도의 언어, 문학, 풍속, 종교에 걸친 동질성을 일본열도에서 주체를 구하고 한반도를 객체로서 흡수하여 항상 일본열도에서 한반도로 작용하는 벡터를 강조한 일선동조론日鮮同祖論의 논리[25]를 상기하면 이해하기 쉽다. 김석형 또한 고대 한반도와 일본열도 두 지역의 문화적 동질성을 형성한 요인을 구명한다는 문제의식을 적지 않게 공유하며, 그 위에 일선동조론의 논리 벡터를 전도시켜 어디까지나 한반도에 주체를 두고 거꾸로 일본을 객체로 간주했으며 그러한 양자의 관계가 문화의 동질성을 형성했다고 추정한 것이다.

그렇다면 정인보에서 비롯한, 비문을 고구려 우세하에 해석하려는 시도는 마치 이전에 시라토리 구라키치가 비문의 왜에서 근대 일본을 읽

어냈던 것처럼 고구려, 백제, 신라에 근대의 한민족을 투영시켜 비문 해석을 시도한 것이라 말해도 좋을 것이다. 보는 각도를 달리한다면, 근대 일본이 창출한 비문 해석의 틀에 적극적으로 참여하는 행위라고 평가할 수 있을지도 모른다.

어쨌거나 정인보를 시초로 이후 남북한의 연구자에 의해서 광개토왕비문은 고대에 왜, 즉 일본에 대한 한민족의 압도적인 승리를 기록한 텍스트로서 해석되었던 것이다. 광개토왕비문은 근대 일본의 텍스트를 매개로 하여 새로운 해석 공동체를 가지게 되었다. 그것은 바꿔 말하면 근대 한국의 텍스트의 성립이기도 했다.

텍스트에 대한 회의

게슈탈트 체인지Gestalt change라고도 할 수 있는 김석형의 학설은 적어도 태평양전쟁 패전 후 일본의 고대사 연구에 충격을 주었다. 그러나 그 가설의 대담한 구성에 비해 실증성이 결여되어서 고대사가의 반응이 결코 좋지만은 않았다. 이러한 상황에서 나카쓰카 아키라는 김석형을 비롯한 한국인 연구자의 설을 어떻게 받아들이는가 하는 관점에서 일본 고대사 속에서 특히 중요한 지위를 차지하는 광개토왕비문 연구에 대해 반성과 재검토를 하고 종래의 비문 연구에 대한 이데올로기 비판의 필요성을 제기했다.

나카쓰카는 광개토왕비문이 4세기 야마토 조정의 일본 통일과 한반도 남부의 정복을 뒷받침하는 사료로서 일본의 역사 교육에 활용되어 오랫동안 국민적 상식이 되었다는 것, 그러한 역사 이해를 뒷받침하는 비문 연구는 청일전쟁을 대비하던 일본 육군 참모본부에 의해 착수되었다는 것, 거기서 얻은 성과가 그대로 태평양전쟁 패전 후 일본의 역사 연구·교육의 장에서도 무비판적으로 계승되었다는 것 등을 지적하고 반성을 촉구했다.[26]

그런데 나카쓰카의 지적 중에서도 특히 근대 텍스트로서의 비문을 고찰할 때 간과할 수 없는 것은, 연구자가 아니라 육군 참모본부의 군인이 '탁본'을 일본에 가지고 왔다는 것, 더구나 교과서 등에 비문의 탁본으로 소개되었지만 결코 탁본일 수 없다는 것에 주의를 환기시켰다는 점이다. 나카쓰카의 논문은 근대 일본의 텍스트로서 성립한 비문에 역사적인 배경과 조건이 있었음을 자각하게 한 최초의 제언이었다.

그러한 나카쓰카의 문제 제기를 받아들여 사에키 아리키요佐伯有清는 '탁본'을 가지고 온 군인 사카와 가게아키의 신원과 활동, 그리고 육군 참모본부가 비문 연구에 관여한 정도 등에 대한 해명에 힘썼는데, 나중에 그것들은 거의 밝혀졌다.[27]

얼마 후 이진희李進熙는 비문 연구에 대한 참모본부의 적극적인 관여 사실을 전제로 한 다음 더욱 추론을 가하여 참모본부가 '탁본'을 바꿔치기하고 그것을 은폐하기 위해 광개토왕 비문에 석회를 바르는 사실史實 왜곡 행위까지 했다고 하는 석회 도포설塗布說을 제기했다.

즉 이진희는 비문이 발견된 이래 현지에서 떠 온 탁본을 널리 수집하고 그 탁본들의 독자적인 편년관編年觀에 의거하여 사카와 가게아키가 탁본을 바꿔치기했으며 후에 그것을 은폐하기 위해 비석에 '석회 도포 작전'을 감행하는 등 비석이 일본 육군 참모본부에 의해 개찬되었다고 주장한 것이다.[28]

이진희 설은 발표 후 약 20년 가까이 고대사 연구자들뿐만 아니라 널리 사회적 관심을 불러일으켰다. 센세이셔널한 문제 제기에 당초 아카데미즘은 민족적 심정론이라며 부정적인 태도를 취했다. 분명히 그러한 일면이 없었던 것은 아니지만, 비문을 그대로 찍어 왔다고 믿었던 텍스트로서의 탁본에 대해 근본적인 의문을 제기함으로써 비문 연구의 이데올로기성[29]을 한층 자각시키고 텍스트로서의 비문에 대해 지금까지 없었던 시각에서 근본적인 재검토를 하게 했다는 점은 무시할 수 없다.

뒤에 설명하겠지만, 이진희의 가설은 현시점에서는 거의 성립할 여지가 없게 되었다고 말할 수 있다. 그러나 텍스트론에서 보아도 역사적 의

의는 결코 적지 않다. 더욱이 여기서 그 의의로서 굳이 들고 싶은 것은 그러한 문제 제기가 근대 텍스트로서의 비문을 둘러싼 논의를 극한 상태로까지 끌어올리는 계기가 되었다는 점이다.

이진희의 연구만이 내셔널리즘의 소산이었던 것은 아니다. 오히려 이진희의 문제 제기는 일본인 연구자의 소박한 민족 감정을 자극하여 실증사학의 이름 아래 감춰진 나이브한 심정을 드러내게 했다.[30] 이진희 설에 마구 퍼붓는 비판은 결국 내셔널리즘에 의거한 비판이었다. 많은 일본인 연구자들은 역사 연구는 내셔널리즘을 극복하고 국경을 초월하여 논의되지 않으면 안 되며 비문 연구 또한 마찬가지라고 역설했다. 언뜻 보기에 지당하며 어디까지나 연구상의 규칙에 따른 냉정한 대응으로 보이지만, 근대 일본이 선도해온 비문 연구의 역사 그 자체가 안고 있는 이데올로기성은 자각하지 못한 채 텍스트론의 새로운 출발점을 만들었다는 점에서만 학설상 이진희 설이 그 나름의 의미를 지닌다고 평가한 것에 불과했다.[31]

그러나 당시 대표적인 비판자 중 한 사람이었던 이노우에 미쓰사다井上光貞의 다음과 같은 회상은 오늘날 어떻게 비칠까?

조선 고대사가의 도전은 저널리즘뿐만 아니라 학계에도 퍼져서 젊은 학생 등에게 인기를 모으고 있기 때문에 나는 그에 대한 반론을 거듭하면서 곤경에 처했다. (중략) 1973년도의 학부 강의 '6세기사 연구'에서는 전반의 원고(「飛鳥の朝廷」, 『日本の歷史』 제3권, 小學館)를 강의했는데, 김(석형) 씨나 이(진희) 씨의 설에 공명하는 학생이 적지 않은 교실에서 아주 긴장하며 강의를 계속했다. (중략) 이렇게 해서 도쿄대학 분쟁 이후 수년 동안은 완전히 시련의 시대였다. 대학에서는 분쟁과 그 수습에 매달리고, 학문에서는 다이카 개신大化改新과 일선日鮮 관계에 대한 도전을 받지 않으면 안 되었기 때문이다. 나는 응전하여 자기 설을 주장하고 또 반박했다. 그러나 공격에서 수비로 방향을 바꾸는 것은 정신 위생상 좋은 일은 아니다. 1976년 2월

에 심장 발작으로 쓰러졌던 것은, 전에도 말했지만 그 이유는 분쟁뿐만 아니라 응전의 고통도 적지는 않았다고 생각한다.[32]

여기에 보이는 '도전', '응전', '공격', '수비'와 같은 말은 그것이 비록 학설상의 논쟁과 관련이 있는 비유라 하더라도, 본인도 알지 못하는 사이에 "일본인 연구자의 (때로는 무자각적 선입관으로서의) 민족의식과 다른 민족의식"[33]에 유발되어 "너무나 민족주의적인 자신의 체질을 자백해"[34]버린 것이라고 보아도 하는 수 없지 않겠는가.

근대 텍스트로서의 광개토왕비문을 둘러싸고 동일한 지평에서의 담론의 충돌이 형태를 바꾸면서 되풀이되어 그 속에 뒤얽힌 논의를 풀기 위한 새로운 시각이 절실하게 요구되는 것이다.

텍스트의 내부로

이진희는 탁본의 편년을 통해 사카와 가게아키가 바꿔치기한 비문의 글자는 16군데, 25자에 이른다고 보았다. 그리고 비석의 과학적인 조사를 거치지 않은 채 비문을 해독·해석하는 일의 부당성을 거듭 주장했다.[35] 비문 전문의 한 자 한 구절에 두루 미치는 이의 제기는 비문의 석문이나 해석을 근저에서부터 뒤엎는 것이어서, 『회여록』이래 지금까지 석문에 안이하게 의거하여 행해온 비문 해석이 깊이 반성되었다.

그와 동시에 이진희의 가설이 제기되었을 무렵, 뜻밖에 새로운 비문 해독·해석이 전개되었다. 그것은 이제까지 32자에 국한하여 국부적으로 논의되는 경향이 있던 본론 제1단 8년 8조의 무훈 기사를 종합적으로 파악하고 비문의 필법이나 비문의 내적인 논리를 추구하면서 혐의를 두었던 비문 글자도 검토하고자 하는 새로운 시각이었다.

종래의 비문 연구에서는 근대 콘텍스트 차원에서 32자에 관심을 집중시켜 그 문장이 왜(倭) 주도의 정세인가, 고구려 주도의 정세인가 하는 것이 논의되었던 데 비해, 여기서 처음으로 비문 전체의 콘텍스트에 입각해서 비문의 의미 내용을 추구하는 길이 열리게 되었다.

이러한 시각에서 1973년을 전후하여 비문의 본론 제1단의 구조적인 해독이 시도되었다. 그러한 시도의 돌파구는 8년 8조의 무훈 기사에는 반드시 '왕궁솔王躬率'(왕이 친히 이끌다) 혹은 '교견教遣'(명령을 내려 파견하다)이라는 대조적인 두 표현 중 어느 하나가 쓰였다는 사실에 주목한 것이었다.[36]

즉 무훈 기사는 왕의 생전 칭호인 '영락永樂'을 앞에 붙인 연호와 해당 간지干支로 유도한 8년 8조의 기년紀年 기사로 이루어져 있는데, 8조의 기사는 모두 연호·간지 뒤에 '왕궁솔'이나 '교견' 중 하나를 상투구로 수반한다. 이 '왕궁솔'과 '교견'은 두 유형의 군사행동인데, 왕이 친히 군세軍勢를 이끌고 출동하는 직접적인 군사행동과, 왕이 수도에 머물며 군세를 파견하는 간접적인 군사행동으로 엄격하게 구분되어 있다.

중요한 것은 '왕궁솔' 유형은 그 앞에 왕이 직접 군사행동을 일으킨 이유를 설명하는 문장이 반드시 삽입되어 있으며, 그것은 또한 고구려에 불리한 상황, 왕의 친정親征에 의해서만 타개되는 정세를 보인다는 법칙성을 가지고 있다는 점이다. 예를 들어 영락 20년(410년)의 무훈 기사는,

> 20년 경술, 동부여는 예부터 추모왕의 속민屬民인데 도중에 거역하여 조공하지 않았다. 왕은 친히 이끌고 가서 토벌했다. 군사가 여성余城에 이르렀다.

라고 되어 있는데, 여기서 알 수 있듯이 광개토왕이 친히 군사를 이끌고 동부여를 토벌하러 간 것은 동부여가 속민(조공할 의무를 가진 예속민)이었음에도 불구하고 거역하여 조공하지 않았으므로 영락 20년에 왕이 친히 출동하여 동부여에 가서 토벌했다는 것이다. 덧붙여 말하면, 이처럼 '왕궁솔' 앞에 불리한 상황을 기술한 문장을 흔히 '전치문前置文'이라고 부른다.

비문의 이러한 필법에 대한 해명이, 광개토왕비를 단순히 현창비顯彰碑

로 간주하여 비문에는 고구려에 불리한 것을 서술할 리가 없다고 하는, 전제와 결론을 간단히 결부하는 견해에 근본적인 반성을 촉구하게 되었음은 말할 필요도 없다. 요컨대 비문에는 왕의 위대함을 돋보이게 하기 위한 교묘한 문장이 꾸며져 있는데, 비문의 필자는 독자에게 '전치문'이라는 장치를 통해 그러한 효과를 기대한다는 것이다. 비문은 일관되게 고구려에 불리한 것을 적지 않는다고는 결코 말할 수 없는 것이다.

무릇 주인공에게 곤란한 무대를 설정하고 그러한 고난을 극복함으로써 영웅으로서의 진가를 발휘하게 하거나 또는 좌절과 같은 중도의 패배를 짜 넣음으로써 최종 승리를 한층 빛나게 하는 수법은 동서고금의 영웅 전설이나 드라마의 상투 수단이다. 무훈 기사에 들어 있는 전치문은 그런 장치인 것이다.

이러한 점에 입각해서 생각한다면 32자는 어떻게 해석되는 것일까? 우선 검토해야 할 것은 전치문과의 관련인데, 이 32자는 독립된 자기완결적인 문장이 아니라 그 직후에 '이以'(따라서, 그러므로) 자가 있어서 '6년 병신 왕궁솔六年丙申王躬率'에 접속되어 있다. 다시 말하면 이 32자는 원래 '6년 병신'과 '왕궁솔'의 사이에 있어야 할 전치문이며, 그 때문에 32자는 고구려의 입장에서 보아 '6년 병신'에 왕이 친히 정벌하지 않을 수 없는 곤란한 상황에 처했음을 나타내는 내용이 될 만한 문장이 되어야 한다.

8년 8조의 무훈 기사 중에 유일하게 예외적으로 전치문이 연호·간지(6년 병신) 앞에 튀어나온 이유로서는 장문이기 때문에 앞으로 끌어내어 접속사(以)로 구문을 갖춘 것이라고도 보이는데, 학설상으로는 그 뒤에 전개되는 무훈 기사를 설명하기 위한 '대大전치문'의 역할을 띠게 했기 때문이라고 보는 것이 유력하다.[37]

여하튼 비문의 필법을 통해서 무훈 기사의 내적 논리를 이끌어내고 그것을 전제로 해서 32자는 고구려에 불리한 상황을 설명하여 광개토왕의 친정을 요청하는 무대 설정에 상당하는 문장이 되어야 한다는 견해는 반론의 여지가 없는 단안이라고 말하지 않을 수 없다. 그러나 염려되는 점은 이러한 비문의 문장구조를 통해서 도출해낸 '전치문'설이 일본 학계에서만 논리화되고 지지를 받았을 뿐 국제적으로는 거의 논의의 대상이 되지 않는다는 것이다.[38]

그렇기는커녕 한국에서는 한국 근대 텍스트로서의 비문 해석에 고집하여 32자의 해독을 둘러싸고 자의적으로 주어·목적어를 삽입하거나 근거 없는 문자를 억측하는 해석이 여러 가지로 나오고 아직까지도 그러한 방식이 추구되고 있다. 그러나 그것이 얼마나 헛된 일인지는 여러 말이 필요하지 않다. 그럼에도 불구하고 그러한 시도를 결코 단념하지 않는 것은 '전치문'설을 인정하면 곧 일본에서의 전통적인 해석을 인정하게 된다는 우려 때문임은 의심할 여지가 없다. 어쩌면 "광개토왕비문은 고대 일본의 한반도 남부 지배의 방증이 된다"는, 근대 일본의 텍스트로서의 비문이 옭아매는 주술인 것이다.

텍스트의 복원

텍스트에 대한 근본적인 회의는 한편에서는 비문의 내적인 논리를 구명究明하는 길을 열었고, 동시에 텍스트의 원점으로 되돌아가서 각종 묵본의 성질이나 작성 경위를 상세하게 추구하게 하고 아울러 비석 발견의 경위나 묵본 작성의 역사적 변천에 대한 이해도 깊게 했다. 또 현지에서 비석의 상태에 대한 치밀한 조사가 시작되었다.

그 가운데 중국에서 왕젠췬王健群 등이 비석을 정밀히 살피고 비석에 관련된 여러 문제를 조사(1981년 4~10월)한 결과를 『호태왕비 연구』라 하여 1984년에 공표했다.[39]

현지에서 한 이 조사의 최대 특징은 첫째 비의 비문 글자 전체를 정성껏 정밀 조사하고 판독을 시도했다는 점이며, 둘째 현지 관계자의 증언을 주의 깊게 청취 조사하여 이진희가 제기한 가설(일본 육군 참모본부에 의한 '석회 도포 작전')의 검증에 본격적으로 매달렸다는 것이다.

먼저 전자의 성과, 즉 왕젠췬이 판독한 문자와 그것에 의거한 석문은 외국인이 현지에 갈 수 없는 상황에서 한정된 탁본과 석문에 의거하여 진행해온 비문 연구에 텍스트의 복원이라는 새로운 가능성을 기대하게 하는 것이었다. 그러나 이때 밝혀진 자연에 의한 풍화 침식 상황이나 '화학적 밀봉 보호' 조치[40]에 관한 사실은 그러한 직접 조사에 의한 텍스트의 복원에도 이미 한계가 있음을 알려주는 것이기도 했다.

왕젠췬의 연구에서 중요한 것은 후자의 성과, 즉 이진희 설의 검증이다. 앞에서 언급했던 것처럼 이진희는 탁본 바꿔치기를 은폐하기 위해 일본 육군 참모본부 및 공작원이 비석 표면에 석회를 도포했다고 주장하고, 그것은 1894년(사카와에 의한 '바꿔치기')에 시작하여 1900년 전후('석회 도포 작전')에, 그리고 얼마 지나지 않아서('제3차 가공') 세 차례에 걸쳐 행해졌다고 추정했다.[41] 원래 석비石碑에 석회가 발라져 있었다는 것 자체는 이미 태평양전쟁 패전 전에 현지를 방문한 일본인 연구자들에게도 확인되어 꽤 알려져 있던 사실이었지만, 이진희는 이것을 참모본부가 주도면밀하게 계획한 조직적인 모략이라고 귀결 지은 것이다.

왕젠췬은 이 점을 검증하기 위해 현지 관계자의 증언을 널리 수집하고, 그 결과 오랜 세월 이곳에서 석비의 탁본에 종사하고 있던 초천부初天富·초균덕初均德 부자의 존재에 주목했다. 그리고 그들이 1883년 이래 약 60년에 걸쳐 비석 근처에서 살았으며 비문 탁본에 종사했다는 것, 또 초 부자는 이 탁본 매매를 생업으로 삼았다는 것, 세상에 전하는 탁본 대부분은 초 부자의 손으로 만들어졌다는 것 등을 밝혀냈다.

요컨대 비석에 발라져 있던 석회는 어디까지나 그들이 탁본하는 과정에서 도포된 것에 지나지 않았다는 것이다. 그 이유도 대략 다음과 같은 경위에 의해서라고 추측된다. 즉 비석의 표면은 본디 결코 균일한 평면이 아니며 곳곳에 울퉁불퉁한 기복이나 풍화와 빗물 침식을 받아 기공이 많기 때문에 여기에 종이를 붙이면 찢겨지고 그 위에 탁본을 뜨면 종이를 떼어낼 수조차 없는 상황이었다. 그 때문에 탁본 작성은 매우 번거로운 작업이 될 수밖에 없었다. 따라서 석회는 탁본 작성의 능률을 높이는 데에 없어서는 안 되며, 석회를 바름으로써 큰 종이를 사용하여 효율성 있게 탁본을 완성할 수 있었던 것이다.[42]

이러한 왕젠췬의 조사 보고는 당사자가 아니라 어디까지나 관계자의 증언에 근거한 것이어서 엄밀하게 말하면 그것이 바로 이진희 설의 반증이 되지 않는다. 그러나 나중에 다케다 유키오武田幸男가 비석 발견의 경위 및 그 후의 묵본 작성 과정을 해명했고, 꽤 많은 원석 탁본의 실재가 입증됨으로써 오늘날 이진희 설은 성립할 여지가 없어졌다고 단언할 수 있다.

한편 비의 직접 조사를 할 수 없었던 일본에서는 미즈타니 데지로水谷悌二郎에 의해 석회 도포 이전의 질 좋은 탁본의 조사가 이루어졌지만 그 성과는 학계에서 공유되지 못했다.[43] 다케다 유키오는 미즈타니의 연구를 계승·발전시켜 1889년 전후에 원 석비 면에서 직접 탁본을 뜬 원석原石 탁본 여섯 본이 현존한다는 것을 탐사하고 석회 도포 이전의 탁본 네 종을 축소하여 서책체書冊體의 사진 도판으로서 간행했다.[44] 발견되고 나서 얼마 되지 않은 그 당시의 비석 그대로를 찍어낸 원석 탁본이 있다는 것은 이진희 설이 성립하기 어렵다는 사실을 확실히 했다. 그뿐만 아니라 그 의의는 오히려 비석이 발견된 이래 인공적·자연적 변화를 입고 있는 중이어서 텍스트로서의 비문을 복원할 때 되돌아가야 할 원점으로서의 공통의 근거를 보여주었다는 점에 있다.

더욱이 다케다는 원석 탁본을 조사·집성하는 과정에서 종래 하나로 귀착된 적이 없었던 비석의 발견 경위를 관계 자료로 재구성해 보였다.[45] 즉 1880년 당시 성경장군盛京將軍이 태왕릉의 전와塼瓦를 채취할 계획을 세워 화이런현懷仁縣 지현知縣인 장월章樾에게 명하여 현지에서 실무를 맡은 관월산關月山에 의해 석비가 확인되었다는 것, 또 이듬해부터 본격적인 묵본 작성이 시작되었다는 것 등을 밝혔다. 게다가 미즈타니 데지로의 구장舊藏 탁본은 묵본 작성이 개시된 시기로부터 10년 전후에 찍어낸 원석 탁본이라는 근거를 명시하고, 그것과 같은 기술자가 찍어낸 탁본 여섯 본이 현존한다는 사실을 아울러 밝혔다.

비석에 석회가 도포되기 이전의 원석 탁본 수집은 연구사상 획기적인 일이었다. 앞에서 언급했듯이, 지난 100년간 인공이나 자연에 의한 비석의 변화는 상상 이상으로 심하다. 그러한 상황이기 때문에 발견 당초의 상태를 찍어낸 원석 탁본의 가치는 헤아릴 수 없을 만큼 크다.

더욱이 다케다 유키오의 연구에 촉발되어 원석 탁본이 중국에 다수 있다는 사실이 최근 들어 밝혀진 점은 주목할 만하다.[46] 앞으로 꽤 많은 원석 탁본이 확인될 가능성이 있다고 보이는데, 그렇다면 앞으로 다수의 원석 탁본과 원비原碑의 정밀한 조사에 의해 얻어진 석문을 대조하고 서로 보완한다면 텍스트로서의 비문 복원은 일정 수준까지 가능할 것이다.[47]

그러나 그와 같이 점차 복원되어가는 텍스트를 지금처럼 해석한다면 '객관적인 역사'를 해명할 수 있을까? 이미 살펴보았듯이 고대의 텍스트인 비문에서 근대의 국가나 민족을 읽어온 데 대한 자각이나 반성은 과연 충분했을까? 다시 말할 필요도 없이 광개토왕비문은 근대의 텍스트로서 발견되어 시종일관 근대의 텍스트로서 해석되어왔다고 말하지 않을 수 없다. 그런데 당연한 일이지만 비문은 원래 고구려인에 의해 분절화된 세계를 고구려인 스스로가 묘사했기 때문에 비문은 우선 고구려의 문화적 콘텍스트에 따라 해석되어야 한다.

2. 고구려 텍스트로서의 비문

텍스트의 형상과 쓴 사람의 의도

광개토왕비문이 근대의 텍스트로서 일본이나 남북한의 국민적인 관심을 모으면서 서로 맞지 않는 다른 해석을 각각 주장하는 형편임은 이미 살펴보았다. 또 한편에서 비문 글자의 정밀한 조사와 원석 탁본의 발견에 의해 텍스트의 복원도 점차 진행되고 있는 점도 언급했다. 그런데 비문의 내용 해석, 특히 무훈 기사에 종종 등장하는 '왜(倭)'에 대한 해석은 여전히 큰 과제로 남아 있다.

'왜'는 비문의 무훈 기사에 가장 많이 보이며 광개토왕의 앞을 가로막는 최대의 적으로 그려져 있다. 이 같은 '왜'를 어떤 역사적 존재로서 해석할 것인가를 둘러싸고 끝없는 논쟁이 벌어져왔으며, 지난 100년 동안 비문의 주요한 관심은 여기에 집중되어 마치 고대 왜의 한반도 침략 유무는 이 비문 해석에 달려 있는 것처럼 논의되어왔다.

원래 텍스트는 언제 어디서나 또 누구에게나 똑같이 해석된다고는 할 수 없다. 동일한 텍스트라고 할지라도 근대에 탄생한 국민국가의 구성원(국민 내지 민족) 상호 간에 그 해석이 다른 것은 실은 결코 이상한 일이 아니다.[48] 비문의 '왜' 해석을 둘러싸고 대략적으로 말하면 일본인 연구자는 '왜'를 과대평가하고 남북한 및 중국인 연구자는 과소평가하려는 경향이 있다. 이것이 바로 근대 텍스트로서의 비문 해석임을 거듭 말해왔다.

그렇다면 고구려 텍스트로서의 비문의 콘텍스트에서 '왜'는 어떻게 해석될 수 있는지를 생각해보고 싶다. 바꿔 말하면 이는 비문을 쓴 사람(필자)의 의도와, 동시대에 그것을 읽은 사람들(독자)에게 '왜'는 어떤 의미를 가졌는가 하는 것이기도 하다. 비문의 '왜'를 해석하려면 무엇보다 비문 전체의 콘텍스트에서 해석하지 않으면 안 될 것이다. 그래서 좀 돌아가는 것 같지만 우선 비문을 쓴 사람의 의도, 즉 비문 건립의 목적부터 검토하기로 하겠다.

그런데 필자의 의도를 찾는 데에 맨 먼저 밝혀야 하는 것은 도대체 장수왕은 어째서 유례를 찾아볼 수 없는 6미터 남짓의 거대한 네모 돌기둥에 1,775자로 이루어진 텍스트를 새겼을까 하는 문제이다. 거대한 규모는 물론이거니와 특히 그 형상의 특이성은 무엇보다도 비석을 세운 목적에 대해 미심쩍은 생각을 품게 한다.

지금까지 누구나 광개토왕비를 묘주墓主인 광개토왕의 공적을 칭송하고 후세에 그 사적을 보이기 위해 세운 묘비라는 점을 의심하지 않으면서 막연히 '묘비' 혹은 '묘지墓誌'라 여겼다. 거기에는 묘비나 묘지는 능묘 옆에 있고 죽은 자의 빛나는 업적을 적은 것이라는 암묵의 양해가 있었다. 또 사실 그러한 통념과 광개토왕비문의 내용은 대체로 일치하는 것처럼 보인다. 하지만 광개토왕비문을 묘비 혹은 묘지라고 여기더라도 비석의 형상은 일반적으로 알려진 형상과는 매우 다르다.

묘비의 기원은 중국 한대漢代에서 찾는데, 양식은 비신碑身과, 빗돌받침인 대석臺石으로 이루어진다. 비신에는 반드시 비碑 머리가 있고, 비 머리에는 일반적으로 용 또는 뿔 없는 용, 호랑이 등을 조각했다. 또 비신의 높이는 6자(약 180센티미터 정도)이며 폭은 2자(약 60센티미터 정도)이다. 남북조 때 약간 커졌지만 그래도 7, 8자는 넘지 않는다.[49]

한편 묘지는 원래 무덤 안에 매장하는 것인데, 위·진 시대에 묘비를 금했기 때문에 비문을 단축하고 형태를 작게 한 네모꼴의 판석을 무덤 안에 함께 묻은 것이 묘지의 시작이라 한다.[50]

이렇게 보면 광개토왕비는 형상·형식 등에서 적어도 중국의 묘비나 묘지 제도에서 크게 벗어난 비석이라고 하겠다. 결국 이러한 점에서 보면 내용적으로도 단순한 묘비나 묘지일 수 없으므로 비석을 세운 또 다른 목적이 있을 가능성에 대해 연구해야 할 것이다. 그런데 이상하게도 종래 이러한 점에 입각하여 광개토왕비가 '무엇 때문에 세워졌을까'라는 문제는 충분히 검토되지 않았다.[51]

지금 어째서 비석의 형상이나 형식에 구애되는가 하면, 그것이야말로 텍스트 전달이나 수신의 조건을 규정하는 불가결한 요소이며, 그런 까닭에 거꾸로 거기에서 필자의 의도나 비석을 세운 목적을 찾을 수 있다고 생각하기 때문이다. 말할 필요도 없이 고대의 텍스트에서 역사적인 사실을 추출하는 것은 그다지 쉬운 일이 아니다. 쓰여 있는 글자를 해독하고 해석하면 자동적으로 거기서 사실史實이 도출되는 것은 아니다. 텍

제2부 출토 문자자료와 경계

스트는 써서 남긴 사람의 사상이나 해석, 혹은 가치(선입관·편견) 등을 수반하는 것이 보통이다. 그것이 쓰인 목적에 따라 상상 이상으로 사실이나 사상事象을 바꾸고 변형하여 써서 남기는 것이 있다. 그것은 또 텍스트의 형상과도 밀접하게 관련이 있다. 예를 들어 묘비나 묘지에는 일정하게 형식화·유형화된 내용이 있어 그것이 구체적인 개별 인물의 생애를 그대로 기술한다고는 보기 어렵다.[52]

과연 이러한 점이 광개토왕비문에는 없었다고 단언할 수 있을까? 그런 의미에서 비석의 형상을 통해 비석을 세운 목적을 재검토하는 것은 비문의 내용 이해를 심화시키는 데에 없어서는 안 될 요건이다. 비문을 자세히 보면 비를 세운 사람 자신이 그 비가 묘비도 아니고 묘지도 아님을 잘 알고 있었다고 짐작할 수 있다. 즉 이러한 형상의 비를 세우게 된 경위에 대해서는 본론 제2단에 다음과 같이 적혀 있다.

> 상조上祖·선왕 이래 무덤가에 석비를 안치하지 않고 수묘인守墓人의 연호烟戶가 뒤섞이기에 이르렀다. 다만 국강상광개토경호태왕國岡上廣開土境好太王만이 모두 조왕祖王과 선왕을 위해 무덤가에 비를 세우고 그 연호를 적어 뒤섞이지 않게 했다.

문맥을 파악하기 쉽게 하기 위해 보충하면, 고구려에서는 예부터 왕릉 곁에 각 지역에서 강제적으로 징발되어 온 수묘인에게 집락集落을 이루게 했는데, 그들을 커다란 노역 집단으로서 왕릉 및 부속 시설의 청소·관리에 대대로 종사하게 했다는[53] 것이 이 문장의 전제가 된다. 비석을 세울 당시 고구려의 절박한 사태란 이와 같은 고구려 독자의 제도가 광개토왕 시대에 이르면 조왕·선왕들의 각 능묘에서 수묘인 집락이 서로 뒤섞여버려서 제도상의 혼란이 일어났다는 것이다. 바로 그 해결책으로서 광개토왕은 비석을 역대 왕릉 곁에 세울 것을 창안했다.

결국 규모는 제쳐두고라도 광개토왕비와 같은 비석을 왕도王都 여기저기에 흩어져 있는 역대 왕릉가에 세우고 왕릉 부근에 각각 집락을 형성하고 있던 수묘인들이 어디서 징발되었는지를 비석에 새겨 수묘역 제도의 혼란을 막는 방편으로 삼은 것이다. 이러한 경위 때문에 장수왕은 위대한 아버지 광개토왕의 정책을 계승하는 한편 아버지의 유언이기도 한 "만년 후에도 수묘인을 안치하기 위해" 능묘 곁에 거석을 세운 것이다.

더구나 거기에는 당시 고구려 왕도에서 이미 횡행하고 있던 수묘인 매매라는 심각한 사태에 대하여,

> 또 명령을 내리기를, 수묘인은 이제부터 다시는 서로 전매轉賣할 수 없다. 부유한 자라 하더라도 또한 제멋대로 매입할 수 없다. 누구든 명령을 어기는 자가 있으면 형벌에 처한다. 매입하는 자는 제령制令으로써 묘를 지키게 하겠다.

라고 비석에 새기고 이를 금하는 법령과 벌칙을 붙여 만전을 기했다.

요컨대 광개토왕비는 고구려에서 전통적으로 계속된 국가적인 사민책徙民策에 의한 수묘역 체제에 바탕을 두면서 새롭게 제도를 강화한다는 취지와 목적을 가지고 세워진 것이다. 따라서 고대 중국에서 유래하는 묘비의 상식을 안이하게 광개토왕비문에 적용해서는 안 된다. 비석은 어디까지나 고구려인 독자의 제도인 수묘역 체제에 관련된 법령 선포의 매체이며,[54] 그 때문에 거기에 적혀 있는 문장의 뜻도 비석을 세운 이와 같은 목적에서 해독되어야 한다.

그렇다면 1,775자의 비문 전문은 이러한 콘텍스트에서 파악되어야 하며, 본론 제1단의 무훈 기사조차 광개토왕의 위대한 업적을 단순히 나열해서 적은 것으로 보아서는 안 될 것이다.

비문의 콘텍스트와 무훈 기사

앞에서 살펴본 바와 같이, 광개토왕비문에서 가장 주목받아온 것은 8년

8조로 이루어진 무훈 기사였다. 그것을 도식화하면 다음과 같다.[55]

	永樂5년 (395)	永樂6년 (396)	永樂8년 (398)	永樂9년 (399)	永樂10년 (400)	永樂14년 (404)	永樂17년 (407)	永樂20년 (410)
전투 상대 (배후 세력)	稗麗	百殘(倭)	肅愼	新羅	倭(任那加羅, 安羅, 百殘)	倭	? [百殘?]	東扶餘
전과(戰果)	戰鬪 → 破 600~ 700營	戰鬪 → 攻破壞 58城 ·700村	戰鬪 → 朝貢	會談 → 歸王	戰鬪 → 新羅 朝貢	戰鬪	戰鬪 → 破 [6城]	戰鬪 → ?
	躬率	躬率	教遣	巡下	教遣	躬率	教遣	躬率

비문 전체의 3분의 1 이상을 차지하는 광개토왕대의 전투와 전과로 이루어진 이러한 무훈 기사 내용을 볼 때 의아하게 생각되는 것은 고인의 업적으로서는 전체 문장 구성으로 보아도 적합하지 않은 내용이 아닐까 하는 점이다. 만일 묘비였다면 무훈 중심으로만 적는 것 자체가 매우 이례적이다. 더욱이 일개 군인도 아니고 적어도 한 나라 국왕의 무훈이라면 무엇 때문에 일부러 무훈을 고집했는지 생각해야 할 것이다. 게다가 광개토왕을 칭송하는 업적이 무훈 말고 없었던 것도 결코 아니다. 비문의 서론에,

29(18세)에 등극하여 영락태왕永樂太王이라 일컬었다. 은혜는 황천에 두루 미치고 무위武威는 떨쳐서 사해四海를 덮었다. □□를 청소하고 그 업을 풍성하며 평안하게 했다. 나라는 부유하고 백성은 성하며 오곡이 잘 익었다.

라고 치세를 간결하게 적어 그것을 암시한 것처럼, 군주 나름의 생애 업적은 얼마든지 다르게 묘사할 수 있었을 것이다.

또 설령 그 내용을 무훈 관계 기사로 집약한다 하더라도 광개토왕의 무훈은 여기에 적은 8회만은 아니었다. 예를 들어 고구려와 인접했던 중국 후연後燕과의 전투에서 광개토왕이 지휘한 군대가 우세하게 싸운

사실을 중국 측 사서는 전한다. 즉

　　원흥元興 원년(402년), 고구려가 숙군宿軍[성]을 공격했다. 연燕의 평주자사平
　　州刺史 모용귀慕容歸는 성을 버리고 달아났다.
　　원흥 3년(404년), 고구려가 연을 침략했다.

라고 쓰여 있어[56] 고구려가 후연과 전쟁을 치러 승리한 적이 있음을 알
수 있다.
　　그런데 비문은 후연과의 전투에 대해서 언급하지 않을 뿐 아니라 중
국왕조 측과의 관계를 일절 기록하지 않고 그러한 사실을 철저하게 무
시하는 자세로 일관하고 있다.[57] 따라서 이러한 점에 입각하여 비문에
나타난 무훈 기사의 독자적 의미를 추구할 필요가 있을 것이다.
　　그래서 본론 제1단 말미에

　　무릇 쳐서 무찌른 곳이 64성, 1,400마을이다.

라는 구절로 총괄하여 끝을 맺은 점에 유의해야 한다. 다시 말하면 8년
8조의 무훈 기사는 이 구절로 수렴되는 범위 내에서 의미를 가지는 것
이지 그저 광개토왕 생애의 무훈을 열거한 것은 아니다. 더구나 앞에서
든 무훈 기사의 전과를 합산해보면 여기서 총괄된 수치와 일치하며,[58]
따라서 비문의 무훈은 왕의 국토 확대와 관련된 무훈에 한정했다고 볼
수 있다.
　　다만 무훈 기사의 자리매김은 그것만으로는 충분하다고 할 수가 없
다. 왜냐하면 무훈 기사에서 총괄된 64성은 광개토왕 일대一代에 획득한
성의 총수라는 의미에서 그치지 않기 때문이다. 본론 제2단에는 각 지
역에서 징발된 수묘인 220호의 출신지가 명기되어 있는데, 그들 대부분
은 무훈 기사에 기록된 64성에서 찾을 수 있다.[59] 그 때문에 전단에 해

당하는 무훈 기사는 후단의 수묘인 관계 기사에 그대로 연동된다고 말할 수 있다.

그것을 증명하듯이 본론 제2단의 수묘인에 관한 규정에 따르면, 고구려에서는 조왕·선왕 이래 구민舊民, 즉 고구려인을 수묘역에 할당해왔는데, 광개토왕은 구민이 피폐하는 것을 염려하여 자신이 탈취한 한족韓族·예족穢族 가운데서만 수묘인을 징발하라는 유언을 남겼음을 내세운 다음, 장수왕은 아버지의 유명을 따르면서도 외래자만으로는 고구려의 법제를 주지시키기가 곤란하다고 판단하여 필요 최소한의 3분의 1을 고구려인으로 조달하고 나머지 3분의 2에 해당하는 220가는 광개토왕이 약탈해 온 한족·예족으로 충당하기로 한다고 명기했다. 그리고 220가 전부 출신지를 빠짐없이 비문에 열거했는데, 220가 수묘인[60] 대부분이 무훈 기사 말미에서 총괄된 64성에서 징발된 자들인 것이다.

따라서 본론 제1단의 무훈 기사는 제2단의 수묘역 체제 수호를 겨냥한 문장의 전제로서 요청된 부분이지 결코 광개토왕의 무훈을 칭송하는 것만을 목적으로 한 기사는 아니다. 무훈이라는 왕 일대의 전투의 역사가 이야기하는 것은 과거에 벌어진 일이 어떻게 하여 현재의 제도와 규범을 만들었는지 주장하기 위해서이며, 따라서 현재의 과제와 절실하게 연관된 과거만이 일깨워져서 이야기되는 것이다. 과거에 벌어진 일, 즉 무훈도 그와 같은 콘텍스트 속에서 비로소 의미를 갖는다고 할 수 있다.

요컨대 비문의 무훈 기사란 제2단에 기록된 330가의 사람들을 수묘인으로 삼는 근거와 필요성을 주지시키고 그 내력을 설명하는 전제적인 내용으로 되어 있는 것이다. 거꾸로 말하면, 광개토왕릉의 수묘인과 이들의 역무를 확보하고 그것을 정당화하기 위해서는 그와 같은 논리 구성을 취하지 않을 수 없는 것이기도 하다. 이 점에 대해서는 뒤에 비문의 독자층을 고찰할 때 다시 문제 삼기로 하겠다.

이러한 비문의 콘텍스트에 유의하면서 제1단의 무훈 기사를 검토하면 어떤 사실이 더 떠오를까?

먼저 이 무훈 기사에는 당시의 고구려에는 고구려 왕을 중심으로 하는 독자적인 질서 구조의 실재가 확인된다는 점이 주의를 끈다. 비문 여기저기에서 보이는 '조공'이라는 말은 바로 그것을 상징한다. 조공이란 원래 천하의 중심에 군림하는 중국 황제만이 사용할 수 있는 용어이다. 그와 같은 용어를 고구려 왕이 사용했다면 고구려 왕은 주관적으로는 자신이 천하의 중심이라는 의식을 가지고 있었다는 것이다.

더욱이 고구려가 그 용어를 특수한 정치질서를 나타내는 개념으로서 사용했다는 것은 주목할 만하다. 원래 중국에서 사용된 조공이란 주변 민족에게 황제의 덕이 미치고 그 덕을 사모하여 자주적으로 찾아오는 것인데, 비문의 용례에서 볼 수 있듯이 고구려에서는 '조공'하러 오지 않으면 토벌하여 무력을 써서라도 '속민'으로 만들어버리는 것이 '조공'의 본질로 보이기 때문이다.[61]

또 '속민'이 되는 전 단계로서 '귀왕歸王'이라든가 '궤왕跪王'과 같은 용어를 사용함으로써, 민족 집단의 수장이 고구려 왕에게 정치적으로 종속하기 위한 의사 표명의 단계를 설정했음을 엿볼 수 있다.[62] 이것은 중국의 정치질서를 나타내는 용어나 개념에서는 눈에 띄지 않고, 따라서 고구려 왕을 중심으로 한 조공 관계의 외연에 한 단계 다른 정치구조상의 관계가 실재했음을 가르쳐준다.

고구려의 독자적인 질서 세계가 실재했음을 뒷받침하듯이, 1979년에 발견된 '고구려 중원비'(5세기)에는 고구려가 신라를 '동이東夷'라 부르고 이러한 개념을 가지고 신라를 자기의 정치질서에 자리매김했다는 것이 판명되었다.[63] 비문의 무훈 기사는 바로 이러한 고구려 왕을 중심으로 하는 정치질서 의식에 따라 그것을 명확하게 하고 앞으로도 유지·고정화하는 것을 목적으로 새겼다고 보아야 한다. 왜냐하면 광개토왕이 구축한 질서 구조야말로 수묘인을 징발하여 사역하는 것을 가능하게 한 원천이 되기 때문이다.

이상과 같이 비문의 독자적인 콘텍스트에서 무훈 기사를 검토하면,

무훈 기사는 그 자체로 의미를 가지는 것이 아니라, 광개토왕릉의 수묘역 제도의 수호라는 당면한 현실적 과제가 있어서 거기에 징발된 수묘인에게 어떠한 내력이 있었는지를 설명하는 부분에 해당한다. 요컨대 비문의 무훈 기사는 330가의 수묘인이 광개토왕의 무훈에 의해 확대되고 유지되었던, 고구려 왕을 중심으로 하는 질서 구조에 근거함을 주장함으로써 광개토왕릉과 수묘인의 관계를 필연화하는 언설인 것이다.

텍스트로서의 비문과 독자 공동체

광개토왕비가 고구려의 독자적인 제도인 수묘역 체제에 입각한 법령을 선포하는 매체임을 확인하고, 더욱이 지금까지 주목해온 무훈 기사조차 그와 같은 콘텍스트에 자리매김되는 것임을 밝혔다. 비문은 당시 고구려의 극히 현실적인 과제 아래서 짜인 텍스트라고 말할 수 있다.

따라서 비문이 그와 같은 텍스트라면 비문은 고구려의 특수하고 구체적인 사회적 결합 관계에 작용하는 기능을 가지고 있을 것이며, 필연적으로 필자와 독자 사이에는 피할 수 없는 관계성의 동요가 생겼을 것이다. 바꿔 말하면 비문의 내용은 그러한 필자와 독자 사이의 관계 속에서 비로소 의미를 가졌다는 것이다. 이러한 필자와 독자의 관계를 의식화하고 나서야 고구려의 콘텍스트 속에서 비문을 해석할 수 있다.

그러면 그러한 관계를 맺고 있던 한편의 당사자(비문의 독자)는 구체적으로 어떤 사람들이었을까? 우선 비문의 독자를 특정하는 단서는 비문에 명기된 법령과 벌칙 규정이 누구를 향해 포고되었는가를 검토하면 틀림없이 찾을 수 있다.

이미 인용한 바와 같이 비문 말미에는 수묘인의 매매를 금지한 법령과 벌칙 규정이 새겨져 있다. 대체로 법은 현실을 제법 충실하게 반영하므로 고구려의 왕도王都 지안集安에서 '부유한 자'가 왕릉의 수묘인을 전매하거나 '제멋대로 파는' 자가 출현하는 중대한 사태가 진행되었다는 말이 된다. 그렇다면 당연히 이러한 상황을 만들어낸 그들이야말로 포고의 직접 대상자이며 비문의 독자로 상정되었을 것이다.

그런데 왕릉의 수묘인이 매매되는 상황이란 어떤 사태를 생각하고 묘사하면 좋을까? 이는 포고 대상이 되는 자들의 윤곽을 명확하게 한 다음에 고려해야 할 문제이다. 왕릉이란 왕의 권위를 가시적으로 드러내는 기념물이며 왕가의 위신을 상징한다고 보아도 좋을 것이다. 그리고 수묘인이란 그러한 의미를 지닌 왕릉의 신성성神聖性을 보존하고 유지하는 역할을 맡은 자들이다. 그렇다면 수묘인의 매매란 왕가의 위신에 대한 도전적인 행위 그 자체라고 보아야 한다.[64]

그러면 고구려에서 이와 같은 행위를 할 수 있는 계층은 구체적으로 어떤 자들이었을까? 이 점을 밝히기 위해서는 먼저 고구려의 지배층에 대한 식견이 필요하다. 3세기 중엽 무렵 중국 측(위魏)에 수집된 정보에 따르면, 당시 고구려의 지배층은 족제적族制的 색채가 농후한 다섯 정치 집단(5부 5족五部五族)으로 이루어져 있었다고 전해진다.[65] 그들은 왕도에 모여 살며 일체가 되어 외방의 여러 읍락이나 이민족을 지배하는 공동체를 이루었다. 이것이 5부가 지배공동체라 불리는 까닭이다. 5부 가운데 3부는 왕족, 왕비족, 구舊왕족이었다고 전하며, 5부 상호 간에는 힘의 관계에 차이가 있었음을 알 수 있다. 다만 경시할 수 없는 것은 그들 유력한 부部의 수장 고추가古雛加는 원래 왕만이 할 수 있는 종묘나 사직의 제사를 지내며 더욱이 왕과 마찬가지로 가신단과 같은 것을 거느리고 있었다는 사실이다.

또 고구려 말기 5부의 정세를 실제로 본 당나라 사람 진대덕陳大德에 따르면,

내부內部의 성姓은 고高, 즉 왕족이다. 고려에서 성이 없다고 칭하는 자는 모두 내부이다. 또한 내부는 왕종王宗이라고 하지만 열列은 동부東部 아래이다. 그 나라 사정에 따르면 동을 수首로 삼는다. 그러므로 동부가 위에 있었다.

라고 하며, 그 뒤에도 5부 상호 간 힘의 관계에 새로운 변화가 발생한 것으로 보인다.[66] 고구려사를 통틀어 5부의 성격 자체는 일정하지 않았다고 추측되는데, 표에 나타난 바와 같이 관계 사료를 보면, 5부의 힘의 관계는 대체로 '소노부消奴部 → 계루부桂婁部 → 순노부順奴部'로 변화했다고 추정된다. 그러나 3세기 이래 일관되게 계루부가 왕족으로 고구려 왕을 배출했으므로 광개토왕도 계루부 출신이었다고 보아도 좋다.

	1	2	3	4	5
『三國志』 (3세기 중엽)	桂婁部	絶奴部	順奴部	灌奴部	消奴部
	王(族)	與王婚 (王妃族)			本國主 (舊王族)
『高麗記』 (7세기 중엽)	內部	後部, 黑部	東部	南部	西部
	黃部		左部, 上部, 靑部	前部, 赤部	右部, 下部, 百部
	王宗		首(位)		

이러한 5부 사이의 힘의 관계를 통해 고구려 왕권의 현실적 과제란 5부 상호 간의 팽팽한 관계 속에서 어떻게 초월성을 획득하는지에 있었음을 추찰할 수 있다. 사실 그러한 초월성을 획득하지 못한 채로, 또 족성적族性的인 질서를 극복하지 못한 채로 고구려는 멸망했다.[67]

고구려 지배층의 대체적인 동향이 이와 같았다면, 광개토왕비문의 수묘인에 관한 법령과 벌칙 규정에서 추측되는 것은 왕릉이라고 해서 무조건 신성화할 수 없었으며, 그것은 바로 고구려 왕권이 지배공동체(5부)로부터 초월성을 획득할 수 없는 상황을 낳았다는 것이다. 게다가 그러한 규정을 새긴 비석의 유별난 규모로 봐서 고구려 지배공동체 내의 균열과 왕가의 위기의식의 깊이를 간파할 수 있으며, 또한 그러한 위기감은 비문 전체의 구성 속에 넘쳐흐르는 것처럼 생각된다.

즉 비문의 서론 서두에,

옛날 시조 추모왕이 터를 닦을 때를 당하여 북부여에서 나왔다. 천제天帝의

아들이며 어머니는 하백河伯의 딸이다. 알을 깨고 세상에 내려왔다.

라 쓰기 시작하고 그 후 시조 추모왕은 부여의 엄리대수奄利大水를 건너 비류곡沸流谷의 홀본忽本(集安)에 도읍을 세우기에 이르렀다고 기술하여, 이른바 외래 왕임이 강조되었다.[68] 이윽고 추모왕은 하늘이 보낸 황룡에 의해 불려가게 되는데, 그 후 시조 이래 광개토왕에 이르기까지 왕위를 면면히 계승해온 것을,

세자 유류왕儒留王에게 유명을 내려 도道로써 다스리게 했다. 대주류왕大朱留王은 기업基業을 계승하여 17세손 국강상광개토경평안호태왕에 이르렀다.

라고 기록했다. 비문은 서론에서 왕가의 유래와 광개토왕에 이르는 계보를 들고, 이어서 광개토왕 일대의 무훈을 말함으로써, 고구려 왕가를 조왕·선왕과 함께 칭송하고 현재의 권력자인 장수왕에 이르는 지배의 정통성을 호소하는 것이다.

이미 무훈 기사에는 곤란한 상황에서 왕이 친정親征하면 반드시 막대한 전과를 거두었다는 극적 효과를 노린 필법이 사용되었다는 점을 언급했다. 그것은 광개토왕의 위대함을 돋보이게 하는 수식인데, 그것에만 그치지 않고 나아가 왕의 빛나는 전투 결과가 초래한 것이 광개토왕릉 주변에 징발되어 온 수묘인들이었으므로, 무훈 기사는 그들 수묘인이 고구려 왕도에까지 징발된 내력도 말하는 것이다.

비문이 새삼스레 신성한 왕가의 출생과 계보를 강조하고 또 광개토왕릉의 수묘인이란 고구려 고유의 질서 세계를 지키는 이른바 정의의 전투, 즉 성전聖戰의 결과가 초래했다고 역설한 것은, 왕가의 위신을 체현한 능묘의 수호조차 염려하지 않으면 안 되는 심각한 상황이었음을 분명히 보여주는 것이다. 그 배후에는 고구려 지배층 집단 사이의 균형 관계와 상호 긴장 관계가 있었음도 간파할 수 있을 것이다.

제2부 출토 문자자료와 경계

비문의 필자는 시조 이래의 계보를 이어받은 위대한 왕의 훈적勳績과 그 능묘를 지키는 수묘인들의 내력을 기록하고 수묘역 체제가 앞으로 영원히 계속 유지되기를 기대하는 만큼 그 내용은 바로 비문의 독자인 지배공동체(5부) 내부의 상극相克과 긴장의 산물이라 볼 수 있을 것이다.

비문의 콘텍스트와 왜

고구려 텍스트로서의 비문은 만년 후까지 광개토왕릉의 수묘역을 유지하기 위한 법령 선포의 매체이며, 독자는 왕도에 거주하는 5부의 구성원이었다. 그 때문에 비문은 지배공동체 내부의 텍스트였다. 더욱이 비문은 지배공동체로부터의 초월성을 지향하는 고구려 왕권과 지배공동체의 상극이라는 사회적 콘텍스트 속에서 의미를 발휘하는 텍스트였다. 끝으로 비문의 이러한 콘텍스트에 따라 '왜'에 대한 해석을 시도해보고자 한다.

이미 지적한 바와 같이 비문은 고구려 왕을 중심으로 하는 질서 세계가 실재했음을 명확하게 알려준다. 즉 재래의 고구려인(구민)의 외연에는 귀왕歸王, 궤왕跪王 관계를 거쳐 조공 의무를 진 속민이 있고, 고구려 왕은 이들 백성 위에 군림했던 것이다. 여기서 고구려의 독자적인 국가관을 간파할 수 있다.

그러면 그러한 고구려의 국가관, 질서 의식에서 볼 때 '왜'는 어떠한 존재로 해독할 수 있을까? 고구려 주변의 민족 집단으로서 '왜'는 비문에서 가장 많이 등장하고 그때마다 고구려와 격전을 거듭하고는 있지만 고구려에게 '왜'는 토벌하여 조공을 강요할 대상은 결코 아니었다. 비문에 묘사된 '왜'는 고구려의 속민인 백제나 신라를 '신민臣民'으로 삼거나 가야의 여러 나라(安羅·任那加羅)와 함께 백제의 배후에서 지원하여 고구려와 싸우는 난적難敵이다. 바로 고구려 왕을 중심으로 하는 정치질서를 위협하고 파괴하는 적인 것이다.

근대 일본인은 비문 속에서 고구려와 '왜'라는 2대 세력의 각축을 찾아내어 이 같은 '왜'에서 근대 일본을 읽어내고, 나아가 『일본서기日本書紀』 진구神功 황후의 삼한정벌을 투영해서 한반도 남부의 침략·경영(임나일본부)설을 형성시켰다. 그리고 비문 속 '왜'의 활동이야말로 일본열도 내의 정치적 통합과 한반도 남부의 지배를 증명하는 것으로서 중시했다.

하여튼 비문 속에 나타난 '왜'의 활동은 비문의 독자인 고구려 5부 구성원의 심상心象에 어떻게 비쳐졌을까?

그런 점에서 무훈 기사의 수사학을 상기하고자 한다. 비문에는 광개토왕이 친히 군사를 이끌고 토벌에 나선 것은 상대 민족 집단에 부당한 행위가 있었기 때문이며, 이러한 불리하고 곤란한 상황에서 전능한 왕이 출동하면 막대한 전과를 올린다는 극적 효과를 노린 필법이 사용되었다. 그것은 왕의 위대함을 돋보이게 하는 수식이었다. 거기서 부각되는 것은 고구려 고유의 세계를 지키는 이른바 정의의 전쟁, 즉 성전의 수행자로서의 광개토왕이다.

이와 같은 콘텍스트에서 보면 비문의 필자가 '왜'를 묘사할 때 약한 적보다는 오히려 강한 적인 편이 그러한 수사학의 효과를 발휘하는 데 더 적합하지 않았을까? 다시 말해 고구려의 질서 세계는 '왜'와 같이 질서를 위협하는 침범자가 있으면 거꾸로 독자에 대해 그 질서나 경계를 선명하게 의식시킬 수 있었던 것이 아닐까? '왜'의 파괴적 활동은 고구려의 질서 세계와 이계異界의 경계를 의식화하는 데 적절한 연출이 될 수 있을 것이다.

비문의 필자는 분명히 '왜'를 만만치 않은 적으로 묘사함으로써 자기 세계의 질서를 독자에게 환기시켰다고 추측된다. 그러나 그러한 왜에 대한 묘사가 야기한 효과는 그것으로 그치지 않았다.

잘 알다시피 카를 슈미트Carl Schmitt는 정치적인 것의 궁극적 식별 지표는 '자기편(友)'인가 '적(敵)'인가의 구별이라고 하며, 이로써 상대적으로 자립한 독자적인 정치 영역을 정의했다.[69] 그런데 슈미트의 우적友敵 이론에서 적과 자기편이라는 관점에 있는 두 요소 중 적의 요소가 확실하게 우월한 위치에 있는 점은 '왜'의 묘사가 초래하는 효과를 탐색하는 데 참고가 된다. 즉 정치적 관계의 본질은 구체적인 대립과 서로 관련을 맺음으로써 유지되는데, 모든 인간 집단은 바로 적을 가졌기 때문에 비로소 자기편을 찾고 자기편을 갖는다[70]는 기제機制야말로 비문에 적혀 있는 왜의 효용을 푸는 열쇠가 된다고 생각한다.[71]

그런데 고구려를 둘러싼 국제 정세를 묘사할 때 고구려의 궁극적 적이 '왜'라고 인상 짓는 것은 거꾸로 고구려의 정치권, 질서권을 명확하게 할 뿐만 아니라 지배공동체 내의 융합과 결속을 호소하고, 나아가서는 고구려 왕권이라는 중심을 강화하게도 될 것이다. '왜'라는 외부에 의해 내부가 강렬한 형태로 환기되고 단결이 촉구되는 것이다. 비문 속의 '왜'는 적과 자기편, 외부와 내부라는 차이를 명확하게 하여 비문의 독자를 질서를 향한 충동으로 휘모는 장치인 것이다.

그렇다면 광개토왕 비문의 '왜'는 고구려의 질서 세계를 위태롭게 하는 난적이기는 하지만 필경 광개토왕의 위대함을 돋보이게 하는 트릭스터trickster로 보는 것도 가능하지 않을까? 인간 사회는 자신을 내부로 확실하게 정의하기 위해서 외부로부터 공동체를 위협하는 침범자를 필요로 한다. 이른바 '왜'는 고구려 지배공동체 내의 공동 환상을 강화하는 역할을 했던 것이다. 따라서 '왜'의 존재가 있음으로써 고구려의 질서 세계가 명확해지고 광개토왕의 위업이 빛나며 수묘역 체제의 수호가 절대 사명으로서 필연화된다. 이러한 의미에서 '왜'는 바로 고구려의 우주론에 필요하다고 생각했던 트릭스터인 것이다.

이렇게 보면 비문에서 백제나 신라가 고구려의 '속민'이라고 한 것은 이러한 고구려의 질서 의식에서 나온, 이른바 당시의 현실에 대한 고구려 측의 인지 방식임을 깨닫게 된다. 애초에 무력을 써서 자기의 질서 세계를 보전하려 한 고구려에게 백제는 '속민'이지만, 백제가 그것을 시인하고 감수했는지 여부는 전혀 별개의 문제이다. 사실 백제는 그 후에도 고구려에 대해 왜와 결탁하면서 있는 힘을 다해 철저하게 항전했고,

마침내 일시적인 멸망(475년의 한성 함락)을 초래했다.

또한 비문은 백제의 집요한 저항에는 외부의 '왜'가 관여하고 배후에 있으면서 백제를 부추기는 것처럼 묘사했지만, 이는 백제의 저항이 결코 자기의 주체적인 판단에 의한 것이 아니라는 해석을 유도하기 위한 수사학이라 보아도 좋을 것이다. 왜냐하면 이러한 이해 방식이 종종 적대하는 인간 집단의 정치 행동을 경시하기 위해 사용되는 상투적 수단임은 근대의 용례에서도 유추할 수 있기 때문이다.[72] 요컨대 '왜'는 백제가 고구려의 속민이 아니면 안 되는 것임을 정당화하는 역할도 맡고 있는 것이다.

백제가 고구려의 속민이었는지 아닌지는 당시의 백제로서도 아는 바가 없었을 가능성이 높다. 백제를 고구려의 '속민'으로 삼은 것은 어디까지나 고구려(비문)의 논리이다. 그것과 마찬가지로 백제, 신라가 왜의 '신민'이었다고 하는 비문의 기사를 그대로 당시의 개별적이며 구체적인 사실의 반영이라고 보는 데는 더 신중한 고찰이 필요하다.

중요한 것은 고구려의 문화적 콘텍스트 속에서 이 텍스트를 영유했던 독자에게 '왜'가 독자적인 환기력을 발휘했다는 사실이다. 앞에서 서술한 바와 같이 사실史實과 비문의 묘사에는 단절이 있기 때문에 비문 속 '왜'의 활동을 가지고 인식론적 환원을 거치지 않고 '왜'의 역사적 실체를 추구하는 것이 얼마나 무모한지를 추측할 수 있다. 비문의 '왜' 해석은 고구려의 우주론과 고구려인의 멘탈리티(심적 경험의 세계)를 공유하는 데서부터 시작되지 않으면 안 되는 것이다.

맺음말

일찍이 광개토왕비는 왕릉이 소재하던 신성한 공간 일각에서 고구려 5부인의 경의와 복종을 거두기 위해 신체를 위압하며 우뚝 서서 법령 선포의 매체로서 광개토왕릉의 수묘인들을 지켜보고 있었다. 1,775자로 이루어진 비문은 어디까지나 고구려의 문화적 콘텍스트에 기인하는 고구려 지배공동체인 5부인들의 텍스트였다.

고구려가 멸망하고 왕릉을 둘러싼 여러 제도가 소멸함과 동시에 비문의 독자를 잃은 비석은 원래의 기능을 멈추었다. 그로부터 약 1,200년 후 비문은 새로운 독자를 얻게 되었다. 즉 근대 일본인은 비문을 찍어낸 묵본을 입수하자 동아시아 여러 나라에 앞서 재빨리 자기의 문화적 콘텍스트에 끌어들여 비문을 해독하고 거기에서 근대와 아주 비슷한 국제정세를 읽어내었다. 그 위에 인쇄물로 만들어낸 비문은 새로운 형태의 텍스트로서 광범위한 독자를 획득하게 되었다. 어느새 비문의 '왜'는 아무런 의문 없이 일본으로 읽혀져서 고구려의 텍스트는 근대 일본의 텍스트로 커다란 전환을 했다.

이렇게 해서 근대의 국민을 독자로 가진 비문은 이윽고 한국인 독자도 획득함으로써 근대 한국의 텍스트로서, 고구려 텍스트로서의 비문에는 없던 새로운 의미를 창출했다. 비문은 바로 근대의 표상과 함께 소생한 것이다.

이러한 의미에서 1970년대 이후의 비문을 둘러싼 논쟁은 비문의 표상을 둘러싼 투쟁[73]이었다고 볼 수 있기 때문에 그 과정에서 근대 텍스트로서의 비문의 표상은 국민이라는 '상상의 공동체'에 알맞은 이야기의 역할을 했다고 말해도 좋다. 근대 텍스트로서의 비문은 동아시아에서 국민 형성을 위한 담론으로서 새로운 의미를 창출한 것이다.

그런데 고구려 텍스트로서의 비문과, 근대 텍스트로서의 비문이 앞에서 설명한 바와 같이 매우 동떨어진 의미의 차이를 보이는 것은 무엇을 이야기하는 것일까? 고구려의 텍스트에서 근대의 텍스트로 변모한 비문의 텍스트 해석의 전개 과정을 개관해보면 거기서 현재 동아시아의 고대사 연구가 내포하는 문제점이 드러날 것이다.

무릇 고대의 텍스트를 통해 고대사회를 이해하려고 한다면 거기에 기록된 내용을 현재의 콘텍스트에 끌어당기거나 혹은 그 속에서 현재를 읽어내어 해석하는 일은 가능한 한 피하지 않으면 안 된다. 이것은 공시적共時的으로 존재하는 이문화異文化를 고찰할 때 관찰자의 문화적 콘텍스트로 해석하는 것을 금하는 것과 다르지 않다. 하지만 적어도 비문 연구에 관해서 보면 그와 같은 방법적 태도가 충분했는지는 매우 의심스럽다.

분명히 태평양전쟁 패전 후 일본의 고대사 연구는 '객관적 사실史實'을 추구하는 실증 연구를 본령으로 삼고 있다. 그런데 거시적으로 보면 메이지 시대 이래의 비문 연구에서 나타나듯이 실증 연구를 크게 규정하는 틀, 패러다임은 바뀌지 않고 계승되고 있다고 해도 과언이 아니다. 오해를 무릅쓰고 말하면, 이른바 한일 관계사라 불리는 분야에 대해서는 근대 일본인이 근대의 콘텍스트에 끌어당겨 고대의 여러 문헌을 읽고 거기에서 표상화한 역사 상像이 오늘날 그다지 큰 수정을 거치지 않은 채 계속 살아 있다. 전 시대의 패러다임에서 얻어진 '역사적 사실'이 부분적인 수정을 거치면서 연명하고 있다고 말할 수 있지 않을까?

이러한 사태는 물론 일본에 국한된 문제는 아니다. 유럽 역사가에게는 "아시아의 역사가들은 아직까지도 전적으로라고 해도 좋을 만큼 자신들의 사회와 그 성장에 전념하여 국가라는 틀을 거의 의심 없이 받아들이고 있다"라는 식으로 비치는데, 그것은 "역사의 주요 목적의 하나가 국민의식의 육성에 있다고 하는, 19세기에 강했던 신념의 흔적 탓"[74]으로 보인다. 불행하게도 동아시아 여러 나라의 역사 연구에 공통되는 이러한 상황은 그다지 심각하게 받아들이지 않고 있다.[75]

좋든 나쁘든 우리는 19세기 말에 만들어진 일국사의 틀 속에서, 더구나 근대의 콘텍스트에 끌어당겨서 지난 100년 동안 역사를 구상해왔다. 그 때문에 '사실史實'이라고 하는 것도 일국사라는 패러다임의 이론 부하성負荷性과 근대의 편향을 띠는 것이다. 만일 일국사를 넘어서는 광역권에서 새로운 역사의 패러다임을 추구하려 한다면 새로운 패러다임 속에서 이전의 역사적 '사실事實'이 재구축되지 않으면 안 되며, 근대의 콘텍

제2부 출토 문자자료와 경계

스트에 끌어당겨진 고대를 고대의 콘텍스트에서 다시 읽는 작업도 조속히 해야 할 것이다.

근대에 형성된 고대사의 상(像)을 상대화하고 새로운 틀에서 재구축하는 일이 지금 절실하게 요청되는 것은 아닐까? 표상으로서의 광개토왕비문은 그것을 상징적으로 이야기하고 있다고 생각한다.

제7장 석각문서로서의 광개토왕비문

머리말

광개토왕비문에 관한 연구는 19세기 말에 비석이 발견된 이래 1세기 이상의 연구사를 가지지만 건립 목적에 대해서는 오랫동안 논의 대상이 되지 못했다. 왜냐하면 비문碑文에는 '비를 세워 훈적勳績을 새기고 이로써 후세에 보인다'라고 되어 있고 바로 다음에는 395년부터 410년에 이르는 8년 8조의 무훈武勳이 기록되어 있어서 이 무훈 기사記事의 집적이야말로 광개토왕의 '훈적'을 칭송하는 내용이며 따라서 당연히 현창비顯彰碑로서 간주되어왔기 때문이다. 광개토왕비 연구 당초부터 비문에 대한 관심은 무훈 기사에 집중되었고 비문 연구도 이 무훈 기사를 중심으로 이루어져왔다고 말해도 좋다. 또 그러한 해석에서 광개토왕비를 묘지墓誌, 묘비라고 여기는 생각도 널리 보인다.

　그러나 비문 전체에서 보면, 무훈 기사 뒤에 이어지는 수묘인守墓人 기사는 비문 전체의 3분의 1을 넘는 분량을 차지한다. 게다가 비문 맨 마지막 1행에는,

　　또 명령하기를, 지금부터 수묘인을 서로 전매하지 못한다. 비록 부유한 자
　　라 하더라도 역시 마음대로 살 수 없다. 명령을 어기고 파는 자는 형벌을
　　내리고 사는 자는 규정으로써 묘를 지키게 하겠다.

라고 하여 수묘인에 관련된 금지령이 적혀 있다. 이 때문에 광개토왕의

'훈적이나 업적을 찬미할 뿐만 아니라 최종적인 목적은 왕릉의 수묘인이나 연호㜴戶의 소속을 확정하고 그 매매를 금지하는 포고문 성격을 지닌다'라는 주장이 일부에서 주목받고 있다.[1] 더구나 이러한 법령의 포고라는 일면에 유의하면서 광개토왕비가 '석각문서'로서의 성격을 지닌 '법령 선포의 매체'라고도 규정한다.[2]

이 장은 건립 목적을 명확히 하는 것이 광개토왕비문 내용의 이해를 심화시키는 데에 불가결하다는 입장에서, 광개토왕비의 석각문서로서의 성격을 비문에 입각하여 구체적으로 제시함으로써 새삼 법령 선포의 매체로서의 비문 성격을 선명하게 하고 정보 전달이라는 시점에서 광개토왕비문을 재검토하는 것을 과제로 한다.

1. 비문 내용과 문장구조

광개토왕비에는 광개토왕의 생몰년이 없다. 다만 비문에는 광개토왕이 18세에 즉위하고 영락대왕이라 불려서 '영락㪍樂' 연호를 사용하면서 무훈 기사 서두의 영락 5년을 을미년으로 보기 때문에 왕의 즉위년은 신미년(391년)이 된다. 또 비문에는 왕이 39세에 훙薨했다고 적혀 있으므로 그해는 영락 22년, 즉 임자년(412년)이 된다. 그렇지만 비문에는 왕이 훙한 연월일을 적지 않고 단지

> 갑인년(414년) 9월 29일 을묘일에 산릉에 옮겼다. 이에 비를 세워 훈적을 새기고 이로써 후세에 보인다.

라고 광개토왕의 유골을 능묘에 매장하고 비를 건립한 연월일만 기록했다. 사망부터 매장까지 2년간의 공백이 있음을 보면, 이 기간에 햇수로 3년의 장례를 치렀다고 추정된다.[3] 이처럼 광개토왕비가 왕의 생몰을

기록하지 않고 단지 매장과 비의 건립 연월일만을 기록한 점은 비의 성격을 검토하는 데에 유의해야 할 특징이다.

비는 능묘 옆에 건립했다고 추찰되지만, 광개토왕 능묘의 소재는 명확하지 않다. 비에서 서남쪽으로 약 360미터 떨어진 곳에 있는 태왕릉이라든가, 동북쪽 약 2천 미터 떨어진 구릉에 위치하는 장군총이라든가 하는 왕릉 비정比定 논쟁이 여전히 계속되고 있다. 이 점은 비의 건립 목적과도 관련이 있으므로 능묘 비정에 대해서는 나중에 서술하고자 한다.

비석 네 면에 1775자가 새겨진 비문의 구성에 대해서는 전에 다음과 같이 지적한 바 있다.[4] 즉 비문은 서론과 두 내용으로 이루어진 본론으로 구성되어 있으며, 서론에는 시조인 추모왕鄒牟王에 의한 건국 창업의 유래에서부터 17대손 광개토왕에 이르는 고구려 왕가의 세계世系를 약술했다. 이어서 본론에는 제1 부분에 광개토왕 일대의 무훈을 연대기적으로 8년 8조로 열거하고, 제2 부분에 광개토왕릉의 수묘인 330가의 내역과 그들에 관한 금지령과 벌칙을 기록했다는 것이다.

이같이 비문 내용은 크게 세 단락으로 구성되어 있다고 보았는데, 이 장에서는 본론의 제2 부분을 다시 둘로 나누어서 검토하고자 한다. 즉 제3면 8행의 16번째 글자 '수묘인 연호守墓人烟戶'(제3면 8행부터 제4면 5행 4번째 글자까지)로 시작하는 330가의 수묘인 연호 목록 부분과 제4면 5행 5번째 글자부터 시작하는 광개토왕의 '교언敎言' 이후의 마지막 부분과의 사이를 구분해서 본론을 세 구성으로 나누어 다루고 싶다. 그 근거는 뒤에 기술하겠다.

물론 여기서 말하는 본론이란 어디까지나 작업 가설상의 명칭인데, 비문 서론의 마지막(제1면 6행째)에는 '이에 비를 세워 훈적을 새기고 이로써 후세에 보인다'라고 되어 있어 이 비는 광개토왕의 훈적을 후세에 보이기 위해서 세웠다고 명기했다. 그렇다면 본론이야말로 이 비문이 주장하는 '훈적' 부분에 해당하며, 광개토왕비의 건립 목적이란 제1면 7행 이하의 본론에 전개되는 '훈적'에 있음이 자명하다.

다만 비문에 기록된 광개토왕의 '훈적'은 종래 본론 제1 부분, 즉 8년 8조의 무훈만을 대상으로 하고 이어지는 본론 제2 부분은 훈적 대상으로서 특별한 관심을 기울이지 않았다는 점에 유의해야 한다. 이는 앞에서 언급한 바와 같이 광개토왕의 '훈적'이 8년 8조의 무훈을 중심으로 검토해온 것과 관련이 있다. 그러나 경시할 수 없는 점은 비문 전체의 문장 구성으로 보면 서론 맨 마지막에 '그 글에 이르기를'이라고 되어 있고 두 글자의 공백을 남기고 행을 바꾸어 1면 7행째 제1자부터 제4면 말미에 이르기까지 본문이 계속된다는 사실이다.

이미 본론이 세 가지 내용으로 되어 있다고 지적했는데, 이러한 구성으로 이루어진 본론의 문장은 제4면 말미의 '지之' 자까지 1자의 공백도 없이 비석에는 글자가 다 채워져 끝을 맺는다. 즉 본론 직전에 2자의 공백을 남기고 행을 바꾼 뒤 제1면 7행째 제1자부터 제4면 말미까지 행을 바꾸지 않고 문장이 끝난다고 하면 이러한 각자刻字 형식은 '훈적' 내용이 미치는 범위를 스스로 규정한다고 생각해볼 필요가 있다.[5]

왜냐하면 시각적으로도 문장 구성상으로도 제1면 6행째 하단의 2자 공백 전후에 큰 형식상의 단절이 있음이 명백하며 그 후반의 문장 전체가 '그 글(其辭)'을 받은 내용이라 간주하는 것이 온당하기 때문이다. 해당 부분이야말로 세 가지 내용으로 이루어진 본론에 상당하는 본론이며 비문의 문장 구성상 이 본론의 총체를 광개토왕비의 '훈적'이라고 보아야 한다. 그런데 지금까지 본론은 무훈 기사만을 대상으로 하고 수묘인에 관한 규정 부분을 포함해서 총체적으로 '훈적' 대상으로 여기는 것은 오히려 드물었다.

그 이유 중 하나는 암묵 중에 광개토왕비를 묘주인 광개토왕의 무훈을 칭송하며 후세에 사적을 보이기 위해 세운 묘비라고 보아 의심하지 않은 채 막연히 '묘비' 혹은 '묘지'라고 간주해온 데에 있다. 다시 말해 비문에 보이는 8년 8조의 무훈을 그러한 묘비나 묘지의 문맥으로 읽어 내려 한 배경이 있다.

그러나 이전에 지적한 바와 같이 광개토왕비는 비석의 형상으로 보아도 내용이나 형식으로 보아도 애당초 묘비나 묘지라고는 할 수 없다.[6]

광개토왕비의 건립 목적에 대해서는 이러한 형상의 비를 세우게 된 경위에 우선 주목해야 한다. 그것은 비문에 다음과 같이 기록된 내용을 참고로 해야 한다.

조왕祖王과 선왕 이래 능묘 옆에 석비石碑를 안치하지 않아 수묘인 연호를 부리는 데 착오가 생기게 되었다. 오직 국강상광개토경호태왕만이 조왕과 선왕을 위해 묘 옆에 모두 비를 세우고 그 연호를 명기하여 착오가 없게 하셨다.

즉 고구려에서는 예부터 수묘인에게 왕릉 옆에 마을을 만들게 해서 그들을 노역 집단으로 삼아 대대로 왕릉 및 부속 시설의 청소와 관리에 종사시켰는데,[7] 이러한 조왕·선왕의 각 능묘에 수묘인 마을이 서로 뒤섞여버렸으므로 광개토왕이 역대 왕릉 옆에 비석을 세우는 것을 창안했다는 것이다.

광개토왕비의 건립 목적을 생각할 때 비문에 적힌 위의 내용은 특히 중시해야 한다. 왜냐하면 여기에 징발된 수묘인에게 어떤 내력이 있었는지를 설명하는 부분에 해당하기 때문이다. 광개토왕은 왕도에 있던 역대(조왕·선왕) 모든 왕릉 옆에 비석을 세워 왕릉 부근에 각각 마을을 형성하던 수묘인들이 어디에서 징병되었는지를 비석에 각기 새겨서 수묘역守墓役 제도의 교란을 억제했다고 명기했기 때문이다.

종래 이러한 비석이 한 점도 실재하지 않은 점에서 비석에 기록된 해당 기사의 진위를 둘러싸고 논의가 있었다.[8] 그러나 이러한 탐색 자체는 전혀 의미가 없다. 비문에 기록된 바와 같이 역대 왕릉 옆에 '비'를 세우지 않았다면 근거 없이 꾸며낸 언사를 희롱하여 법령을 선포한 것이어서 광개토왕비문 그 자체에 효력이 없어지기 때문이다.

바로 다음에서 언급하듯이 광개토왕비에는 각 왕릉 수묘인의 원천이 되는 330가의 출신지가 명기되어 있어서 광개토왕이 세웠다고 하는 역대 왕릉의 비와의 관계에서 광개토왕비의 건립 목적을 생각해야 할 것이다.

앞서 본론 전체가 '훈적'에 해당한다고 강조했는데, 그럼에도 불구하고 종래에는 본론은 훈적 관계 기사와 수묘인 관계 기사 둘로 나누고 이 둘의 관련성을 시도하지 않고 고찰해왔다. 바꿔 말하면, 둘의 관련성을 충분히 인식하지 않은 채 무훈 기사만을 '훈적' 대상으로 논하고 본론이 훈적과 별개의(수묘인 관계 기사) 두 내용으로 이루어진 것처럼 착각해온 것이다. 그렇지만 이른바 무훈 기사는 결코 무훈만으로 의미가 있지 않다.

우선 본론 전체 중에서 무훈 기사가 차지하는 위치를 확인할 필요가 있다. 요란하게 기술된 8년 8조의 무훈 기사란 제3면 8행째의 '대개 공파한 성이 64, 마을이 1400'(凡所攻破城六十四, 村一千四百)이라는 13자로 총괄되는 내용이다. 거꾸로 말하면, 8년 8조의 무훈 기사는 이 구절에 수렴되는 범위에서 그 의미가 통하는 것이지, 단순히 광개토왕 생애의 무훈 전부를 열거한 것이 아니다.[9]

이미 사견을 서술한 적이 있는데, 무훈 기사 맨 마지막에 총괄된 64성이란 단지 광개토왕 일대에 획득한 성의 총수라는 의미에 그치지 않고 각 지역에서 징발한 수묘인의 출신지와 관련이 있다. 따라서 그들 대부분은 무훈기사에 기록된 64성 중에서 찾을 수 있다.[10] 그러므로 무훈 기사는 뒤에 이어지는 수묘인 관계 기사와 그대로 연동한다.

이를 증명하듯이 비문에 기록된 수묘인 관련 규정에 따르면, 고구려에서는 '조왕·선왕' 이래 '구민舊民(고구려인)'에게 수묘역을 담당시켰는데, 광개토왕은 '구민'이 피폐할 것을 염려하여 광개토왕이 '몸소 이끌고 가서 탈취해 온 한·예'에서만 수묘인을 징발하라는 '교언'이 있음을 들었다. 8년 8조의 무훈 기사에는 반드시 각 조별로 광개토왕이 '몸소 이끌고 가서'라든가 '명령을 내려 파견했다'라는 전투 형식이 적혀 있다. 그것은 수묘인에 관한 '교언' 속의 '몸소 이끌고 가서 탈취해 온 한·예'의 유래를 명시하기 위한 전제문이다.

다만 이 '교언'을 따르면서도 외부에서 온 자들만으로 고구려의 '법'을 주지시키는 것이 곤란하다고 판단하여 필요한 인원 중 최소한 3분의 1을 고구려인으로 조달하고 나머지 3분의 2에 해당하는 220가는 광개토왕이 탈취해 온 '한·예'에서 충당했다고 명기했다. 그리고 220가의 모든 출신지를 빠짐없이 비문에 나열했는데, 대부분이 무훈 기사 말미에 총괄된 64성에서 징발한 사람들이었다.[11]

요컨대 무훈 기사는 그 자체로 의미가 있는 것이 아니라 먼저 수묘역 제도의 정비와 강화라는 현실적인 과제가 있고 거기에 징발된 수묘인이 어떤 내력을 갖는지를 설명하는 부분에 해당한다. 무훈 기사는 광개토왕이 공격해 쳐부순 '성 64, 마을 1400'으로 총괄되는 범위에서 의미가 있으며, 광개토왕의 '교언'에 나타나 있듯이 왕 자신이 '몸소 이끌고 가서 탈취해 온' 수묘인의 유래가 광개토왕의 군사적 활동에 의해 유지되고 확대된 고구려 왕 중심의 질서 구조에 근거했음을 명시하는 역할을 하면서 광개토왕 일대의 외정外征과 수묘인의 관계를 필연화하기 위한 기사이다.

따라서 거듭하면, '본론' 전반 부분을 차지하는 무훈 기사는 어디까지나 본론 후반에 나오는 수묘인 연호와 관련된 규정의 전제로서 요청된 부분이지, 결코 광개토왕의 무훈 칭송만을 목적으로 한 기사가 아니다. 무훈이라는 왕 일대의 전투에 관한 역사가 이야기되는 것은 수묘인 연호와 관련하여 광개토왕이 창출한 제도와 규범을 강화하기 위해서이며 그것과 밀접한 관련이 있는 과거를 선택하여 기록한 것이다.

그렇다면 '본론=훈적'이란 본론 전체가 전반적으로 수묘역 체제와 관련된다. 광개토왕비의 건립 목적은 바로 수묘역 체제에 관한 훈적의 현양이 되지 않을 수 없다.

2. 수묘인 연호와 수묘역 체제

앞 절에서 본론의 후반을 다시 수묘인 연호 330가의 목록 부분과, 제4면 5행 5번째 글자에서 시작되는 광개토왕의 '교언' 부분 이하로 나누었다고 지적했다. 즉 무훈 기사는 '대개 공파한 성 64, 마을 1400'의 13자로 총괄되고, 그 내용을 받아 먼저 무훈에 의해 초래된 수묘인 연호 330가의 목록이 다음에 이어지며, 그 목록을 전제로 한 '본론' 제3 부분이 전개된다. 즉

> 국강상광개토경호태왕 생존 시 ① 교언은 다음과 같다. '조왕·선왕이 원근의 구민만으로 묘를 지키고 청소를 하게 했는데 나는 이들 구민이 쇠약해짐을 염려한다. 만일 내 만년 후에 안전하게 수묘하는 것은 오직 내가 몸소 이끌고 가서 탈취해 온 한·예민만으로 청소를 준비하게 하라.'
>
> ② 이 교언으로 한·예 220가를 취했다. 법령을 모를 것을 염려하여 다시 구민 110가를 취하니 신구新舊 수묘호守墓戶를 합쳐 국연國煙 30이고 간연看煙 300, 모두 합하여 330가이다. 조왕·선왕 이래 능묘 옆에 석비를 안치하지 않아 수묘인 연호에 착오가 생겼다. 오직 국강상광개토경호태왕만이 선대 왕들의 묘 옆에 전부 비를 세우고 연호를 명기하여 착오가 없게 하셨다.
>
> ③ 또 명령하기를, '지금부터 수묘인을 서로 전매하지 못한다. 비록 부유한 자라 하더라도 역시 마음대로 살 수 없다. 명령을 어기고 파는 자는 형벌을 내리고 사는 자는 규정으로써 묘를 지키게 하겠다.'

라고 하여서 광개토왕이 ① 수묘인에 대해 몸소 탈취해 온 한·예 백성으로 조직하는 기본 방침을 말한 '교언' 부분과, ② 그 교언을 따르면서도 수묘인 3분의 1에 해당하는 110가의 구민을 더하여 각 왕릉에 수묘인을 기록한 석비를 세워 수묘역 체제의 정비와 강화책이 시행된 것, 그 제도의 정비에 입각하여 ③ 수묘인에 관한 금지령을 내렸다는 내용으로

되어 있다.

필자는 이전에 해당 기사를 중시하여, 광개토왕비는 고구려에 전통적으로 계속된 국가적 사민책徙民策에 의한 수묘역 체제에 바탕을 두면서 동시에 새롭게 이 제도를 강화하기 위한 의도와 목적으로 건립되었으며, 이 때문에 광개토왕비는 고구려인의 독자적 제도인 수묘역 체제와 관련된 법령 선포의 매체라고 간주했다.[12] 돌이켜보면, 과거 필자의 설은 수묘인 연호와의 관계에서 건립 목적을 명확하게 규정하지 못했다.

앞 절에서 강조하듯이 '본론'의 내용은 전체적으로 광개토왕의 수묘역 체제와 관련된 훈적을 후세에 보이기 위한 것이며, 따라서 이 부분도 그러한 문맥으로 파악하지 않으면 안 된다. 요컨대 수묘인 목록과 이에 이어지는 본론 제3(위에 든 ①②③) 부분도 포함하여 훈적으로서 종합적으로 파악할 필요가 있다.

그런데 수묘역 체제는 비문에 입각해서 보면 다음과 같다. 고구려에서는 '조왕·선왕' 이래 수묘인으로는 '구민'을 써왔는데, '구민'의 피폐를 방지하여 수묘역 체제를 영원무궁토록 만전을 기하기 위해 광개토왕이 몸소 탈취해 온 '한·예'의 백성을 쓰라는 왕명이 있었다. 그러나 수묘인 3분의 1은 고구려 법을 아는 '구민'을 더하고 또 광개토왕은 '조왕·선왕의 왕릉에 비석을 세워 수묘인 연호의 혼란을 억제하는 등 수묘인 체제의 제도화를 도모한 다음, 수묘인 매매를 금지하는 명령을 내렸다.

이러한 수묘역 체제의 정비와 강화 과정이 광개토왕의 훈적으로 여겨지고, 따라서 광개토왕비의 건립 목적이란 이러한 수묘역 체제의 정비에 위대한 공헌이 있는 광개토왕의 공덕을 칭송하는 송덕비가 될 것이다.

이상 비문의 전체 구성에 따라 파악하면 무리 없고 온당한 이해가 아닐까. 그러면 어째서 이렇게 해석되지 않았을까.

필자의 설을 비판적으로 되돌아보면, 우선 최대 요인은 330가를 막연히 광개토왕릉의 수묘인이라 상정한 데에 기인한다. 또 많은 논자도 그렇게 해석해왔다. 그러나 이러한 이해로는 330가의 수묘인 목록과 '조왕·선왕'의 왕릉에 비석을 건립했다는 것이 연결되지 않고 수묘역 체제의 정비가 왜 광개토왕의 훈적이 되는지에 대해서 일관된 설명이 결여된 점이 있다. 문제는 비문에 기록된 330가의 수묘인과, '조왕·선왕'들의 왕릉과의 관계이다.

그런데 2천 명 이상이라고도 추정되는 방대한 수묘인 330가의 내역은 비문에는 '국연 30', '간연 300'이다. '국연'과 '간연'의 해석에 대해서는 여러 설이 있지만, 먼저 문제시해야 할 것은 선험적으로 '국연 30', '간연 300'의 총화인 수묘인 330가를 광개토왕 왕릉의 수묘인이라고는 간주할 수 없는 점이다.

이미 하마다 고사쿠浜田耕策가 지적한 바와 같이, 수묘인 연호가 광개토왕 단독의 수묘인으로 하기에는 너무 많다. 그래서 하마다는 '국연' 30과 '간연' 300은 '국연' 10과 '간연' 100으로 된 세 집단으로 나누고 "이들이 고국원왕, 고국양왕, 호태왕 세 왕릉 주변의 수묘인 연호라고 할 때 그 수는 결코 지나치게 많지 않게 되고, 또 '국' 자에 유래하는 국연의 이해도 더욱 수긍할 수 있지 않을까"라고 하여 수묘인 연호에 관한 근본적인 의문을 드러낸 적이 있다.[13]

하마다가 고국원왕, 고국양왕, 광개토왕 세 왕에 주목한 것은 '국연'과 관련지으면서 이들이 모두 시호諡號에 '국' 자가 붙은 왕들이었기 때문이다. 다만 이 구상에 따르면, 시호에 '국' 자를 붙인 고구려 왕은 위의 세 왕에 그치지 않는다. 국내성 시대(209~427년)의 역대 왕 중에는 소수림왕을 포함하여 고국원왕부터 광개토왕까지 4명이 지적되므로[14] '국연'과 시호를 연결시킨다면 네 왕의 능묘를 대상으로 삼아야 한다.[15]

그렇지만 '국' 자를 포함하는 시호에 주목한다면 그 시호의 유래는 국내성(환도丸都)에서 장사지낸 것이므로[16] 209년에 국내성으로 천도한 이래 고구려왕의 계보를 참조해야 할 것이다. 즉 『삼국사기』가 전하는 제9대 고국천왕부터 광개토왕까지 11명의 왕들(환도·국내왕계)이 여기에 해당한다.[17]

여하튼 비문에 수묘인 연호로서 기록된 '국연' 30과 '간연' 300이 수묘해야 하는 왕릉이란 광개토왕릉 단독으로 대상으로 할 것이 아니라 국내성에서 장사지낸 국내왕계 왕들의 능묘도 포함해서 재검토해야 한다.[18] 이 경우 어려운 문제는 대상으로 해야 하는 왕릉에 '국연' 30과 '간연' 300 중 각각 몇 호가 분할, 배당되었는가 하는 점이다.

각 왕릉에 총수 330가의 수묘인이 배치된다고 하면, '국연'과 '간연'은 서로 어떤 관계였는지를 분명히 밝혀야 한다. 이에 대해 박시형朴時亨은 '국연'이 주된 왕릉 수호의 직무를 수행하고, '간연'은 '국연'의 직무를 각 방면에서 보장하는 임무를 담당했다고 간주했다. 이러한 '국연'과 '간연'의 해석을 전제로, '국연'과 '간연'의 수가 1 대 10이 되기 때문에 "국연 1호와 간연 10호를 합해 11호가 하나의 집합체를 이루고 이들이 왕릉 수호의 부담을 졌다"고 추정했다.[19] 또 다케다 유키오武田幸男도 마찬가지로 능묘가 조영된 현지에서 국연이 간연 10을 이끌고 수묘하는 노동 편성이 되었을 것이라고 추정했다.[20] 두 사람 모두 분명히 말하지 않았으나 비문에 적힌 330가의 수묘인은 집합체 30을 이루었으며 그들이 총체적으로 광개토왕릉의 수묘역에 종사했다고 상정한 것이다.

그러한 생각에는 따르기 어렵지만, '국연'과 '간연'의 관계에 대해서는 부정할 수 없을 것이다. 즉 '국연' 1과 '간연' 10으로 이루어진 가장 기초적인 단위인 11가의 수묘인 연호 집합체가 기본 단위가 되어 각 왕릉의 수묘인으로서 할당되었다고 추찰한다.

그렇지만 이러한 가설에 근거하여 예를 들어 왕릉 1기에 대해 11가라고 하기 위해서는 몇 가지 문제가 있다. 첫째로 11가를 왕릉 1기에 대한 수묘인 연호의 1단위라고 한다면, 필연적으로 왕릉 30기가 대상이 된다. 여기서 30기의 왕릉이 구체적으로 고구려 역대 왕의 수와 어떻게 정합적으로 연결되는가 하는 문제가 생긴다. 만약 30기의 왕릉을 대상으로 한다면 광개토왕이 17대 왕임을 기록한 비문과는 서로 어긋나게 된다.

두 번째 문제는 비문에 기록되어 있듯이 광개토왕의 '교언'에는 당초부터 수묘인은 광개토왕이 새로 탈취해 온 '한·예'의 백성만으로 하라는 명령이 내려졌는데, 그들만으로는 고구려의 법을 이해하지 못함을 고려하여 '한·예' 220가에 대해 3분의 1에 해당하는 '구민' 110가를 더해 '신구 수묘호' 330연호로 이루었다는 점이다.

굳이 광개토왕의 명령을 어기고 개정해서까지 '구민'을 더했음에도 불구하고 단순히 책상 위 계산으로 해서 '국연' 1, '간연' 10을 하나의 집단으로 했다고 하면, 30 중 20(전체의 3분의 2) 집단은 법을 모르는 수묘호 집단이 되어서 시책의 근간을 부정하게 되고 만다.[21]

그래서 이상의 난문제를 극복하기 위해서 우선 전자의 문제부터 거론하기로 하자. 수묘인을 배당할 '조왕·선왕'들에 대해서는 『삼국사기』 고구려본기와 왕력王曆에 따르면, 국내성 시대의 고구려 왕은 고국천왕부터 광개토왕에 이르는 11명이 전해지는데, 고국천왕이 후세가 되어 가상加上된 왕임이 밝혀졌다.[22] 즉 국내성 시대의 고구려 왕은 실제로는 10명이었다.

이러한 전제하에 새롭게 '국연' 3과 '간연' 30을 합쳐서 33가가 왕릉 1기를 지키는 수묘호 집단(10개 집단)을 편성하고 있었다고 상정하고자 한다. 이렇게 상정하면, 왕릉 1기에 대한 33가 중 어느 집단에도 3분의 1에 해당하는 '구민'이 배합될 수 있다. 무엇보다 전체 10개 집단이라면 3세기 초에 고구려가 국내성으로 천도한 이래 이 땅에서 즉위하고 세상을 떠난 왕은 산상왕부터 광개토왕까지 10명이며, 따라서 이들의 왕릉에 해당한다.[23]

왕릉 하나에 대한 수묘인 연호를 33가로 하려면 규모의 타당성이 문제가 되는데, 이때 참고가 되는 것이 『삼국사기』에 전하는 수묘인 규모이다. 즉 권14 고구려본기에는 2세기 말의 일로 다음과 같이 적었다.

신대왕 15년(179년) 가을 9월, 국상國相 답부答夫가 죽으니 향년 113세였다.

왕은 친히 그 집에 가서 슬퍼하고 7일 동안 조회를 파했으며 예로써 질산에 장사지내고 묘지기 20가를 두어 지키게 했다.

이를 그대로 동시대의 사실로 인정할 수 없으나, 20호를 국상의 수묘인 연호로 마련했다고 기록되어 있어 수묘인 연호의 규모를 전해주는 것으로 경시할 수 없다. 또 7세기 신라의 사례이지만, 『삼국사기』 권3 신라본기에는,

문무왕 4년(664년) 2월, 유사有司에 명하여 여러 왕의 능원陵園에 각 20가를 이주시켰다.

라고 되어 있어서 역시 왕릉의 수묘인으로서 20호를 마련했음을 알 수 있다. 또 중국의 사례로는 한漢의 고조가 진섭陳涉을 위해 30가의 수총守塚(守墓)을 두었다는 기록이 있다. 한편 고대 일본의 능호陵戶 제도 사례는 『엔키제릉요식延喜諸陵寮式』을 보면 천황의 여러 능은 5호에서 10호였다고 한다. 이와 같은 사례에서 보이는 능호의 규모를 감안하더라도 5세기 초 고구려 왕릉에 33가 규모의 수묘인 연호를 상정하는 것은 결코 무리가 아니다.[24]

위에서 서술한 바와 같이 비문에 기록된 330의 수묘인 연호란 국내성에서 장사지낸 산상왕부터 광개토왕까지 10대의 왕릉에 배치된 수묘인이었으며, 왕릉에 대한 수묘역이 영원무궁토록 유지되기를 지향하며 체제의 정비와 강화에 힘써 법령을 정한 광개토왕의 사적事跡이 비문에서 훈적으로서 칭송되었다고 볼 수 있다.

3. 건립 목적과 비문 구조의 유래

이 장에서는 광개토왕비문의 본론을 셋으로 구분하고, 이를 8년 8조의
무훈 기사와, 그 무훈에 의해 초래된 수묘인 연호 330가의 목록을 적고,
수묘역 체제의 왕명에 근거한 시책과 그것을 유지하는 법령으로 이루
어졌음을 논했다. 이러한 구성으로 이루어진 본론은 전체적으로 수묘인
연호에 관련된 내용으로 일관되고, 그러한 수묘역 체제의 정비와 강화
가 광개토왕의 훈적으로서 칭송되었으며, 광개토왕비의 건립 목적은 이
러한 광개토왕의 공덕을 칭송하는 송덕비임을 지적했다.

그런데 본론 제3 부분은 ①광개토왕의 '교언' 부분, ②'교언'에 따라
서 신구 330가의 수묘호에 근거하는 수묘역 체제와 각 왕릉에 건립한
경위, ③수묘인의 매매에 관한 금지령으로 이루어져 있다. 이 해당 부분
은 왕명을 의미하는 '교' 자를 거듭 쓰고 있어서 왕의 의지가 법제화되
어가는 과정으로 볼 수 있다.

이러한 구문을 비석에서 유례를 찾으면, 예를 들어 상당히 마멸되어
서 해독이 곤란하고 내용 파악도 쉽지는 않지만, '중원고구려비'(5세기
후반)에서도 확인되며, 6세기 신라비로는 '영일 냉수리신라비'(503년),
'울진 봉평리신라비'(524년), '단양 신라적성비'(545년+α)에서 공통적으
로 나타나는 특징이다. 그것이 광개토왕 비문의 해당 부분에서 유래되
었음은 몇 차례 지적한 바 있다.[25]

예를 들어 냉수리신라비를 보면 다음과 같다.[26]

A　新羅喙斯夫智王·乃智王, 此二王敎用,「珍而麻村節居利爲証尔, 令
　其得財」敎耳.

B　①癸未年九月廿五日, 沙喙至都盧葛文王·斯德智阿干支·子宿智居
　伐干支·喙尔夫智壱干支·只心智居伐干支·本彼頭腹智干支·斯彼暮
　斯智干支.

②此七王等共論用「前世二王敎為證尔, 取財物尽令節居利得之」敎
耳.

③別敎「節居利若先死後□其弟児斯奴得此財」敎耳.

④別敎「末鄒·斯申支, 此二人後莫更導此財, 若更導者敎其重罪耳」.

C ①典事人沙喙壹夫智奈麻·到盧弗·須仇休·喙耽須道使心訾公·喙沙
夫那斯利·沙喙蘇那支.

②此七人□跪所白了事, 殺牛祓誥故記.

D 村主臾支干支·須支壹今智, 此二人世中了事, 故記.

즉 비문 내용은 신라의 근교 '진이마촌珎而麻村'에서 발생한 재물을 둘러
싼 분쟁에 대해 신라 고관이 관계자에게 재정裁定을 내린 것으로, 비문은
A부터 D의 네 가지 내용으로 나뉜다. 먼저 신라 사부지왕斯夫智王과 내지
왕乃智王 두 사람이 명령에 의해 재물이 진이마촌의 절거리節居利에게 귀속
됨을 적은 다음, 계미년 9월 25일에 지도로 갈문왕至都盧葛文王을 비롯한 신
라 고관 7인(7왕)이 '공론'하여 이전에 보인 '이왕'의 '교'를 근거로 새로
운 '교'(별교)로써 재물의 귀속이 절거리에 있음을 명했다. 나아가 절거
리 사후에는 동생의 아들 사노斯奴에게 재물이 돌아감을 명하고, 재물을
다투는 말추末鄒와 사신지斯申支 두 사람이 재물의 귀속을 둘러싸고 재론한
다면 중죄에 처함을 적었다. 이러한 재정 후에 7인의 전사인典事人에 의해
소를 희생으로 한 불제祓除 의례가 거행되었고, 해당지의 수장 2인이 조
정調停에 섰음을 새긴 것이다. 밑줄 친 부분에서 보이듯이 '교'를 반복함
으로써 재물 분쟁에 대한 재정의 절차를 명시하고 고지 내용에 강제력
을 부가했다.

이러한 점을 참고하면서 광개토왕 비문에 입각해서 본다면, 위에 적은
바와 같이 해당 부분은 ① '교언' 부분과, ② '교언'에 따라 시행된 수묘
역 체제의 재편과 강화에 관련된 시책의 경위, ③ 그러한 것을 전제로 해
서 나온 광개토왕의 '제령制令'으로 되어 있다. 여기에는 광개토왕의 명령

('교')이 이른바 '수묘역 체제'로서 법제화되어가는 과정을 볼 수 있다.

굳이 추정하면, 이 부분은 고구려의 석각문서라고도 말할 수 있는 내용을 전하는 것은 아닐까. 앞서 예로 든 6세기 신라비는 공통적으로 법령 선포와 관련 있으며, 실제로 개별적이고 구체적인 법령 명칭까지도 새겨져 있다.[27] 6세기 신라비의 경우 '교'의 주체가 왕 개인은 아니었지만 법령이 선포되는 경위와 정당성을 '교' 자를 거듭 사용함으로써 명시한 점에 공통점이 있다. 그 의미에서 석각문서라고 간주할 수 있다.

이전에 이노우에 히데오井上秀雄는 광개토왕비에 대해 "이처럼 특수한 용도를 가진 금석문이 고구려 독자의 것인지, 중국에서 전래된 것인지 주목된다"라고 지적한 적이 있는데,[28] 후한後漢 시대 비석에 한대 공문서를 그대로 새긴 사례이다.[29] 바로 을영비乙瑛碑(孔廟置守廟百石卒史碑)이며 개략은 다음과 같다.

노魯나라 재상 을영乙瑛이 공자묘를 관리하는 하급 관리(百石卒史)를 상치常置할 것, 정기적으로 제사를 지낼 것, 경비를 어떻게 할 것인가에 대해 제언하고, 그 청원을 받아들여 사도司徒들이 태상太常에게 자문하고 사도들은 답신에 근거해 황제에 상소하여 제가를 받았다는 것인데, 이상의 부분이 조서 그 자체이다. 즉 이와 같은 과정은 결정 사항만이 조서가 아니라 결정에 이르기까지 심의 단계의 문서를 포함하여 전체가 조서를 구성하는 것이다.[30] 이 비석의 목적은 공자묘 관리가 황제에 의해 보증받았음을 명시하는 동시에 거기에 공헌한 사람의 공덕을 칭송하는 조서 형식을 이용한 송덕비[31] 혹은 현창비[32]라는 지적이 있다.

이미 언급한 바와 같이 광개토왕비의 본론 제3 부분은 광개토왕의 수묘역 체제에 대한 정비와 강화책이 입안, 책정되어가는 과정을 광개토왕의 왕명(敎, 制)을 반복하면서 기술했다. 즉 ① 광개토왕의 '교언' 부분과, ② '교언'에 따라 시행된 수묘역 체제와 각 왕릉에 건립한 경위, ③ 광개토왕에 의한 '제령' 부분까지가 전체적으로 광개토왕에 의한 수묘역 체제 정비에 관한 시책의 단계적 경위를 포함하여 왕명을 구성하게 될 것이다.

요컨대 해당 부분은 수묘역 체제가 법제화되는 과정이라 간주할 수 있으며, 그 내용은 수묘역 체제의 정비에 관련되는 심의 단계('한·예'에 '구민'을 더하여 수묘인을 구성하도록 개정한 경위)를 둘러싸고 전체적으로 왕명을 구성한다고 말할 수 있다.[33] 그러한 의미에서 광개토왕비는 고구려의 공문서가 그대로 비석에 새겨진 석각문서라고 볼 수 있을 것이다. 또 이 점에서야말로 을영비와의 유사성을 인식할 수 있는 것은 아닐까.

이미 많은 지적이 있듯이 후한 시대에는 석각이 급격하게 증대한다. 그러한 문화 상황이 고구려에 전파되고 고구려의 선택적인 수용에 의해 광개토왕비에 보이는 바와 같은 독자적 비석 형태와 비문의 구성을 만들었다고 생각한다. 지금까지 판명된 사실에 따르면, 고구려는 약자나 용자법 중에 한대에서는 반드시 일반적이라고 할 수 없는 것을 포함하여 한대에 원류를 갖는 한자문화를 수용했으며,[34] 이것은 신라나 백제, 왜에까지 영향을 끼쳤다. 이러한 한자문화의 전파와 수용 과정에서 볼 때 문서비도 역시 고구려에 수용되었다고 하더라도 이상하지 않을 것이다.

앞에서 기술한 바와 같이 중원고구려비를 시작으로 6세기의 신라비에는 예외 없이 '교' 자를 반복하여 왕명이나 왕권의 의지 결정, 제도의 실시 등이 선포되었다. 이러한 비석의 해독은 아직 불충분한 상태지만, 앞으로 문서비로서의 서식 관점을 도입함으로써 해석의 새로운 실마리를 얻지 않을까 생각한다. 어쨌든 광개토왕비가 수묘역 체제의 정비를 법제화하는 과정을 보여주는 공문서를 비석에 새기고 실현에 공헌한 광개토왕의 훈적을 칭송한 송덕비 내지는 현창비로서 재검토할 것을 제안하고자 한다.

그런데 광개토왕비를 수묘역에 관한 왕명을 문서 형식 그대로 새긴 송덕비라고 하면, 비석은 묘비처럼 묘 옆에 있을 필연성은 없어진다. 지금까지 광개토왕릉의 비정은 비석과 태왕릉, 장군총과의 거리만 문제로 여겼는데 최근에는 태왕릉의 능원 구역에 관한 발굴조사에 의해 태왕릉

남쪽에서 남문이 검출되었다.[35] 이로써 거리만 가지고 결부시켜온 태왕릉과 광개토왕비와의 관계가 곤란해져서, 태왕릉을 광개토왕릉으로 추정하는 근거가 거의 없어졌다.[36]

장군총은 서남쪽으로 묘실을 열어두며, 광개토왕비는 제1면을 동남쪽을 향하여 능묘의 참도參道를 상정하면, 비는 바로 그 참도를 향하는 위치에 서 있다. 다른 표현을 쓰면, 비의 제1면을 향해 서서 직각으로 오른쪽으로 돌아보면 일직선상에 묘실이 열린 장군총을 바라볼 수 있다.[37] 또 장군총은 구조나 장군총 주변에서 수집된 기와의 편년에서도 지안 지역에서 가장 새로운 시기의 고분임이 밝혀졌다.[38] 지안 시대 왕릉 수묘역 체제의 정비와 강화에 힘쓴 광개토왕의 훈적을 칭송하고 왕릉을 바라보는 상징적 공간에 세워졌을 것이다.

또 광개토왕비가 왕릉(장군총)에서 2천 미터나 떨어져서 위치하는 것도 광개토왕비가 왕 자신의 훈적을 칭송할 뿐만 아니라 수묘역 체제에 관한 석각문서였기 때문이며, 무엇보다 각 왕릉에 배치된 330가의 수묘인들을 새긴 여러 비의 원부原簿로서 그것을 총괄하는 내용을 갖추고 있기 때문임에 틀림없다.

아마 광개토왕이 몸소 안을 내고 지휘했을 국내성에서부터 평양으로의 천도는 십수 년 뒤인 427년에 아들 장수왕에 의해 실현되었다. 그렇게 보면, 수묘역 체제의 정비는 천도를 앞둔 광개토왕에게 천도 전에 완료해야 하는 절실한 시책이었을 터이다. 누구보다 이를 잘 아는 장수왕이 광개토왕의 훈적을 칭송하며 건립한 것이 광개토왕비였다고 추찰된다. 6미터를 넘는 거대한 비는 국내성 시대 고구려 왕가의 위신을 '만년 뒤'까지 유지, 계속해가기 위한 법령 전달 장치이기도 했다.

맺음말

이 장에서 밝히는 점은 다음과 같다. 광개토왕비 서문에 이어지는 본론의 구성은 우선 8년 8조의 무훈 기사와, 그 무훈에 의해 초래된 수묘인 연호 330가의 목록, 그리고 맨 마지막에 수묘역 체제의 정비와 강화에 관한 '교언'과, 수묘인 매매를 금지하는 '제령'으로 이루어진다. 이것은 전체적으로 국내성 시대 왕릉의 수묘인 연호에 관련된 내용으로 일관되며, 그러한 수묘역 체제의 창출이 광개토왕의 훈적으로 칭송된다. 그러므로 광개토왕비의 건립 목적은 이러한 수묘역 체제의 정비와 강화에 힘써 체제를 반석같이 만든 광개토왕의 공덕을 칭송하는[39] 송덕비라 할 수 있다.

광개토왕의 훈적으로 일컬어지는 수묘역 체제의 성립 과정을 비문에 입각하여 살펴보면 다음과 같이 정리할 수 있다. 즉 ① 고구려에서는 조왕·선왕 이래 수묘인으로 '구민'만을 두어왔는데 광개토왕은 스스로 전투에서 뺏어 온 '한·예'의 백성을 쓰도록 명령했다. ② 그러나 그들이 고구려의 법을 모르기 때문에 이를 고려해 '구민' 3분의 1을 여기에 더하기로 했다. 더욱이 광개토왕은 조왕·선왕의 왕릉에 비를 세워 수묘인 연호의 혼란을 억제하고 이에 입각하여 ③ 수묘인의 매매를 금지하는 제령을 포고한 것이다.

이렇게 성립한 수묘역 체제의 수묘인 330가는 왕릉 수호의 직무를 직접적으로 수행하는 '국연' 3가와 국연의 직무를 각 방면에서 보장하는 임무를 맡은 '간연' 30을 합쳐 33가가 왕릉 수묘인 연호 집단으로 해서 이들이 왕릉 10기의 수묘역을 담당했다고 추정된다. 이 왕릉 10기는 구체적으로는 3세기 초에 고구려가 국내성으로 옮기면서 그 땅에서 왕이 된 산상왕부터 광개토왕에 이르는 10대를 가리킨다고 생각된다.

이상의 경위와 내실을 가지고 고구려의 수묘역 체제가 재편, 강화된 새로운 체제를 창출했는데, 시책 과정에 대해서 광개토왕비는 ① 광개토왕의 '교언'과, ② '교언'에 기반하여 정비된 수묘역 편성에 관련된 시책, ③ 광개토왕의 '제령'으로 되어 있다. 이러한 서술은 왕명을 의미하는 '교' 자가 반복되어 있어 왕의 의지가 법제화되어가는 과정을 엿볼 수 있다.[40]

이러한 서술 방법은 후한대의 공문서를 그대로 새긴 을영비를 참조하면 광개토왕비도 마찬가지로 서식 형식에서 석각문서라고 말할 수 있는 내용을 갖추고 있다고 말할 수 있다. 후한 시대에는 석각이 급격하게 증대되었는데, 이에 대한 고구려의 선택적 수용이 광개토왕비에서 보이는 독자의 비석 형태와 비문 구성을 만들어냈다고 생각한다.

보주補註

제5장에서 지적한 바와 같이 2013년 지안시集安市에서 광개토왕비와 아주 유사한 수묘인에 관한 내용을 새긴 고구려비가 발견되었다. 이 비는 건립년을 광개토왕 시대로 할지 장수왕 시대로 할지 여부 등 아직 해명하지 못한 문제가 남아 있지만, 이 장에서 논한 왕릉별로 건립된 석비에 해당하는 것은 틀림없다. 다만 이 지안 고구려비에는 수묘인에 해당하는 부분에 대해 '煙戶頭卄人'(배면에는 '守墓煙戶合卄家')이라고 적혀 있어서 이것이 왕릉 1기의 수묘인에 관한 수치를 보여준다고 하면, 이 장에서 추정한 왕릉 1기에 대해 33연호의 수묘인과 착오가 생기게 된다. 그렇지만 한편으로는 새로운 고구려비의 발견에 의해 광개토왕비에 적혀 있는 330연호가 광개토왕릉에 대한 '수묘인 연호'가 아님이 명백하게 된 의의는 매우 크다. 이 장에서 새삼 문제 삼은 광개토왕비의 건립 목적에 대해서도 330연호가 지안 지역의 왕릉군에 미치는 수묘인에 해당하는 사실을 전제로 검토할 필요가 있음은 이 장에서 지적한 대로이다. 여하튼 광개토왕비에 적힌 330가 수묘인의 내역이 어떤 규모(戶數)로 지안 지역에 소재하는 왕릉군에 할당되었는지는 향후의 큰 문제이다.

제3부   식민지와 역사학

제8장 콜로니얼리즘과 근대 역사학

식민지 통치하의 조선사 편수와 고적 조사를 중심으로

머리말

구로이타 가쓰미黑板勝美(1874~1946)는 일본 고문서학의 체계를 수립하고 『대일본 고문서大日本古文書』 편찬과 『신정증보 국사대계新訂增補國史大系』의 교정 출판에 힘써 고문서와 고전적古典籍의 출판 및 보급에 커다란 발자취를 남겼다. 또 그는 혼자 힘으로 일본고대문화연구소를 창설하여 후지와라 궁藤原宮 유적의 발굴조사를 지도하는 등 문화재 조사·보존에도 지도적인 역할을 했다. 그 밖에도 구로이타의 공적은 일본 역사학의 여러 방면에 걸쳐 있으며, 도쿄제국대학 국사학과 교수로서 30년 이상 연구와 교육 활동을 겸하여 근대 일본 역사학에서 차지하는 위치가 상당히 크다.[1]

그러나 구로이타가 40대 전반부터 만년에 걸쳐 『조선사』 편수와 조선의 고적古蹟 조사·보존에 심혈을 기울인 사실은 그다지 알려져 있지 않다. 어쩌면 그것은 여러 방면에 걸친 그의 업적 가운데 일부에 지나지 않는 듯이 생각될 뿐이다.[2] 그런데 구로이타가 혼신의 힘을 기울인 『조선사』 편수와 조선의 고적 조사·보존이라는 두 가지 일은 나카무라 히데타카中村榮孝의 말을 빌리면 "그 취지를 봐도, 성과를 봐도 영원히 기억되는" 조선총독부의 문화사업이었으며, 태평양전쟁 패전 후에도 일본인의 자부심과 자찬의 대상이 되었다고 한다.[3] 구로이타는 일제의 이러한 대규모 국가 프로젝트에 적극적으로 관여하여 계획의 입안에서부터 완성에 이르기까지 "창의에 넘치는 기획과 왕성한 실천력을 가지고" 시종일관 진두에 서서 사업을 지휘했다.[4]

16년간에 걸친 『조선사』 편수에 구로이타가 활약한 모습은 다음과 같은 일화로 전해진다. "봄여름 휴가는 물론 연말연시의 휴일에도 기회 있을 때마다 조선을 왕래하여 예산을 절충하고 편수 기획을 지도하며 사업 진행을 독려했다. 어떤 때는 오가는 차 안에서 총감이나 총독 등과 함께 행동하며 자세히 경과를 보고하고 앞으로의 계획을 논의하기도 했다"라고 한다.[5] 이를 통해서도 『조선사』 편수가 총독부 최대 규모의 사업일 뿐만 아니라, 구로이타 자신에게도 수많은 활동 가운데 그 무엇보다 정열을 쏟은 사업이었음을 짐작할 수 있다.

또 조선 고적 조사에서도 그의 활약은 놀라운 면이 있다. 즉 구로이타는 1916년 고적조사위원회 발족과 동시에 중심적인 역할을 했으며, 1931년 우가키 가즈시게宇垣一成 총독의 재정 긴축정책으로 인하여 고적 보존사업이 곤란해지자 그의 창안으로 박물관 외곽 단체인 조선고적연구회를 창설, 외부 자금을 도입하여 계속 조사를 진행시킨 것이다. 그리하여 조선고적연구회는 1945년에 이르기까지 총독부의 고적보존사업을 실질적으로 담당했다고 한다.[6]

이러한 식민지 조선에서의 구로이타의 정력적인 활동을 추적하다 보면 다음과 같은 생각을 품지 않을 수 없다. 도대체 구로이타가 『조선사』 편수와 조선 고적의 조사·보존에 관심을 가지게 된 동기와 배경은 무엇이었을까? 그것은 그의 역사학에 어떤 의미가 있었는가? 그리고 그 사업은 그가 살았던 시대의 일본 역사학과 어떤 관계가 있었는가? 만약 관계가 있다면 현재 일본 역사학에 어떤 형태로 살아 있는 것일까?

이 장에서는 우선 구로이타가 『조선사』 편수와 고적 조사에 관여한 방식을 통해서, 종래와는 다른 시각으로 그 성격을 밝혀보고자 한다. 나아가 그러한 사실에 입각하여 『조선사』 편수와 고적 조사가 단순히 일본의 식민지 지배 정책의 하나였음을 밝히는 데 그치지 않고 근대 일본 역사학에 어떤 의미를 가지는지를 검토해보고자 한다.

1. 『조선사』 편수와 구로이타 가쓰미

『조선사』 편수 사업은 일반적으로 1922년에 '조선사편찬위원회규정' 발포로 개시되어 1938년에 『조선사』 전권의 간행이 완료된 16년간의 사업을 가리킨다.[7] 그러나 『조선사』 편수의 기점은 더 거슬러 올라가 1915년에 총독부 중추원에서 착수한 『조선반도사朝鮮半島史』에 있음은 관계자들에게 잘 알려져 있다.

『조선반도사』 편찬 사업은 1915년 5월에 구관제도조사舊慣制度調査가 참사관실에서 중추원으로 이관될 때 조선사 편찬이 중추원의 주요 사무로 간주되고, 구관 조사 가운데서도 중요 사업으로서 재확인된 것이 편찬 계기가 되었다. 편찬 의도에 대해서 중추원 서기관장인 고마쓰 로쿠小松綠는 대략 다음과 같이 말했다.

종래 한국에 정확하게 준거할 만한 역사책이 없었기 때문에 현재 입장에서 냉정한 태도로 허심탄회하게 역사상의 사실을 그저 선의로 기술하여 유일하게 완전무결한 조선사를 편찬하는 데 있다는 것이다.[8]

이는 1916년 1월 수사修史 사무 담당자인 찬의贊議 및 부찬의副贊議에게 사령을 교부할 때 말한 '인사'였지만 뒤에 언급하는 바와 같이 구체적인 편찬 의도는 물론 다른 데 있었다. 여하튼 이 해 3월 교토제국대학 교수인 미우라 히로유키三浦周行, 같은 대학 강사인 이마니시 류今西龍와 함께 도쿄제국대학 조교수인 구로이타 가쓰미가 촉탁으로서 이 사업에 참가하게 된다. 구로이타가 조선의 수사에 관여한 최초의 일이다.

구로이타가 어떤 사정에서 어떤 생각을 가지고 사업에 참가하게 되었는지 알 수는 없다. 다만 이 해 7월에 발표된 '조선반도사 편찬 요지'는 이 점을 아는 데에 참고가 된다. '요지'에 따르면 고마쓰의 인사보다 좀 더 구체적으로 다음과 같이 적었다.

즉 당시 한국 안팎에서 현대와의 관계를 결여한 재래의 고사古史에 의거하여 독립국을 꿈꾸는 저작이나 『한국통사韓國痛史』와 같이 병합을 비판하는 서적이 나돌아 인심이 동요했다. 이를 절멸시키려고 금지하고 억압하면 오히려 반발을 사게 되므로 공명하고 적확한 역사책을 만들어 이러한 움직임에 대항하는 것이 빠른 길이다. 이것이 반도사를 편찬하는 이유라는 것이다. 또 반도사 편찬의 주안점은 첫째 일본인과 한국인이 동족임을 명확히 하고, 둘째 고대부터 시대의 흐름에 따라 피폐하고 빈약하게 된 것을 기술하여 병합에 의해 한국민이 행복을 누릴 수 있게 되었다는 점을 논술하는 데 있다는 것이다.[9]

말할 필요도 없이 여기서 비판의 대상으로 삼은 것은 19세기 말부터 20세기 초의 개화기에 간행된, 단군을 적극적으로 논하여 민족정신을 고무한 역사 서적이나 박은식朴殷植의 『한국통사』 등을 가리키는 것이다. 이를 통해 민족의 기원과 한일병합의 부당성을 한민족 입장에서 기술한 역사서 보급에 총독부 측이 위기감을 느꼈으며, 그것이 조선사 편찬에 임하게 된 계기가 되었음을 알 수 있다.

그런데 조선사 편찬에 촉탁으로 관계를 맺은 구로이타가 처음으로 한국을 방문한 것은 『조선반도사』 편찬이 착수된 1915년 7월보다는 조금 빠른 그해 봄이었다. 구로이타의 말에 따르면, 3개월 정도 충청도·경상도·전라도의 지세를 조사한 뒤 평양과 그 밖의 지역도 살피며 다녔다고 한다.[10] 이로부터 6년 뒤 어느 강연(「朝鮮の歷史的觀察」)에서 그는 이 여행의 이유를 오키섬沖の島[11]을 둘러싼 한국과 일본의 문화적 교섭에 관심이 있었기 때문이었다고 강조했다. 그러나 여행 시기가 『조선반도사』 편찬의 계획 시기와 겹치는 것만 보아도 구로이타의 말을 그대로 믿을 수는 없다.[12]

그 밖에도 구로이타는 이 강연에서 한국 문명의 기원이 평양 지역에 있다는 것과 그곳에 중국문명이 최초로 이식되었다는 것, 그리고 그 여파로 일부 사람들이 한반도에서 일본열도로 쫓겨날 수밖에 없었다는 것 등을 말하여 일본의 민족적 기원이 한국에 있음을 강조했다. 또 한편 청일전쟁과 러일전쟁의 경위를 말하면서 병합에 의해 한국 국민이 정말로 완전한 독립 국민이 되었으며, 한국이 일본에 의거하여 개화·발전해나갈 필연성을 역설했다.[13] 새삼스레 지적할 것도 없이 이는 조선반도사 편찬의 목적과 같은 내용이다. 구로이타가 총독부 시책에 적극적으로 가담하는 사론史論을 전개했던 점에 주목하고자 한다.

『구관제도 조사사업개요舊慣制度調査事業槪要』에 따르면, 『조선반도사』 편찬은 그 후 자료 수집에 많은 시간이 걸려 예정대로 진행되지 못하고 직원의 전출이나 사망 등으로 인해 한때 사업이 중단되기도 했다. 그러던 중마침 1922년 중추원 내에 신설된 조선사편찬위원회의 사업이 확대됨에 따라 일부 사업을 합친 후, 1924년 말에는 사실상 편찬 사업을 중단하게 되었다고 한다.[14] 이 기록은 단순히 사업상의 변천을 기록한 것에 지나지 않지만, 관계자의 말에 의하면 그간의 사정이 결코 단순하지만은 않았음을 짐작할 수 있다.

나카무라 히데타카에 따르면, 학무국 편집과장 오다 쇼고小田省吾 등이 시대별로 조사 집필하는 데 필요한 자료 수집에 예상 밖의 곤란이 있어 계획이 연기되었다가, 결국 완성하지 못한 것은 3·1 독립운동을 계기로 통치 정책이 전환되었기 때문이었을 것이라고[15] 했다.

이러한 상황에서 1922년 12월에 조선사편찬위원회규정이 공포되어 동 위원회가 성립되었고, 이로써 조선사 편찬과 조선 사료 수집을 목적으로 하는 수사 사업이 보다 조직적으로 행해지게 되었다.

지지부진하던 『조선반도사』 편찬과는 별도로 이 신규 사업을 계획한 사람은 역시 구로이타였다. 구로이타는 같은 해 6월 정무총감으로 조선에 부임한 아리요시 주이치有吉忠一와 동창이었으므로, 총독이 직접 아리요시를 통해 구로이타에게 사업에 참여할 것을 요청하고, 이를 받아들인 구로이타가 조직에 관한 방안을 모색하여 구체적인 사업 계획 입안

과 담당자 인선, 편찬 강령에 이르기까지 모든 일에 관여한 것으로 알려져 있다.[16]

1924년 말에는 2년간의 실적을 토태로 좀 더 국가사업으로서 규모를 정비하고 권위 있는 조직을 확립하기 위해 새로운 관제官制를 기획하여 '조선 총독의 관리를 받는 독립 관청이 설치되었다.'[17] 1925년 6월에는 '조선사편수회 관제朝鮮史編修會官制'의 칙령이 공포되었다. 이 조직 확립의 구상은 아리요시 정무총감 시대에 시작되고 구로이타가 새로운 총감 시모오카 주지下岡忠治 밑에서 실현시킨 것이다. 구로이타는 취임 직후여서 정무에 바쁜 신임 총감과 여러 기회에 회담을 하고, 자신이 그 뜻을 받들어 중앙정부와의 절충에 임하는 등 오로지 계획 실현을 위해 노력했다고 한다.[18]

그런데 『조선사』 편수에 1922년부터 1938년까지 98만 5534엔(참고로 덧붙이면, 1925년에 준공한 총독부 청사의 총공사비는 675만 1982엔이라 한다)[19]의 예산이 투자되었는데도 연도별 예산은 계속 증액되었다고 한다.[20] 사업 연장과 경비 증액으로 인한 방대한 예산 소요를 총독부가 인정했던 것은 구로이타가 앞장서서 늘 사무 담당자를 독려하며 진두지휘를 게을리하지 않고 예산 절충을 해냈기 때문이었다.[21]

이러한 『조선사』 편수는 1925년에 중대한 전환점을 맞이했다. 나카무라 히데타카는 당시를 회상하며 『조선사』 편수에는 특수한 정치적 의도가 없었다고 하지만,[22] 나이토 도라지로內藤虎次郎의 추천을 받아 편수주임인 수사관修史官으로서 실무에 중심 역할을 한 이나바 이와키치稲葉岩吉는 당시를 다음과 같이 말했다.

즉 최근 제창된 단군 신앙은 급속도로 발전하여 이제껏 돌이켜보지 않았던 한국사 연구가 한국인 사이에서 커다란 기세를 형성하고 있다. 이미 일한동원론日韓同源論 등으로는 해결할 수 없기 때문에 조선총독부는 적극적으로 조선사 편찬을 계획하여 이 정세를 바르게 이끌어 착각이 없도록 노력하는 시기를 가늠하여 조선사편수회를 공포하게 된 것인데 그것은 1925년 봄의 일이었다고[23] 회고했다.

이 말에서 알 수 있듯이 데라우치 마사타케寺內正毅에 의한 '조선반도사 편찬 요지'(1916년) 이래 조선사 편찬 목적은 시종일관 변하지 않았던 것이다. 총독부 측에서 본다면 상황이 악화되었기 때문에 계획을 수정하고 조직을 재편·강화했다는 것이 진상에 가깝다.

단군의 자리매김을 둘러싼 조선사편수회의 일본 측과 한국 측 위원 사이의 논의는 너무나 잘 알려진 사실이다. 이는 총독부 측의 편찬 목적에 관련된 가장 중요한 과제였기 때문에, 당연히 구로이타는 이나바와 함께 한국 측 위원의 논의를 억압하는 데 힘썼다. 그 경위는 「조선사편수회 사업 개요」에 나타난 그대로이다.[24]

이상에서 살펴본 바와 같이 조선총독부의 『조선사』 편수 사업은 당초부터 구로이타가 기획했고, 그 후 편수 사업이 확대·조직화된 것도 전적으로 구로이타의 계획 입안에 따른 것이었다. 편찬 목적은 한국과 일본이 같은 조상과 같은 근원을 가졌다는 동조동원론同祖同源論 강조와 조선사의 쇠퇴를 서술함으로써 식민지 지배를 정당화하는 데 있었으며, 구로이타는 이 목적에 따라 1915년 조선반도사 편찬 이래 계획에 참여하고 편수 사업의 중심이 되어 마지막까지 사업을 추진하는 역할을 맡았다.

2. 조선 고적 조사와 구로이타 가쓰미

『조선사』 편수와 더불어 조선총독부가 중시한 문화사업이 고적 조사이다. 이 사업도 일본인의 자부와 자찬의 대상이 되었다. 후지타 료사쿠藤田亮策는 조선총독부의 고적 조사와 보존 사업이야말로 일본인이 한반도에 남긴 가장 자랑할 만한 기념비 가운데 하나라고 단언해도 거리낌이 없다[25]고까지 적었다.

이러한 조선총독부의 고적 조사와 보존 사업은 이미 통감부 시대

(1909년)에 탁지부度支部 장관 아라이 겐타로荒井賢太郎가 세키노 다다시關野貞를 초빙하여 한반도 전역의 고건축 조사자로 위촉함으로써 착수되었다. 이듬해 1910년 10월 총독부가 개설되자 세키노의 고건축·고적 조사는 내무부內務部 지방국 제1과 소관이 되어 위상이 한층 강화되고, 1913년에 기초 조사가 완료되었다.[26]

이와는 별도로 1911년부터 총독부 내무부 학무국의 사업으로서 도리이 류조鳥居龍藏에게 인류학·선사학의 조사 연구를 위촉했다. 이는 세키노의 연구에 결여된 인종적·민족적 조사 및 석기 시대의 조사를 보충하려는 데에 의미가 있었다고 한다.[27]

후지타 료사쿠에 따르면, 세키노와 도리이의 조사는 데라우치의 발안이었다고 한다.[28] 그중에서도 데라우치에게 주목되는 점은 세키노의 조사를 기반으로, 큰 책으로 중후한 장정을 갖춘 도록 『조선고적도보朝鮮古蹟圖譜』의 간행을 계획한 것인데 1915년에는 4권이 간행되었다. 이것의 의미는 뒤에서 서술하겠다.

이어서 총독부는 위에서 말한 세키노의 고적조사사업과 도리이의 사료조사사업을 합쳐서 이를 1916년 4월 총무국으로 이관, 총독부박물관이 통합 관장하도록 했다. 총독부박물관은 1915년 경복궁 내에 미술관으로 세워진 것을 이어받아 같은 해 말 박물관으로 개관한 것이다.[29] 또 1916년 7월에는 '고적 및 유물 보존규칙'을 발포하여 고적조사위원회를 조직했다.

이 규칙은 일본 최초의 사적史蹟 보호법이며, 일본 국내보다 앞서 식민지 조선에서 시행되었다는 점에서 주목된다. 일본에서는 1919년에 '사적명승천연기념물보존법史蹟名勝天然記念物保存法'이 공포되고 보존위원회가 내무성에 만들어졌는데, 한국에서 시행된 '고적 및 유물 보존규칙'과 고적조사위원회의 제정은 일본보다 3년이나 앞서 실시된 것이다.[30] 그리고 '사적명승천연기념물보존법'이 전부터 구로이타가 주장하던 내용을 대부분 따른 점을 보더라도,[31] 보존법에 관한 구로이타의 제안은 식민지 조선에서 먼저 실시되었다고 볼 수 있다.

더구나 이 법령에 따라 총독부가 직접 한국의 고적을 조사하고 총독부 총무국 소속인 박물관으로 하여금 보존·관리의 행정 사무를 맡게 한 점에서, 이는 일본 "최초의 통일적 문화 행정"이라 할 수 있다.[32] 직접 조사한 확실한 자료를 진열하는 동시에 고적의 보존·공사 시행에서부터 법령에 의한 지정·금지 등의 사무에 이르기까지 통일적으로 박물관(총독부)이 관리하게 된 것이다.

이처럼 1916년은 고적조사사업에 중요한 전환기였는데, 이때에도 구로이타의 역할은 무시할 수 없다. 우선 '보존법'은 이미 말한 바와 같이 구로이타가 1912년 이래 창안한 내용[33]으로 이루어졌으며, 그중에서도 구로이타가 가장 강조한 것은 대장법臺帳法의 채용이었다. 즉 구로이타는 독일의 실례를 인용하면서 대장법의 채용은 많은 수고와 노력을 필요로 하지만 보존 사업의 첫걸음이며 없어서는 안 되는 것임을 강조했다.[34] 확실히 '고적 및 유물 보존규칙'에는 구로이타의 주장이 그대로 받아들여져 있다. 그뿐만 아니라 8개 조항 가운데 4개 조항이 대장을 기초로 한 규칙으로 되어 있어서 '규칙' 그 자체가 대장법을 골자로 했음이 역력하다.[35]

더욱이 총독부박물관이 문화재의 보존 관리를 맡게 된 것도 전부터 구로이타가 강하게 주장한 것이며,[36] 그는 이후 일본 내에도 조선에서와 같은 정책을 시행할 것을 촉구했다.[37] 어쨌든 1916년의 고적조사사업의 전기가 된 법제상의 정비나 사업의 조직화가 고적조사위원으로서 참여한 구로이타의 계획·입안을 기반으로 한 것임은 틀림없다.

그 후 고적조사사업은 1931년 우가키 총독 시절의 재정 긴축정책으로 인해 여러 사업이 지체되는 어려움을 겪게 된다. 앞에서 말한 바와 같이 구로이타는 이 사태에 즈음하여 박물관의 외곽 단체인 조선고적연구회를 만들고 외부로부터 조사 자금을 모아서 학술 조사의 지속과 총독부의 보존 사업을 실질적으로 지탱했다. 그래서 1931년부터 1945년까지

의 고적 조사는 실제적으로는 조선고적연구회의 사업이었다고 일컬어진다.[38]

이러한 시책은 전적으로 구로이타의 개인적 노력에 의한 것으로, 그는 우가키 총독, 이마이다 기요노리今井田淸德 총감에게 사업 진행 상황을 자세히 보고하여 이를 실현시켰다. 『조선고적 조사보고朝鮮古蹟調査報告』 10권, 『조선고적도보』 5권, 『조선보물고적도보朝鮮寶物古蹟圖譜』 2권의 간행도 조선고적연구회의 지원을 받은 것이다.[39]

조선고적연구회는 1931년 평양과 경주에 연구소를 세우고 낙랑 문화와 신라 고문화를 연구했는데, 구로이타는 연구원 인사人事에 이르기까지 일일이 관여했다.[40] 앞 절에서 살펴본 바와 같이 구로이타는 조선사 편찬 사업을 계획 입안하여 적극적으로 추진했으며, 동시에 고적조사사업에서도 같은 역할을 했다.

그러면 구로이타의 고적 조사에 대한 열정은 어디에서 유래했고, 그 사업의 목적은 무엇이었을까? 이러한 의문을 풀 수 있는 단서를 우선 구로이타의 말과 행동에서 엿볼 수 있다.

구로이타는 1916년 고적조사위원으로서 황해도와 평안도 지역을 조사(『大正五年度古蹟調査報告』)했는데,[41] 그 성과를 일반인용으로 서술한 「대동강 부근의 사적」(1916년)이라는 글에서 '조선 역사의 출발점'이 어디에 있는지를 자기가 참여했던 조사와 관련지어 문제 삼았다.[42] 거기에서는 결론적으로 중국문명을 가장 먼저 수용한 곳은 평양이고, 또 이 지역에 중국문명이 미친 영향이 민족의 이동과 동요를 가져왔으며, 나아가 일본 민족의 기원에도 파급되었다고 시사했다. 더욱이 역사의 기원과 관련하여 단군에 대해 서술하면서도 그것이 '최신의 신앙'이라고 간단하게 부정했다. 이는 앞서 언급한 1921년의 강연(「朝鮮の歷史的觀察」)과 비슷한 내용으로 되어 있다.[43]

이 논문에서 특히 중요한 점은 세키노 다다시의 고적 조사(『朝鮮古蹟圖譜』)를 인용하여 고고학적으로도 낙랑 유적이 있는 평양이 최초의 중국문명 수용지이며, 그곳이 한국 역사의 출발점임을 강조했다는 것이다. 그는 1923년 제1회 조선사편찬위원회에서 "역사는 언제 시작되고 언제 끝나는지를 쓰는 것이 무엇보다 필요하다"라고 역설하며, 단군조선과 기자조선의 위치 설정에 대한 한국 측 위원의 질문을 이나바와 함께 부정했는데,[44] 이는 구로이타에게 고적 조사가 단순히 유적의 조사·보존이라는 의미에 그치지 않고 『조선사』 편수를 보완하는 중요한 사업이었음을 보여주는 대목이다.

이는 『조선사』 편수의 중심 역할을 한 이나바가 「조선사 연구 과정」에서 "근래 고고학상의 탐구로 평양에 있는 낙랑 및 고구려 유적이나 경주의 신라 유적의 조사가 계속 이루어져서 그 결과가 조선사의 체계를 배양하기에 좋다"라고 쓴 데서도 뒷받침된다.[45] 고적 조사가 중시된 평양과 경주 지역 조사는 『조선사』 편수에서 중시한 '역사의 기원' 문제에 고고학상의 근거를 제공해준 것이었다.

3. 구로이타 가쓰미의 고적 보존 정책과 그 배경

구로이타는 누구보다도 조선총독부가 실시한 『조선사』 편수와 고적조사 사업에 힘을 기울였다. 앞에서 살펴본 바와 같이 총독부는 이 두 가지 사업이 한국 지배를 정당화하는 데 꼭 필요하다고 인식했기 때문에, 구로이타는 그 목적에 따라 두 사업을 동시에 추진했다. 『조선사』 편수와 고적 조사는 말하자면 자동차의 두 바퀴와 같은 관계였던 것이다. 여기서는 『조선사』 편수와 보완 관계에 있던 고적 조사에 대해 주목하고자 한다.

구로이타의 한국 사적史蹟 조사·보존에 대한 시책은 늘 일본 국내보다 앞서 대담하게 전개되었다. 그는 일본에서도 문화재의 보존 관리에 대해 가장 먼저 그리고 많은 제언을 했는데, 그것은 식민지 조선에서 먼저 실시되고 나서 일본에서 실행되었으며, 나아가 태평양전쟁 패전 후 일본의 문화재보호법에도 활용되었다. 그러기에 종래 총독부가 행한 고적 조사사업은 칭송의 대상이 되었고, 앞에서 인용한 후지타 료사쿠의 말대로 선정善政의 상징처럼 이야기되어왔다. 또 구로이타의 "그 땅의 것은 그 땅으로"라는 현지주의現地主義나 한국의 문화재를 한국 내에 보존·전시했다는 사실을 들어 한국과 한국인에게 영원히 자랑할 만한 문화정책이었다고 말하는 경우조차 있다.[46]

그러나 이러한 견해는 구로이타의 고적 보존 정책의 배경이 된 신념에 대한 식견을 결여한 일면적인 평가라고 해야 마땅하다. 그의 문화재 보존에 대한 많은 제언을 보면 실은 유럽 여러 나라의 정책이 전제가 되었음을 알 수 있다. 실제로 구로이타는 1908년부터 1910년까지 2년 동안의 여행에서 구미 여러 나라를 시찰하고 각국의 대학 연구실·도서관·박물관·문서관을 조사했으며 이탈리아·그리스·이집트 각지의 고대 유적을 답사 연구했다.[47] 그의 제언은 거의 이때의 체험이 밑바탕에 있다는 점은 『서유西遊 2년 구미 문명기』, 「이집트의 발굴 사업」에 잘 나타나 있다.[48]

이를 통해 구로이타가 이탈리아·그리스·이집트 각지의 대규모 발굴·조사·보존의 실상을 얼마나 면밀히 관찰하고, 문화재의 보존과 미술관·박물관의 조직을 얼마나 자세히 조사했는지 보여준다. 그는 현황을 기록한 목적이 일본 학자들에게 발굴 사업이나 보존 사업에 대한 주의를 환기시켜 참고하기 위해서라고 적었다. 또 그러한 관찰은 구로이타가 추진한 사업에서 실현된 것이 적지 않다.

여기서는 그러한 것을 바라보는 구로이타의 시각에 주목하고자 한다. 예를 들어 이집트의 발굴·보존 사업을 논할 때 그는 이집트에 대해 프랑스에서 영국으로 지배 관계가 교체된 것이 발굴조사에 어떤 변화를 주었는지 냉정하게 관찰했다.[49] 또 그리스의 경우에도 영국·독일·프랑스·미국 등의 열강이 다투어 발굴 사업에 종사하고 있는 사실에 강한 관심을 표했다.[50]

요컨대 구로이타는 2년간의 이 여행에서 19세기 이후의 식민지 고고학을 철저하게 배운 것이다. 앤더슨Benedict Anderson의 말을 빌리면, 당시의 식민지 국가는 "너무 판연한 마키아벨리적·법적 이유에서, 과거에 정복과 같은 정도의 애착을 가지게" 되어 유적은 "박물관화되고 이에 의해 세속적 식민지 국가의 훈장으로서의 새로운 위치가 주어졌다"는 것이다.[51] 구로이타는 구미 여행을 시작으로 이후에도 동남아시아 각지를 조사했는데, 그러한 여행을 통해서 식민지 열강이 자국에서 또는 이집트나 그리스·동남아시아에서 대체 무엇을 어떻게 했는지 직접 보았다.[52]

애당초 열강은 19세기 초반에는 문명 유적에 대해 아무런 관심이 없었다. 그러나 19세기 중엽을 지나면서 그들은 고대 유적을 차례로 발굴·측량하고 촬영·분석했으며 또 전시했다. 이 과정에서 식민지 국가의 고고학 부문은 강력하고 권위 있는 기구機構가 되어 유능한 학자들이 배치되었다. 예를 들어 당시 열강은 아시아에서 거의 같은 시기에 같은 움직임을 취했다. 그 움직임은 다음과 같다.[53]

1898년	베트남	프랑스	극동학원 설립
1898년	인도네시아	네덜란드(동인도)	인도차이나박물관·사적과 설립
1899년	미얀마	영국	고고학과 설립
1901년	인도네시아	네덜란드(동인도)	식민지 고고학위원회 설립
1907년	시암	프랑스	앙코르 관리사무소 설립

앤더슨에 따르면 당시 식민지 국가의 유적 건설자와 식민지 원주민은 같은 종족이 아니라는 생각을 했다고 한다. 예를 들어 미얀마의 경우 장기적인 쇠퇴의 역사가 상정되고, 원주민은 현재로서는 그들의 선조가 이룩한 것과 같은 위업을 성취할 능력이 없는 것으로 간주되었다. 유적은 복원되어 주변 시설과 함께 설치됨으로써 원주민에게 자신들이 장기간에 걸친 위업을 이룰 능력도 자치 능력도 결여되어버렸음을 알리는 역할을 했다는 것이다.[54]

이러한 사실을 이해한다면 구로이타나 데라우치 등이 고문화재를 현지에 보존하는 일을 고집한 이유가 어디에 있었는지 판명될 것이다. 식민지에서 발굴된 고대 유적이나 유물은 식민지에 있지 않으면 안 되는 것이다.

구로이타의 이와 같은 문화 전략은 현대미술 분야에도 응용되었다. 후지타 료사쿠에 따르면, 그는 "시노다篠田 이왕직李王職 장관과의 의논"에 의해 덕수궁에 건립된 이왕가李王家미술관에 메이지 초년 이후의 일본 회화·조각·공예 등 근대 예술 작품을 끊임없이 교체하며 진열했는데, 이 전시는 1933년부터 1943년까지 계속되었다고 한다.[55] 그 목적은 "한국 재주자在住者의 미술 의식을 높이고 근대 예술에 직접 접하여 풍요로운 생활로 유인한다"는 것이었다.[56] 이러한 대담한 활동이 『조선사』 편수나 고적조사사업과 밀접한 연관을 맺고 있음은 말할 나위도 없다.[57]

유적이 세속적 식민지 국가의 훈장으로서의 새로운 지위를 부여받는 점은 이미 언급했다. 덧붙여 말하면 기술적으로도 우수한 고고학적 보고서가 대량 제작됨으로써 그 훈장이 일상적으로 무한히 복제되었는데 그것은 국가의 힘을 나타내는 것이기도 했다. 복제 기술 시대에 성숙된 당시의 고고학은 극히 정치적인 의미를 가지게 되었고[58] 총독부가 『고적도보』나 『고적 조사보고』를 정성들여 편찬한 것은 매우 중요한 의미를 지닌 것이다.

후지타 료사쿠에 따르면, 데라우치 총독은 『조선고적도보』를 전부 비서관실에 보관시키고 내외 귀빈에게 직접 서명하여 선물했으며, 특히 각국 영사나 외국의 이름난 사람에게는 애써 널리 선사했다고 하는데,[59] 그것이 무엇을 의미했는지는 더 말할 필요도 없다. 훈장은 그 가치를 공유하는 자에게 인지되어야 하는 것이었다.

일본 또한 19세기 말 이후의 제국주의 흐름 속에서 식민지 국가가 역사(고고학)와 권력을 결합한 특유의 표상 방식을 주의 깊게 관찰하여 배웠던 것이다. 구로이타는 누구보다도 이러한 것을 잘 알고 그것을 식민지 조선에서 실천한 인물이라 해도 좋을 것이다.

맺음말

지금까지 논한 바를 정리하면 다음과 같다. 첫째 구로이타가 총독부의 『조선사』 편수와 고적 조사·보존이라는 두 가지 사업의 계획을 입안·추진하는 데 있어 가장 중심적 역할을 해왔고, 둘째 그 두 사업은 서로 보완적인 관계가 있어서 시종일관 일본의 식민지 지배를 정당화할 목적으로 행해졌으며, 셋째 구로이타는 이 두 사업뿐만 아니라 다른 영역에서도 식민지 지배 정책으로서의 문화사업에 적극적으로 가담했고, 넷째 그러한 사업은 구로이타가 유럽 여러 나라에서 직접 보고 배운 19세기 말 20세기 초 식민지 국가의 역사학(고고학)이 밑바탕이 되었다는 것이다.

구로이타라는 한 사람의 역사가를 통해서 『조선사』 편수와 조선 고적 조사·보존이라는 두 가지 사업을 검토하면, 이른바 문화사업에 대해 종래에는 논하지 않았던 일면이 떠오르게 되지 않을까? 그것은 동시에 일본 근대 역사학이 가지는 하나의 측면이기도 하다. 즉 근대 일본의 역사학은 가장 먼저 독일을 중심으로 한 유럽의 역사학을 배웠는데, 그 역사학이 일본의 식민지 지배에 철저하게 이용되었다는 사실이다.[60] 일본이 식민지 한국에서 행한 『조선사』 편수와 고적 조사·보존 사업은 19세기 말 유럽의 역사학 연구 동향을 빼놓고는 논할 수 없다.

이 글에서는 구로이타가 주목한 유럽의 고고학에 대해서만 언급했지만, 구로이타가 『조선사』 편수에서 구사한 작업 수단으로서 고문서학·문헌학은 우선 독일어권에서 1848년 이후에, 그 밖의 나라에서는 1870년 이후에 완성된 역사 서술의 과학화와 제도화의 기본 원리였다. 애초부터 유럽에서는 1870년 이후 독일을 모델로 한 역사학의 직업적 전문화가 놀라운 속도로 진행되어, 모든 나라의 역사가들은 구체적인 연구 방

법의 중요한 요소를 독일로부터 도입해왔다.[61]

모순되는 것처럼 보일지 모르나, 유럽 19세기의 과학화는 역사의 이데올로기화와 깊이 연결되어 있었다. 여기서 말하는 역사의 과학화는 결코 정치적 중립이라는 의미로서의 객관성을 의미하지 않는다. 역사학은 국가적인 성격을 띠거나 시민적인 성격을 가지는 것에 적극적으로 봉사하는 방향으로 흐른다고 한다.[62] 근대 일본이 모델로 한 유럽의 역사학은 국민적 화해와 애국주의적 동원 수단으로서의 성격을 두드러지게 나타낸다.

구로이타도 구미 역사학계의 추세를 시찰하고 늘 이에 입각한 눈길로 유럽 역사학계 동향에 깊은 관심을 가지고 있었다. 거기에는 시종일관 국민교화를 위한 역사학이 추구되었다.[63] 이를 바탕으로 다음과 같은 점을 추론해볼 수 있을 것이다. 즉 구로이타가 두 사업에 적극적으로 관여한 개인적인 동기로서, 그가 모델로 한 당시의 유럽 역사학을 식민지 조선에서 실험하고 시행하여 그 가운데 어떤 것은 잘 가다듬은 후에 일본에 본격적으로 전개하려는 의도가 있었던 것은 아닐까 하는 것이다.

이미 언급한 바와 같이 한국에서 고적이나 명승 기념물에 관한 보존 규칙이나 보존령은 구로이타의 주장대로 책정되고 시행되면서, 그것들은 일본 국내에서보다 먼저 시행된 일본 최초의 "우수한" 법령(시책)이었다고 후세의 고고학자들에게 평가받고 있다.[64] 구로이타에게 식민지 조선은 절차를 거칠 필요 없이 직접 총독 이하의 책임자와 의논함으로써 자신의 학문적 신념을 시험적으로 행할 수 있는 절호의 장이었다.

더욱이 그는 발굴조사한 유물을 각지의 박물관에 진열하고 방대한 도록과 보고서를 제작하는 데에도 힘썼는데, 그러한 제작은 곧 그것들을 지배하고 나아가 그에 대해 권위를 갖도록 하는 데에 목적이 있었음이 틀림없다. 과거에 있었던 것을 분해하고 배치하며 또 도식화·색인화하고 기록해서 그 대상을 아는 것은 마치 그것을 알고 있는 것처럼 존재시킨다는 것이다.[65] 결국 이러한 행위 자체가 조선이라는 식민지의 시간과 공간을 지배하는 것을 의미했다. 구로이타가 『조선사』 편수와 고적 조사 보고에 담은 독자적인 의도에는 이러한 의미가 있었다고 생각된다.

또한 그 결과는 결코 식민지 조선에만 적용된 것이 아니었음을 유의해야 한다. 구로이타는 그러한 수법을 일본에서도 그대로 구사했다. 그 예로 후지와라 궁 유적 발굴을 들 수 있는데, 그것은 구로이타의 유적에 대한 표상적表象的 효과를 전제로 하지 않으면 이해할 수 없다.[66]

이제는 구문舊聞에 속하지만, 시민에게 널리 고고학의 연구 동향을 전하는 특집을 편성한 어느 잡지에서 이스라엘·나치 독일·중국·북한 등의 고고학이 영토 문제를 포함한 국가 이데올로기에 어떻게 동원되었는지를 강조했다.[67] 하지만 태평양전쟁 패전 전의 일본 고고학이 그러한 논의의 대상이 되는 일은 결코 없다. 지배 도구로서의 고고학에 대한 깊은 성찰이 없기 때문에, 현재 자신의 시각에 맹점이 생겨서 전체적인 모습을 파악하는 데는 곤란에 빠질 수밖에 없다고 생각된다. 그러므로 식민지 시대 역사학의 검증이야말로 현재 일본 역사학의 양상 그 자체를 문제 삼는 것과 같다고 생각한다.

참고로 이 장과 관련 있는 연표는 아래와 같다.
•표시는 구로이타와 직접 관련 있는 기사

1902년(明治35)	關野貞, 경주·경성·개성 등 각지의 건축·유물을 조사
1905년(明治38) 11월	을사보호조약, 일본, 통감부를 설치(12월)
1906년(明治39)	伊藤博文, 통감으로 취임. 통감부에서 각종 조사 사업
1908년(明治41)	창덕궁 東園에 박물관 설치(伊藤의 示唆), 고문화를 공개 전시
1909년(明治42) 9월	탁지부, 關野貞를 초빙하여 고건축물 조사 개시

		(~1913년)(처 木賴黃이 탁지부 장관 荒井賢太郎에 獻言)
1910년(明治43)	10월	關野의 고건축 및 고적 조사를 내무부 지방국 제1과 소관으로 강화
1911년(明治44)		총독부 내무부 학무국, 鳥居龍藏에게 인류학·선사학적 조사 위탁(~1915년)
1915년(大正4)	3월	조선총독 寺內正毅의 계획에 의해 關野의 조사를 『조선고적도보』(제1~4책)로 간행(~1935년 6월, 제15책)
	봄	• 黑板勝美, 한국에 3개월 이상 체재하며 여행
	7월	중추원에서 『조선반도사』 편찬에 착수
	연말	총독부박물관 개관
1916년(大正5)	1월	『조선반도사』 편찬사무담당을 명하다
	3월	• 『조선반도사』 편찬에 黑板·三浦周行·今西龍를촉탁
	4월	關野의 고적조사사업과 鳥居의 사료조사사업, 총무국으로 이관하고 총독부박물관이 통합 관장
	6월	반도사편찬 부대사업으로서 『朝鮮人名彙考』 편찬에 착수
	7월	• 「古蹟及遺物保存規則」 발포, 고적조사위원회 발족
		• 「조선반도사편찬요지」를 정함
	8월	• 黑板, 황해도·평안도를 조사
1917년(大正6)	12월	• 『조선고적 조사보고』 제1책(大正5년도) 간행
1918년(大正7)	1월	『조선반도사』 편찬, 중추원 편찬과에 두고 사업촉진을 도모
1919년(大正8)		• 「사적명승천연기념물보존법」 공포, 내무성에 동보존위원회 제정
1921년(大正10)	11월	총독부박물관, 학무국 고적조사과가 됨(~1924년)
1922년(大正11)	4월	반도사 편찬 부대사업으로서 『日韓同源史』 편찬에 착수

	6월	•有吉忠一, 정무총감으로 취임하고 중추원 의장이 됨
	12월	•총독부훈령「조선사편찬위원회규정」공포
		조선사편찬위원회(有吉 위원장) 발족
1923년(大正12)	1월	•제1회 조선사편찬위원회
	5월	•「朝鮮史編纂に付き古記錄文書等保存に關する件」
		협의
	6월	제2회 조선사편찬위원회
1924년(大正13)	4월	•제3회 조선사편찬위원회
	7월	有吉 총감 후임에 下岡忠治가 취임하고 편찬위원
		회 위원장이 됨
	8월	•제4회 조선사편찬위원회
	12월	•제5회 조선사편찬위원회
		이 해 고적조사과 폐지. 연말로 중추원 내의 편찬
		사업은 중지됨
1925년(大正14)	6월	조선사편찬위원회를 폐지, 편찬사업은 중추원에
		서 분리됨
		칙령 제218호「朝鮮史編修會官制」공포(조선총독의
		관리에 속하는 독립된 관청 설치)
	9월	•黑板·服部宇之吉·內藤虎次郎, 조선사편수회의 고
		문이 됨
	10월	•제1회 고문·위원회(조선사편수회)
1927년(昭和2)	7월	•제1회 고문·위원회에서「複本類作成凡例」결정
1928년(昭和3)	7월	•고문·위원간담회
1929년(昭和4)	12월	•제3회 고문·위원회
1930년(昭和5)	8월	•제4회 고문·위원회. 최남선, 여러 가지 밝혀냄
1931년(昭和6)	8월	•黑板의 발안으로 '조선고적연구회' 창설. 이후 조
		선의 고적 조사를 함(『조선고적 조사보고』10책, 『조

		선고적도보』5책, 『조선보물고적도보』2책 창간을 원조)
	8월	•제5회 고문·위원회
1932년(昭和7)	3월	『조선사』 간행 개시(제1편 제1·2권, 제2편 전1권)
	7월	•제6회 고문·위원회
1933년(昭和8)	5월	•黑板, 사적명승천연기념물 조사위원이 됨
	8월	•「조선보물고적명승천연기념물보존령」 공포
	8월	•제7회 고문·위원회
	12월	•黑板, 조선총독부 보물고적명승천연기념물보존위원이 됨
1934년(昭和9)	7월	•제8회 고문·위원회
1935년(昭和10)	7월	•제9회 고문·위원회
1936년(昭和11)	9월	•고문·위원 간담회
1938년(昭和13)	3월	『조선사』 완성
	4월	『조선사』 색인 작성 및 甲午 이후의 사료 수집에 착수
	6월	『조선사편수회사업개요』 간행
	10월	『조선사권수총목록』 간행
1940년(昭和15)		『조선사총색인』 간행
1943년(昭和18)	10월	•黑板, 스스로 조선사편수회 고문(최후의 직책)을 사임함
1946년(昭和21)	5월	조선총독부 폐청, 조선사편수회 소멸

연표 작성에는 아래의 자료를 참고했다.

조선총독부조선사편수회 편 『朝鮮史編修會事業槪要』(1938년), 丸山二郎 「黑板勝美博士の年譜と業績」, 中村榮孝 「朝鮮史の編修と朝鮮史料の蒐集—朝鮮總督府朝鮮史編修會の事業」, 藤田亮策 「朝鮮古蹟調査」(모두 黑板博士記念會 편 『古文化の保存と硏究—黑板博士の業績を中心として』, 吉川弘文館, 1953년).

제9장 조선왕조의 상징공간과 박물관

머리말

근대 한국의 박물관은 일본에 의한 식민지화 과정에서 일본인 주도로 설립되었다. 그것은 언뜻 보기에는 근대 일본의 박물관 설립 과정을 모방한 듯하지만 설립이 지닌 의미는 매우 다르다.

통감부 시대에 설립된 이왕가李王家박물관, 조선총독부에 의해 설립된 조선총독부박물관, 그리고 이왕가박물관의 계보를 잇는 이왕가미술관의 설립 과정을 통해 그 역사적 성격을 밝히는 것이 이 장의 목적이다. 근래 이왕가박물관, 총독부박물관, 이왕가미술관에 관한 기초적인 연구가 잇달아 발표되어 비약적인 진전을 보이지만 연구의 시각에 대해서는 이론異論도 있으며, 그 연구에서 많은 시사를 받으면서도 필자의 의견을 섞어 큰 전망을 해보고자 한다.[1]

특히 유의해야 할 점은 근대 일본이 한국 땅에서 박물관을 어떤 의도를 가지고, 어떤 경위로, 어디에, 어떻게 설치했는가 하는 구체적인 사실의 해명이다. 이왕가박물관, 조선총독부박물관, 그리고 이왕가미술관은 통감부와 조선총독부에 의해 설립되었지만 설립 경위에 관한 사실史實 자체에 아직 해명되지 않은 점이 많으며, 식민지 정책과의 관련이나 각 박물관, 미술관이 지닌 역사적 성격에 대해서는 거의 논의된 바가 없다.

근대 한국의 박물관 설립 의도나 역사적 성격을 해명하는 것은 쉽지 않지만 일본의 박물관 설립 경위나 변천 과정에 주목함으로써 비교의 관점에서 양자의 차이를 부각하여 실마리를 찾고자 한다.

근대적 시선의 장場은 박람회에서 전형적으로 드러나며 동물원·식물원, 박물관이나 미술관, 각종 전람회나 견본 시장 등이 오늘날에도 우리 일상 속에 편재하지만, 근대 한국의 식민지화 과정에서 설립된 이왕가박물관, 총독부박물관, 이왕가미술관을 통해서 식민지주의와 근대화의 한 측면에 접근하고자 한다.

1. 창경궁·이왕가박물관

근대 일본은 식민지 통치 이전인 1907년에 이미 한국에 박물관 설립을 기도하고 1908년 9월에는 실행에 옮겨 개관했다. 이 박물관은 일반적으로는 이왕가박물관[2]이라 불렸지만 그 밖에도 황실박물관, 이왕가사설박물관, 창덕궁박물관, 창경원박물관, 이왕직박물관 등 그때그때 다른 호칭을 남겼다.[3]

설치된 장소는 현재 서울 시내에 소재하는 창경궁이다. 그곳은 서쪽에 담을 사이에 두고 창덕궁과 인접하고, 남쪽에는 이전에 동궁이 있었는데 이 셋을 합쳐서 동궐東闕이라 불렀다. 조선왕조 후기에는 경복궁을 북궐, 경희궁을 서궐이라 했으며, 이 셋을 아울러서 삼궁궐이라 불렀다.

동궐의 동쪽에 위치한 창경궁은 성종 15년(1484년)에 창설되었으며, 원래 왕후의 거처로서 사용된 별궁이었다. 창경궁에는 동쪽에 홍화문弘化門이 있고 정면으로 들어가면 그 안쪽에 정전正殿인 명정전明政殿이 동쪽을 향해 서 있다. 동쪽으로 향한 궁궐은 조선왕조의 궁궐 중에서도 드물며 건축양식도 초기 형식을 전하는 것으로서 주목을 받았다.[4]

이 창경궁의 서쪽에 인접하는 창덕궁은 두 번째 왕궁으로서 태종 5년(1405년)에 건립되었는데 도요토미 히데요시豐臣秀吉의 침략 때에 경복궁과 더불어 소실되었다가 1607년에 재건된 이래 1868년에 대원군이 경복궁을 재건하여 왕궁을 옮길 때까지 260년 동안이나 한때를 제외하고는 왕궁으로 자리했다. 뒤에 언급하는 바와 같이 1907년 10월에 즉위한 지 얼마 되지 않는 순종이 창덕궁으로 옮겨 다시 왕궁으로서 사용되었다.

이러한 창경궁 내에 이왕가박물관이 설립되었는데 개관에 이르기까지의 경위는 대략 다음과 같다. 1907년 11월에 대한제국 궁내부宮內府 차관인 고미야 미호마쓰小宮三保松가 창경궁에 박물관과 동·식물원을 병설하고자 한다는 취지를 내각총리대신 이완용李完用과 궁내부대신 이윤용李允用에게 제의하고, 이듬해 8월에는 박물관, 동물원, 식물원 사업의 관장 부서인 어원御苑사무국이 신설되었다. 9월에 박물관의 진열이 완성되자 순종과 이토 히로부미伊藤博文 통감, 한국 대신들이 관람했고 1909년 11월에는 창경궁 내에 동물원, 식물원이 준공되어 개원식을 거행한 후 일반에게 공개되었다.[5] 이 시점에는 창경궁의 정전인 명정전을 비롯한 전각殿閣을 보수하여 박물관 시설로서 정비하고 여기를 진열관으로서 사용했지만, 1911년 11월에는 명정전의 동북쪽에 인접한 약간 높은 언덕에 벽돌로 만든 일본풍의 2층짜리 박물관이 낙성되어서 여기를 박물관 본관으로 삼았다.[6]

종래 이러한 이왕가박물관 설립에 이르는 경위나 목적에 관해서는 거의 이야기된 적이 없었다. 겨우 근래에 이르러서야 이왕가박물관에 대한 관심이 높아져서 설립 과정이 해명되고 있다.[7] 그래서 새삼 문제 삼고자 하는 것은 박물관의 설립 의도에 대해서이다. 지금까지도 식민지 정책과의 관련성이 추구되긴 했지만 설립 의도나 목적에 대해서는 충분히 검토되지 않았다.

박물관 설립에 관여한 당사자 중 한 사람인 이왕직사무관 스에마쓰 구마히코末松熊彦에 따르면, 설립 경위는 "원래 이왕가 일가에게 취미를 제공하고 아울러 조선의 고미술을 보호·수집하려는 희망을 가지고" 고미야 미호마쓰가 건축했다고 한다.[8] 한편 고미야 본인에 따르면, 1907년 11월 4일에 이완용과 이윤용이 수선 공사 중인 창덕궁에 와서 공사 감독을 하고 있던 고미야에게 새 황제가 창덕궁으로 이어移御할 때 새로운 생

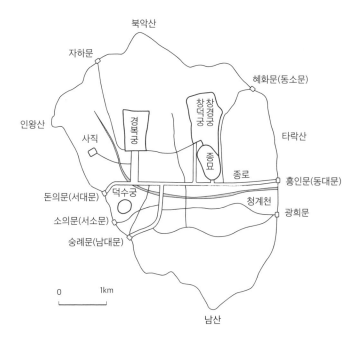

그림1 한성 성내(城內)의 주요 도로와 시설[요시다 미쓰오(吉田光男) 씨가 작성한 지도에 일부 가필함].

활에 취미를 느낄 수 있도록 대비할 것을 의뢰했고 그 뜻을 받아들여 고미야가 계획을 입안한 다음 6일에 궁내부 대신에게 동물원·식물원과 함께 박물관 창설을 제의하여 궁내부 대신이 찬성의 뜻을 표했다고 한다.[9]

즉 이왕가박물관 설립은 고미야가 독단으로 제의한 것이 아니라 어디까지나 이완용과 이윤용 등의 의향에 따라 이루어졌다는 것이 고미야 본인에 의해 강조되었다.[10] 그 때문에 이왕가박물관은 순종의 "위락慰樂을 위해 창덕궁 수선 공사 과정에 즉흥적으로 발의되었다"는 지적도 있다.[11] 하지만 과연 당시 상황으로 보아 박물관 설립을 그와 같이 파악하는 것이 가능한지 검토해볼 필요가 있다.

우선 유의해야 하는 점은 고미야가 일본인으로서 대한제국 궁내부 차관이 되어 발언권을 가지게 된 경위이다. 즉 박물관 설립 제의가 이루어

그림2 창경궁(동쪽에서 서쪽을 바라봄) 홍화문·명정전과 이왕가박물관 본관.

지기 5개월 전(6월)에는 고종황제가 일본의 보호조약 무효를 열강에 호소하려다가 발각된 헤이그밀사사건이 있었고, 7월에 일본 정부는 이 사건을 빌미로 한국 국내의 전권을 장악한다는 방침을 각의에서 결정했다. 그리고 이토 통감과 이완용 내각은 고종에게 강요하여 황태자에게 양위시키고 순종이 즉위하자 순종을 덕수궁에서 창덕궁으로 이어시켰다.

일본 정부는 고종의 퇴위 강요에 대항하는 한국 측의 여러 움직임을 탄압하는 가운데 제3차 한일협약을 체결하고(7월 24일), 이로써 차관 이하의 일본인 관리를 통해서 한국의 내정 지배권을 확립했다. 그러한 과정을 거쳐 궁내부 차관에 취임한 것이 고미야였다. 앞에서 언급했듯이 박물관 등의 설립은 고미야가 한국 정부 측의 의향에 부응한 것이라고는 하지만 이러한 상황에서 한국 측의 제의에 부합하여 "즉흥적으로 발의되었다"라고는 생각하기 어렵다.

왜냐하면 고미야는 이 무렵 대한제국 제실帝室재산정리국장을 겸직하고 있었으며 1906년에 통감부가 설치된 이후 일본 정부는 대한제국의 궁중 숙정肅正에 착수하여 궁금령宮禁令을 발포시켜 일본인 경찰관을 궁중 각 문에 배치하는 등 궁중의 단속을 강화했기 때문이다. 이어서 궁내부 관제를 개혁하게 해서 대한제국 황실에 관한 일체의 사무 및 소속 관리의 감독은 전부 궁내부대신의 책임으로 하고 1907년 3월까지 약 1만 명의 감원을 단행했다.[12]

당시 통감부는 "황제의 허영심에 영합하여 갖은 구실로 내탕금을 낭비하고 황실비 대부분은 거의 이들 소인 잡배의 사복을 채우는" 것에 눈을 번뜩이며 엄중히 감시했다고 한다.[13] 요컨대 관제 증설이나 토목공사 경비를 수반하는 박물관, 동물원·식물원의 창설은 이러한 통감부의 정책에 역행하는 것이었다.

그런데 박물관이 궁내부와 깊은 관련이 있다는 점에서 상기되는 것은 일본의 사례이다. 대한제국에서의 박물관 창설에 앞서 근대 일본의 박물관은 1872년에 설립된 문부성박물관文部省博物館을 효시로 한다. 그 후 지방박물관이 설립되기도 하고 1875년에 태정관 관리 아래 있던 박람회 사무국도 박물관이라 개칭(내무성 관할)되기도 했는데 이듬해에는 박물관이라는 명칭은 내무성박물관內務省博物館에만 한정되었다. 이렇게 해서 박물관은 짧은 기간 내에 성격이 변하면서 소관도 내무성에서 농상무성 (1881년)으로, 다시 궁내성(1886년)으로 옮겨 갔다. 이러한 과정에서 주목되는 점은 1886년에 농상무성 박물국의 소관이었던 박물관이 궁내성으로 이관된 것이다. 이는 전해의 내각 제도 발족을 계기로 황실 재산의 형성을 비롯한 황실의 기초 확립 문제 등과 관련된다는 지적이 있다.[14] 요컨대 내각 제도 확립을 계기로 천황제의 확립을 꾀하는 데에 문화재 보호정책과 황실의 권위 신장이 결부되어 유럽의 왕립박물관을 모델로 박물관을 충실화하려 한 것이다.[15]

한편 동물원은 박물관부속동물원으로서 1882년 3월에 발족했다.[16] 이때 농상무성에 이관된 박물관이 우에노上野 공원에 신축되어 개관식이 국가적 행사로서 거행되었으며 식물원과 함께 동물원이 공개되었다. 박물관 시설에 동물원·식물원이 수반되어야 한다는 주장은 1872년으로 거슬러 올라가지만,[17] 구체적인 모습은 이때 실현되었다고 보아도 좋다.[18] 1886년에 박물관이 궁내성으로 이관되자 동물원도 동시에 궁내성으로 이관된 바와 같이 동물원은 박물관과 일체의 시설이었다.

그 후 1888년에 궁내성 임시전국보물조사국 조사위원장인 구키 류이치九鬼隆一가 궁내대신 이토 히로부미 아래에서 제국박물관帝國博物館의 창설에 진력했고, 이듬해 5월에 제국박물관을 설치하여 초대 총장에 취임했으며, 그의 지휘 아래 새로 제국교토박물관帝國京都博物館, 제국나라박물관帝國奈良博物館을 설치했다. 이것이 근대 일본의 박물관사博物館史에서 획기적인 전기가 되었다.[19] 구키에 의한 제국박물관 구상의 출발점이 된 궁내성으로의 박물관 이관은 궁내대신 이토 히로부미가 발안한 것이었다고 한다.[20]

이상과 같은 일본의 박물관 설립 과정을 죽 훑어보면, 고미야의 박물관과 동·식물원 설립 제의는 이완용 등의 의향에 의해서라기보다는 궁내성 소관 아래 확립된 일본의 박물관 제도를 염두에 두고서 통감부 측이 사전에 주도면밀한 계획을 준비했다고 보아도 좋을 것이다. 사실 1905년에 통감부가 설치된 이래 이토는 통감으로서 우선 "궁내부의 분계分界를 분명히 하여 정부의 책임 소재를 확정하고 이와 동시에 궁중을 숙정해 잡배를 구축하여 구폐를 일소할" 필요에서 고종에게 궁금령을 발포시키는 등 궁중 개혁에 전념했다.[21]

그러나 일본 국내에서 내각총리대신과 궁내대신을 겸직하고 내각제의 발족에 따라 궁중과 부중府中을 분리시켜 독립된 궁중에 권위를 부여하기 위해 박물관을 궁내성에 이관시킨 이토였지만, 통감으로서 대한제국의 궁중에서 행한 개혁은 분명히 비슷하지만 달랐다. 병합에 의해 "이제는 신변에서 종전과 같은 편녕便佞한 무리"를 제거시키고 이왕(순종)·이태왕(고종)으로 하여금 "국사國事의 번거로운 근심과 걱정에서 벗어나 유유자적 가장 행복한 경우"에 이르게 한 총독부는 시정施政 4년을 총괄하고 통감부 이래 "구한국 황실 및 궁내부 정비"의 성과로서 "각종 사업의 경영" 첫머리에 "구舊 궁내부에 어원사무국을 설치하고 창덕궁에 인접한 구 창경궁의 건물을 수리 또는 개축하여 박물관 및 동·식물원을 신설"한 것을 대서특필했다.[22]

요컨대 통감부 아래에서 대한제국 궁내부를 일본의 뜻대로 움직이게 하는 개혁이 집요하게 추진되었으며 박물관과 동·식물원의 설치는 그와 같은 시정의 일환으로서 인식된 것이다. 따라서 창경궁에 박물관, 동·식물원을 설립하는 데에는 먼저 이토를 비롯한 통감부의 명확한 의지가 있었다고 보아야 할 것이다. 1908년 9월에 순종이 관람하고 이토도 대신들과 배관했듯이 창경궁에 박물관을 설립한 것에는 이토의 의지가 강하게 작용했을 가능성이 많다.[23]

1910년 병합 후 대한제국 황제(순종)는 왕에 봉해져서 일본 황실 대우가 되고, 12월에는 황실령에 따라 이왕가의 가정家政을 처리하기 위해서 새로 이왕직李王職을 설치했으며 이왕직은 궁내대신 관리 아래 두었다. 이렇게 해서 대한제국 궁내부의 사무는 이왕직으로 이관되고 사무와 직원 감독은 조선총독의 소관이 되었다.[24]

이와 함께 궁내부 어원사무국 소관이던 박물관에는 1911년에 이왕직 관제(1910년 12월 30일 공포)가 시행되자 이왕직사무분장규정에 따라 장원계掌苑係가 박물관·동물원·식물원을 관장하게 되었다.[25] 또 이 해 4월 26일에는 박물관과 동물원·식물원을 합쳐서 창경궁 일원을 창경원이라 부르게 되면서 궁궐로서의 면모는 더욱더 희미해졌다.

특히 동물원·식물원 설치 당초부터 일본에서 들여온 벚나무 200그루는 나중에 종류와 수가 늘어나자 1924년부터는 밤벚꽃놀이를 위해 야간 공개되는 등[26] 창경원은 식민지 한국 최대의 행락지가 되었다.[27] 조선왕조의 왕궁으로서의 상징공간은 창경원이라는 이름 아래 경관이 일변했다.

2. 경복궁·총독부박물관

경복궁은 조선왕조의 왕궁으로서 1395년에 창건되고, 도중에 개경으로 천도한 시기를 제외하고 1421년부터 1592년 임진왜란으로 소실될 때까지 왕궁으로서의 지위를 차지했다. 그 후 270년이라는 긴 세월 동안 방치된 경복궁은 고종 즉위 후 대원군의 집정에 의해서 1865년부터 재건공사가 시작되고 1868년 7월에 준공되자 고종이 1896년에 러시아공사관으로 파천할 때까지 왕궁으로 사용되었다.

1896년 이래 폐궁이 된 경복궁에서는 그동안에도 건물이 철거되었는데, 한국병합 후 1915년 9월에는 경복궁에서 시정5주년 기념 조선물산공진회가 개최되어 이전의 왕궁은 박람회장이 되었다. 그때 근정전 동쪽에 새로 미술관이 건립되었는데, 여기서는 물산공진회를 이용하여 한국 고래의 회화·조각·불상·불구佛具·서적·공예 등 많은 미술품이 수집, 진열되었다.[28]

물산공진회에서는 가설 건축이 많이 건립되는 가운데 미술관만은 영구적 건축으로 남겨지고[29] 이 해 12월에는 그때 전시한 수집품을 기반으로 조선총독부박물관으로서 개관했다. 흰 벽의 서양식 2층 건물에는 정면에 돌계단과 열을 지어 세운 기둥을 배치하고, 내부는 1, 2층 모두 중앙의 큰 홀을 중심으로 좌우 1실씩 전부 6실로 구획하고 여기에 주요 진열품을 전시했다.[30] 또 창경궁 내 이왕직박물관과 마찬가지로 경복궁 내의 전각을 박물관 시설로 이용했다.[31]

박물관 사무실로는 고종의 양모가 거처하던 전각인 자경전慈慶殿을 이용하고, 경복궁 정전인 근정전勤政殿 뒤에 있던 사정전思政殿, 만춘전萬春殿, 천추전千秋殿과 회랑은 창고로 이용했으며, 근정전 회랑에는 근세의 무기류, 고려 석관, 석불 등을 전시했다. 또한 수정전修政殿에는 오타니 고즈이大谷光瑞가 서역에서 가지고 온 벽화, 유물을 전시하고 경회루에서부터 광화문에 이르는 공간에는 한반도 각지에서 반입된 석탑, 석비, 석등을 늘

어놓았다. 경복궁은 "12만여 평의 대 박물관"[32]이 된 것이다.

이러한 전시실을 가진 총독부박물관은 조직상 조선총독부 내무부의 고적 조사와 총독부 학무국 편집과의 자료 조사라는 두 가지 사무를 통일하고 그 사무로 수집한 유물을 진열해서 일반의 관람에 제공하는 동시에 한반도 전 지역의 고적 조사와 보존을 도모하기 위해 데라우치 마사타케寺內正毅 총독의 "열렬한 원조"에 의해 성립되었다.[33]

총독부박물관의 설립 목적은 통감부 시대부터 착수했던 국가사업으로서의 고적조사사업을 통해 수집, 정리한 확실한 자료를 진열하여 한국문화의 변천을 밝히는 데에 있었다.[34] 총독부박물관의 설립은 고적조사사업과 불가분의 관계가 있었던 것이다.

총독부박물관이 개관된 이듬해인 1916년 7월 '고적 및 유물 보존규칙'이 발포되어 일본에서 처음으로 고적에 대한 단속·보존·조사의 강목綱目을 규정하는 등 조선총독부박물관의 설립과 함께 고적조사사업의 법제상 정비나 사업의 본격적인 조직화가 진전되었다. 총독부박물관의 특징은 독립된 기관이 아니라 당초는 총독부의 서무국에 소속시켰다가 그후 소속 부서가 자주 바뀌기는 했지만[35] 총독부 소속 기관으로서의 지위는 변함이 없었다는 점이다. 일본의 패전으로 인해서 폐관될 때까지 독립된 직제 없이 총독부 소속 사무관이 주임으로서 박물관 업무를 총괄하고 기사技師 2, 3명과 임시 직원 5, 6명을 직원으로 하여 최소한의 인원으로 운영되었다. 그러나 업무는 광범위했으며 연차 계획에 근거한 고적 조사, 사원이나 묘당의 큰 건축부터 탑등·비·초석·고분·성책의 수리·보존, 도록·보고서·박물관보의 인쇄, 박물관의 진열과 진열품의 구입·보수 등[36]에다가 발굴, 연구까지 담당했다.

그런데 총독부박물관은 앞에서 서술한 바와 같이 총독부 스스로가 조사·연구한 확실한 자료를 진열하여 한국 고문화의 특색과, 대륙 및 일본과의 관계를 학술적으로 전시하는 것이 목적이었는데, 이 점이 미술공예관으로서의 이왕가박물관과의 차이라고 인식되었다.[37] 그렇지만 단순히 전시 내용이나 전시 방법의 차이만으로는 이왕가박물관과 별도로 굳이 총독부박물관을 신축할 이유가 되지 못한다.

그래서 구로이타 가쓰미黑板勝美가 1912년 무렵부터 계속 주장하던 '국립박물관' 구상에 유의해야 한다. 구로이타는 이제는 박물관이 여러 가지 잡다한 물품을 모아서 진열하는 시대가 아니라 그러한 진열에 만족하지 않고 어떻게 의의 있는 박물관을 만들어낼 것인가를 연구해야 한다고 제기했다. 그리고 박물관에 사적史蹟 보존이 수반되지 않으면 그 효과는 반 이상을 잃는 것이며 유럽 여러 나라에서는 이를 병행하지 않는 데가 없고, 나아가 "국립박물관이 사무를 감독하고 있으며 각지의 작은 박물관을 비롯해 사적, 유물의 보존을 맡는 곳이 있을 정도이다"라고 역설했다.[38]

이 점은 1918년에 더욱 명확한 주장이 되어 "고분 발굴이나 발굴품 처리는 국립박물관이 관장해야 한다. 경우에 따라서는 국립박물관이 나서서 고분 등의 조사를 맡아야 한다"라고 했으며, "사적 보존도 또한 국립박물관의 임무 중 하나"라고 강조했다.[39] 요컨대 박물관과 고적의 조사 사업과 보존·관리가 국립박물관이라는 하나의 기관에 통합되어야 한다는 것이다.

총독부박물관 주임으로서 오랫동안 총괄 책임자를 맡았던 후지타 료사쿠藤田亮策는 한국에서 "내지보다 한발 앞서 통일적인 조사와 정확한 결과를 보고할 수 있었던 것"을 자부하고 "국가가 지출한 국가의 사업으로서 조사·보존·진열이라는 세 가지 일을 합하여" 하나의 기관에서 매우 이상적인 연구가 이루어져왔다고 말했다. 즉 총독부박물관에서 일본 국내에서는 할 수 없는, 구로이타가 지향한 국립박물관이 수행해야 할 업무가 선험적으로 이루어졌다고 볼 수 있다.[40] 구로이타는 "제실박물관은 어디까지나 제실 어물御物을 진열해서 국민에게 배관시키는 곳으로서 황실에 대한 국민의 사상을 더욱 강화하고 또 심화하기 위해 가장 필요한 기관"이기 때문에 그것과는 별도로 국가도 또 국립박물관을 세워서 보존에 힘을 기울이고 오래된 사찰이나 신사의 국보를 진열하기 위한 설비나, 개인 수집품을 국가에서 거두어들여 진열할 필요가 있다고 주장했다.[41]

따라서 구로이타가 제실박물관과는 별도로 국립박물관이 필요하다고 역설한 것처럼, 이왕가박물관과는 별도로 국립박물관으로서의 역할을 하는 박물관으로서 총독부박물관이 설립되었다고 볼 수 있다. 실제로 총독부박물관은 식민지에 설치되기는 했지만 "조사 방법에서도 가장 좋은 경험을 가지며, 정밀한 학술적 연구에서도 내지의 조사 연구에 끼친 영향이 크다는 것은 누구나 인정하는" 의의를 가졌다고 당사자들은 인식하고 있었다.[42]

그런데 총독부박물관이 지향한 학술성에 관해서 경시할 수 없는 점은 전시 방식이다. 나중에 평양박물관장이 된 고이즈미 아키오小泉顯夫는 본관 6실의 전시실 중에서도 중요한 것은 '삼국 시대 고분 출토품'과 '낙랑대방군 시대 유물'의 2실에 있다고 지적했는데,[43] 이 박물관의 진열을 순서대로 보면, 관람자는 "한반도가 삼국 시대에 이르기 전에 속속 한족漢族이 이주해 거기에 한인漢人 식민지가 만들어진" 낙랑대방군 시대부터 "후반기는 유교의 영향과 계속된 전란, 내부적 당쟁 등으로 인해 산업도 공예도 쇠퇴해서 볼만한 것이 적은" 조선 시대라는 인상을 받게 되었던 것이다.[44]

이러한 고대와 조선왕조 후기에 대한 견해는 조선총독부가 진행하던 역사편찬사업과 고적조사사업이 지향하던 것이기도 했다. 즉 조선총독부는 1916년 『조선반도사朝鮮半島史』 편찬 사업에 착수했는데 초대 조선총독 데라우치 마사타케의 '조선반도사 편찬 요지'에 따르면 조선반도사 편찬의 주안점은 첫째, 일본인과 한국인이 동족임을 밝히고, 둘째, 고대에서부터 시대를 거침에 따라 피폐·빈약함에 빠졌다고 서술하여 병합에 의해서 인생의 행복을 거두게 되는 점을 논술하는 데에 있다고 명기했다.[45]

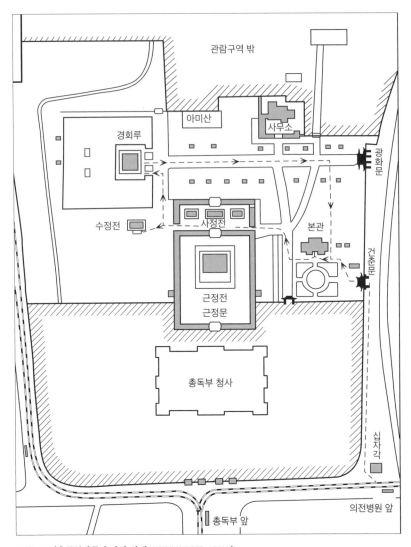

관람구역 밖

아미산

경회루

사무소

광화문

수정전

사정전

본관

건춘문

근정전
근정문

총독부 청사

십자각

의전병원 앞

총독부 앞

그림3 조선총독부박물관 관람 안내도(『博物館略案圖』1931년).

고적조사사업은 조선사 편찬에서 중시한 역사의 기원 문제에 고고학상의 근거를 부여하는 것으로, 이른바 자동차의 두 바퀴와도 같이 한국 지배의 정당화에 중요한 역할을 했다. 이러한 두 사업의 지침을 정한 사람은 데라우치 총독이며, 그것을 적극적으로 추진한 사람은 구로이타 가쓰미였다.[46] 구로이타는 누구보다도 앞장서 한국 역사의 기원을 문제 삼았는데, 그 획기적인 계기가 낙랑군 설치에 있다는 점을 거듭 문제시했다.[47]

동시에 구로이타는 근대 역사학과 고고학을 구사함으로써 한국인의 민족정신을 고무하는 역사서에 대항해 한국병합의 정당화를 역사 편찬과 고적조사사업을 통해 적극적으로 추진한 데라우치 총독의 정책[48]을 학술 면에서 뒷받침했다.

경복궁에 설치된 총독부박물관은 일본의 한국 지배에 관한 이러한 국가적 사업의 성과를 전시하는 장이 된 것이다. 그곳은 조선왕조 건국 이래의 신성한 공간이며 말기에 이르러 왕조의 마지막 섬광을 번쩍인 권력의 상징공간이었다. 경복궁에서 개최한 시정5주년 기념 조선물산공진회에 의해 왕궁으로서의 공간은 재조직화되고, 그곳에 가득 차 있던 왕실의 권위는 사라져갔다. 더구나 잔치가 끝난 뒤에 남겨진 흰 벽의 전당을 박물관으로 이용하여 거기에 역사적 유래가 명확한 유물을 전시함으로써 시간과 공간의 관리자가 누구인지를 여실하게 이야기해주는 기념물로 만들었으며, 이전의 성스러운 공간은 전혀 새로운 공간을 형성하게 되었다.

총독부가 발굴한 낙랑군 이래의 고대 유적·유물은 단군 건국 이래의 유구한 역사를 호소하며 일본 지배에 저항했던 지식인들에게도 충격적인 위력을 발휘했다. 1920년대에 단군론을 전개한 최남선은 총독부의 고적조사사업에 대해서 "아마도 세계 인류에게 영원한 감사를 받을 일인지도 모르며 또 우리도 거기에 더하여 어느 정도의 감사를 바치는 것이 당연할지도 모른다"라고 하면서 "일본인 손에 비로소 **조선인 생명의**

흔적이 천명된다 함은 얼마나 큰 민족적 수치인가(강조는 필자)"라고 비탄했다.[49] 여기에서도 고적조사사업과 총독부박물관의 유물 전시가 한국인에게 끼친 큰 영향력을 엿볼 수가 있다.

3. 덕수궁·이왕가미술관

덕수궁은 원래 성종의 큰형인 월산대군의 사저였는데 임진왜란 때에 선조가 행궁行宮으로 이용하다가 이어서 광해군이 행궁에서 즉위하자 여기를 왕궁으로 삼아 경운궁이라 불렀다. 그 후 1896년에 고종이 경복궁에서 러시아공사관으로 옮기는 동시에 경운궁을 개수하고 이듬해 2월에는 이곳으로 이어해서 왕궁으로 삼았다. 같은 해 10월에는 국호가 조선에서 대한으로 바뀌고 경운궁에서 대한제국이 탄생했다. 통감부의 압력에 의해 순종이 즉위하고 다시 창덕궁으로 왕궁을 옮길 때까지 경운궁은 대한제국의 황궁이었다. 고종이 1907년 7월에 순종에게 양위하자 태황제궁은 덕수궁으로 바뀌고 경운궁도 덕수궁이라 부르게 되었다.[50]

덕수궁은 고종이 양위 후에 이른바 억류된 곳인데, 1919년에 고종이 사거하자 1933년에 이왕직은 궁궐 내의 석조전에 덕수궁미술관(이왕가미술관)[51]을 설립했다. 석조전이 착공된 것은 덕수궁이 황궁이던 시기(1900년)이며, 준공은 황궁이 창덕궁으로 옮겨 가고 나서 2년 후인 1909년이었다.

원래 석조전 축조를 발의한 사람은 탁지부 총세무사인 영국인 브라운J. M. Brown이며, 설계는 영국인 기사 하딩J. R. Harding이 담당했다. 기초공사는 한국인 기사가 진행했으나 1902년에 공사가 중단되었다가 1903년에 일본의 오쿠라구미大倉組가 청부를 맡았다.[52] 이것이 현재 '석조전 동관'이라 부르는 것으로 129만 엔이라는 거액을 들여 조영했다고 한다.[53] 1918년에 이완용은 화려한 서양식 건물 석조전이 있는 덕수궁이야말로 이왕 전하의 거처에 걸맞다고 하여 창덕궁에서부터 이곳으로 거처를 옮길 것을 사이토 미노루齋藤實 총독에게 상신했다.[54] 덕수궁 석조전의 웅장하고 화려한 모습은 당시부터 주목을 받은 것이다.

앞에서 언급한 바와 같이 덕수궁은 대한제국기의 고종과 연고가 있는 궁궐이었는데, 덕수궁미술관 창설을 계기로 그곳이 역사적으로도 유서 깊은 궁궐임을 다양하게 선전했다.[55] 그렇지만 실제로 고종 사후에는 황폐한 대로 방치되었다고 한다.[56] 그러한 가운데 1932년 4월부터 덕수궁 내의 전각 수리, 정원의 보수가 진행되고[57] 다음 해 5월에는 총공사비 약 5만 엔을 들여 석조전 내부를 개수하여 미술관으로 만든다는 사실이 보도되었다.[58]

당초 덕수궁미술관은 9월 개관을 목표로 했지만 공사 지연으로 10월 1일로 연기되었다. 이날을 기해 덕수궁도 또한 일반 시민에게 널리 개방하고 정전인 중화전에도 내부에 들어가 배관할 수 있게 했다.

주목할 만한 점은 덕수궁미술관의 개관에 이르는 경위이다. 당초 총독부는 신문을 통해 이왕가가 소장하고 있는 고서화나 "도쿄의 제실박물관이나 기타 소장자에게서 명작을 빌려 와서" 석조전에 진열한다고 고지했다.[59] 우선 5월 단계에서는 미술품 전시가 가능하도록 석조전을 개수하는 계획을 발표하고, 그리고 개수 후의 석조전에는 이왕가가 소장하는 한국 고화를 전시한다고 『동아일보』나 『조선일보』가 보도한 것이다.[60] 그런데 개최가 다가옴에 따라 석조전에서의 전시는 근대 일본 미술품이 주가 되고, 마침내 개최 직전에 한국 미술품의 전시가 취소되어버렸다. 이것이 석조전에서 1933년부터 1943년까지 계속 개최된 '이왕가 덕수궁 일본 미술품 전시'이다.[61]

후지타 료사쿠에 따르면, 이 일본 미술품 전시는 구로이타 가쓰미와 이왕직 장관이던 시노다 지사쿠篠田治策의 논의에 의해 실현된 것이라고 한다.[62] 구로이타는 덕수궁에 건립한 미술관에서 메이지 초기 이래의 일본 회화·조각·공예의 근대 작품을 남김없이 교체하고 진열을 바꾸어 당시의 도쿄에서도 곤란한 전시를 10년 이상 계속했다. 그 목적은 "조선 재주자(在住者)의 미술 의식을 높이고 근대 예술에 직접 접하게 하여 풍요로운 생활로 이끈다"[63]는 것이었다.

그렇지만 원래 덕수궁미술관에 전시되었어야 하는 것은 근대 일본 미술과는 무관한 이왕가 소장의 한국 고화였다. 한국인의 기대를 저버린 덕수궁 내에서의 일본 미술품 전시는 당연히 한국인에게 불신감을 주었다. 무엇보다도 이전의 왕궁이 근대 일본 미술품의 전시장이 된 데 대한 반응은 복잡했다.

시인 모윤숙은 "영원의 문이 열리지 않았더라면 오히려 사랑스러운 동경(憧憬)의 궁궐로서 바라볼 수 있었을 텐데"라고 말하면서 덕수궁이 시민에게 개방된 것을 개탄했다.[64] 조선왕조의 상징공간에 대한 애석한 마음은 모윤숙 한 사람만이 아니었을 것이다. 한국인의 이러한 반응을 알고 있었기 때문에 일본 미술품 전시를 개최 직전까지 숨기고 이왕가 소장의 고서화 전시를 기대하게 하는 선전을 할 수밖에 없었을 것이다.

석조전에서는 일본 미술품 전시가 매년 개최되었는데, 석조전 서쪽에 인접하여 신관(석조전 서관)이 1936년 8월에 착공되고 1938년 3월에 준공되었다. 이것은 창경궁 이왕가박물관의 신관으로서 계획된 것이었다. 신관 조영의 이유로서 이왕가박물관의 진열관이 여기저기에 분산된 점, 궁전을 이용하기 때문에 협소해서 채광이나 진열품의 보존 등에 결점이 있다는 점 등을 들었으며, 거기에다 석조전에서 근대 일본 미술품을 상설 진열하게 됨으로써 "그 필요가 더 한층 절감되기에 이르렀다"[65]라고 했다.

1938년 6월에는 창경궁에 있던 이왕가박물관 소장품 중에서 신라, 고려, 조선 시대의 도자기와 회화 등 1만 1천여 점을 신관(서관)으로 이전하고 앞서 개관한 동관(덕수궁미술관)을 합쳐서 이왕가미술관이라 개칭했다.[66] 이렇게 해서 이왕가미술관은 이때에 개관하고, 이에 따라 창경궁의 동·식물원을 남기고 이왕가박물관만이 덕수궁으로 옮겨졌다.

표면적으로 보면, 그간의 변화는 이왕가박물관 소장품을 창경궁에서 덕수궁 서관으로 이전하고 이왕가미술관이라 명칭을 바꾼 데 지나지 않는 것처럼 보인다. 그러나 이 무렵의 일본 제실박물관의 동향을 시야에 넣으면 흥미로운 사실이 떠오른다. 즉 1924년의 황태자 성혼成婚에 즈음하여 제실박물관이 맡아 관리하던 우에노 공원과 동물원이 도쿄도에, 교토제실박물관도 교토시에 하사되었고, 더욱이 도쿄제실박물관은 역사미술박물관으로서의 업무를 집약해서 맡게 것이다. 이러한 조치는 전해의 관동대진재關東大震災로 인해 진열관 대부분과 진열품 거의 전부를 잃은 사태가 계기가 되었다.[67] 그 후 제실박물관 부흥관을 1932년 12월에 착공하여 1936년 11월에 준공했고, 이듬해 11월 개관 때부터 시행하도록 제실박물관 관제가 개정되었다. 이 때문에 제실박물관은 "고금의 기예품技藝品을 수집하여 공중의 관람에 제공하는 곳"에서부터 "고금의 미술품을 수집하여 공중의 관람에 제공하고, 아울러 미술의 발달에 이바지하는 사업을 하는 곳"으로 바꾸고 진열품을 '미술품'으로 바꾸는 등 미술박물관으로서의 성격을 명확하게 했다.[68]

그것은 마침 석조전 서관이 착공된 1936년 8월부터 준공된 1938년 3월 사이에 해당되는데, 이왕가미술관으로서 그해 6월에 개관한 경위에서 본다면, 이왕가박물관이 이왕가미술관으로 바뀐 배경에는 제실박물관이 미술박물관으로 개편된 사실이 그 전제가 되었다고 보아야 할 것이다. 즉 이왕가박물관의 개편은 제실박물관 개편과 연동했다고 추측할 수 있다.

다만 이왕가박물관은 단지 동·식물원을 분리시켜 미술박물관으로 성격을 바꾼 것만은 아니었다. 이왕가미술관은 새로 세워진 석조전 서관과 일본 미술품 전시를 매년 개최하던 동관을 복도로 연결하고 "신고新古미술을 한자리에서 전람할" 수 있도록 설계되었다. 그리고 "조선 고미술의 집대성"과 "동시에 석조전에서 메이지·다이쇼 이래 현대 일본 미술의 정수를 관람할 수 있도록" 만듦으로써 "반도 문화의 계발 향상에

그림4 이왕가미술관(중앙 연결 부분). 왼쪽 서관, 오른쪽 동관.

이바지하는 것"이 기대되었던 것이다.[69]

　이왕가박물관은 덕수궁미술관과 합쳐서 이왕가미술관으로 개편되었는데, 그 전시에는 특별한 의미가 부가되었다. 1936년에 간행된 조선총독부 『박물관약안내博物館略案內』에 일본 근대미술에 합류된 조선왕조 후반기의 미술은 "유교의 영향과 계속된 전란, 내부적 당쟁 등으로 인해 산업도 공예도 쇠퇴해서 볼만한 것이 적"다고 적혀 있는 바와 같이 이러한 언설은 당시에 널리 유포되어 있었다. 일본 미술품 옆에 전시된 한국 미술품은 관람자에게 근대 일본 미술품과의 대조를 통해서 비로소 그 의미를 발휘하는 것에 지나지 않았다. 르네상스 양식의 두 건물인 석조전에 진열된 한국 고미술과 일본 미술의 대조는 말 그대로 한국 "문화의 계발 향상"으로 이끄는 총독부 정책을 대변하는 것이었다.

　　　　　　　　　　　　　　　　　　　　제3부 식민지와 역사학

맺음말

이상에서 일본의 통감부 시대에서부터 식민지 통치 시대에 걸쳐 창경궁, 경복궁, 덕수궁의 각 왕궁에 건립된 이왕가박물관, 총독부박물관, 이왕가미술관의 설립 경위를 검토해보았다. 왕궁으로 이용된 권력의 상징 공간인 세 궁궐은 19세기부터 20세기에 걸쳐 이 공간에 일본 정부의 강력한 의지에 의해 박물관·미술관이 건립된 사실을 확인했다.

마지막으로 지금까지의 고찰에 기초해서 두 가지 점을 지적하고자 한다. 첫째, 박물관과 그것이 설립된 공간과의 관계이다. 이미 지적한 바와 같이 이왕가박물관의 모델이 된 제국박물관(나중에 제실박물관)의 획기적인 변화는 1886년 농상무성에서 궁내성으로의 이관이었다. 이때 우에노 공원 전 지역이 '황실 소유지'가 되어 궁내성 관리하에 두었는데, 우에노 공원에 동물원·식물원과 함께 박물관이 신축된 것은 그보다 앞선 1882년이었다.

우에노 공원 부지에는 원래 덴카이 승정天海僧正[70]이 건립한 간에이사寬永寺가 있고, 그곳은 도쿠가와 가문의 묘소이기도 했다. 박물관은 간에이사 본방本坊 터 구내에 본관과 2개의 진열관이 세워졌고, 또 동물원은 이전에 간쇼인寒松院이 있던 터에 창설되었다. 간쇼인 옆에는 우에노 도쇼구上野東照宮가 위치하고 있었다. 잘 알다시피 도쇼구는 도쿠가와 300년, 15대에 걸친 에도江戸 막부의 개조 도쿠가와 이에야스德川家康를 모신 궁사宮社이며, 에도 성의 진수로서 존숭된 사릉祠陵이었다. 게다가 본방 뒤에는 도쿠가와 가문의 묘소가 있었다.[71]

요컨대 한국에 앞서 일본에서도 도쿠가와 구체제의 성스러운 공간에 박물관과 동·식물원이 설립되었으며, 그것이 통감부 설치 이래 한국 땅에서도 반복된 것이다. 그렇다면 근대 일본이 실시한 정책의 일환으로 한국에 박물관을 설치한 일의 역사적 의미를 묻지 않을 수 없다.

간단히 말하면, 통감부는 한국의 내정권을 확립하자마자 왕궁과 인

접한 창경궁에 박물관과 동·식물원을 설치하고, 그 뒤에 일반 시민에게
널리 개방하는데, 이로써 조선왕조의 성스러운 공간은 대일본제국의 한
공간으로 편입되었다고 보아도 좋을 것이다. 그 과정은 일본 국내에서
예전의 각 번藩의 성곽을 박람회로 서민에게 널리 공개한 것과 일맥상통
한다.[72] 이러한 과정을 거쳐 성성聖性의 박탈과 무화無化가 진행되었다. 또
일본열도의 여러 번이 근대 일본의 지방 도시로 편성되었듯이 서울 또
한 근대 일본의 지방 도시로 편입된 것이다. "과거의 권위를 찬탈하고
근대성으로 덧칠하는 토벌 지배의 공간 수법"은 '일본 본토 → 홋카이
도 → 류큐'에서 생겨나서 대만에서 시행되고 조선왕조의 왕도인 한성에
서는 성숙한 방식으로 재현되었다.[73] 이러한 의미에서 조선 왕궁에서의
박물관 설치는 식민지 권력에 의한 교화 대상으로서의 한국인 창출이기
도 했다고 말할 수 있다.

더욱이 근대 일본의 한 지방 도시로 포섭된 서울의 신성한 공간은 일
반 시민에게 개방되었고, 그곳에 설치된 박물관에는 한국 미술품과 고
고 유물이 전시되었다. 근대 일본은 한국 전통문화의 관리자라는 위치
에 서서 한국 땅에 군림했다. 옛 조선왕조의 왕궁에 설치된 박물관은 식
민지 경영의 이데올로기 장치로서 기능한 것이다.

두 번째로 지적하고 싶은 점은 식민지화 과정에서 한국에 설립된 박
물관의 역사적 성격에 대해서이다. 이미 서술한 바와 같이 이왕가박물
관과 총독부박물관의 설치, 나아가 이왕가박물관에서 이왕가미술관으
로의 개편 과정은 일본의 제실박물관 설립 과정과 밀접한 관계가 있다.
그러나 그것은 단지 일본을 모델로 해서 설립된 데에 그치지 않고, 새로
운 기능과 역할을 내포하고 있었다. 일본에서는 제실박물관으로의 형성
과정이 권력 탈취를 정당화하고 새로운 권위의 수립 과정이었던 데 비
해, 한국에서는 왕조 권력의 해체와 권위 및 성성의 박탈 과정 그 자체
였다. 그것은 박물관에 진열된 고미술의 취급에서도 단적으로 드러났
다. 예를 들어 일본 국내에서 도다이사東大寺 쇼소인正倉院 소장품이 어물御

物로서 은닉된[74] 데 비해 한국의 고대 미술품은 철저하게 개방되어, 쇠퇴의 상징으로 간주된 조선왕조의 미술품 및 근대 일본 미술과 대비되면서 전시되었다.

또한 전시 과정에서는 일본 박물관에서는 할 수 없는 조사·연구의 이상이 추구되었다. 즉 국가사업으로 고적 조사가 전개되어 발굴 기술, 기록 작성법, 조사 체제의 편성 등 태평양전쟁 패전 후 일본 고고학계에서 채용한 발굴조사의 기본적인 틀이 식민지 한국에서 박물관이 수행한 고적 조사에 의해 준비된 것이다.[75] 행정 지원 아래 유적 조사가 공공사업으로서 계속된 곳은 일본 국내가 아니라 오직 식민지 한국에서였다. 총독부박물관은 이런 고적조사사업을 총괄하여 조사, 보존, 진열의 일원화를 체현하도록 기대된 것이다. 식민지 권력 아래에서 배양되고 축적된 풍부한 경험은 오늘날까지 이어지고 있다. 이런 의미에서 이 장의 주제는 태평양전쟁 패전 후의 일본과 해방 후의 한국을 논하지 않으면 완결되지 않는다. 그것은 다음의 과제로 미룰 수밖에 없다.

제10장 식민지기 한국의 마르크스주의사학

백남운, 『조선사회경제사』를 중심으로

머리말

1930년대에 연이어 간행된 백남운白南雲(1895~1979)의 『조선사회경제사』와 『조선봉건사회경제사 상』[1]은 이 시대 한국인의 유물사관 수용과 학술적 도달점을 보여주는 기념비적인 저작이다. "당시의 학문 수준에 제약을 받기는 했지만 한국 연구가 오로지 일본인 관학자官學者의 수중에 독점된 악조건에서 한국인으로서 최초로 자력으로 이 과제에 매달려 태평양전쟁 패전 후의 사적유물론으로 계승되는 유니크한 성과"[2]라고 평가되기 때문이다.

다만 두 저작을 개별적으로 보면, 고려 시대를 고찰 대상으로 하는 『조선봉건사회경제사 상』에서 전개된 봉건제론이 해방 후 남북한 학계에 계승되어 그 후 남북한의 연구가 학문적으로 자리매김되는 등 적극적인 평가를 받는[3] 데에 비하여, '원시씨족공산체 및 노예경제사'라는 부제를 붙인 『조선사회경제사』에 대해서는 오로지 한국 고대사 연구의 실증성 수준에서 주로 논평이 되고 마르크스주의적 발전단계설의 기계적인 적용에 관한 비판적인 평가로 일관되는 느낌이 있다.

예를 들어 해방 후 한국에서는 일원론적 발전 법칙의 적용이라는 방법론이 그 분야에 끼친 '타격'이 얼마나 심각했는지를 논하는 등 부정적인 측면이 강조되기조차 했다.[4] 요컨대 학문적인 역사적 평가는 한국 고대사 연구라는 틀에서 보면 결코 높다고 할 수는 없다.

이 장에서 주목하고자 하는 것은 유물사관 입장에서 처음으로 한국 고대사를 체계적으로 서술하려 한 백남운과 그의 저작 『조선사회경제사』를 통해 보이는 근대 한국에서의 마르크스주의사학의 수용 계기와 그 배경에 대해서이다. 백남운은 해방 후에는 1979년에 생애를 마치기까지 북한에서 교육상敎育相, 최고인민회의 의장을 역임하는 등 북한 정계, 학계의 지도적인 입장에 있었다. 한국인의 유물사관은 백남운과 함께 북한에 계승되었는데, 이렇게 거시적으로 보면 『조선사회경제사』는 그 후 한국의 유물사관을 방향 지었다고도 할 수 있다.[5]

뒤돌아보건대, 일본에서 마르크스주의사학이 개시된 것은 1927년경의 노로 에이타로野呂榮太郎[6]나 핫토리 시소服部之総[7]에 의한 근대사 연구에서 찾을 수 있고, 고대사에 대해서는 1932년에 유물론연구회가 결성되고 그 후 와타나베 요시미치渡部義通[8] 등의 연구 성과가 1936년부터 다음 해에 걸쳐서 『일본역사교정日本歷史教程』으로서 간행된 경위가 있다. 백남운의 『조선사회경제사』가 개조사改造社의 경제학 전서全書 한 권으로 간행된 것은 1933년으로, 그의 사상 형성은 이러한 일본의 마르크스주의사학과 밀접한 관계를 가진다고 추측된다.[9]

백남운은 1920년대 전반에 도쿄고등상업학교에서 배우고 1925년부터는 연희전문학교 상과 교수에 취임하는데, 그 후에도 그의 연구는 일본 학계와 긴밀한 관계 속에서 이루어졌다.[10] 바로 백남운의 학문 연구는 위에 서술한 일본 마르크스주의사학의 동향과 깊은 관련을 가지면서 동시대인으로서 수행된 것이다.

그래서 새삼 유의하고자 하는 것은 1933년에 간행된 『조선사회경제사』가 한국인의 고대사 인식에 수행한 역사적인 역할에 대해서이다. 일본 마르크스주의사학의 영향을 받으면서도 현실적인 과제를 달리하면 자연히 그 사상을 마주 대하는 위상은 다르지 않을 수 없다. 또 동시대 와타나베 요시미치 등의 고대사 연구와 그 후 그들이 일본 고대사 연구에 수행한 역할을 대비하면 양자의 위치 관계가 뚜렷이 보이게 될 것이다.

　20세기는 세계의 민족이나 국가가 기원을 탐구하는 정열이 분출한 시대이기도 하다. 오늘날 남북한에서는 민족 기원을 4천, 5천 년 전으로 상정하고 그 이래 동질성이 높은 '단일민족'에 의한 공정公定의 역사가 이야기되는데, 20세기 초 이래 한국인에게 고대사가 가지는 의미는 국가, 민족의 존망과 관련되어 계속 중대한 관심사였다.[11] 근대 한국인에게 고대사가 가지는 의의를 생각할 때에 백남운이 『조선사회경제사』에서 기도한 시도는 결코 가볍게 볼 수 없다.

　1930년대에는 백남운뿐만 아니라 이북만李北滿, 이청원李淸源, 김광진金洸鎭 등이 사적유물론의 입장에서 한국 고대사 연구에 관한 논문, 저작을 집중적으로 발표했다.[12] 그것을 시야에 둘 때 이렇게나 집중적으로 발표된 배경은 무엇인가, 그들은 왜 마르크스주의사학에 접근했는가, 유물사관에 의한 역사 연구는 왜 고대사를 대상으로 해야 했는가, 그것은 당시의 현실 한국 사회와 어떠한 관련을 가졌는가 하는 의문이 솟게 된다.

　그 회답에 대한 실마리는 그들이 큰 영향을 받은 동시대 일본의 고대사 연구이다. 이미 많은 지적을 받은 바와 같이 와타나베 요시미치 등이 만든 『일본역사교정』은 태평양전쟁 패전 후 역사학이 재출발할 즈음에 계승해야 할 업적으로서 높은 평가를 받았다.[13] 『일본역사교정』을 둘러싼 연구 상황은 1930년대 일본 역사학계를 특징짓는 중요한 동향이었다. 한국인 연구자의 마르크스주의사학은 시기적으로도 겹치는 일본 마르크스주의사학 연구와 어떠한 관계가 있는가? 이 시기의 한국인에 의한 마르크스주의사학을 어떻게 파악할 수 있는가? 그리고 한국인의 마르크스주의사학이 가진 독자적 의의는 어디에 있는가? 이 장은 그러한 물음에 대한 기초적인 작업이기도 하다.

1. '원시씨족공산체 및 노예경제사'와 단군신화

이미 서술했듯이 1930년대에는 백남운을 비롯해 이북만, 이청원, 김광진 등 한국인이 사적유물론의 입장에서 쓴 한국 고대사 논문, 저작이 집중적으로 발표되었다. 그중에서 선구성, 체계성에서도 백남운의 『조선사회경제사』는 특별한 위치에 있다. 3편 17장으로 이루어진 『조선사회경제사』의 전체 구성은 다음과 같다.

서론
　　제1장 조선경제사 방법론
　　제2장 단군신화에 대한 비판적 견해
본론
　제1편 원시씨족사회
　　제3장 씨족사회에 관한 학설
　　제4장 조선의 친족 제도 용어 분석
　　제5장 조선의 푸날루아식 가족 형태
　　제6장 성씨제
　　제7장 원시조선의 생산 형태
　　제8장 원시씨족공동체
　제2편 원시부족국가의 제 형태
　　제9장 삼한
　　제10장 부여
　　제11장 고구려
　　제12장 동옥저
　　제13장 예맥의 촌락공산체 자취
　　제14장 읍루의 미개 상태와 대우혼對偶婚의 흔적
　제3편 노예국가 시대

제15장 고구려

제16장 백제

제17장 신라

총결론

이상의 17장에서 전개되는 논지는 다음과 같다.[14] 즉 먼저 원시공산제 사회 말기인 2세기 전후의 삼한 시대에 국가 성립에 이르는 과도적 단계로서 원시부족국가가 형성된다. 그것은 부족동맹단체로 구성되는 사회이고 어디까지나 국가의 맹아 형태에 불과하지만, 집단적 소유에 바탕을 둔 종족노예제가 계급 대립으로서 일반화하는 시대였다. 이 종족노예제는 정복전쟁에 의한 노예의 양적 확대를 배경으로 개인적 소유에 바탕을 둔 일반적 노예제로 발전하고, 노예제국가(고구려, 백제, 신라)의 길을 연다. 이렇게 성립한 노예제사회는 왕족·귀족계급, 지방 호족, 일반 농민, 노예라는 계급 구성을 취한다. 이 중 노예는 주로 왕족이나 귀족계급에게 소유되고 토지국유의 원칙 아래에서 그들 왕족·귀족이 사여賜與받은 토지의 경작에 종사했다. 한편, 일반 농민은 토지 점유자이기는 하지만 국가의 소작인으로서 가혹한 수탈에 노출되어 있기 때문에 몰락할 운명이어서 사회적 노동의 주체가 될 수 없었다. 노예노동이 양적으로도 질적으로도 일반 농민의 노동을 웃돌았다. 그리고 통일신라기에 들어가면 대토지소유제의 전개와 특권 획득에 의한 장원화莊園化, 즉 봉전적 사령私領의 형성이 진행된다. 동시에 노예와 일반 농민의 농노화도 진행되어 봉건제로의 이행이 준비된다. 요컨대 노예제사회의 직접생산자로서의 노예와 일반 농민의 두 유형을 지적하면서, 결과적으로 그리스·로마형의 노예제사회와 동질의 사회가 상정된 것이다.[15]

이러한 논리 구성으로 이루어진 『조선사회경제사』는 서문에서 밝힌 바와 같이 백남운의 다음과 같은 한국 경제사 전체 구상의 일부였다. 즉 서문에 따르면 다음과 같다.[16]

　　　　　　　　제3부 식민지와 역사학

첫째, 원시씨족공산체의 양태

둘째, 삼국정립 시대의 노예경제

셋째, 삼국 시대 말기 무렵부터 최근세에 이르기까지의 아시아적 봉건사
회의 특질

넷째, 아시아적 봉건국가의 붕괴 과정과 자본주의의 맹아 형태

다섯째, 외래 자본주의 발전의 일정과 국제적 관계

여섯째, 이데올로기 발전의 총 과정

원시씨족공산제의 단계, 삼국 시대의 노예경제 단계, 삼국 말기부터 최근세까지의 아시아적 봉건제 단계, 아시아적 봉건국가의 붕괴와 자본주의 맹아 단계, 외래 자본주의 발전 단계라는 경제적 구성의 계기적 5단계를 설정하고, 『조선사회경제사』에서는 3단계의 도중까지를 다루고, 속편이 『조선봉건사회경제사 상』이어서 아시아적 봉건국가로서의 고려왕조가 고찰 대상이 되었다. 그 이후의 과제는 『조선봉건사회경제사 하』에서 다룰 것이 예고되었으나 완수되지 않았다.

그런데 『조선사회경제사』는 위와 같은 전체 구상의 일부이고, 내용은 논지에 보여주는 대로이지만, 원래 백남운이 위의 구상으로 추구한 것은 유학 시기의 스승 후쿠다 도쿠조福田德三[17]의 봉건제결여론과 그 영향을 받아 주장하는 '특수사관'을 비판하고 한국사의 발전이 세계사적 보편의 한 특수 형태임을 밝히는 일이었다. 바꾸어 말하면, 한국 사회의 특수성과 정체성을 강조하여 식민지 지배를 정당화하려는 당시 주류를 이루던 논의에 대하여 세계사적인 발전법칙이 한국사에서도 예외 없이 관철되고 있음을 보여주려는 것이었다.

『조선사회경제사』 간행 후에도 모리타니 가쓰미森谷克己가 노예제결여론을 주창하는 등[18] 숙명적 정체론이 일본인 연구자에 의해 강조되는 가운데 세계사적 규모에서의 자본주의의 일환을 형성하는 한국사의 계기적 변동 법칙을 파악하려는[19] 것은 결코 쉬운 과제가 아니었다. 그 때문에

사회구성체론의 일반성과 특수성의 해석에 고심하면서도 도식적인 적용단계를 완전히 벗어나지 못했음은 부정할 수 없는 사실이기도 하다.

그러한 평가를 시인하면서도 필자가 주목하고자 하는 것은 한국사를 세계사적 보편성 속에 자리매김하려고 시도함으로써 백남운이 『조선사회경제사』에서 매달렸던 실천적인 과제[20]에 대해서이다. 확실히 『조선사회경제사』는 한국에서 고대노예제가 실재했음을 논증하려는 데에 주안점이 있다. 그러나 이 책은 단순한 노예제론에 그치지 않고 그것을 통해 극복해야 할 현실적인 과제가 무엇인가를 어느 때는 명시하고 어느 때는 은유를 사용하여 암시하려고 노력했다. 『조선사회경제사』는 한국인이 직면한 현실적 과제를 극복하기 위해서 백남운이 파악한 현실과 그것을 극복하기 위한 방법론이기도 했지만 그러한 시각은 지금까지 희박했다고 생각된다.[21]

예를 들어 백남운은 『조선사회경제사』를 통하여 노예제국가의 실재를 여러 사료를 구사하여 입증하려고 했는데, 그에 못지않게 그가 힘을 기울인 것은 서론에서도 다루는 '단군신화에 대한 비판'의 철저화이다. 오히려 『조선사회경제사』를 허심탄회하게 검토해보면, 서론부터 총결론에 이르기까지 한국인 스스로가 주창한 '특수사관'에 대한 비판이고, 대안으로서 유물사관에 의한 노예제국가론을 일관되게 주장한 것이다.

그렇다면 백남운이 비판 대상으로 파악한 한국 특수사관이란 무엇일까? 제1장 '조선경제사 방법론'에 따르면, '특수사관'이란 크게는 근대 일본이 독일에서 수용한 역사학이고, 더 구체적으로는 조선총독부 등 일본인의 한국사 연구나 근대 역사학의 방법론을 일본에서 수용한 한국인의 한국사 연구를 가리킨다. 그러한 양자의 관계에 대해서 백남운은 다음과 같이 서술했다.

불행한 각인刻印으로서의 '특수사관'이라는 외래품을 일본에서 수입한 것도 우리 선배일 것이다. 그 특수사관이라는 역사학파의 이데올로기는 전적으로 신흥 독일 자본주의가 영국에 대항하는 국민적 운동의 소산이었는데, 이것이 신흥 일본의 자본주의적 국정國情과 적합했기 때문에 대량 수입을 이룬 결과 일본 사학계는 어쨌든 비약적으로 발전하게 된 것이다. 이에 반하여 우리 선배들의 기민한 수입은 국정의 격변 때문에 뿌리를 내리지 못하고 골동품 수집 편력학도Fahrende Schüler로서 정치적으로 버림받은 정세이기는 하지만, 적어도 관념적으로는 조선문화사의 독자적인 소우주Mikrokosmus로서 특수화하려는 기도가 상당히 뿌리 깊게 습관화되어 있다. 이런 종류의 특수성 이외에 이와는 외관상 다른 관제官製의 특수성이라는 것이 따로 규정되어 유포되고 있다. 그것은 관리 나리들의 '조선 특수 사정'이라는 이데올로기가 곧 그것이다. 이 두 가지 형태의 특수성의 차이를 찾는다면, 전자가 신비적·감상적인 데 비해서 후자가 독점적·정치적임을 지적할 수 있지만, 본질적으로는 인류사회 발전의 역사적 법칙의 공통성을 거부하는 점에서는 완전히 궤를 같이하고 따라서 반동적이다. 이 두 형태 (실은 서로 닮은꼴의)의 특수성은 조선 사학의 영역 개척을 위해서는 정력적으로 배격해야 할 현실적 대상이다.[22]

말하자면 문화본질론적인 역사학에 씌워진 '특수사관'의 으뜸으로서 비판의 도마 위에 오른 것이 단군신화였다. 신화상의 시조 단군왕검은 15세기 후반에 편찬된 『동국통감』에 의해 기원전 2333년의 조선 건국자로서 일정한 위치에 있다. 단군에 관해서 문헌상 확인되는 가장 오래된 기록은 1280년대에 승려 일연一然이 편찬한 『삼국유사』로 소급된다. 조선왕조 시대에는 모화사상慕華思想으로 인해 기자동래설箕子東來說에 미치지 못했지만 20세기 초에는 계몽사상가들이 다양한 각도에서 단군신화를 다루자 민족 기원의 역사로서 순식간에 민중에 침투하였고 이윽고 병합 후에는 독립운동을 지지하는 사상적 기반으로서 조선총독부가 경계해야 하는 대상이 되기도 했다.[23] 그러한 단군신화에 대해서 백남운은 총결론에서,

게다가 신채호, 최남선과 같은 경우는 단군신화를 수호 본존守護本尊으로서 조선 민족의 실재적 시조로서 그 특수문화사를 설명하지만, '단군'은 씨족사회 말기에 해당하는 농업공산체農業共産體 추장의 특수한 호칭에 불과하다. 그것을 만세일계적萬世一系的으로 조선 민족은 단군의 자손이라는 둥 퍼뜨리고 있는데, 원시적 씨족공산체 내지는 민족 형성의 역사적 관념을 전혀 이해하지 못한 비역사적인 견해이다.[24]

라고 신랄하게 비판하고 사료 고증을 더하면서 단군을 원시공산제 말기에 자리매김하고, 그것이 역사적 산물이라는 의의와 중요성을 역설했다.

그런데 위에서 언급했듯이 백남운이 일본의 식민주의사학뿐만 아니라 신채호, 최남선을 비롯한 민족주의사학을 '특수사관'으로 엄격히 비판한 사실은 『조선사회경제사』의 전체 구성에서 결코 경시할 수 없는 문제이다. 그렇지만 그가 설정한 과제와 목적에 대해서는 지금까지 자각적인 검토가 이루어지지 못했다.[25] 이미 이기백이 지적한 바와 같이 "종래에는 이상하게도 이 사실을 눈감아버리려는 듯한 인상을 받는 것은 잘 납득이 안 되는 일"이고, "양자(백남운 등의 사회경제사학과 민족주의사학)가 모두 일제의 식민주의적인 사관과 맞섰던 것은 분명한 일이긴 하지만 이 한 가지 사실만으로 해서 양자가 결합되어왔다거나 혹은 또 쉽게 결합될 수 있다고 생각되는 것은 사고의 비약일 것이다."[26]

더구나 『조선사회경제사』를 통하여 백남운이 강조하는 것은 일본인의 식민주의사관보다는 오히려 한국인의 특수사관에 대한 비판이어서, 백남운의 이러한 주장을 동시대의 문맥에서 분리해버리거나 그의 주장을 갈등 경합의 영역에서 떼어놓거나 하는 일은 『조선사회경제사』에서 기도한 그의 전략을 파악하기 어렵게 할 뿐만 아니라 그 의도를 근저에서부터 잘못 이해하고 만다. 그래서 백남운이 『조선사회경제사』에서 주된 비판의 대상으로 삼았던 한국인의 특수사관이란 무엇인지, 왜 특수사관의 비판이 급선무였는지를 살펴보고자 한다.

2. 실천적 과제로서의 특수사관 비판

백남운은 '사학의 실천성'을 거듭 강조했는데, 왜 그러한 입장에서 단군신화를 한국인의 역사와 문화의 상징으로 삼는 민족주의사학을 '특수사관'이라고 하여 배격할 필요가 있었던 것일까? 이미 언급했듯이 계몽사상가들의 활동에 의해 단군신화가 한국인의 마음을 사로잡아 널리 한국사회에 침투한 것은 20세기 초의 일이었다. 단군신화를 중핵으로 한 민족주의사학은 중국으로부터의 독립과 일본의 침략과 지배에 저항하여 식민지 지배로부터의 독립을 목표로 하는 한국인들의 정신적인 지주가되었다.[27]

그 때문에 독립운동을 정신면에서 지탱한 단군신앙이나 재야 사적史籍에 대한 대응책으로서 조선총독부는 1916년에 『조선반도사朝鮮半島史』 편찬과 조선고적조사사업을 추진했다. 그렇지만 효과가 불충분하다고 간주되어 1922년에 조선사편찬위원회를 설치하고 1925년에는 칙령 공포에 의해 조선사편수회를 설치하여 편년체 통사 『조선사朝鮮史』 편찬이 국가 프로젝트로서 착수되었다.[28] 그간의 경위에 대해서는 그 편찬의 중심역할을 한 이나바 이와키치稲葉岩吉[29]가 다음과 같이 회상했다.

> 반도를 바라보면 단군 신앙이 눈에 띄게 대두되었다. (중략) 단군 신앙은 최근 몇몇 제창자에 의해 급속히 발전해 일찍이 일고의 가치조차 없었던 조선사 연구는 제대로 갖추지 못한 수준이면서도 조선인 사이에서는 일대 풍조를 이루었다. 지금 일한동원론日韓同源論 등으로 해결할 수 없게 되었기 때문에 조선총독부는 오히려 나서서 조선사 편찬을 계획하고 이것이 풍조를 정당하게 이끌어 착각을 하지 않도록 노력할 시기임을 알고 조선사편수회의 칙령 공포를 보게 된다. 이것이 다이쇼大正 14년 여름의 일이다.[30]

실제로 최남선이 단군신화를 13세기 몽골이 한반도를 침략할 때의 역사적 산물이라고 간주하는 이마니시 류今西龍[31]의 설과 대항한 것처럼,[32] 1922년 이래 조선사편찬위원회나 조선사편수회에서 단군의 자리매김을 둘러싼 질의를 되풀이하기도 하고 1926년에는 『동아일보』에 「단군론」, 「단군을 부인하는 망령됨」을 집필하거나 1928년에는 「불함문화론不咸文化論」에서 이마니시의 단군론 비판을 시도하기도 했다. 그리고 조선 고적조사사업이 어떠한 목적을 가졌는지를 가장 예민하게 통찰한 것도 또한 최남선이며, 문명화라는 명목하의 동화정책에 대해서 '조선학'이라는 민족 고유문화의 현양으로 대항한 것도 최남선이다.[33]

또 그보다 앞서 1908년부터 발표된 신채호의 『독사신론讀史新論』에 그려진 역사는 단군 건국에서 시작하여 926년 발해 멸망으로 인한 조상의 땅 상실로 끝나는 역사였다. 먼 과거의 만주에 대한 요구를 점점 더 격하게 말하고, 그 영토가 어떻게 분산되었는지를 논술하면서 그 영유의 기억이 어떻게 사라졌는지를 호소했다. 단군의 쇠퇴부터 많은 왕국이 끊임없이 경합하며 패권을 다투었으나 마침내 발해 멸망과 함께 압록강 이북의 땅은 거란 등의 이민족에게 양도되고 말았다고 신채호는 간주했다. 신채호는 근간이 되는 민족으로서 부여족을 출발점에 두면서도 민족의 등장은 그 선조인 단군의 출현에서 제시했다. 『독사신론』은 단군을 역사의 시발점으로 하여 부여, 삼국, (통일)신라, 발해라고 서술했는데, 그 역사는 혈통에 의해 정의되고, 적대하는 여러 민족에 의해 항상 위험에 노출되어 있는 한민족의 성쇠를 강조하는 것이었다.[34]

조선총독부에서 경계 대상으로 간주한 신채호나 최남선의 이러한 설을 백남운은 왜 '특수사관'이라고 하여 배격해야 했는가? 한국인이 '특수사관'을 주장하는 폐해를 백남운은 『조선사회경제사』 속에서 영국과 인도의 관계를 채용하여 다음과 같이 서술했다.

문명인인 정복자 무리는 비문명인(!)인 피정복자 무리의 **현상 유지**를 모든 정책의 기준으로 삼는다. 이에 역사법칙에의 반동이 강화되는 것이다. 이러한 경우에 만일 피정복자 무리 스스로가 자기의 특수성을 강조한다면, 그것은 이른바 갱생의 길이 아니라 무의식적으로 노예화에의 사도邪道로 떨어지는 것이다. 왜냐하면 일반적 역사법칙의 필연적 발전성을 거부하기 때문이다. 예를 들어 인도의 인사人士가 단순히 특수문화를 강조한다면, 그것은 전통에 대한 감상적인 자만으로만 끝나고 영국의 제국주의적 구속에서 해탈해야 할 갱생의 길은 되지 않는 것이다. 또 영국 정부가 인도의 특수 사정을 강조할 경우에는 그 전진해야 할 통로의 차단을 의미하는 데에 지나지 않는다.

이렇게 해서 인도에서의 역사법칙의 운동 과정을 무시하는 한 인도의 신사건 영국의 관리건 결과에서는 동일한 진영에 속하게 되고 인도문명의 전통을 본질적으로 이해할 수도 없으므로 인도 민족의 필연적인 역사 동향을 간파할 수도 없다. 아니, 그 동향을 거부하는 점에서 일치할 것이다.[35]

즉 역사법칙의 운동 과정을 무시하고 피정복자가 민족문화의 독자성을 마구 주장하거나 정복자가 피정복자의 특수 사정을 강조하면 피정복자가 자기의 전통문화를 정말로 이해할 수 없을 뿐만 아니라, "제국주의적 구속에서 해탈해야 할 갱생의 길"로 통하는 "필연적인 역사 동향을 간파할 수도 없다. 아니, 그 동향을 거부하게" 된다고 지적했다. 영국과 인도의 사례에 견주면서 신채호나 최남선이 주장하는 바와 같은 '특수사관'은 식민지로부터의 해방과 독립에는 전혀 유효하지 않음을 완곡하게 표명했다.

실은 이러한 제국주의와 문화 문제는 이미 백남운이 1927년에 발표한 「조선 자치운동에 대한 사회학적 고찰」[36]에서 당시의 사회적 문맥에 입각하여 명쾌하게 논했다. 표제에 든 자치운동이란 1920년대 전반에 민족주의 세력의 일부에서 제국 일본이 허가하는 범위 내에서 경제 실력 양성, 민족 개량, 자치권 획득을 하자는 주장이 나오기 시작하여서 제국 일본과 타협하여 식민지 지배를 인정한 위에 지역 회의를 개설하고 이것을 통해 대중의 정치 훈련을 쌓아 장래에 독립한다는 자치론을 추진하는 운동이다.[37] 이러한 자치운동은 1926년 후반에 들어 비타협민족주의자와 사회주의자의 강력한 반대에 의해 일단 무산되었지만, 1926년 말부터 1927년 초에 걸쳐서 양자의 민족협동전선체 결성이 본격화하자, 이에 대하여 조선총독부는 자치운동을 지원하면서 장기적인 한국 지배를 위해서 자치회의 개설 계획안을 준비하는 등 그간 보류하던 자치제 실시 문제를 정면에서 검토하게 된다.[38] 백남운의 자치론에 대한 견해는 바로 이 시기의 것이다. 그는 자치론의 본질을 다음과 같이 서술했다.

> 원래 정치적 자치는 정복자 무리의 피정복자 무리에 대한 통치책의 한 범주에 불과하다. 그 때문에 원칙적으로 피정복자 무리가 자발적으로 자치를 주장하는 경우는 극히 드물고, 만일 주장할 경우는 정복자 무리의 통치상 번뇌를 반증할 수 있을 뿐만 아니라 회유적 태도를 계시啓示한 증거라고 볼 수 있다. 이렇게 논단하는 근거는 이러하다. 즉 제도화된 노예는 생살여탈권을 장악한 주인의 명령대로 노역할 의무뿐이고, 생존권, 인격권을 주장할 아무런 보증이 없는 것이다. 식민지민과 노예는 실질상 물론 상이한 점이 많지만, 본질적 개념은 피정복자 무리는 그것(노예)이다. 그러면 식민지 재래민을 거대한 노예 무리라고 할 수 있고, 식민지민에 대한 통치책을 노예 대우의 최고 형태라고 볼 수 있다. (중략) 조선은 일본의 식전지殖錢地이고 조선인은 피정복자 무리다. 그렇다면 조선자치설은 과연 조선인 전체의 요구인가? 통치 당국이 허락하려는 자치인가? (중략) 심리적으로 해부하면 자치통치의 개념은 비관적 산물이다.[39]

총독부 측이 주도하고 한국인 민족주의자 일부가 호응한 자치론을 위에서 서술한 바와 같이 분석한 후에 민족주의사학자가 주장해온 한국 고유문화가 수행하는 역할을 자치론의 문맥 속에서 다음과 같이 자리매김했다.

그러나 무력 정복이건 평화 정복이건 어떤 국토를 확보한 이상은 정복자 무리 자체의 권위와 직접적으로 이익 관계를 영속적으로 확보하기 위해서 식민지의 기성 문화, 풍속, 습관, 신념과 같은 것을 준거로 하여 적용하는 정도의 통치책을 수립하는 것이 근세 식민정책의 추세이다. 이렇게 자치는 결국 식민정책의 고도 형태를 구성하는 것이다.[40]

앞에 인용했듯이 식민지 재래민은 거대한 노예 무리이고, 자치통치책은 식민지 백성에 대한 노예 대우의 최고 형태라고 백남운은 규정했다. 이러한 최고 형태인 정복-피정복 관계를 영속적으로 확보하기 위해서야말로 정복자는 피정복자들의 기존 문화, 풍속, 습관, 신념 등을 통치의 근거로 이용하며, 그러한 통치책은 식민정책의 추세가 되었다는 것이다. 요컨대 백남운에 따르면, 민족의 고유성만을 강조하는 특수사관은 반드시 일본의 지배에 저항하여 탈식민지화를 촉구한다고는 할 수 없으며 거꾸로 자치론의 본질인 '식민정책의 고도 형태'를 유지하는 이데올로기 장치가 될지도 모르는 것이다. 그 때문에 특수사관은 백남운에게 용인될 수 없는 문제였다.

그런데 백남운은 이 논문에서 식민지 지배의 동태에 대하여 '결합-분화-분리'라는 단계를 설정하고 결합에서 분화, 분리의 과정을 다음과 같이 설명했다.

정치적 정복으로 결합된 두 사회의 관계는 정복국가가 언어 보급, 결혼·장례, 관리 채용 등 이른바 문화정책이건 무단적·급진적이건 피정복자 무리를 동화하려고 하는 것이 원칙이다. 그 이유는 계획적으로 임의적으로 단일 사회를 조직하는 것이 안전하고 확실하기 때문이다. 그러나 피정복지의 상황에 따라서 최초의 계획인 동화책이 생각대로 안 될 때는 통치자 무리가 후견적 관계를 장악하여 기타의 기형적 형태를 허용하는 것이다. 즉 사회적 수정受精 작용을 수태할 수 없음을 간파하여 통치자 무리의 감시하

에 이적離籍하는 것이 곧 자치통치이다.[41]

즉 결합 단계에서는 동화에 의한 단일 사회를 지향하지만, 동화책이 잘 이행되지 않으면 피정복자의 일부를 후견하여 이를 감시하에 두고 분화하여 분리한다. 이것이야말로 자치통치라는 것이다.

다만 일본과 한국의 '결합'을 식민지라고 간주하는가, 비식민지라고 간주하는가에 따라 일본 측에는 세 가지 해석이 있다고 한다. 첫째는 동조동원同祖同源, 일시동인一視同仁에 의한 '일본의 환원지還元地'라고 보는 해석. 둘째는 조선이라는 실재성을 배척하고 일본이라는 외포外包 개념으로 대위代位하려고 하는 인도적 제국주의라고 보는 해석. 셋째로 '조선의 고유문화를 인정하는 동시에 민족 간의 감정을 융화하여' 점차 자치통치를 허용하는 식민지라고 보는 해석. 이상과 같은 세 가지 해석을 보여 준 다음 첫째, 둘째가 일본연장주의라면, 셋째는 (식민지)문화주의여서 종속적으로 분리하는 것은 관계없다는 견지에 선 직접통치에서 자치통치로 옮겨 가는 과도정책론이라고 간주했다.[42] 그러고 나서 백남운은 세 번째의 입장에 서서 맺음말에서 "자치운동은 민족적 기백을 마비시키는 동시에 계급 통일 의식을 교란하여 마침내는 사회 분열의 계기가 되는" 것에 위기감을 가지고 지적했다.[43]

세 번째 입장을 '문화주의'라고 이름 붙인 것처럼 백남운이 문화를 제국주의로 파악한 점은 주목된다. 역사적 세계에 등을 돌리고 민족본질론에 머물러 있어서는 제국주의로부터 진정한 해방은 성취할 수 없다는 확고한 전망을 엿볼 수 있기 때문이다.

이렇게 보면 백남운이 『조선사회경제사』에서 전개한 특수사관 비판은 '자치운동'의 긍정·부정이라는 1920년대 당시의 식민지 한국이 품고 있던 문제를 자신의 절실한 사상 과제로서 파악한 것이었음을 이해할 수 있다. 경제사가로서 식민지정책에 정통한 백남운[44]은 식민지 지배나 총독부가 추진하려고 한 자치정책에 대항하면서 신채호나 최남선의

제3부 식민지와 역사학

특수사관으로는 1927년 이후의 현실을 타개할 힘이 될 수 없음을 이상과 같은 논리 구성 속에서 파악한 것이다.

3. 전략으로서의 마르크스주의사학

앞 절에서 본 바와 같이 『조선사회경제사』에서 특수사관을 비판하면서 민족의 기원이나 노예제를 문제시한 것은 백남운에게 1920년대 후반 이후의 식민지 한국이 안고 있던 사회 내부의 갈등, 모순에 해답을 주려는 실천적 과제와 깊이 관련되어 있었다. 때마침 1927년 2월에 민족 공동전선 조직인 신간회가 결성되었다. 식민지 지배하에서 민족 내부의 한국 인식을 둘러싼 대립을 극복하기 위해서 식민지 체제, 제국주의적 억압에 대한 저항의 주체로서 국민 공동체를 창출할 필요성을 통감하던 때이기도 했다.

민족의 역사나 문화의 독자성을 신비화하는 국수주의적 견해가 결코 현실적 과제의 극복으로는 연결되지 않음을 자각한 백남운에게 이미 서술한 대로 특수사관 비판은 일본의 지배에 대항하는 방법론이기도 했다. 이러한 관점에서 새삼 『조선사회경제사』를 볼 때 몹시 흥미로운 것은 지금까지 인용한 백남운의 단군 언설 비판에 자주 나오는 '만세일계적', '선택된 천손족天孫族', '수호 본존', '신인神人(!)인 단군의 자손'과 같은 표현이다. 천황제 이데올로기와 관련 있는 어구를 사용하면서 단군 언설의 비판을 시도하려는 논법 속에 그가 단군 언설을 어떻게 파악하고 비판하려고 했는지를 보여준다고 생각하기 때문이다.

이미 언급한 인용문에도 보이듯이 백남운은 일본과 한국의 특수사관이 서로 닮은꼴임을 간파했는데, 실제로 백남운이나 그의 주위에서는 최남선이 창출한 '조선학'에서도 일본의 국학과의 공명 관계의 낌새를 알아채고 있었다.[45] 민족 공동체를 위해 투쟁하면서도 근대 일본이 서양과의 대항 관계에서 형성한 일본의 문화적인 틀에서 한국인이 문화 주체를 형성한 사실[46]을 독자의 수법으로 비판적으로 그렸다고 볼 수 있다.

그런데 백남운이 한국인의 특수사관 비판에 이용하는 '천손족'이라는 용어는 1930년 이후 잡지 등에 자주 나오는데, 고야스 노부쿠니子安宣邦는 그 배경을 1930년을 전후하는 시기에 역사적, 문화적 아이덴티티를 가지고 맺어진 인간 집단으로서의 민족이라는 의의가 크게 부가되어 새롭게 우월적으로 차별화된 종족 개념인 '일본 민족'이 구성된[47] 것과 관련 있다고 한다.

게다가 이러한 '일본 민족'은 왕권 신화에 기초하여 '천손 민족'으로서 재구성되는 사실을 지적하면서, '천손 민족'이야말로 쇼와昭和 파시즘기의 천황제 국가 일본이 만들어낸 신화적 민족 개념임을 논했다.[48] 그리고 '천손 민족'이란 일본제국에 영유되어 새로운 국민이 된 외지 주민에 대하여 본토 주민을 신화적 민족 개념으로써 우월적으로 차별화하는 개념이며, '일본 민족'은 동심원적으로 이중화되어 중심의 원 안에 '천손 민족'이 존재한다고 말한 것처럼, '천손족' 개념의 발생 유래와 그 구조를 설명했다. 그렇다면 백남운은 한국 민족을 비롯한 피지배 민족과의 관계에서 생긴 '천손족'이라는 개념을 동시대 일본의 언론 상황의 문맥을 이용하고 그것을 역이용하면서 '천손족'이라는 용어를 사용하여 특수사관의 비판을 기도했다고 추측할 수 있다.

이 점을 뒷받침하는 것은 백남운이 『조선사회경제사』 간행 직후에 자신의 저술에 대해서 이야기한 다음과 같은 논술이다.

또 하나 일반적 소감을 솔직히 고백한다면, 고대 문헌 비판의 자유에 대해서이다. 즉 고대사에 관한 자료를 비판적으로 비교적 자유롭게 구사할 수 있다는 점은 오히려 흥겨운 기회가 되었다. 예를 들어 단군왕검을 농업공동체 붕괴기에 점차 출현한 원시적 귀족 추장의 특수한 칭호라고 규정한 것도 우선 국수적 특수문화사가에게는 당돌한 불경어로 받아들여지겠지만, 그보다 적어도 광무光武 연간에는 이런 종류의 어구는 설령 과학적 규정이라고 하더라도 쓸 수 없음을 생각한 순간에 역사적 운명을 생각하지 않을 수 없고, 삼국 중의 후진인 신라의 건국 기년을 정통화하기 위해서 김부식이 위작한 것이나 삼국 권농勸農 정책의 기만성, 관사官司 제도의 특질 등에 관련한 사학적 비판과 같은 것도 적어도 융희隆熙 연간이라면 불손한 필설이라고 책망을 받는다고 생각한 순간에 일종의 감상적인 기분이 되었다. 이러한 점을 파쇼화하는 국가에서 현실의 정권 또는 국체에 관해서는 일언반구의 비판적인 언사도 입에 담을 수 없는 것과 비교할 때 비판의 자유를 느끼기보다는 비판의 비애를 느끼게 되었다.[49]

『조선사회경제사』 집필 단계에서 사료 비판을 자유롭게 구사할 수 있었던 것이나 시조로서 신비화된 단군을 농업공동체(원시씨족공동체) 해체기 수장의 칭호로 규정한 것, 또 『삼국사기』의 신라 건국 기년을 바로잡은 것 등등에 대해서 '국수적 특수문화사가'에게 '불경', '불손'이라는 책망을 받지 않을 수 없는 행위라고 자신의 소행을 설명했다. 여기에는 광무 연간(1897~1907년), 융희 연간(1907~1910년)에는 도저히 할 수 없는 언동이었다는 양해가 있지만, 대한제국기에 이러한 언론 억압이 실제로 있었는지 아닌지는 불분명하다. 그러나 보다 확실한 것은 문맥상 대한제국 황제가 존재했던 시대를 독자에게 환기시킴으로써 동시대 일본의 상황을 위장하면서 비유적으로 논하려는 문장 꾸밈과 관련되어 있다고 스스로 언급한 점이다.

왜냐하면 여기에 기록된 내용은 동시대 일본의 사정에 정통한 사람이라면 누구나 무엇을 암시하는지를 상기할 수 있었다고 생각되기 때문이다. 문헌 비판에 대한 언사는 분명히 쓰다 소키치津田左右吉의 『고사기 및 일본서기 연구古事記及び日本書紀の研究』(1924년), 『일본 상대사 연구日本上代史研究』(1930년), 『상대 일본의 사회 및 사상上代日本の社会及び思想』(1933년) 등 『고사기古事記』, 『일본서기日本書記』에 대한 비판적 연구가 백남운의 염두에 있었을 것이다. 더욱이 "파쇼화하는 국가에서 현실의 정권 또는 국체에 관해서는 일언반구의 비판적인 언사도 입에 담을 수 없는" 상황이란 분명히 치안유지법 시행 후의 일본을 가리킨 발언일 것이다.

백남운의 이러한 언동과 관련하여 와타나베 요시미치 등의 일본인 연구자의 동향이 연상된다. 와타나베 요시미치는 고대사 연구에 깊이 몰두하는 계기를 다음과 같이 말했다.

> 치안유지법은 지금 동지들을 감옥에 던져 넣고 있다. 우리의 최대 '죄과'는 '국체 파괴'라는 것인데 '국체'란 무엇인가, 언제 어떻게 성립·발전해온 것인가, 그것을 역사상에서 검토하는 일, 과학적으로 그것을 밝히는 일, 그것은 우리를 단죄하려는 본존本尊에 대한 도전이고, 이 싸움에 없어서는 안 되는 무기를 제공하게 될 터이다. 그러기 위해서는 일본의 원시사회부터 계급사회의 성립, 국가의 기원, 그 국가의 성격 등을 구명해야 한다.―이것이 이른바 '발심發心'의 동기였다. (중략) 고대사 연구를 의도한 것은 처음에 서술했듯이 일본의 '국체' 관념의 원점이라고도 할 수 있는 스메라미코토 체제의 계급적 성격과 그 기원을 폭로하는 데에 있었다.[50]

와타나베 요시미치의 이러한 회상과 앞서 인용한 백남운의 논술에는 서로 기맥이 통하는 바가 있다. 그뿐만 아니라 백남운이 보란 듯이 말하는 문헌 비판에 대해서도 와타나베 요시미치는 "고대사 연구를 본격적으로 개시할 수 있는 전제적前提的인 눈을 뜨게 해주었던" 것이 쓰다 소키치의 연구였던 사실을 역설했다.[51]

요컨대 백남운이 방법적 무기로서 사용한 사료 비판은 당시 일본에서는 이미 마르크스주의 고대사 연구에 중요한 자원을 공급하던 것인데, 여기에서 와타나베 요시미치와 궤를 같이하는 '방법'을 발견할 수 있다. 바꾸어 말하면, '군주제의 폐지', '국체와 천황제'에 강한 관심을 기울였던 와타나베 요시미치 등의 고대사 연구는 백남운의 텍스트로서『조선사회경제사』를 이해할 때에 중요한 실마리가 된다.

앞서도 지적했듯이『조선사회경제사』에는 '만세일계적', '선택된 천손족', '수호 본존', '신인(!)인 단군의 자손'이라는 어구가 자주 나오고, 그것들은 특수사관이 얼마나 비역사적인 민족본질론인가를 비판할 때에 사용되었다. 바로 와타나베 요시미치가 목표로 한 "일본 국체 관념의 원점이라고도 할 수 있는 스메라미코토 체제의 계급적인 성격과 그 기원을 폭로하는" 의도와 통하는 것이다.

민족주의사학자들이 설명하는 한국문화의 고유성이나 순수성에 대해서 백남운이 그것들을 탈신성화, 탈신비화하는 데에 이용한 것이 바로 천황제 이데올로기 비판이라는 수법이었다. 예를 들어,

> 내외 학자의 고대 조선사에 대한 문화사적 견해, 즉 비역사적인 표면적, 관념적인 견해에 대해서는 나는 반대 입장을 취한다. 유일한 과학적 방법론에서 크게 보면, 우리 조선 민족은 특별히 선택된 천손족도 아니고, 신인(!)인 단군의 자손도 아니며, 민족성 혹은 국민성 그 자체가 오늘날의 '조선인'이 되도록 운명 지어진 특수성인 것도 아니다. 말하자면 **조숙성**早熟性의 민족으로서 정상적인 역사법칙의 궤도를 통해 온 것이고 향후 걸어가야 할 갱생에의 동향도 또한 역사법칙의 운동 과정에 따를 것이다.[52]

라고 하고, 그 밖에도『조선사회경제사』인용 문헌 곳곳에 1930년대에 유물론연구회에 결집한 사람들의 문제의식을 공유했음을 엿볼 수 있다. 오히려 백남운은 전략적으로 이 점을 의식하고 있었다. 즉 백남운은『조선사회경제사』를 일본어로 발표한 것에 대해서,

> 특히 조선어로 발표할 수 없었던 것은 말하기 어려운 사정과 고통을 느낀 이유가 있었는데, 출판 후에 새삼스러운 말 같지만 고통과 동시에 일반 인사에게 죄송하다고 고백하지 않으면 안 된다. (중략) 그러나 불완전한 저작

이지만, 이것이 조선 민족의 역사적 현실에 대한 이론적 검토의 첫걸음이 된다면 일종의 고통을 자각하면서도 과학의 수준에 조응할 수 있는 언어가 쓰기 쉽다는 사정이 있었음을 다시 고백하는 동시에 특히 이 분야 동호인 제씨의 양해를 기대하고자 한다.[53]

라고 술회했다. 여기에서 "조선 민족의 역사적 현실에 대한 이론적인 검토"를 위해서 "과학의 수준에서 조응할 수 있는 언어가 쓰기 쉽다"는 대목은 텍스트로서의『조선사회경제사』를 분석할 때에 유의해야 할 점일 것이다.

그것은 백남운이 동시대 일본의 유물사관에 기초한 역사 연구의 동향을 끊임없이 주목했던 것과도 관련이 있다고 추측되기 때문이다. 예를 들어 백남운은『조선사회경제사』에서 친족 제도 및 친족 명칭의 분석을 통하여 모계씨족제의 존재를 논증하려고 시도하고,[54] 그 과정에서 궈모러郭沫若의『지나고대사회사론支邦古代社会史論』[55]이 인용되었다. 백남운이 중요한 전거로 이용한 이 궈모러의 중국 고대 모계씨족제에 처음으로 주목한 것은 바로 와타나베 요시미치였다. 그는 1930년 8월에 야마베 로쿠로山部六郎라는 이름으로「일본 씨족제도에 관한 두세 가지 논점(日本氏族制度に關する二, 三の論点)」[56]을 집필했는데, 이는 엥겔스의『가족·사유재산 및 국가의 기원』을 참고로 하여 일본의 모계제 존재를 추구한 것이다. 와타나베 요시미치는 3·15사건으로 체포되고 나중에 출옥하자 도쿄에서의 거주가 인정되지 않았기 때문에 1930년 4월부터 6개월간 지바현千葉県 이치카와초市川町에서 살았는데, 거기에서 우연히도 망명 중인 궈모러와 만나 친교를 깊이 하게 된다. 당시 궈모러는 집필 중인『중국고대사회中國古代社會』의 완성이 눈앞이기도 해서 와타나베 요시미치는 궈모러를 자주 만나서 내용이나 문제점을 논의하는 중에 중국 고대의 모계씨족 문제에 대해서도 상세한 해설을 들었다고 한다.[57]

백남운이『조선사회경제사』에서 전개한 모계제 문제는 와타나베 요시미치와 궈모러의 만남 없이는 있을 수 없었다고도 할 수 있다. 그러한 지적 교류의 여파는 때를 놓치지 않고 한국의 백남운에게 이르렀던 것이다.

맺음말

백남운은 『조선사회경제사』의 서론에서 "세계사적 방법론에서만 과거의 민족 생활 발전사를 내면적으로 이해하는 동시에 현실의 위압적 특수성에 대해 절망을 모르는 적극적인 해결책을 발견할 것이다"[58]라고 선언하고 총결론에서 "조선의 기록 역사는 이 노예국가의 발생사에서부터 시작되어야 하며 조선의 계급투쟁사는 지금부터 시작되는" 것이어서 "정상적인 역사법칙의 궤도를 통해 왔기" 때문에 "향후 걸어가야 할 갱생에의 동향도 또한 역사법칙의 운동 과정에 따를 것이다"[59]라고 식민지 지배에서의 해방을 이 책을 칭탁하여 서술했다.

와타나베 요시미치의 고대사 연구가 코민테른이 결정한 '일본 문제에 관한 테제(이른바 27년 테제)'와 깊이 관련되어 있는 것처럼,[60] 백남운의 『조선사회경제사』도 또한 1927년 전후의 식민지 지배하 한국의 현실적인 과제에 부응하려는 것이었던 점은 근대 일본과 한국의 유물사관에 의한 고대사 연구의 계기를 아는 데에 경시할 수 없다.

나중에 일본에서 『일본역사교정』을 간행하는 등 처음으로 본격적으로 고대노예제를 검토하는 유물론연구회가 탄생한 것은 1932년이었다. 다만 당초의 과제는 일본의 사회경제적 구성(시대 구분), 특히 일본에 아시아적 생산양식을 적용하는 문제여서, 노예제가 본격적으로 논의되는 것은 1935년 이후의 일이다.[61] 고대노예제는 일본과 한국에서 각각 동시대의 과제로 매달리는 가운데 검토되었는데, 백남운은 동시대 일본의 연구 동향에 관심을 기울이면서도 한국의 현실에 마주하면서 단독으로 이 과제에 몰두한 것이다. 이러한 위상을 확인하면서 두 연구의 독자성을 검토하는 것은 앞으로의 과제이다.

제11장 근대 일본의 아시아 인식

쓰다 소키치의 중국·한국 인식을 중심으로

머리말

근대 이후의 일본 역사학에서 아시아 인식은 가장 중요한 타자상他者像이며 전근대사 연구 성과를 포함하여 그 인식의 틀은 항상 동시대 일본과 아시아의 관계와 밀접하게 관련되었다. 근대 일본의 아시아 인식에 대해서 태평양전쟁 패전 후 일본 역사학은 비판적으로 대치해왔다고도 말할 수 있는데, 1990년 이후 국민국가론이나 식민지주의 연구의 심화에 따라 종래와는 위상을 달리한 차원에서 파악할 필요가 있다.[1] 이 장은 위와 같은 인식에서부터 역사학 연구에서의 아시아 인식을 사학사적 시점에서 논하는 것을 목적으로 한다.

그래서 아시아 인식, 특히 중국·한국 인식을 역사적으로 파악하는 관점에서 보기 위해 현재 일상에서 나타나는 부정적인 아시아 인식에 대해서, 근대 일본의 인식에서부터 그 원형prototype을 끄집어내어 그러한 아시아 인식의 역사적 배경을 검토하는 방법을 취하고자 한다.

최근 10년 정도 대중매체를 중심으로 범람하고 있는 것은 이상할 정도의 중국·한국에 대한 차별, 멸시관이다.[2] 예를 들어 어느 석간지는 2012년 8월에 이명박 대통령이 독도에 상륙한 이래 4년 이상 연일 온갖 한국 비판을 일면에 게재했다. 한국 비판 소재가 없을 때는 중국 비판이 대신했다. 반면에 텔레비전을 중심으로 하는 대중매체에서 노출되고 있는 것은 자기편애라고도 말할 수 있는 자기중심적이며 소박한 일본인, 일본문화의 예찬이다. 이러한 현상은 근래 이르러 갑자기 생긴 현상이 아니라 역사적으로도 거슬러 올라간다고 생각한다.

이 장에서는 지금에 이르는 아시아 인식은 어떠한 시대 상황에서 형성되었는지, 그러한 아시아 인식의 구조적인 특질을 일본 근대, 특히 식민지주의와의 관련 속에서 파악하고자 한다. 고찰 대상으로서 일본사상사 연구자로서 중국사상, 중국사, 한국사 연구에 막대한 업적을 남긴 쓰다 소키치津田左右吉의 중국·한국관을 중심으로(모델로서) 검토하기로 한다. 새삼 말할 것까지도 없지만, 이 장은 쓰다의 중국·한국관의 좋고 나쁨을 문제 삼는 것이 아니다. 먼저 쓰다가 중국·한국을 어떻게 인식했는지, 엄밀한 문헌고증학자로 알려진 그의 중국·한국 인식은 어떠한 해석이나 가치평가에 바탕을 둔 것인지, 그것은 어떠한 조건에서 성립했는지를 검토하는 것은 현재 일본의 중국·한국관을 검토하는 데에 현실을 파악하는 관점이 될 수 있다고 생각한다.

1. 쓰다 소키치의 중국·한국관

쓰다 소키치의 아시아 인식에 대해서는 지금까지 여러 논자가 언급했다. 여기서 쓰다의 중국·한국에 대한 인식을 다루는 것은 쓰다의 인식을 통해 많은 근대 일본인이 무의식적으로 공유한 아시아 인식의 원형을 알 수 있다고 생각하기 때문이다. 그러한 인식이 어떠한 역사적 조건에서 생겼는지, 그 인식 구조는 어떠한 것인지를 근대 일본의 일본사·동양사·동양사상 연구에 막대한 영향을 끼친 쓰다를 통해 오늘날에 이르는 일본 역사학의 아시아 인식을 검토해나가고자 한다.

새삼 쓰다의 특징적인 아시아 인식을 열거해보고자 한다. 이는 『쓰다 소키치 전집津田左右吉全集』에 수록된 1911년의 '서일기鼠日記'(당시 38세)에 집중적으로 나타난다.[3] 당시 쓰다는 마침 은사 시라토리 구라키치白鳥庫吉의 지도로 남만주철도주식회사南滿洲鐵道株式會社(약칭은 만철滿鐵) 도쿄지사에 설립된 만선역사지리조사부滿鮮歷史地理調査部에서 고려 이전의 한국 역사지리 연구에 종사하고 있던 무렵이며, 그곳에서의 연구는 나중에 세계에 자랑할 만한 근대 일본의 정통적 동양사학의 업적이라 일컫는다.[4] 그러한 연구에 종사하고 있을 때 쓰다의 내면적인 생활 세계를 엿볼 수 있다.

• 아무리 정리해도 창고는 창고다. 네 벽 높은 서가에 가득 찬 서책은 케케묵은 곰팡내, 칙칙하고 낡은 색깔, 손때와 먼지와 좀의 똥투성이고 뒤섞여 어수선하게 쌓여 있는 모양이 보기만 해도 패잔 분위기를 실내에 가득 채우고 있어서 그 속에 서 있으면 머리가 시시각각 부패해가는 듯하다. 그도 그럴 것이 이들 서적에는 짱ㅋ+ㄴ과 요보ㅋ求의 과거가 기록되어 있지 않은가. 권모와 술수, 탐욕과 폭려暴戾, 허례로 감춘 험인險忍한 행동과 교묘한 말로 꾸민 냉혹한 마음이 이 수천 권의 책자 한 장 한 장에 스며들어 있지 않은가. 말발굽에 짓밟혀서 진흙투성이가 된 시체가 뿔뿔이 흩어져 가로놓여 있고, 붉은색과 녹청색으로 진하게 칠한 궁궐 한구석에는 답답하게 치장한 궁녀가 독을 마셔 괴롭게 죽어 있다. 가쓰라桂 내각의 지나인支那人인 듯한 전횡과 음험함은 정말이지 일본인뿐이며 진짜만큼 심하지는 않지만, 그래도 그들이 내뿜는 독기에 마음과 몸을 다치는 것이 어느 정도인지 모른다. 현실을 멀리한 과거의 그림자이지만, 지나인 머리에서 나와 지나인 손으로 만든 이들 책에서 일어나는 더럽고 흐린 공기로 내 머리가 짓눌려서 견딜 수 없이 싫어지는 것은 무리도 아닐 것이다. 생각해보면 이런 곳에 둥지를 틀고 있는 쥐의 생활도 비참하다.

이런 것을 생각하면서 "보기 싫은 책이다"라고 하자 옆에 있던 고메이마影[池內宏—필자 주]가 "인간이 만든 것은 전부 더러워"라고 했다. "그렇지도 않다"고 반대하면 "자네는 자기 마음에 드는 한 방면을 보고 아름답다고 생각하지만 그건 편견이야. 인간이 하는 것은 뭐든 아름답지는 않아. 내 생각이 공평하다"라고 말했다. 나는 혼자 생각했다. '공평은 신의 일이며, 인간은 원래 편파적이다.'(8월 9일)

• 오늘은 공부를 많이 했다. 오후가 되어 단숨에 12, 13장을 써 갈겼다. 요보를 떨쳐버릴 정도는 아니라고 매우 뽐냈다. 실은 약간 괴로웠다.(8월 22일)

• 흐린지 흐리지 않은지, 더운지 추운지 전혀 요령부득인 날씨가 날마다 계속되어서 이를 사이온지 히요리西園寺日和라 명명했다. 만철이든 한철韓鐵이든 하려면 열심히 해서 그 속의 아귀들 눈알이 튀어나오게 하면 될 터인데 결말이 나지 않는 이야기지.(9월 29일)

• 창 너머의 볕을 쬐고 있는 동안에 어느새 앉아서 졸았다. 한성도 평양도 뒤죽박죽되고 백제도 고구려도 아련히 사라져갔다. ─조선에는 걸맞은 기분이다.(12월 5일)

중국인이나 한국인을 멸시하여 '짱', '요보'와 같은 멸칭을 당시 서민 사이에는 널리 사용하고 있었지만, 한국·중국을 연구 대상으로 하던 쓰다가 일기에 양국의 현재와 과거를 마음속으로 혐오하고 그것을 노골적으로 토로한 데 대해서는 많은 연구자들에게 놀랄 만한 일로서 인용되고 논의의 대상이 되었다.[5]

특히 이러한 쓰다의 중국 멸시 유래에 대해서 마스부치 다쓰오增淵龍夫는 다음과 같이 지적했다. 쓰다가 보편이라 믿는 것은 서양문화이며, 그것을 내 것으로 한 것이 근대 일본이었다. 그 때문에 '서양문화=세계문화'로부터 처지게 된 중국을 멸시하는 국민적인 자부와 결합되어 있다고 한다. 그 보편적 기준은 쓰다의 내면에서 근대 일본의 자의식에 뒷받침된 것이기 때문에 보편을 기준으로 해서 특수를 측정하는 것은 '세계문화를 내 것으로 한' 근대 일본의 자의식에서 '세계문화에 뒤처진' 중국에 대한 멸시의 시각을 가지고 중국사상을 비판적으로 유형화하게 되었다고 한다.[6] 요컨대 쓰다에게는 서양이 보편적 존재, 즉 기준으로서 기능하고 다른 여러 나라나 지역은 서양과의 차이, 즉 거리, 바꿔 말하면 뒤떨어짐에 근거하여 역사라는 시공간 속에 서열화되고 자리매김되는[7] 것을 의미한다.

또 마스부치는 쓰다의 국민주의적 세계는 특수성 때문에 비판적으로 유형화되지 않을 수 없다고 지적했다. 19세기 이래의 역사학은 분류하는 것에 대한 욕망에 홀렸다고 말하는데, 분류하는 것 앞에는 '서열화하는 것'을 향한 욕망이 존재한다.[8] 이하에서 보는 바와 같이 쓰다에게는 그러한 성행性行이 현저하다.

잘 알다시피 젊은 날 쓰다의 최대 관심사는 메이지유신 연구였는데,[9] 쓰다의 위와 같은 문제의식은 메이지 이후 일본의 문화 구조에 뿌리내린 기본 문제였다. 또 쓰다의 "중국 멸시의 시각은 청일전쟁 이후 일본의 일반적인 국제 감각과 대칭되는 관계에 있다"라고 마스부치는 보고 있다.[10] 뒤에 논하는 바와 같이 사학사적인 시점에서도 이 시기에는 동양사학이 연구에서도 교육에서도 학문 분야로서 성립된 점은 유의해도 좋다.

그런데 청일·러일전쟁 후에 궤를 같이한 국책으로서의 일본의 한국·만주사 연구가 새로 성립한 동양사학에서 본격화하는데, 앞에 언급한 만철 조사부는 그 중심적 역할을 했다. 쓰다는 거기서 일에 종사하던 어느 날 다음과 같은 감개를 기술했다.

> 오늘 제국좌帝國座 앞에서 바라보고 있으니 어제의 무대 장면이 눈앞에 떠오른다. 다시 한 번 보려고 생각지는 않지만 시종 햄릿의 대사나 오필리아의 노래가 헛들리는 듯하다. 예술의 천지가 그립다. 그것을 생각하면, 백제가 어떻다거나 신라가 어떻다거나 어느 쪽이든 나의 inner life에 전혀 영향이 없는 문제에 머리를 쓰는 것이 멍청해서 견딜 수 없다.(5월 23일)

당시 쓰다가 종사한 만선역사지리연구는 내면생활inner life에 전혀 관계없는 세계였다고 한다. 오무로 미키오大室幹雄가 『애디앤텀 송アジアンタム頌』

에 상세하게 묘사한 바와 같이, 쓰다는 '서양'의 문학, 연극, 회화, 음악 등의 예술 세계에 깊이 침잠하고 그 후에도 계속해서 회화나 음악 평론을 썼다.[11] 그러한 서양문화에 대단한 관심을 가진 쓰다에게 한국·중국 연구는 전혀 바라던 바가 아니었을 것이다.

그러면 왜 쓰다는 그 후에도 중국을 연구 대상으로 삼았는가. 1920년 쓰다는 47세로 와세다대학 문학부 교수가 되어 당초에는 사학과에서 '국사 및 동양사'를 강의했는데 1924년부터 '중국철학연구'를 강의하게 되고 1928년 무렵에는 사학과에서 철학과로 옮겼다.[12] 쓰다는 중국이 싫으면서도 구태여 중국 연구에 종사한 이유를 다음과 같이 말했다.[13]

어떤 사람이 "자네는 지나가 싫다고 말하면서 지나의 일을 하고 있다. 우습지 않나"라고 말했다. 그래서 내가 설명했다. 똥이나 오줌을 맛있겠다고도 좋은 냄새라고도 생각하는 사람은 없다. 그렇지만 매일 그것을 시험관 속에 넣거나 현미경으로 바라보는 학자가 있다. 나의 지나 연구에도 첫째로 그 면이 있다고 생각한다. 이는 어떤 사물이든 그 본질, 그 진상을 알려고 하는 순수한 학문적 흥미 때문이다. 다음으로는 우리의 사상에도 사고에도 오랜 일본문화 역사의 결과로서 지나적 요소가 많이 포함되어 있다. 그래서 일본의 문화, 더 절실하게 말하면 자기 자신의 사상을 밝히기 위해서는 지나적 요소, 따라서 지나문화의 본질을 밝히지 않으면 안 된다. 이것이 두 번째이다. 그리고 아무리 싫어해도 지나인도 인간이다. 지나사상도 인간이 만든 것이다. 그래서 지나사상 연구는 결국 인간 연구이다. 인간 연구는 인간 정신의 발로이다. 여기서 단순한 학문적 흥미를 초월한, 인간으로서의 흥미가 생긴다. 이것이 세 번째이다. 또한 지나인이라도 나쁜 면만 있지 않다. 어딘가에 인간다운 인간으로서 존중받을 만한 점이 없다면 저 정도의 문화는 발달하지 않는다. 싫은 것 속에서 좋은 것을 찾아낸다. 먼지 속에서 주옥을 발견하려는 흥미도 거기서부터 솟아난다. 이것이 네 번째이다.(1926년 5월 24일, 25일 追記)

이처럼 쓰다는 중국이 싫다고 자임하면서도 중국 연구에 종사한 이유를 네 가지로 정리했다. 즉 ①순수한 학문적 관심, ②일본문화, 자기 자신의 사상을 밝히기 위해, ③단순한 학문적 흥미를 초월한 인간으로서의 흥미, ④먼지 속에서 주옥을 발견하려는 흥미라고 한다. 쓰다의 중국에 대한 학문적 관심이 똥오줌 연구에 비유되는 괴이하고 기발한 것이라 하더라도 당시 한학 중심의 일본 학계에서 쓰다의 중국사상 연구는 실로 획기적인 연구이며 "오늘날에도 여전히 그의 거대한 업적이 학계에 크게 기여한 공적이 있음은 부정할 자는 없다"라고까지 마스부치는 말한다.[14] 과연 노골적으로 그렇게 단언할 수 있을까.

2.『지나사상과 일본』에 보이는 쓰다 소키치의 중국관

『지나사상과 일본支那思想と日本』은 1930년대 중일전쟁의 합리화·정당화를 위한 대동아공영권이나 중일 양 민족의 운명공동체론 등에 대한 비판이라 간주되어 높이 평가받았고 태평양전쟁 패전 후에도 계속 읽혀왔다. 사실 1938년에 이 책이 간행되고 이듬해 12월에 미노다 무네키蓑田胸喜가 쓰다를 불경죄로 고소하여 이듬해 1월에 쓰다는 와세다대학을 사직해야 했다. 또 1940년 2월에는 쓰다의 고대사 관계 저작이 발매금지 처분이 되고, 3월에는 쓰다와 출판사 이와나미서점岩波書店이 출판법 위반으로 기소되었다. 이러한 경위도 있어서 『지나사상과 일본』은 시국에 저항하고 지배적인 조류에 대한 비판처럼 받아들여졌다. 특히 경시할 수 없는 것은 미노다 무네키가 쓰다를 고소하기 직전(11월) 도쿄대학에서 쓰다가 강의하는 중에 미노다를 비롯한 우익 단체 원리일본사原理日本社 사람들이 몰려와서 쓰다에게 『지나사상과 일본』의 내용을 둘러싸고 힐문한 상황에 대한 에세이를 태평양전쟁 패전 후에 마루야마 마사오丸山眞男가 발표한 일이다.[15] 위와 같은 쓰다에 대한 평가는 태평양전쟁 패전 후 어느 시기부터 강화된 것처럼 보인다.

이에나가 사부로家永三郎도 역시 쓰다에 대해 지금까지 가장 체계적인 저작인 『쓰다 소키치의 사상사적 연구津田左右吉の思想史的研究』에서 쓰다의 『지나사상과 일본』 '머리말'을 인용한 다음, 쓰다의 이 책에 대한 강한 동기를 보여주는 부분으로서[16] '머리말' 첫머리 가까이에 쓴 다음과 같은 글에 주목했다.

> A 이 두 편은 모두 이번 사변 전에 쓴 것인데, 사변에 의해 일본과 지나의 문화상 교류가 현실 문제로서 새롭게 환기된 오늘날 다시 그것을 세상에 내놓는 것은 반드시 의미가 없지는 않다고 생각한다. 일본인이 일본인 자신의 문화와 지나인의 그것에 대해, 또 지나인이 지나인 자신의 문화와 일본인의 그것에 대해 올바른 견해를 가질 필요가 오늘날만큼 절실하게 느껴지는 때는 없다. 만일 견해에 잘못된 점이 있어서 잘못된 견해에 근거하여 뭔가 일이 기획되었다면 결과에는 가공할 만한 것이 있으리라 생각이 들기 때문이다.(강조는 인용자. 이하 같음)

이러한 글에 대해 이에나가는 쓰다의 학문적인 신념을 간파하고 쓰다의 위 문장에 대해 다음과 같이 썼다.

> 중국 정책에 대한 쓰다의 진지한 우려가 이 책의 간행 동기가 되었음을 말해주는 글이며, 거기에는 일본과 중국을 안이하게 동문동종同文同種의 나라라 부르고 일본·만주·지나의 일체화에 의한 미국·영국 배격을 부르짖는 침략전쟁 칭송의 공허한 프로파간다가 횡행하는 데 대한 의분심이 역력히 간파된다. 그런 만큼 쓰다는 중국 침략을 정당화하기 위한 비과학적인 아시아주의의 유행을 엄중하게 비판한 저항자로서의 적극적인 역할을 한 것이다.[17]

여기서 보이는 바와 같이 이에나가는 쓰다를 매우 높이 평가했는데,

이에나가의 『지나사상과 일본』에 대한 이러한 이해는 그 후에도 학계에서 널리 공유되기도 했다. 그렇지만 거기에는 근본적인 오해가 있음을 간과해서는 안 된다.

지금은 거의 무시되고 있지만, 이시모다 쇼石母田正는 재빨리 쓰다의 『지나사상과 일본』에 대한 이에나가와 같은 이해가 큰 오류를 내포하고 있어서 "쓰다 사상의 본질을 잘못 평가"했음을 지적했다. 그러한 오해의 한 요인이 된 것은 『지나사상과 일본』 '머리말'의 구판과 신판의 큰 변화이다. 즉 태평양전쟁 패전 후의 신판(『シナ思想と日本』)의 '머리말'은 "대폭 정정했기 때문에 중일 관계에 대한 쓰다의 견해를 알기 위해서는 양자를 비교해서 읽을 필요가 있음"을 이시모다는 강조했다.[18]

게다가 이시모다는 쓰다의 『지나사상과 일본』이 주장하는 핵심은 일본과 중국이 개별 역사를 가지고 개별 문화나 문명을 만들어온 이질 세계이며 양자를 포함하는 동양이라는 세계, 혹은 동양문화라는 것은 역사적으로도 존재하지 않으며 현재에도 존재하지 않는다는 점에 있으며, 그러한 주장이 당시의 대동아공영권이라든가 중일 양 민족이 운명 공동체를 이룬다고 하는 시대여서 지배적인 조류에 대한 비판처럼 받아들여온 데 대해, 이러한 이해는 쓰다 사상의 본질을 잘못 평가한 이유가 되기도 했음을 갈파했다.[19]

우선 원래가 이질 세계인 중국과 일본의 관계를 어떻게 설정할 것인지가 쓰다에게 최대의 관심사였으며, 세계문화를 내 것으로 한 일본이 중국을 지도하는 관계를 만들어내는 것이 큰 주안점이었다. 그 때문에 중일 양 민족이 이질 문명이라는 주장은 결코 양자의 평등 관계와 공존 관계를 설정하기 위해서가 아니라 그 목적은 중국 민족을 지배하기 위한 주장의 일부를 이루고 있다고 한다. 즉 이전에 쓰다가,

일본이 지나에 대해 여러 방면에서 활동하는 것이 절대로 필요해졌다. 일본은 지금 지나인의 항일 사상을 타파하고 두 민족이 지나에서 서로 손을

잡고 일할 수 있도록 새로운 정세를 만들어내려고 필사적인 노력을 하고 있다.[20]

라고 쓴 부분을 포착하여 이시모다는 구판 『지나사상과 일본』 '머리말' 에서 간파할 수 있는 것은 "일본인이 중국을 연구하는 것은 과거와 현 대의 역사로부터 배우기 위해서가 아니라 '향후 지나인에 대한 지도 방 침', 바꿔 말하면 중국 민족 지배 정책을 결정하는 데에 필요한 것에 한 해서만이다. 이 책의 과제는 중일전쟁 즈음에 일본의 제국주의적 침략 및 중국 민족 지배에 대해 역사적으로 기초를 만들기 위한 이론을 전개 하는 데에 있었음은 의심할 여지가 없다"[21]라고 한다. 그런데 그러한 부 분은 태평양전쟁 패전 후 판본에는 이유를 명기하지 않고 전부 삭제되 었음에 주의를 환기한다. 또 이 삭제를 침략전쟁 및 태평양전쟁 패전 후 의 일본이나 중국 역사의 변혁에 의한 반성의 결과라고 생각한다면, 그 것은 사실과 차이가 있다고 한다. 그 증거로서 '머리말' 대부분을 삭제 하는 대신에 말미에는 중국혁명 이후의 사태에 대한 쓰다의 새로운 견 해가 신판에 증보되어 있고 러시아혁명 후의 중국 공산주의화에 대해,

중국 지식인에게는 원래 소련의 정치를 모방하기에 적합한 소질이 있다. 그들은 과거에 무력을 배경으로 한 정치상의 강권에는 언제든지 복종하거 나 혹은 영합하고, 그렇게 함으로써 뭔가 지위를 차지하려 했다. 예부터 왕 실의 교체가 정당시되어온 것은 이 때문이다.[22]

라고 적어서 쓰다가 태평양전쟁 패전 후의 신판에서도 여전히 중국인을 계속 멸시하고 있는 점에 주의를 환기한다.

이처럼 이시모다는 구판 '머리말'의 문제점을 개괄적으로 지적하고, 그 위에 구판에 보이는 중국 침략과 중국 민족 지배의 역사적 근거가 중 국 민족과 역사적 전통에 대한 멸시에 있었음을 신판의 증보 부분에서

도 엿볼 수 있다고 했다.

종래 구판에서 대폭 삭제된 곳에 대해서는 부분적으로 지적할 뿐이었다. 이시모다가 지적한 바와 같이, 쓰다의 『지나사상과 일본』의 간행 목적은 구판의 '머리말'에 명확하게 기술되어 있으며 거기에 쓰다 '사상의 본질'이 드러나 있다. 그래서 이 장에서 문제로 삼을 근대 일본의 아시아 인식의 본질이라 할 수 있는 문제가 이 '머리말'에 응축되어 있다는 사실을 감안하여 우선은 구판 '머리말'의 내용을 새로 검토하고 아울러 대폭 삭제하고 개정한 이유에 대해서도 검토하고자 한다.

3. '머리말'에 나타난 중국관과 태평양전쟁 패전 후 판본의 개편

신판 '머리말'에서 대폭 삭제된 곳 중에서도 경시할 수 없는 것은 이시모다가 지적한 바와 같이 종래 『지나사상과 일본』의 평가를 결정적으로 고치지 않으면 안 되는 구체적인 논술 부분이다. 구판 '머리말'은 다음과 같다.

> B 또한 세간에서는 향후의 일본이 지나에 대해 정치적·경제적 또는 문화적으로 활동해야 하는, 혹은 그러한 방면에서 두 민족이 제휴해야 한다는 것과, 일본의 과거 문화와 지나의 그것을 같은 하나의 동양문화로서 보는 것이 뒤섞여서 생각되지 않는가 하지만 이 두 가지는 원래 전연 별개의 것이다. 일본과 지나의 문화가 과거에 어떤 관계였다 하더라도 그것에 구애되지 않고 향후에는 일본이 지나에 대해서 여러 방면에서 활동하는 것이 절대로 필요해졌다. 일본은 지금 지나인의 항일 사상을 타파하고 두 민족이 지나에서 서로 손을 잡고 일할 수 있도록 새로운 정세를 만들어내려고 필사적인 노력을 하고 있다. 그러나 그렇게 하려면 일본인과 지나인이 상술한 바와 같이 각각의 문화를 형성하고 각각의 민족성을 키워와서 전혀 다른 두 민족임을 충분히 알아야 한다.

일본인 스스로 그 점을 분명히 깨달을 뿐만 아니라 지나인에게도 그 점을 납득시켜야 한다. 특히 오늘날에는 일본은 오랜 과거의 역사가 점차 배양되어온 독자적인 정신과 그것에 의해 창조되어온 독자적인 문화의 힘에 의해 현대의 세계문화를 새롭게 내 것으로 만들어서 일본 자신의 문화에 세계성을 갖추었기 때문에 그 점에서 지금의 지나와는 매우 다르다는 사실을 **분명히 지나인이 알도록 해야 한다**. 문화상의 제휴라 하더라도 실은 현대의 세계문화를 내 것으로 만든 일본이 아직 그 정도까지 되지 못한 지나를 이끄는 의미여야 한다. 그래서 그것을 이끄는 것은 이러한 차이를 분명히 한 다음의 일이다. 막연히 일본인과 지나인을, 또는 일본의 문화와 지나의 그것을 혼동하여 생각하고 그로써 동양인이라든가 동양문화라는 말을 만든 것이 지나인에게 아무런 느낌도 주지 않음은 이미 외국에서 시험이 끝나지 않았는가.[23]

먼저 이 구판 '머리말'의 밑줄 부분은 신판에서 삭제된 점에 주의하고자 한다. 삭제 이유는 뒤에 서술하기로 하고, 여기서 주목해야 할 것은 쓰다에게 당시의 '사변' 이후에 정부가 추진하고 있는 '지나에 대해서 정치적·경제적 또는 문화적' 활동을 하는 것, '두 민족이 제휴해야 한다'는 것, '두 민족이 지나에서 서로 손을 잡고 일할 수 있도록 새로운 정세를 만들어내려고 필사적인 노력을 하고 있는' 것 자체를 부정하지 않는 것이다. 쓰다가 강조하는 것은 그러한 제휴를 하지 않으면 안 되는 현실을 긍정한 다음, '일본의 과거 문화와 지나의 그것을 같은 하나의 동양문화로서 보는' 것은 '지나인의 항일 사상'을 타파하도록 '필사적인 노력'을 하고 있는 사태를 오인하게 한다는 위기감이다.

왜 지나와 일본이 하나로서 동양을 형성한다고 보아서는 안 되는가. 쓰다가 경계하는 '지나인의 항일 의식'이란 원래 미약했음에도 불구하고 일본에 대한 경멸, 민족의식, 국가의식이 급속하게 강화되어 항일이라는 형태로 나타났다. 이것은 일본을 약하게 본 데에서 생기는 경멸감이 결합되어 있기 때문이라고 쓰다는 보았다. 그러한 상황에 있어서 일본에서는 한자를 사용한다거나 한시를 흉내 내어 짓거나 하지만 이러한 것은 '지나인이 일본인에 대해 친밀감을 가지게 하는 데에 도움이 되기보다는 일본의 문화를 지나에 종속되는 것이라 생각하게 해서 일본인을 멸시하게 작용하는 쪽이 크다', '자기보다 우월하다고 생각하던 자가 자기와 같은 것을 하면 친밀감을 느끼지만, 열등하다고 생각하던 자가 그렇게 하면 그것은 다만 자기의 우월감을 강화시킬 뿐이다',[24] 그러한 중국인이 일본인에게 우월감을 가지고 멸시하는 듯한, 둘의 관계를 하나로 보는 '동양'이라는 생각으로는 현재의 사태를 결코 받아들일 수 없다는 것이다.

그럴 때 중요한 것은 일본인의 잘못된 동양 인식도 물론이거니와 그보다 더욱더 주의해야 하는 점은 중국인에게 일본인에 대한 잘못된 우월감을 품게 한 것으로서 아래와 같이 거듭 지적한 것이다.

• 스스로 일본문화의 독자성을 갖춘 점에 대한 충분한 자각이 없이 그것을 단순히 서양문화의 모방인 것처럼 말을 퍼뜨리거나 하는 자가 있음은 지나인의 잘못된 일본관을 조성하도록 하며, 또 일본에 대해서는 지금도 여전히 없애기 싫어하는 지나인의 중화의식이든 우월감이든 그것에 영합하려는 것이다.[25]

• 일본인은 동양문화의 이름으로 지나의 과거 문화를 숭배하고 그것에 집착하고 있다고 하는 잘못된 감정을 그들이 품도록 한 것은 앞서 말한 것과는 다른 의미에서 일본이 지나의 젊은 지식인의 경멸이나 반감을 자초한 것이며, 그들의 마음을 유럽이나 미국으로 향하게 하는 것도 생각하지 않으면 안 된다. 일본인이 이제부터 손을 잡고 가지 않으면 안 되는 것은 지나의 젊은 지식인이기 때문에 일본인은 그런 사람들의 마음을 일본으로 향하도록 노력하면서 그들의 운동을 올바른 방향으로 이끌어가야 한다. 지나도 지금은 사상의 전환기에 서 있다는 점을 알아야 한다.[26]

• 일본인이 지나에 대해 효과 있는 활동을 하기 위해서는 일본이 세계성을 가지고 있는 현대의 일본문화를 점점 향상시켜서 유럽이나 미국의 문화보다도 뛰어난 것으로 만들어야 함을 저절로 알게 될 것이다. 일본문화가 그렇게 되고 나서야, 그리고 지나인이 일본문화보다도 유럽이나 미국 쪽이 뛰어나다고 생각하지 않게 되고 나서야 지나에 대해서 일본문화의 힘을 충분히 작동시켜 지나인에게 정말로 일본을 이해시키고 일본을 존경하게 할 수 있다.[27]
• 그리고 이러한 연구가 다방면에서 이루어지는 것은 저절로 학문의 세계에서 지나인을 이끌게도 되며 일본 현대문화의 힘을 지나인에게 보여주는 것이기도 하다.[28]

이러한 중국인의 일본 평가에 대한 쓰다의 위기감은 당시 쓰다의 핵심적인 심정이라고도 말할 수 있다. 예를 들어 『지나사상과 일본』 간행 직후 『중앙공론中央公論』(1939년 3월)에 발표한 「일본에서의 지나학의 사명日本におけるシナ學の使命」에는 다음과 같이 썼다.

C 탁월한 지나 연구가 일본인에 의해 제공된다는 것은 지나인에게 일본의 학술, 따라서 일본문화를 존중하게 하는 데에 큰 작용을 한다. (반대로 일본의 지나학이 지나의 학문을 추종하는 것이라면 그것은 지나인의 경멸을 초래하는 외에 효과는 없다) (중략) 일본인이 지나인에 대해 만연한 인종적 우월감으로 임하는 것은 물론 피해야 하지만 사실 우월한 데 대해서는 그만큼 자신을 가지는 것이 필요하다. 지나인이 일본인에 대한 우월감을 가지게 하는 일이 있어서는 안 되는 것임은 말할 필요도 없다. 일본문화가 지나문화의 도움을 빌리지 않으면 안 되는 상태는 현재 절대로 없기 때문이다.[29]

이렇게 말한 점에서 보더라도 쓰다의 위기감이 어디에 있었는지 이해할 수 있다. 쓰다에게는 일본이 중국에 대해 절대로 우위에 서야 하며 무엇보다도 일본과 중국의 차별화와 서열화가 학술적으로 요구되었던 것이다.

그러한 위기감을 누누이 언급한 뒤에 『지나사상과 일본』 구판의 '머리말' 말미는 다음과 같이 마무리했다.

> D 일본은 지금 지나에 대해 행하고 있는 큰 활동에 모든 힘을 집중하고 있다. 이 활동은 모든 방면에서 충분히 그리고 철저하게 행해야 한다. 그리고 그것이 행해질 수 있는 것은 상술한 바와 같이 역사적으로 발달해온 일본인에게 독자적인 정신과, 세계성을 가진 현대문화, 그 근본이 되는 현대 과학 및 그것에 의해 새롭게 길러진 정신의 작용이 하나로 융합된 데에서 생긴 강한 힘 때문이다. 그런데 이 일본의 상태와 전혀 반대인 것이 지금 지나의 현실 모습이다. 이번 사변이야말로 이제까지의 일본과 지나의 문화, 일본인과 지나인의 생활이 전혀 다르며, 두 민족이 전혀 다른 세계의 주민이었던 점, 그와 함께 또 일본인에게 독자적인 정신과 현대문화, 현대 과학 및 그 정신이 결코 서로 어긋나지 않음을 가장 잘 보여준다고 말하지 않을 수 없다. 현재 지나의 여러 방면에서 활동하며, 여러 가지 의미, 여러 가지 방식으로 지나인과 접촉하고 있는 일본인은 그것을 분명히 알 것이다. 이 책에 수록한 두 편은 요컨대 이 분명한 현재 사실의 역사적 유래를 생각한 것에 불과하다.[30]

결국은 일본이 중국에서의 '큰 활동'을 철저하게 하기 위해서 '역사적으로 발달해온 일본인에게 독자적인 정신과, 세계성을 가진 현대문화, 그 근본이 되는 현대 과학 및 그것에 의해 새롭게 길러진 정신의 작용이 하나로 융합된 데에서 생긴 강한 힘'(='일본인에게 독자적인 정신과 현대문화, 현대 과학 및 그 정신')을 가지고 '이 일본의 상태와 전혀 반대인' '현재 지나의 현실'을 변화시키는 것이 이 책의 목적임을 '머리말'에서 강조한 것이다.

이렇게 보면 앞 절에서 이에나가가 '머리말' 첫머리 가까운 문장 A를 인용하며 쓰다의 진지한 우려는 '미국·영국 배격을 부르짖는 침략전쟁 칭송의 공허한 프로파간다가 횡행하는 데 대한 의분심이 역력히 간파된다'라는 지적은 전혀 문맥을 무시한 평가임이 이해될 것이다. 쓰다가 '머리말' A에서 지적한 것은 D의 맨 처음에 기술한 바와 같이 중국에서의 정치적 활동을 철저하게 행해야 하며 그 수행을 위해서는 중국인이 일본에 대해 우월감을 가지고 경멸하는 듯한 양자의 관계를 하나로 보는 '동양'이라는 사고는 결코 취할 수 없다는 한 가지 점밖에는 없다. 그렇기 때문에 '머리말' A에서 '잘못된 견해에 근거하여 뭔가 일이 기획되었다면 결과에는 가공할 만한 것이 있을 것'이라 주의를 환기했다고 보아야 한다.

이미 지적한 바와 같이 태평양전쟁 패전 후에 간행된 신판의 '머리말'은 1938년의 구판을 대폭 삭제하고 간략하게 고쳤다. 이 삭제에 대해서 이시모다는 '침략전쟁 및 태평양전쟁 패전 후의 일본이나 중국 역사의 변혁에 의한 반성의 결과라고 생각한다면, 그것은 사실과 차이가 있다'라고 지적했다. 그렇기는 하지만 쓰다가 태평양전쟁 패전 후 구판의 '머리말'을 대폭 삭제한 이유는 분명하지 않다고 할 수밖에 없었다.

그런데 최근 들어 태평양전쟁 패전 후의 검열에서 수집된 출판물검열 자료(미국 메릴랜드대학도서관 소장의 프렌지 문고[Gordon W. Prange collection])의 조사에 의해 재판再版 때에 당국에 『지나사상과 일본』이 제출되고 삭제 지시가 있었음이 밝혀졌다.[31] 그에 따르면, 당국의 검열에 의한 삭제 지시는 위에서 인용한 머리말 B의 밑줄 쳐진 고딕 부분과 D의 전체 문장 중 두 군데였다.

이시모다는 태평양전쟁 패전 후의 신판 『지나사상과 일본』에 대폭적인 삭제가 있지만 중국에 대한 쓰다의 멸시관이 계승된 점에 착안하여 '침략전쟁 및 태평양전쟁 패전 후의 일본이나 중국 역사의 변혁에 의한 반성'은 인정하지 않았으나 프렌지 문고 소장본 두 군데의 삭제 지시를 발견함에 따라 '머리말'의 대폭적인 개편은 쓰다 자신의 생각이었다기보다는 당국의 검열과 관련되었다는 사실을 판명한 것이다.

시오노 가오리鹽野加織에 따르면, 『지나사상과 일본』의 '머리말'은 구판에서는 14쪽, 약 6,150자였는데, 태평양전쟁 패전 후의 신판에서는 6쪽, 약 3,000자로 줄어들었다고 한다. 삭제 지시를 받은 곳 B의 고딕 부분과 D를 합쳐서 약 700자인데 B와 D 사이에는 이 장에서 서술한 바와 같이 ①중국인에게 일본을 이해시키고 일본을 존중하게 하는 것, ②중국인으로 하여금 일본인에 대한 우월감을 가지지 않게 하는 것을 다양한 사례를 들어 서술한 부분이다.

대폭 삭제 개편된 '머리말'에 대해 쓰다는 다음과 같이 첫머리에 적었다.

> 이 책은 1938년(昭和 13년)에 출판된 '지나사상과 일본'의 증쇄여서 12군데 오식을 바로잡은 외에는 전부 원판 그대로이다. 다만 원판의 '머리말'에는 처음 출판 때 일본과 지나의 정세를 고려하고 쓴 부분이 있으며 따라서 지금은 말할 필요도 없는 것이 조금 쓰여 있으므로 이것만은 바꿔 쓰기로 했다.[32]

그러나 신판의 '머리말' 말미에 쓰다는 『지나사상과 일본』을 간행한 이유 중 하나는,

> 지나의 지식인 중에는 어쩌면 일본에는 독자의 문화가 없고 과거의 일본 문화는 지나의 모방에 불과했다는 생각을 가진 자가 있는 듯하며, 또 일본인 중에도 과거 일본문화의 독자성에 대한 이해가 없고 그것을 지나문화에 종속되어 있는 것이기도 하다고 생각하며 그런 의미에서 동양문화라는 호칭을 사용하는 자가 있는 듯 보인다. 이런 생각이 잘못임을 밝히는 것이 이 책을 출판하는 하나의 이유였다.[33]

라고 기술하고 또 하나의 이유로서 A에서 인용한 고딕 부분을 그대로 제시하고 그렇게 "쓴 것도 이 때문이었다. 이는 지금도 역시 의미가 있지 않을까"라고 쓰고 "원판의 '머리말'에서는 (중략) 한문은 보통교육의 교과에서 제외해야 할 것, 또 일본인은 학문의 입장에서 말하더라도 지나문화에 대한 학문적 연구와 비판을 해야 하는 것 등을 기술했는데 이는 오늘날 오히려 강하게 주장해야 할 것이라 생각한다"[34]라고 강변했다.

쓰다는 태평양전쟁 패전 후 신판 간행 때에 검열이 있더라도 일본과 중국이 일체가 된 동양이나 동양문화라는 것은 절대로 인정할 수 없었다. 그렇지만 검열의 결과 '머리말' B의 삭제 지시가 있었던 부분에 가까운 기술인 "전혀 다른 두 민족임을 (중략) 지나인에게도 그 점을 잘 납득시켜야 한다"라는 부분은 스스로 삭제하고 "일본은 (중략) 분명히 알아야 한다"라고 중국인에게 공작하는 것이 아니라 자신의 인식 문제로 변경했다. 쓰다의 위기감은 '동양' 따위라는 중국과 일본을 일체로 생각하는 인식으로 인해 중국인이 일본인에 대해 우월감을 품을 뿐이라는 것이었다. 『지나사상과 일본』의 검열 사실을 통해서 쓰다의 학문적인 신념이 어떤 것이었는지를 엿볼 수 있다.

4. 국민 공동체와 아시아 인식

쓰다는 일본과 중국이 문화를 공유하는 동양문화를 단호히 거절했다. 쓰다에게 일본문화와 중국문화는 전혀 다른 것이어야 했다. 동일한 것 같이 말하는 담론은 중국인으로 하여금 일본인에 대한 우월감을 품게 하는 것으로 연계될 뿐이라 보았다.

그런데 두 문화를 가로막는 '민족', '국민' 문제에 대해 쓰다에게는 독자적인 생각이 있었다. 쓰다의 최초 체계적인 저작은 『문학에 나타난 우리 국민사상의 연구(귀족문학의 시대)文學に現はれたる我が國民思想の硏究(貴族文學の時

代』(1916년)인데 그 이후의 저작에서도 쓰다의 '민족' 파악 방식에는 큰 특징이 있다. 근대 이전에 이미 '민족'이 있고 또 국민 이전에 민족이 있으며, '민족국가=국민국가'의 성립은 근대뿐만 아니라 고대 전기(5세기 이전)에 있었다고 한다.[35] 이에나가는 쓰다의 단편적인 언사를 파악하여 '고정적 국민성의 부정'을 강조했다.[36] 그러나 그것은 어디까지나 동일 민족의 '풍속이라든가 국민적 정신이라든가 국민성이라는 것이 예부터 지금까지 움직이지 않고 고정된 것'이 아니라고 말한 데에 불과하다.

쓰다는 일본인의 국민성, 국민 생활, 풍속, 국민적 정신을 고정적으로 파악해서는 안 된다고 되풀이하는 한편 중국인에 대해서는 아래와 같이 고정적 민족성을 강조했다.

• 어쨌든 질이 좋지 않은 자는 취급하기 곤란하다. 민족으로서의 지나인도 마찬가지다. '중국'의 허명과 공허한 '동양문화'의 환영을 자랑거리로 삼아 구인舊人도 신인新人도 속임수만을 말하고 있다. 그리고 솔직하게 충언을 하면 적의를 품고 이에 대응한다. 대단히 성가신 이웃이다.(1927년 3월 23일)[37]
• 난징南京의 소동은 언어도단인데, (중략) 진재震災 때 조선인 학살을 한 일본인도 그다지 큰소리치지 못하지만, 저것은 학살이며 약탈은 하지 않았다. 이번은 학살은 하지 않았지만 약탈을 했다. 거기에 어떤 의미가 있는지 나는 모르겠지만 어쨌든 지나인이 상등上等의 인간이 아닌 것만은 날로 분명해져간다. 실은 3천 년 전부터 같았다.(같은 해 3월 29일)[38]
• 지나인의 생활 상태에 큰 변화가 없고 일반적으로 문화가 정체되어 있는 것과도 관련이 있다. 지나 민족의 생활이 언제나 같아서 사람의 힘으로 그것을 고쳐 좋게 만드는 것을 생각할 수 없다면 그 생활은 자기의 명리를 구하는 것밖에 없음은 자연스러운 일이다.[39]

또 조선인에 대해서도 다음과 같이 썼다.

조선인은 국문학을 가지지 못했다. 그만큼 문화상의 독립성이 결여된 민족이다. 그리고 그것과 같은 원인에서 생긴 현상으로서 민족이 너무 비뚤어져 있다. 순진함이 없다.(1925년 7월 22일 밤, 23일 아침에 씀)[40]

이처럼 일본 민족에 대해 항상 부정적인 중국인·조선인이 대치됨으로써 일본 민족의 평가는 더 긍정적으로 강화되는 구조가 되었다.

이미 이시모다가 지적한 바와 같이 쓰다는 태평양전쟁 패전 후에도 「다시 역사 교육에 대하여再び歴史教育について」[41]에서 "일본이 한국을 병합하기에 이른 것도 반도인의 이러한 심리가 악질적 행동이 되어 나타난 데에 이유가 있었다"라고 하여 일본에 의한 '한국병합'의 책임은 일본에 있는 것이 아니라 한국인의 독특한 심리와 악질적인 행동에 있다고 했다. 쓰다에 따르면, 한국인은 외부의 강한 세력에는 굴종하지만 상대가 약해지면 강자의 태도를 취하며 비리·부도덕한 행동을 하는 것이 그들의 버릇이며 이것이야말로 일본이 한국 민족에 대해 식민지 지배를 하지 않으면 안 되었던 이유라고 한다.[42] 여기서 조선인의 '버릇'은 『지나 사상과 일본』에서 기술한 중국인의 민족성과 똑같다. 쓰다에게 일본인의 국민 공동체 형성을 위해서는 일본과 중국·한국은 구별되고 차별되어야 하는 것이다.

쓰다의 이상한 중국·한국 인식은 결코 쓰다 학문의 그림자의 일부가 아니다.[43] 쓰다가 바라마지않던 국민주의의 역사학(국사), 문학(국문학)과 쌍이 되어 일본국민주의 성립의 근거가 되는 구조가 되었다고 보아야 한다. 쓰다의 국사, 국문학, 국민주의의 정립에[44] 필요불가결한 부분이며 쓰다에게 중국·조선과의 차별화는 필수였던 것이다.

무릇 19세기 후반 신분제나 친족 관계가 후퇴하고 국민화가 진행됨에 따라 산업화된 사회에서 인종차별은 점점 국가의 통치 원리가 되었는데,[45] 쓰다의 국민주의적 역사학 속에서는 그러한 인종주의적 차별을 명확하게 간파할 수 있다. 예를 들어 앞 절에서 인용한 C에는 "일본인이 지나인에 대해 만연한 인종적 우월감으로써 임하는 것은 물론 피해야 하지만 사실 우월한 데 대해서는 그만큼 자신을 가지는 것이 필요하다. 지나인이 일본인에 대한 우월감을 가지게 하는 일이 있어서는 안 되는 것은 말할 필요도 없다. 일본문화가 지나문화의 도움을 빌리지 않으면 안 되는 상태는 현재 절대로 없기 때문이다"라고 기술했다. 밑줄 부분은 인종주의를 유보하는 듯한 레토릭으로 되어 있지만, 우월성의 자신감을 뒷받침하는 것으로서 인종주의를 제기한 것에는 변함이 없다.

쓰다와 같은 인종적인 국민주의가 성립하기 위해서는 부정적인 타자를 필요로 한다. 근대 일본의 국민주의 정립을 위해서는 중국·한국과의 차별화가 필수이며 그것을 위해서는 열등한 이웃을 필요로 했다. 그로써 일본 국민을 규정하는 경계를 만들고 그것을 지키는 것이야말로 근대 일본의 주체를 성립시킬 수 있으며, '서양'과의 대항 관계 위에서 국민 주체를 가동시키기 위해서 자기와 다른 열등한 타자를 필요로 한 것이다.

근대 일본의 동양사학이 성립한 것은 바로 그러한 시기였다. 한국, 만주, 중앙아시아, 중국, 동남아시아로 진전하는 동양사학의 필드는 '서양'에서의 오리엔트학과 마찬가지로 일본에서의 오리엔트였다. 목표는 일본 역사 속에 있는 유럽적인 요소를 포착함으로써 오리엔트에서 일본의 이미지를 지워 없애고 중국과 한국에서 일본 자신의 오리엔트를 창출하는 것이었다.[46]

그 때문에 그러한 동양에는 결코 일본이 포함되어서는 안 되며, 서양·일본·동양의 삼자 성립은 쓰다 학문에서 대전제가 되었다.

여기서 마지막으로 쓰다가 1938년 11월에 『지나사상과 일본』을 신서로서 간행하는 계기를 생각해보자. 수록된 두 편의 논문 「일본에서의 지나사상 이식사日本に於ける支那思想移植史」(1933년)와 「문화사상에서의 동양의 특수성文化史上に於ける東洋の特殊性」(1936년)은 이미 발표한 것이었다. 이 논문을 한 책으로 간행하기 위해서 쓴 '머리말'의 집필은 1938년 10월이었다.

이때 쓰다에게 무슨 일이 일어난 것일까.

여기서 상기해야 하는 것은 이에 앞선 3개월 전 1938년 7월 19일에 고노에 후미마로近衛文麿 내각에 의해 '지나정권 내면지도대강支那政權內面指導大綱'(五相會議 결정)이 발표된 사실이다. 이 '대강'에 따르면, 중국에서의 항일적 풍조를 일소하고 '일반 한민족漢民族의 자발적 협력'을 촉진하기 위한 방책으로서 '위력'을 배경으로 하는 강압 수단, '국민경제'의 향상에 의한 인심 수습, 그리고 '동양문화'의 부활에 의한 지도정신 확립의 세 가지 세트가 거론되었다. 특히 '동양문화'의 부활에 대해서는 '한민족 고유의 문화, 그중에서 일본·지나 공통의 문화를 존중하고 동양 정신문명을 부활하고 항일적 언론을 철저하게 금압하여 일본·지나의 제휴를 촉진한다'라고 쓰여 있다. 이 방침은 항일 하나로 통일한 중국의 상황으로 전환시키기 위한 고심의 발로였다고 마쓰모토 산노스케松本三之介는 평했다.[47] 사실을 보면, 왜 이미 발표한 두 편의 논문에 구판 '머리말'을 붙여서 『지나사상과 일본』을 간행했는지, 쓰다의 진의가 어디에 있었는지가 명확해질 것이다.

쓰다는 '지나정권 내면지도대강'에 있던 '한민족 고유의 문화, 그중에서 일본·지나 공통의 문화를 존중하고 동양 정신문명을 부활하고 항일적 언론을 금압하여 일본·지나의 제휴를 촉진한다'는 정부 방침에 대해 학문적인 신념에서 위기감을 품은 것이다. 일본 자신의 오리엔트인 중국과 동양문화를 부활시키는 따위는 정말로 있을 수 없는 논의이다. 항일에 애를 먹고 이에 대항하는 정치적 조치의 추진에 반대는 하지 않지만 '잘못된 견해에 근거하여 뭔가 일이 기획되었다면 그 결과에는 가공할 만한 것이 있을 것이다'라는 제언이었다.

맺음말

처음에 쓴 바와 같이, 이 장은 현재 매스컴에 범람하고 있는 이상할 정도의 중국·한국에 대한 차별, 멸시관의 유래나 아시아 인식의 구조적인 특질을 근대 일본과의 관련 속에서 파악하는 것을 목표로 했다. 고찰 대상으로서 쓰다 소키치의 중국·한국관을 중심으로 그것을 아시아 인식의 원형이라 간주하고 검토했다.

거기서 떠오르는 것은 일본의 중국·한국관은 일본의 국민주의 성립, 거기에 학문적 근거를 제공하려는 학술 체제의 성립과 깊이 관련되어 있다는 점이다. 근대 일본에서의 동양사학 성립은 '서양'의 오리엔트학과 마찬가지로 일본의 '오리엔트'학이었다. 목표는 일본 역사 속에 있는 유럽적인 요소를 포착함으로써 오리엔트에서 일본의 이미지를 지워 없애고 중국과 한국에서 일본 자신의 오리엔트를 창출하는 데에 있었다. 근대 일본의 주체 성립에는 이웃 여러 나라들에 대한 차별이 필요 불가결했다.

1990년 이후에 일본 사회가 직면하고 있는 것은 바로 포스트콜로니얼post-colonial 상황, 즉 국가 체제나 경제 지배로서의 식민지 통치가 끝났음에도 불구하고 의식구조나 자기동일성 양상으로서의 식민지 체제가 존속하는 상태라고 말하지 않을 수 없다. 경제적인 우월성이나 정치적인 특권으로서의 식민지주의가 상실되었는데도 국민적인 동일성의 핵으로서의 식민지주의가 존속하는, 아니 식민지주의를 존속시켜 지구적 규모의 변화에도 불구하고 그것에 매달리지 않으면 안 되는 것이 현재의 상황은 아닐까.[48]

이 장은 쓰다를 통해 오늘날까지 존속하고 있는 일본의 아시아관이 안고 있는 구조적 특질을 밝히려는 것인데, 식민지주의를 극복하는 관점에서의 검토는 충분히 하지 못했다. 향후의 과제로 할 수밖에 없다.

제4부   동아시아세계론의 행방

제12장 동아시아세계론과 일본사

머리말

동아시아세계론이란 일본사를 세계사 속에 자리매김하고자 1970년대에 니시지마 사다오西嶋定生가 제창한 역사 이론으로, 태평양전쟁 패전 후일본 역사학계에서 이른바 그랜드 이론으로서의 역할을 해왔다. 이 이론을 의식하는지 여부와는 상관없이 일본 역사학계에서 사용되는 '동아시아'라는 지역 개념은 동아시아세계론의 영향 아래 있다고 할 수 있다.[1]

동아시아세계론이 제기된 후 반세기 가까운 시간이 흘렀지만 처음부터 일본 국내외에서 여러 가지 비판이 있었음에도 불구하고 역사 교과서 기술을 비롯하여 매일 생산되는 학술논문에서 규정하는 '동아시아사'의 큰 틀은 적어도 일본 학계에서는 여전히 동아시아세계론이라고 보아도 좋을 것이다.[2]

그런데 근래 이르러 동아시아세계론에 대한 비판에는 이전보다 더 무시할 수 없는 점이 있다. 다만 토마스 쿤Thomas S. Kuhn이 제창한 패러다임론이 보여주듯이 새로운 이론으로 극복하지 않는 한 종래의 지배적인 이론에 대한 개별적인 비판은 힘이 되지 못한다. 어느 이론이 다른 이론으로 대체되는 것은 개별적인 비판의 집적으로서 이루어지는 것이 아니라 종전 이론으로는 설명할 수 없는 사실들이 완전히 새로운 설명 원리(이론)로 재해석될 때이다.[3]

현재로서는 동아시아세계론을 대체할 새로운 이론이 제창되지 못한 채 동아시아세계론에 대한 개별적 비판이 분산적으로 이루어지는 상황이다. 유념해야 할 것은 필자를 포함하여 오해에 기인한 비판이 적지 않다는 점이며, 이로 인해 논의가 점점 더 혼미해지는 듯하다. 동아시아세계론을 대체할 포괄적인 이론을 구축하기 위해서는 필수적으로 동아시아세계론의 내용을 깊고 자세하게 조사해야 한다. 또 동아시아세계론이 제창된 시점으로 되돌아가 개념을 음미하고 문제 설정의 역사적 배경에 대해서도 검토할 필요가 있다.

이 장은 약 반세기에 걸쳐 그랜드 이론으로서의 위치를 차지해온 동아시아세계론과, 그 논의를 뒷받침하는 기초 이론이라고 말할 수 있는 책봉체제론冊封體制論의 비판적 검토를 통하여 동아시아세계론의 사정거리와 유효성을 검증하고자 시도한 것이다.

1. '동아시아 세계'와 그 지역

동아시아세계론의 요체는 일본 역사를 일본열도 안에서만 움직인 역사로 이해하는 것이 아니라 열도를 포함하는 완결된 구조 속에 자리매김하여 이 구조의 움직임의 일환으로서 이해하려는 점이다.[4] 일본을 포함하는 자기완결적인 구조를 가진 세계로서 구상된 것이 '동아시아 세계'이다.

일반적으로 '세계'라고 하면 지구상의 전 표면을 가리킨다고 이해하지만, 말 그대로 세계의 역사가 하나가 되어 움직인 것은 대항해 시대라 일컫는 15, 16세기 이후이고, 더 후대로 내려가 19세기가 되어서야 긴밀한 관계를 맺게 된다. 이 같은 일체화된 세계가 출현하기 전에는 지구상에 예를 들어 '지중해 세계', '남아시아 세계', '이슬람 세계' 등 다수의 세계가 존재했으며, 각각 독자의 문화권인 동시에 완결된 정치구조를 가지는 특징을 지녔다. 이 특징에 입각하여 '동아시아 세계'도 그중 하

나라고 간주되었다.[5]

'동아시아 세계'는 방법적인 개념이 제기된 후 반세기 가까이 지나는 과정에서 제창자인 니시지마의 정의에서 벗어나 여러 가지 뜻으로 이해되고 이용된 경향이 있다. 그 때문에 동아시아세계론에 대한 다양한 비판도 니시지마의 정의와는 다르게 이루어지기도 한다. 이러한 상황에서는 생산적인 논의는 기대할 수 없다. 그래서 새삼 '동아시아 세계'의 정의와 주요 비판을 통해 재검토하고자 한다.

니시지마에 따르면 '동아시아 세계'는 문화권으로서 완결된 세계인 동시에 그 자체가 자율적 발전성을 가지는 역사적 세계로, 중국문명의 발전에 따라 주변 여러 민족에게도 영향이 미치며 거기에 중국문명을 중심으로 하는 자기완결적인 문화권이 형성된다고 한다.[6] 또 '동아시아 세계'가 자기완결적인 세계라는 것은 이 문화권에 공통된 여러 문화(한자, 유교, 율령제, 불교)가 중국에 기원이 있거나 그 영향을 받았다는 점, 그 여러 문화가 이 문화권 내에서 독자적으로 혹은 상호 연관적으로 전개된 역사 구조를 가진다는 의미로 규정한다.

이로 알 수 있듯이 '동아시아 세계'란 자기완결적인 문화권이 전제가 된다. 게다가 이 문화적 현상이 '동아시아 세계'의 공통 지표가 되는 이유는 문화가 문화로서 독자적으로 확대된 결과가 아니라 배경에는 이 세계를 규제하는 정치구조가 존재하기 때문이며, 이를 매개로 문화적 현상들이 확대되었다는 사실에 주의를 환기시킨다. 이 정치구조는 중국 왕조의 직접적이거나 간접적인 지배 혹은 규제인데, '동아시아 세계'의 공통 지표가 되는 여러 문화가 중국왕조의 정치적 권력 내지 권위를 매개로 전파되고 확대되었음이 강조된다.[7]

이러한 문화권으로서의 '동아시아 세계' 형성의 정치구조 양식이야말로 '책봉체제'라 명명된 정치질서였다. 이 질서는 한대漢代에 단서를 두고 남북조 시기에 정치적 세계로서 완성되어 이를 통해 중국의 제도와 문물이 주변 국가로 전파되었다고 한다. 이렇게 해서 정치적 세계로서

의 '동아시아 세계'는 동시에 문화권적 세계로서의 '동아시아 세계'로 형성되었다고 규정했다.[8]

니시지마가 제창한 동아시아세계론을 다시 충실하게 훑어보는 이유는 앞에서 서술한 바와 같이 니시지마가 문화권과 정치권이라는 서로 다른 원리의 일치,[9] 이른바 바이메탈bi-metal과 같은 두 권역의 일치를 '동아시아 세계'라고 규정했음에도 불구하고 일반적으로는 정치권으로서의 책봉체제에만 주목하여 '동아시아 세계'를 규정하는 국제질서로서 이해함으로써 책봉체제의 유효성에 대한 의문과 관련된 비판이 집중적으로 이루어지기 때문이다.

예를 들어 야마우치 신지山內晋次는 '동아시아 세계' 정치권으로서의 책봉체제의 '공간적인 문제'와 '시대적인 문제'를 지적했다.[10] '시대적인 문제'에 대해서는 다음 절에서 논하기로 하고 우선 공간적인 문제를 살펴보고자 한다.

즉 야마우치가 말하는 동아시아세계론의 공간적인 문제란 니시지마가 '동아시아 세계'를 "중국을 중심으로 하고 여기에 주변의 조선, 일본, 베트남 및 몽골고원과 티베트고원의 중간 서북회랑지대 동부의 여러 지역을 포함하는 것"으로 삼을 뿐, "북쪽의 몽골고원이나 서쪽의 티베트고원 및 서북회랑지대를 넘는 중앙아시아의 여러 지역 혹은 베트남을 넘는 동남아시아 등의 여러 지역은 통상 여기(동아시아 세계)에 포함되지 않는다"[11]라고 규정한 데에 대한 의문이다.

당대唐代 정치 동향을 사례로 들면, 돌궐(중앙아시아)이나 토번(서방 티베트고원), 위구르와의 관계가 당 왕조 대외정책의 근간을 이루어 이 시대의 정국에 중요한 역할을 했음에도 불구하고 그 지역들이 고려되지 않은 까닭은 돌궐, 토번, 위구르와의 관계는 책봉 관계가 아니라 다른 형식 아래 전개되었기 때문이고, 책봉체제론이 중국, 조선, 일본 지역의 역사 전개로부터 귀납되었기 때문에 '동아시아 세계'의 지역적 범위의 타당성에 의문이 있다는 것이다.[12]

더구나 "당 왕조가 설정한 국제적 서열 속에서 중심 권역을 차지하는 토번·돌궐·돌기시突騎施 등 서북쪽 나라와의 관계를 설명하는 논리를 결여한 책봉체제론은 당시 중국을 중심으로 하는 동아시아 세계의 전체 구조를 설명하는 데에 충분한 유효성을 가졌다고 할 수 있는지"는 의심스럽다고 하며, "책봉체제론이 중국을 중심으로 하는 전근대 정치 세계 전체의 구조나 주변 여러 나라와의 관계 전체상을 설명하는 것처럼 받아들여지는 것은 커다란 의문이 아닌가"라고 비판했다.[13]

이처럼 '동아시아 세계'의 공간 문제가 다루어지면서도 직접 관련되는 것은 문화권이 아니라 문화권의 형성을 구동한 책봉체제가 미치는 지역과 그 관계가 문제가 되었다. 야마우치가 지적하듯이 중국 서북쪽 여러 민족과의 관계는 책봉체제로는 파악될 수 없고 책봉과는 다른 논리와 형식으로 중국 황제가 서북 여러 민족과 관계를 맺었다면 그것은 '동아시아 세계'의 정치구조의 유효성 문제이다. 뒤에서 서술하겠지만 책봉체제론이 중국을 중심으로 하는 전근대 정치 세계 전체의 구조나 주변 여러 나라와의 관계 전체상을 설명하는 논리일 수 없음은 야마우치가 지적한 바와 같다. 그렇지만 문화권의 형성과 책봉과의 관계를 논한 니시지마의 논리에 모순은 없다.

게다가 야마우치의 비판에서 문제로 삼고 싶은 것은 정치권으로서의 책봉체제와 문화권으로서의 지역 설정을 혼동하여 '동아시아 세계'의 문화권에 대한 지역 설정의 의도를 넘어서 비판한다는 점이다. 예를 들어 야마우치는 "자칫하면 일·중·한(조선)이라는 범위 내에서만 고찰을 끝내버리는" "답답한 삼국사관적 '동아시아사'"라고 동아시아세계론의 지역 설정을 비판했다.[14] 해역을 통한 다양한 '연계'에 주목한 야마우치는 한자·유교·율령제·불교가 동아시아의 문화적인 지표라고 생각한 데 반해, "지금까지의 연구사에서 이들 지표를 찾아내고자 혹은 끼워 맞추고자 해서 상당히 무리한 상황이 일어난 것처럼 느껴진다. 원래 그러한 공통된 지표를 가진 어느 정도 자기완결적인 역사 세계 같은 것은 실태

로서는 거의 존재하지 않는 것은 아닐까?"[15]라고까지 지적했다.[16]

한편 해역사海域史의 입장에서 무라이 쇼스케村井章介는 고유구사古琉球史를 사례로 들고, 이 연구는 "동아시아 세계라는 경직된 틀로부터 일본사를 해방하는 지적 모험이다"[17]라고 서술하고 동시에 "동아시아 세계를 경직된 틀로 보아 거부하고 일본사를 해석하는 역사적 문맥으로서 신축이 자유로운 지역을 설정할 때 그 지역들은 어느 하나의 형태로 수렴되기보다는 무한히 확산되어갈 것이다"라고 지적했다.[18]

애초부터 '경직된 틀'이라고 비판을 받는 니시지마의 문화권이란 '자기완결적인 세계'라고 규정하지만 반드시 지역을 고정적으로 한정하지 않는다. 예를 들어 "그 영역은 유동적이어서 고정적으로 이해해야만 하는 것은 아니다"라고 서술했다. 구체적으로 당 말唐末·오대五代, 송대宋代를 사례로 상업 활동이나 유통경제를 언급하고 송전宋錢이 시장권인 '동아시아 세계'의 각지에 유통될 뿐만 아니라, 남해 지역을 넘어 아프리카 연안까지 미쳤음을 부정하지도 않는다. 오히려 사물과 인간의 '관계'도 시야에 넣었다고 할 수 있다.[19]

그리고 당연히 결코 다른 지역 세계와의 접촉을 부정하지 않는다. 니시지마 동아시아세계론의 문화권에 관한 중요한 논점은, 전근대에는 다른 세계의 영향이 중국문화를 변질시키지 않고 또 유입된 서방 문화는 중국문화와 동화하여 중국문화의 하나로 '동아시아 세계'에 전해졌으며, 따라서 이 경우도 '동아시아 세계'의 자기완결성은 존속한다고 간주하는 데에 있다.[20] 동아시아세계론이 먼저 문화권으로서 '동아시아 세계'를 규정하고 그 입장에서 지역을 설정할 때 전근대의 긴 기간 속에서 유목민의 거주 지역이나 동남아시아를 대국적大局的으로 보아 제외한 것은 논리상으로는 문제가 될 수 없다.

2. '동아시아 세계'와 책봉체제

문화권으로서의 '동아시아 세계'를 형성한 원동력이라고도 할 수 있는 책봉체제에 대해서는 앞 절에서도 부분적으로 언급했듯이 오늘날까지 다양한 비판이 나왔다. 원래 책봉체제의 요체를 이루는 책봉이란 구체적으로는 중국 황제가 한대 이래 주변의 여러 나라, 여러 민족의 수장에게도 중국의 작위·관직을 주어 중국 황제와 군신 관계를 맺는 것을 가리킨다. 중국 황제와 주변의 여러 나라, 여러 민족의 수장 사이에 관작의 수수授受를 매개로 맺는 관계는 책명冊命(임명서)으로 봉하는 행위에 기인하기 때문에 책봉체제라 명명되었다.

이러한 '동아시아 세계'의 정치권政治圈으로서의 책봉체제의 정치구조는 실은 한정된 시대(6~8세기)와 지역(동쪽의 여러 나라＝고구려·백제·신라·왜·발해)에서 검증되고 이론화된 것이다.[21] 이런 까닭에 야마우치는 책봉체제가 가지는 '시대적인 문제'로서 "정치권으로서의 동아시아 세계는 주로 당대까지의 역사 상황으로부터 귀납되어서 그 논리가 이후의 시대에도 유효하게 적용할 수 있는지 여부도 검증되지 않았다"[22]라고 비판했다.

그런데 책봉체제론은 한정된 시대와 지역에서 추출된 정치구조를 전제로 하여, 대상 지역을 베트남까지 확대하여 관작을 매개로 하는 관계(책봉)뿐만 아니라 조공 관계까지도 포함하여 한대 이후 청조 말기에 이르기까지 2천 년에 걸친 '동아시아 세계'의 정치구조로서 규정된 것이다.

이러한 니시지마의 정치권으로서의 책봉체제 구조와 지역에 대해서는 처음부터 호리 도시카즈堀敏一의 비판이 있었다. 즉 한대 이래 중국 황제의 지배는 군현제에 의한 지배와, 그것을 벗어난 지역의 이민족 수장에 대한 지배로 이분되지만, 중국 황제와 이민족 수장과의 관계는 넓게는 기미羈縻라고 불러야 한다고 지적했다. 이 기미에는 다양한 형태가 있는데 기미주羈縻州(이민족 수장을 매개로 한 간접 지배 지역), 화번공주和蕃公主

(이민족 수장에게 황제나 왕족의 딸을 보내는 혼인 정책), 조공 관계 등의 다양한 수준이 있고 책봉은 그러한 기미의 일부에 불과하다는 것이다.[23]

여기에 나타나는 니시지마의 정치권과 호리의 국제질서로서의 기미가 지역적으로 어긋나는 이유는 니시지마의 정치권이 원래 문화권 형성을 매개하는 정치구조로서 책봉에 주목하여 설정된 데에 기인한다. '동아시아 세계'의 정치권이란 반드시 전근대 중국의 모든 국제관계를 포괄하는 질서를 의도한 것이 아니기 때문이다.

예를 들어 한 고조가 흉노 묵돌선우冒頓單于에게 자기 딸 화번공주를 보낸 것을 시작으로 북위北魏·수당隋唐에 이르기까지 중국의 각 왕조는 여러 유목국가, 여러 유목민족의 수장에게 공주를 보냈다.[24] 요컨대 화번공주는 유목민족과의 사이에 군신 관계와는 다른 의제적擬制的 가족관계를 형성하고 유교이데올로기에 근거하여 군신 질서 밖에 있는 여러 유목민족을 포섭하는 정책이었다. 그런 까닭에 니시지마는 이러한 여러 민족과 중국왕조와의 관계를 책봉과는 '다른 체제와 논리'가 작용하는 지역으로 보아 문화권에서 제외한 것이다.

화번공주의 사례는 앞 절에서 보았듯이 야마우치가 '공간의 문제'로서 지적한 점도 있으며, 책봉체제가 책봉과는 다른 논리의 국제관계를 결여한다는 점에 비판이 집중되었다. 이 때문에 현재 연구 상황에서는 책봉체제만으로 수당 시대의 국제질서를 논하는 것은 더 이상 불가능하다는 지적도 나온다.[25]

앞에서 언급했듯이 니시지마의 동아시아세계론의 문화권 형성에 구속된 책봉체제라는 정치구조가 떠안은 여러 문제에 대해 한대에서 청대에 이르기까지의 중국을 중심으로 한 국제질서를 재검토하여 책봉체제 대신에 전근대 중국왕조(천자)를 중심으로 하는 질서로서 제기한 것이 단조 히로시檀上寬의 '천조체제天朝體制'이다.[26]

단조에 따르면, 한대 이후 중국의 천하관은 두 가지 관점에서 구별하여 이해한다. 좁은 의미의 천하란 중국왕조가 실제로 다스리는 실효적 지배 영역에 해당되며 구체적으로는 군현제가 실시된 지역(中華)을 가리킨다. 이에 대해 넓은 의미의 천하란 중국왕조와 주변의 여러 나라, 여러 민족 양쪽을 합친 범위(中華+夷狄)를 가리킨다.[27]

유교 이념은 좁은 의미의 천하와 넓은 의미의 천하를 관통시켜 천자를 중심으로 하는 예치禮治(덕치) 체계와 운영자인 천조天朝(조정)를 만들어냈는데, 단조는 천자 내지 천조에 의해 넓은 의미와 좁은 의미의 두 천하에서 실행된 예치주의적 통치 구조를 '천조체제'라고 명명했다.[28]

이러한 천조체제에서는 호리가 지적하는 화번공주처럼 당송 시대에 중국왕조가 유목국가들과 맹약을 맺어 국제질서로서 부자·형제·삼촌조카 등의 종법宗法 질서를 적용시킨 것도 넓은 의미의 천하를 일가로 판단한 의제적 가족관계에 의해 화華와 이夷의 질서를 설정한 것이 된다. 책봉체제에서 제외된 관계는 천조체제에서 중국왕조와 여러 유목민족과의 종법 질서로서 명확하게 자리매김했다.[29]

그런데 책봉 관계에 관해서는 니시지마의 책봉체제론에 대해서도 수당 시대가 되면 책봉과 조공의 차이가 명확하지 않고 혼동되는 점을 비판했다. 책봉과 조공 양자의 관계에 대해서 단조는 다음과 같이 명쾌하게 설명했다. 즉 책봉이란 중국 황제가 주변 여러 민족에게 관작을 수여하여 황제를 정점으로 하는 국내 신분 질서 외연에 자리매김하는 것이며, 책봉에 의해 양자 간에 군신 관계가 성립한다. 책봉을 받은 수장이 중국 황제에게 정기적으로 군신 관계를 확인하는 조공의 예를 실천하는 한 이 체제는 유지되는 것이다.[30] 중국왕조에게는 해당국 수장(번왕)은 책봉국인 동시에 조공국이기도 하므로 중국과 개개 책봉국과의 관계의 총체가 바로 조공체제였다. 말할 필요도 없이 책봉국은 조공국이지만 조공국이 모두 책봉국은 아니다. 조공국 중에는 책봉국과 비책봉국 두 가지 유형이 존재하기 때문에 천조체제에서는 책봉을 중국의 외교 관계로서 조공체제의 범주에서 파악했다.

또 단조에 따르면, 원래 조공체제란 천자를 정점으로 해서 책봉과 조공을 기초로 하는 예禮의 체계에서 성립되는 국제관계이지만, 천조체제는 조공체제에만 한정되지 않는다. 왜냐하면 조공체제는 넓은 의미의 천하에서의 국교 측면의 개념이며, 넓은 의미의 천하에는 국교 이외의 다른 화이 관계가 존재하기 때문이다. 예를 들어 중국 상인이나 외국 상인(蕃商)이 종사하는 국제교역인 호시互市가 있다. 이 호시에는 북방 변경의 유목민, 수렵민과의 교역과 해상교역의 두 가지가 있다. 특히 후자는 송원宋元 시대에는 활발하여 조공무역 대신에 주류를 차지하기에 이르렀다. 명대에는 '조공 일원 체제'[31]에서 호시가 없어지지만, 청대에 이르면 더더욱 성행하기 때문에 '호시체제'라는 개념마저 제기되었다.[32] 아무튼 단조는 천조체제에는 이러한 민간의 화이 관계도 포함되며 거기에도 예적禮的으로 정당화할 수 있는 논리가 마련되어 있다고 밝혔다.[33]

즉 천조체제에는 유목국가와의 맹약 형식의 화이 관계가 있으며 군신관계와는 다른 부자·형제·삼촌조카 등의 종법 질서가 있어서 화와 이, 쌍방의 이해관계와 힘의 관계를 조정하면서 조공 관계와는 다른 논리에서 국제질서를 규정한 것이다. 이상을 요약하면, 천조체제 아래에서 넓은 의미의 천하 속 화이 관계는 조공(책봉), 맹약(종법 질서), 호시 세 종류가 있으며 이들 관계가 착종하는 가운데 화이 질서가 유지되었다.

지금까지 단조의 설에 따라 천조체제에서의 화이 질서 구조를 소개했는데, 우선은 천조체제가 책봉체제의 '시대적인 문제'의 극복에 대해 더 설득력을 발휘한다. 종래 책봉체제론의 논의는 고대에 편중되었는데, 천조체제는 책봉 논리와는 다른 송원 이후 명청대에 이르기까지의 외교 관계나 경제 관계도 시야에 넣었다. 무엇보다도 이점은 중국을 중심으로 하는 전근대 정치 세계 전체의 구조나 주변 여러 국가와의 관계 전체상을 설명하는 논리로서의 정합성에 있다.

또한 다음 절의 「동아시아세계론과 문화권의 형성」과 연관하여 천조체제에서의 천하의 화이 관계, 즉 조공, 맹약, 호시 세 종류의 관계가 '동아시아 세계'의 여러 나라에도 수용되어 전개되었던 점이 주목된다.

예를 들어 고구려는 4세기 말부터 5세기 초에 신라나 백제와의 사이에 '조공·속민' 관계를 맺었다거나 5세기에는 신라와의 사이에 '형제' 관계로 표현하는데, 이 관계는 광개토왕비(414년)[34]나 중원고구려비(5세기 후반) 등 동시대 사료에서 확인할 수 있다. 또 신라의 경우에도 670년대 당과의 항쟁 과정에서 문무왕이 고구려국왕 안승安勝을 책봉한다거나 맹약 관계를 맺는다거나 한 사실이 확인되는데, 이러한 신라의 행위를 당 측은 '참제僭帝'로 간주했다.[35] 한편 고대 일본에서도 신라, 백제와의 조공 관계는 물론 일본과 발해와의 사이에는 조공(책봉), 종법 질서(삼촌조카 관계)를 찾아낼 수 있다. 이렇게 니시지마가 책봉체제를 검증한 동쪽 지역 국가들 사이에서도 천조체제의 화이 질서를 모방했음을 추측할 수 있다. 그렇기 때문에 천조체제는 다음 절에서 검토할 중국문화의 전파와 수용을 해명하는 데에도 중요한 시각이 될 수 있으리라 생각된다.

3. 동아시아세계론과 문화권의 형성

니시지마는 '동아시아 세계'의 문화권 형성을 중국 황제와 주변의 여러 나라, 여러 민족의 수장과의 책봉 관계에서 구했다. 그러나 중국을 중심으로 하는 전근대 정치 세계의 전체 구조나 주변 여러 나라와의 관계는 책봉만으로 성립되지 않았다. 앞 절에서 본 바와 같이 반드시 책봉만이 '동아시아 세계'의 문화권 형성에 관련되었던 것이 아니라 오히려 천조체제라는 천자·천조 아래에서 형성된 다원적인 정치구조에 유의할 필요가 있다. 따라서 문제는 니시지마가 '동아시아 세계'의 문화권 형성에서 중요한 의의를 찾아낸 책봉체제를 천조체제로 바꿀 수 있는지 여부이다.

이 과제를 검토하기 전에 다시 니시지마에 의한 문화권의 형성과 책봉 관계에 대하여 살펴보고자 한다. 왜냐하면 니시지마는 '동아시아 세계'의 문화권 형성을 중국 황제와의 책봉 관계에서 구했지만, 중국문화를 수용한 주변 여러 나라의 구체적인 사례를 보면 책봉 관계의 유무가 문화권 형성에 직접 연결되지 않는 사례가 많이 검출되기 때문이다. 예를 들어 6세기 신라의 경우 중국왕조와 책봉 관계가 전혀 없음에도 불구하고 한자문화가 국내 정치에 널리 유통되었고, 행정법이나 형벌법(율령)의 정비는 물론 불교나 유교의 수용도 상당히 침투되어 있었음이 여러 사료를 통해 밝혀진다.[36] 또 일본열도에서도 '동아시아 세계'의 문화 지표로 여기는 중국을 기원으로 하는 여러 문화가 깊게 침투하는 시기는 7세기 말부터 8세기 초인데, 이 시기에는 중국왕조와 책봉 관계가 없을 뿐 아니라 외교 교섭조차 없었다.[37] 이 같은 문화 현상을 책봉 관계와 어떻게 결부시킬 수 있는가를 묻지 않을 수 없다.

이 과제에 대해 참조해야 할 것은 니시지마가 중국문화 수용의 정치적·사회적 조건들을 언급하는 가운데 주변 여러 나라의 중국문화의 수용은 "중국왕조와의 책봉 관계에서 이탈한 장소에서 행해지면서도 실은 책봉체제 논리 밖에서 행해진 것은 아니었다"라고 지적한 점이다. 언뜻 보기에 책봉 관계가 개재되지 않는 것처럼 보이지만 책봉체제 논리 밖에서 중국문화가 수용된 것이 아니라고 분명히 말했는데 이 점에 유의해야 한다.

니시지마에 따르면, 책봉 관계의 설정이란 주변 민족의 수장을 중국왕조의 국가 질서 안에 포함시킴으로써 질서 체계를 해당 지역으로 확대하는 것이기 때문에 책봉을 받은 수장들은 지배 체제를 중국왕조와 유사하게 정비하려고 한다. 그들이 중국으로부터의 책봉을 구한 것은 그들 주변에 대한 지배적 지위를 얻으려는 것이기도 하기 때문에 중국과 주변 수장과의 관계로서 설정된 책봉 관계는 나아가 수장들과 주변과의 관계로 확대된다. 마치 태양계의 행성이 다시 위성을 가지듯이 책봉체제 안에 소책봉체제가 생기고, 마침내 소책봉체제는 자기를 완결한 세계인 것처럼 착각하게 된다고 설명했다.[38]

니시지마는 구체적인 사례로 고구려가 백제나 신라를 비롯한 주변 국가를 조공국으로 삼아 책봉하는 나라로서 자기를 표현하는 광개토왕비에 주목했다. 이러한 논리로 본다면, 6세기 이후 일본이 중국왕조와의 책봉 관계에서 이탈했어도 책봉체제 논리 밖으로 이탈했음을 의미하지는 않는다는 것이다.[39]

이를 증명하듯이 앞에서 언급한 바와 같이 6세기 신라에서는 국내 정치에 널리 한자문화가 유통되며 율령 시행을 비롯하여 불교·유교의 수용도 상당한 수준에 도달했는데,[40] 그것은 신라 왕이 중국왕조로부터 첫 책봉(565년)을 받기 전의 일이었다. 이러한 신라의 중국문화 수용은 니시지마의 지적대로 신라가 고구려에 조공하는 고구려의 '속민'(정치적 종속 관계)이었기 때문에 고구려를 중심으로 하는 소책봉체제의 정치구조에 의한 것이었다고도 생각할 수 있다.[41] 실제로 신라의 한자문화는 고구려적인 요소가 농후하며 백제의 한자문화와 차이가 있음이 목간 등을 통해 판명된다.[42]

또 앞에서 언급한 대로 7세기 말부터 8세기 초에 일본열도에는 당의 정치제도를 적극적으로 도입하는 동향이 있었다. 예를 들어 다이호 율령大寶律令의 편찬을 비롯하여 후지와라쿄藤原京·헤이조쿄平城京 등 중국적 도성의 조영, 연호 제정, 화폐(錢貨) 발행 등은 중국의 황제 제도 그 자체의 도입이었다고도 언급되지만,[43] 이는 책봉과는 전혀 관계가 없다.

이러한 현상을 니시지마는 다음과 같이 설명했다. 즉 6세기 이후 일본은 자기를 중심으로 한 소세계小世界를 설정하고 있어서 중국왕조와의 책봉 관계에서 이탈해도 적극적으로 중국문화를 수용하고자 한 이유라고 생각된다. 국가불교의 수용이나 율령제의 도입 등도 자기를 소우주의 주재자로 의정擬定한 일본의 주체적인 관심사이며, 이것이 7세기 이후 중국에 대한 통교와 주체적인 문화 수용이 되었다고 한다.[44]

더욱이 흥미로운 점은 일본 역사상 가장 많은 중국문화가 침투한 시기로 에도江戶 시대를 들고 다음과 같이 해석한 것이다. 즉 에도 시대의 일본은 정치체제로서의 '동아시아 세계'에서 이탈했지만 그럼에도 불구하고 중국문화가 이 정도로 일본에 정착한 까닭은 일본이 '동아시아 세계' 속에서 자기완결적인 소세계를 만들어낸 데에서 찾을 수 있다. "일본 자체가 소중화제국小中華帝國이 되어 천하가 일본이라는 영역으로 축소되었을 때 그것은 마치 동아시아 세계로부터 이탈된 것처럼 보인다. 그러나 그것이 어디까지나 커다란 세계 속에 출현한 미크로 세계인 한 거기에 독자적 가치 체계의 창출은 있을 수 없다. 그런 까닭에 소세계로서의 자기폐색이 진행되면 될수록 그 가치 체계를 충실히 하려는 지향은 중국문화에 심취되지 않을 수 없었다"[45]라고 지적했다.

게다가 중국문화를 체현하려는 소망이 중국과 정식 국교도 없던 에도 시대에 앙양되었다고 한다면 그 이유는 중국과의 교류가 존재하지 않는 현실 속에서 구하지 않을 수 없다. 또 정치적으로 중국왕조의 권위에서 이탈해 있다는 것은 일본 국내에 완결된 권위의 수립이 요구되었고, 따라서 막부라는 정치권력의 초월성을 세계관으로서 정착시키려 했기 때문에 쇄국정책을 수행했다. 니시지마는 이를 "자기의 지배 체제를 천하 그 자체와 동일시한 막부 권력은 동아시아 세계 속에서의 소세계로서 자기를 완결화하고, 그 때문에 세계 정치의 철학인 유교를 체제 유지의 교학으로 삼았다"라고 해석한다. 그 위에 "(에도 시대) 유학자들의 중국문화에의 체제 소망은 반드시 현실 중국에 대한 동화를 의도하는 것이 아니라 이른바 물신화된 중국문화에 동화하고픈 소망이었고, 따라서 중국문화라는 초월적 권위를 향한 자기동일화의 소망이었다"라고 서술한다.[46]

지금까지 살펴본 바와 같이 책봉체제의 정치 기제가 간접적이라 해도 중국왕조의 정치권력 내지 권위를 매개로 하여 중국문화가 전파되고 확장되어가는 논리가 모두 설명된다. 니시지마를 모방해서 말하면, 자기의 지배 체제를 천하 그 자체와 동일화한 주변국의 왕조 권력은 '동아시아 세계'의 소세계로서 자기를 완결화하려는 것이고, 이로 인해 거꾸로 중국문화에 속박되지 않을 수 없었다. 전근대 베트남의 중국화는 탈중국화도 의미한다고 말한 모모키 시로桃木至朗의 지적도 있듯이,[47] '동아시아 세계'에서 자기를 중심으로 하는 세계를 형성하여 완결화하려 한다면 중국문화의 수용이 촉진되어가는 구조를 간파할 수 있다.

그런데 책봉을 매개로 하지 않고도 문화권이 형성될 수 있었던 까닭이 책봉체제 논리 밖에서 행해졌기 때문이 아니라고 한다면, 책봉 논리를 내면화한 중국 주변 국가들이 자기를 중심으로 한 정치권력의 초월성을 세계관으로서 정착시키려는 자기운동(체제 역학)에 대해서 주목해야 한다. 왜냐하면 실제로 에도 시대 동아시아에는 '책봉체제 같은 것은 존재하지 않았다'[48]라고 후마 스스무夫馬進가 지적하기 때문이다. 그 근거로 청조가 명실공히 책봉국으로 간주한 것은 조선·베트남·류큐琉球 3개국이며, 그 류큐조차도 언뜻 보기에 중국과의 책봉이 계속되던 것처럼 보이지만 1609년에 사쓰마薩摩에 편입(일본의 속국화)된 이후는 중국과 일본과의 사이에 국교가 없다는 전제에서 비로소 책봉이 가능했음을 예로 든다.[49]

후마에 따르면 "일본, 류큐, 조선, 중국 4국은 류큐가 표면상 공손한 조공국으로 행동하는 한편으로 사실은 일본의 속국임을 몰래 관철시켜 동아시아 안정을 도모하려고 한 점에서 공동모의했다고 하여도 좋다. 그것은 중국과 일본에 국교가 없다는 전제 아래 암묵적으로 성립한 공동모의였다. (중략) 이 공동모의에 일본이 가담하고 그 속국이었던 류큐가 '주역'인 이상, 이렇게 성립한 국제질서를 책봉체제라고는 부를 수 없다"[50]라고 단언하고, 당시의 국제질서는 모자이크 구조로 성립했다고 한다.

그러나 일본의 속국이었던 류큐는 그 사실을 숨기지 않으면 중국에 대한 조공이 허락되지 않았고 또 조선은 이 사실을 알고 있었던 까닭에 류큐와 국교가 없었다(국교를 맺지 않았다)고 한다면, 이들 나라의 외교에는 책봉 규제가 강하게 작동했다는 가장 좋은 증거가 될 것이다. 책봉에 의한 문화권의 형성은 실제 책봉 관계의 유무와 상관없이 논리가 관철

된 것처럼 중국, 조선, 베트남, 류큐, 일본에는 책봉의 규제가 내면화되어 '동아시아 세계'의 정치권으로서 기능했다고 보아야 할 것이다.[51]

일찍이 야마우치 신지는 '동아시아 세계'라는 자기완결적 문화권으로서의 세계에 대하여 의심을 표명하면서 "만일 일부러 중국·조선·일본 지역에서 책봉이 중요한 역할을 연기했다고 결론짓는다면 그것은 어째서인지 다시 그 지역의 역사적 특성을 추구해야 한다"[52]라고 지적했는데, 책봉의 규제가 이 지역에서 어떠한 메커니즘으로 기능했는지는 앞에서 언급한 바와 같다. 또한 그것이 이 지역의 역사적 특성이라고 할 수 있을 것이다.

이와 관련하여 유의해야 할 것은 조선, 일본, 베트남에는 자기를 중심으로 하는 세계관이 현저하게 인식되었는데, 이것은 '조선 소중화사상', '일본형 화이의식', '베트남형 화이의식' 등으로 일컬어져왔다는 점이다.[53] 그러한 각국의 세계상世界像은 중화제국의 그것을 복제·모방함으로써 성립했다. 류큐를 포함하여[54] 이들 나라는 중국의 화이 질서를 내면화하여 제각각 정치질서를 구축하고 중국에 기원起源하는 문화를 자기 세계로 확대했다. 이들 지역의 공통점은 니시지마가 설명하는 책봉체제의 정치구조 논리에서 구할 수 있는 것은 아닐까?

책봉체제를 천조체제로 바꿀 수 있는가, 아닌가 하는 이 절 맨 앞의 질문으로 되돌아가면, 니시지마의 논술이 보여주듯이 책봉은 '동아시아 세계' 문화권 형성의 설명 원리가 되지만 '동아시아 세계' 전체의 구조를 시야에 넣은 천조체제는 다중의 화이 질서를 포함하고 거기에 책봉이 포함되어 있기 때문에 '동아시아 세계'의 문화권 형성에는 천조체제가 가지는 정치질서 전체의 구조가 관련되어 있다고 말해야 하지 않을까 생각한다. 지금까지 조선, 일본, 베트남에서 각각 화이 질서가 지적되어왔는데 그 화이 질서의 원형을 이루는 것은 다름 아닌 역대 중국왕조의 천조체제이기 때문이다.

4. 동아시아세계론의 지역에 대한 질문

니시지마는 '동아시아 세계'라는 문화권과 정치권이 일치한 지역 세계의 역사적인 전개 속에 일본사를 자리매김하려고 했다. 그렇다면 왜 세계사로서의 '동아시아 세계의 일본사'가 문제시될까?

원래 국가의 영역을 넘은 지역('n지역')에 대한 역사적 탐구는 연구 주체가 직면한 현실 과제를 무시할 수 없다. 실제로 니시지마는 역사 연구가 미래를 지향하는 현재와 과거와의 대화임을 거듭 강조했다.

니시지마는 무슨 이유로 '동아시아 세계'의 형성을 역사적 문제로 삼았을까? 이 질문을 하게 만든 동아시아세계론의 '현재'를 생각해보고자 한다. 이러한 관심에서 니시지마가 마주한 현실적 과제를 찾아가면 1950년대로 거슬러 올라가 당시의 역사 연구와 깊이 관련된 어떤 사실에 도달하게 된다. 그 경위는 니시지마가 아주 나이 들었을 때 쓴 에세이 「세계사 상像에 대하여」에서 분명히 전한다.[55]

이 글은 당시 『이와나미 강좌 세계 역사岩波講座世界歷史』(1969~1974년 간행) 편집위원으로서 얼마나 편집에 몰두했는지를 술회한 것이다. 이 글을 보면 『세계 역사』의 편집 방침을 정할 때 집필자의 한 사람으로 참가한 『일본 국민의 세계사』(우에하라 센로쿠上原專祿 편, 岩波書店, 1960년)의 구상을 발전시켜 새로운 세계사 상像을 구축할 계획이 처음부터 수립되었다고 한다. 또 실제로 "그 결과 구상된 세계사 상은 두 가지 점을 기축으로 하며", "첫째는 지구상의 여러 지역이 단일 세계, 즉 범지구적인 근대 세계가 되는 것은 엄밀히는 19세기 이후라는 것, 둘째는 그 이전의 지구상에는 복수의 세계가 병존하는 한편 생멸해갔다는 것이다"라고 언급했는데, 이는 바로 우에하라의 세계사 상 형성의 근간을 이루는 발상이었다.[56]

세계사 상의 자주적인 형성을 국민적인 과제로 내세워 평생 이를 추구한 역사가로서 알려진 우에하라 센로쿠는 1950~1960년대에 걸쳐 기회가 있을 때마다 일본인이 세계사에서 현대 아시아에 대한 문제의식이 희박함을 호소했다. 일본은 미국에 정치적으로 종속되어 있어서 그 상태로는 태평양전쟁 패전 후의 아시아·아프리카 국가들과 직접 상대할 수 없고, 이래서는 정말로 세계사를 살아가는 것이 불가능하다고 우에하라는 심각하게 느꼈던 것이다. 제1차 세계대전 이후의 세계 질서는 유럽인이 지배 대상으로서 만들어낸 유럽인 질서(단일 세계)이며 이를 아시아·아프리카 국가들과 연대하여 그 지배·종속의 구조를 부정하고 구조 전환을 이루는 것이 현대의 절실한 과제라고 받아들였다.[57]

우에하라에 따르면 근대 이전에는 일체화된 세계가 아직 존재하지 않고, 고유의 문화와 지역적인 통합을 가지고 서로 독립된 복수의 역사적 세계가 병존하는 데 불과했다. 이 다세계의 병존 상태가 세계 자본주의의 발전에 의해 단일 세계로 구조 전환하게 된 시대가 바로 근대였다.[58]

그는 이 같은 일체화된 세계가 어떻게 하여 성립했는지, 그것이 어떻게 전개되었는지, '동아시아 세계', '남아시아 세계', '이슬람 세계', '서유럽 세계' 등의 세계들이 지금 어떠한 방식을 취하기 시작했는지를 다시 검토함으로써 현대의 역사적 특징과 문제 상황을 밝히려고 했다.

이러한 시점에서 세계와 마주할 때 1950~1960년대에 걸친 동아시아의 현실은 한국·중국·일본·베트남 네 지역이 세계 정치의 문제 구조 속에서 밀접하게 관련하면서 존재한다고 간주되었다. 즉 네 지역 각각이 민족의 독립이라는 문제를 안고 있었고 미국의 베트남전쟁을 매개로 모두 국가모순·민족모순의 대립이 나타나는 공통의 장으로서 지역 세계를 형성한다고 파악했다.[59]

구체적으로는 한반도는 대한민국과 조선민주주의인민공화국으로, 중국 대륙은 중화인민공화국과 중화민국(대만)으로, 인도차이나는 북베트남과 남베트남으로 분단되고, 일본은 오키나와 문제가 있었듯이 이러한 모순을 안고 있는 지역 세계로서의 동아시아는 미국의 제국주의적 지배에 대하여 투쟁하지 않을 수 없다는 점에서 문제의 공통성, 일체성을 지닌 지역으로 의식되었던 것이다. 이렇게 공통항이 포착되었기 때문에 베트남은 동아시아에서 빠질 수 없는 지역으로 인식되었고, 이 지역들은 현대의 모순을 공유하는 정치권으로서만이 아니라 그 모순 해결을 위한 공통 기반을 지닌 문화권에 속한다는 사실이 전근대로 소급하여 급부상하게 된다.

니시지마는 이러한 현실적이며 실천적인 과제에 몰두한 우에하라의 문제의식을 계승했고, 적어도 동아시아세계론을 제기한 계기가 우에하라의 세계사 상의 구상이 전제였음을 그 회상을 통해 읽을 수 있다.[60]

우에하라가 이해한 동아시아 지역의 현실을 전제로 하여 이러한 일체성이나 유기적 연관성을 가진 동아시아가 고대 이래 역사적으로도 근거가 있는 지역 세계를 형성하여온 점에 대하여 구체적인 역사 과정에서 흔적을 찾아보고 이론적으로 체계화한 것이 동아시아세계론인 것이다. 요컨대 동아시아세계론의 구상은 태평양전쟁 패전 후 일본인이 직면하고 있던 위기를 마주하고자 한 데에서 기원했고, 동아시아세계론이 배태하여 탄생한 당시의 '일본과 아시아'라는 현실적인 과제와 밀접하게 관련되어 있다.

이상과 같이 니시지마의 세계사 구상은 1950~1960년대 우에하라 센로쿠의 '세계사 상의 형성'에서 구할 수 있다. 그렇기 때문에 니시지마가 직면한 현실을 우에하라의 문제의식에서 유추하는 것은 부당하지 않을 것이다. 그러한 세계사의 구상에서 여러 모순이 집적된 지역 세계로서의 '동아시아'는 도대체 어떠한 기원을 가지고 어떻게 해체되었는가 하는 질문이 발생하여 '동아시아 세계'의 기원, 형성, 붕괴가 문제가 되고 이러한 점들이 역사적 대상이 되었다고도 말할 수 있다. 그 기원과 형성에 관해서는 앞 절에서 살폈지만, 니시지마가 '동아시아 세계'의 붕괴는 어떻게 이해했는지 살펴보고자 한다.

니시지마는 단적으로 "일본은 이 세계를 해체한 직접적 하수인"으로 간주하고 '동아시아 세계'의 붕괴 과정을 다음과 같이 말했다. "일본은 동아시아 세계에서 이탈하여 근대 세계에 참가함으로써 동아시아 세계의 해체를 촉진했을 뿐만 아니라 나아가 조선·중국을 먹잇감으로 삼아 해체를 적극적으로 진행시켰다. 이른바 일본은 동아시아 세계가 낳은 못된 자식이며, 이 못된 자식은 자기 모태를 먹어치워 동아시아 세계를 해체시키면서 근대 세계의 일원이 되었다"라고 한다.[61]

더욱이 '동아시아 세계'가 해체될 경우에 거기에서 세 가지 형태가 파생된다고 한다. 첫째로 자기를 유럽적 근대국가로 전화시켜 자본제 사회로의 길을 추진하여 근대 세계에 참가한 일본이 있고, 둘째로 국가로서의 구체제를 변화시키지 않고 계속 근대 세계의 중압을 받았던 중국이 있으며, 셋째로 근대 세계의 중압을 받다가 주권을 상실하고 식민지가 된 나라로 베트남과 조선이 있다는 것이다. 이 형태의 베트남과 조선은 모두 청조의 책봉국이었는데, 그 때문에 프랑스 세력이 베트남에 들어오자 청불전쟁이 발생하고 일본 세력이 조선에 들어오자 청일전쟁이 일어났다는 것이다.[62] 그 후 청일전쟁으로 인해 청조 세력이 구축驅逐된 것은 '동아시아 세계'에서 청조의 책봉체제가 최종적으로 해체되었음을 보여주며, 그런 까닭에 '동아시아 세계'의 직접적 해체자를 일본으로 본다.

이렇게 보면 '동아시아 세계'가 해체되고 그 지역이 범지구적인 근대 세계에 흡수되는 것은 근대 세계 자체가 가진 논리에 의해 자기를 확대한 데에 불과하지만, 그것은 구미 열강의 압력에 의해서만이 아니라 '동아시아 세계'의 한 나라였던 일본의 행동이 중요한 의미를 가지게 되는 것이 된다.[63]

그리고 '동아시아 세계'의 해체 과정이 이러했기 때문에 해체 후 동아시아에서 여러 민족, 여러 국가의 상호 연대가 매우 곤란해진 점에 주목했다. 특히 이 세계의 해체와 함께 거기에 공통적으로 있던 중국문화에 대한 가치관이 변동하고 이를 대신하여 유럽 문화가 높게 평가되자 동아시아만의 공통된 연대 의식은 더욱더 희박해졌다. 이 시대의 역사를 움직이는 원리는 이제는 책봉체제라든가 군신 관계라는 동아시아만이 지닌 특수한 것이 아니라 자본주의의 고도 발전 형태인 제국주의의 논리였기 때문이다.

니시지마는 '동아시아 세계'의 붕괴에서 이 지역 세계의 가치 격변과 새로운 제국주의의 논리에 일본이 자기동일화함으로써 동아시아 해체가 촉진된 점을 강조했다. 책봉체제는 근대 세계에 의해 해체된 구세계의 질서이지만, 이 구세계의 해체에 직접 착수한 것은 구세계에서 이탈하여 근대 세계에 참가한 일본이었다. 제국주의 국가로서의 일본이 조선을 병합하고 이를 식민지로 삼았을 때, 근대적 조약뿐만 아니라 책봉이라는 오랜 형식에 의해 양국 군주 간의 서열을 규정했는데, 이것이 이 '동아시아 세계'의 해체를 상징한다고 본다.[64] '동아시아 세계'의 해체는 새로운 만국공법萬國公法과 천조체제라는 두 개의 다른 절차를 동시에 필요로 한 것이다.

맺음말

니시지마의 동아시아세계론은 다양한 비판을 받으면서도 일본의 역사학 연구에서 큰 위치를 차지하고 있음을 이 비판들을 음미하면서 재차 확인할 수 있는 것은 아닐까. 다양한 비판 중에는 동아시아세계론의 재검토를 촉구하는 것도 있지만 니시지마의 설에 대한 오해에 기인한 비판도 적지 않다. 그중에서도 마지막에 언급하지 않을 수 없는 것은 니시지마의 동아시아세계론과 '일국사一國史'의 극복에 대한 문제이다.

무라이 쇼스케는 태평양전쟁 패전 후 역사학에서 일본사를 일국사의 틀로부터 해방하려고 한 시도는 종종 '동아시아 세계'를 모토로 삼아왔다고 지적한다. 그리고 여기서 말하는 '일국사'란 국민을 이념상의 구성원으로 하는 현대사회에서 지배적인, '국익'을 모든 가치에 우선하는 지향을 역사에 투영한 것이라고 규정하고 이러한 일국사를 타파하기 위해

동아시아세계론은 어느 정도 유효한 시점을 제공할 수 있는지 묻는다.[65]

그러나 니시지마가 공동 집필한 『일본 국민의 세계사』의 발상을 보면 알 수 있듯이 처음부터 니시지마는 국민을 주체로 한 세계사 상(像)의 형성을 염두에 두어서 니시지마 자신의 저작에서도 처음부터 일국사를 극복한다는 문제의식은 희박했다. 무라이가 말한 '일국사의 비역사성'의 극복은 발상 단계부터 없었고, 당연히 극복해야 할 과제도 아니었다. 일본 역사를 일본열도에서 움직였던 역사로서 이해하는 것이 아니라 어디까지나 일본열도 자체를 포함하는 완결된 구조 속에서 자리매김하고, 그 흥망의 일환으로서 이해하려고 한 데에 주안점이 있다. 여기에는 기존의 일본사라는 일국사의 틀에 대한 의문은 전혀 없다고 해도 좋다.[66]

적어도 일본의 역사학계에서 일국사의 극복 문제가 드러나는 것은 냉전 후의 일이다.[67] 이 같은 새로운 현실에서 연구상의 과제가 된 논점을 가지고 동아시아세계론의 문제의식이나 문제 설정에 없는 논의를 비판하는 것은 부당하지 않을까? 말할 필요도 없이 동아시아세계론이 일국사의 극복을 문제로 삼지 않기 때문에 이 과제가 문제가 아니라는 것은 아니다. 일국사의 극복은 동아시아세계론으로는 이룰 수 없으며 별도의 방법론으로 탐구되어야 할 큰 과제로서 계속 남아 있다.

오히려 동아시아세계론의 방법상의 발상을 계승한다면 이 지역의 현재를 어떻게 파악하고 어떻게 이 지역의 역사와 대면해야 할 것인지를 검토해야 한다. 그러한 입장에서 볼 때 우리가 현재 직면하는 문제와 니시지마가 과제로 삼았던 문제의 관계 검증이 새삼 요구된다고 생각한다.

그래서 니시지마의 동아시아세계론이나 우에하라의 '세계사 상의 자주적 형성'에 바탕을 두면서 동아시아 지역 질서의 변동을 뒤돌아보면 다음과 같을 것이다.[68] 19세기 후반에 '동아시아 세계'의 중국을 중심으로 하는 질서인 책봉체제(천조체제)가 동요, 해체되고 기존의 조공(책봉)체제는 소멸한다. 일본은 만국공법 원리를 체득한 신흥 근대국가로서 청조 중국의 패권에 도전하고 얼마 안 있어 청일·러일전쟁을 거쳐 20세기 전반기에는 '동아'나 '대동아'의 맹주로서 제국 질서의 형성을 지향하게 된다.[69] 그러나 일본에 의한 지역 패권의 질서 구상은 1945년 미국을 비롯한 연합국에 의해 파국을 맞이한다. 그 후 이 지역의 질서는 미국에 의해 재편된다. 동아시아의 지역 패권을 사실상 장악한 것은 한국·일본·대만·남베트남 등과 군사동맹을 맺은 미국이다. 냉전 종결 후에는 중국의 지역 대국화 등 일정한 변화는 있지만 이 지역에 미국이 가장 큰 영향력을 행사하는 점에는 변함이 없다.[70]

나아가 일본을 둘러싼 최근의 동아시아의 상황을 돌아보면 2009년의 중의원 총선거를 앞둔 민주당은 긴밀하고 대등한 미일 관계를 만들기 위해 미일 지위협정의 개정을 제기하여 미군 재편이나 재일 미군의 주둔 방식에 대해서도 재검토하는 방향을 설정하고 '동아시아 공동체'의 구상을 내걸었다.[71] 미일 관계에 구속되지 않고 조금 더 자유롭게 동아시아권의 여러 나라들과 새로운 신뢰 관계를 수립하고 경제협력을 포함한 다각적인 자유 외교를 전개하는 것을 목표로 삼았다. 오키나와의 기지 문제에 대한 대처도 그 일환이었다. 그러나 집권한 민주당 정권은 이 목표를 이루지 못하고 좌절했다. 그 말기에는 동아시아 공동체론은 내팽개쳐져서 당초 목표로 삼았던 자주 외교, 동아시아 공동체의 지향은 종래의 미일 종속 체제를 거스르는 것으로서 철저하게 자기부정되었다.[72] 정권교체 후의 자민당·공명당 연립여당은 대미 종속을 강화했고 일전에(2015년 9월) 성립된 안전보장법제에는 사실상 자위대의 국군화, 집단적 자위권의 행사에 의한 미군의 군사작전에 참가, 미군 기지의 존치를 전제로 한 자위대와 재일 미군의 연대 강화가 명시되었다.[73]

이 같은 일본의 현재에 직면하여 본다면, 동아시아 지역의 세계사 상황은 니시지마나 우에하라가 마주한 동아시아 지역의 모순들이 여전히 잠재한다고 볼 수 있지 않을까? 흥미로운 것은 최근 수년간 대미 종속이 강화됨에 따라 동아시아 국가들과의 화해가 곤란해져 '동아시아'라는 말이 공공의 장소에서 사용되지 않게 된 현상이다. 동아시아라는

'광역 개념을 둘러싼 투쟁'은 현재 일본에서 극히 현실적인 과제가 되었다.[74]

2005년에 중국에서 '반일 데모'가 불타올랐던 시기에 천광싱陳光興은 「아시아에서의 독립 문제」라는 제목의 논문에서 중국 및 대만 지식계의 입장에서 "아시아에서 탈제국화의 문제를 생각할 때 서양 제국주의의 침입, 일본 제국주의의 폭력, 태평양전쟁 패전 후 미국의 냉전 구조 유지로 인해 아시아에서 제국주의가 확장됨을 반성적으로 재검토하는 차원뿐만 아니라 제국으로서 타자에 압박을 가할 수 있는 것에도 자성적으로 신중히 생각해야 한다"라고 서술했다.[75] 그리고 '일본은 과연 독립국가인가'라고 묻고, "근본적인 목적은 동아시아 내부의 화해가 진전되지 않는 핵심적인 문제를 해결하는 것이다. 일본의 문제는 곧 '우리의' 문제이기도 하다. 중국 및 대만의 지식계에서도 미국 숭배 경향은 일본보다 절대로 낮다고는 단언할 수 없으며, 시야 속에 이웃은 없고 강자밖에 비치지 않는 것 또한 마찬가지이다"라고 지적한다. 니시지마나 우에하라가 과제로서 호소한 동아시아 지역이 안고 있는 모순들은 동아시아의 이웃에게도 널리 과제로서 공유되고 있다고 말할 수 있다.

'동아시아 세계'의 기원, 형성, 해체 과정이나 그 후 세계사 속의 동아시아에 대해 역사적으로 대면하는 일은 '아시아에서의 화해, 통합, 독립을 향한 선결 조건'[76]을 묻는 질문이 될 수 있지 않나 생각한다.

제13장 '동아시아'라는 역사관

동아시아세계론으로 본 역사와 문학

머리말

오늘날 일반적으로 동아시아세계론이라 불리는 '동아시아'라는 역사관에 대해서 그 발상을 단적으로 말해주는 것은 니시지마 사다오^{西嶋定生}가 이시모다 쇼^{石母田正}와의 대화를 회상한 에세이의 다음 부분이지 않을까.[1]

> 1947년의 일이었다고 생각한다. (중략) 이시모다 씨는 일본 역사는 바다로 인해 대륙에서 단절되어 있기 때문에 다른 민족의 침입 등에 의한 외부로부터의 작용이 없는 역사 발전의 상황이 관찰된다는 점에서 역사학의 귀중한 연구 영역이라는 의미의 말을 했다고 생각된다. 거기에 대해 나는 바다로 둘러싸인 일본이지만 대륙의 역사와 연관을 가지면서 역사를 발전시켰으며 일본 역사를 동떨어진 고립 세계의 역사로서 취급하는 것은 이상하다고 생각한다(이때 이시모다 씨는 일본사 연구는 역사학의 순수 배양기적 관찰을 가능하게 한다고 말했다고 생각하는데, 그것은 내가 오쓰카 히사오^{大塚久雄} 씨의 용어로 이시모다 씨의 생각을 이해한 결과일지도 모른다).

여기서는 일본 역사를 일본열도에서 자기완결적으로 전개한 역사로서 이해하는 것이 아니라 일본열도를 포함하는 동아시아라는 지역 속에 자리매김하고 그 상호관계 속에서 일본사를 파악하려는 동아시아라는 역사관의 핵심이 잘 나타난다.

그 후 이러한 역사관은 니시지마에 의해 동아시아세계론이라 부르는 이론으로 정리되었다. 요컨대 일본사를 동아시아 세계라는 자기완결적 세계 흥망의 일환으로서 이해하려는 것에 주안점이 있다.[2] 여기서 말하는 동아시아 세계란 문화권으로서 완결된 세계인 동시에 그 자체가 자립적인 발전성을 가진 역사적 세계이며 중국문명의 발전에 따라 그 영향이 다시 주변 여러 민족에게도 미치고 거기에 중국문명을 중심으로 하는 자기완결적 문화권이 형성된다고 한다. 또 동아시아 세계가 자기완결적인 세계라고 하는 것은 이 문화권에 공통되는 여러 문화(한자, 유교, 율령제, 한역漢譯 불교)가 중국에 기원을 가지거나 영향을 받았다는 것, 그 문화가 이 문화권에서 독자적 내지는 상호 관련적으로 전개된 역사구조를 가진다는 의미라고 규정된다.

이렇게 정의되는 문화권을 전제로 해서 그 위에 이러한 문화적 현상이 '동아시아 세계'의 공통 지표가 되는 것은 문화가 문화로서 독자적으로 확연擴延된 결과가 아니라 배경에는 이 세계를 규제하는 정치구조가 존재하며 그것을 매개로 문화적 여러 현상이 확연되었음에 주의를 환기시킨다. 이 정치구조는 중국왕조의 직접적 혹은 간접적인 지배 또는 규제이며 동아시아 세계의 공통 지표가 되는 여러 문화가 중국왕조의 정치적 권력 내지는 권위에 매개됨으로써 전파되고 확연된 것임이 강조되었다.

이러한 문화권으로서의 동아시아 세계 형성의 정치구조 양식이야말로 책봉체제라 명명되는 정치질서인데, 그것은 한대漢代에 단서를 가지며 남북조기南北朝期에 정치적 세계로서 완성됨으로써 중국의 제도·문물이 주변 국가로 전해졌다고 한다. 결국은 정치적 세계로서의 동아시아 세계는 동시에 문화적 세계로서의 동아시아 세계인 것이다.

상술한 동아시아세계론은 1970년대 초에 이론화된 이래 일본 역사학계는 물론이고 역사 교육에서도 세계사 교육의 기본적인 틀로서 원용되었다.

1. 동아시아세계론과 일본 문학

역사학계 밖으로 눈을 돌려보아도 이러한 동아시아라는 역사관은 널리 공유되고 있다. 예를 들어 근래 간행된 고미네 가즈아키^{小峯和明} 편저, 『일본 문학사^{日本文學史}』는 제1장에 해당하는 부분(「東アジアの漢文化圏と日本の文學史」)의 첫머리(「日本古典の誕生」)는 '동아시아의 한문 문화권─트랜스 아시아로'라는 표제로 서술이 시작된다. 더욱이 결말 부분은 아래와 같이 매듭지었다.

> 종래 일본의 국문학은 일본 내부로 향한 것만을 해왔다. 일본만으로 충족된다는 것으로, 말하자면 학문의 쇄국에 가까운 상태였다. 일중^{日中} 비교연구는 있지만 거의 일중 비교의 일대일 대응으로 일본이 중국을 어떻게 받아들였는가 하는 수용론만으로 시종일관해왔다. 그 사이의 한반도를 건너뛰어 결과적으로 무시 내지는 배제해서 가장 가까운 지역의 문학이나 문화를 시야에 넣지 않은 방법론의 큰 결여가 있었다. 근본적인 연구 자세의 결락이 있었다고 말하지 않을 수 없다. 실제로 우리가 일반적으로 숙지하고 있는 한국 고전문학이 어느 정도인지, 번역을 포함하여 얼마나 읽기 쉬운 텍스트가 제공되고 있는지를 살펴보면 쉽게 알아차릴 수 있다. 여기에 베트남이나 류큐도 시야에 넣어 다면적, 다각적으로 쌍방향에서 보지 않으면 안 될 것이다.[3]

『일본 문학사』라 이름 붙인 통사의 첫머리에 동아시아 세계 속의 일본 문학이 선언된 것이다. 나아가 고미네는 하루오 시라네^{白根治夫}와 함께 잡지 『문학』에 「트랜스 아시아의 문학^{トランス·アジアの文學}」(2014년 5, 6월호), 「한문문화권과 연극·가타리모노─무엇을 공유하는가^{漢文文化圏と演劇·語り物─何を共有するか}」(2015년 11, 12월호)와 같은 좌담회에서 각각 한국 문학, 한국 연극에 조예가 깊은 소메야 도모유키^{染谷智幸}, 김문경^{金文京}을 초대하여 전

근대 한중일을 종횡으로 왕래하는 문학론, 연극론을 전개했다.

종래 동아시아 국가들에서 일국별로 이야기되어온 문학사를 어떻게 트랜스 아시아의 지평에서 이야기할 것인지는 향후의 큰 과제이며, 중국을 중심으로 하는 동아시아 한자문화권에서 일본 문학, 한국 문학이 어떤 관계에 있는지를 논하기 위해서는 계속해서 문학사상文學史上의 기초 연구를 쌓아가는 것이 틀림없이 요청된다. 또 그것과 동시에 학문 분야를 넘는 논의도 필요하지 않나 생각된다. 어쨌든 이제 동아시아라는 역사관은 역사학에 그치지 않고 문학사의 세계에서도 중요한 과제로서 공유되기에 이르렀다고 느낄 수 있을 것이다.

그런데 고미네는 위의 좌담회에서 동아시아 규모로 문학사를 전망하는 문맥 속에서 고려 시대 최씨 정권에 의한 사병 조직 '도방都房'에 주목하여 무신정권(1196~1258년)과 가마쿠라鎌倉 막부의 근사성과 동시대성에 새삼 착안했다.[4] 실은 태평양전쟁 패전 후 일본 동양사 학계에서도 일찍부터 동아시아의 동시대성에 대해서는 주목하고 있었다. 예를 들어 마에다 나오노리前田直典, 「동아시아에서의 고대의 종말東アジヤに於ける古代の終末」(『歷史』1-4, 1948년)은 동아시아의 역사는 일체여서 여러 민족이 제각각 독자의 역사 발전을 한 것이 아니라 상호 간에 연관성이 존재한다고 지적했다. 즉 중국문명의 형성기는 주변 여러 민족에 비해 10세기 이상 선구적인 발전을 이루지만 고대부터 봉건사회로의 이행을 보면 그 차이는 2, 3세기로 단축된다고 말하고, 봉건사회의 개시는 중국에서는 기원후 9, 10세기경인데 한국에서는 고려 중기이며 일본에서는 가마쿠라 시대여서 둘 다 거의 12세기라고 했다. 그렇다면 9세기부터 12세기에 걸친 시기가 동아시아에서의 고대 종말에 해당하며, 그 때문에 중국사에서의 고대사회 종말은 당 말唐末·오대五代의 10세기 전후로 설정해야 한다는 것이다.

마에다의 시대구분론은 중국사를 동아시아사 전체 속에 자리매김하여 이해하는 특징을 지니지만, 동아시아 역사의 상호 연관성과 동아시

아 여러 민족 역사의 공통성이란 구체적으로 어떤 것인가 하는 과제를 남겼다.[5]

덧붙여서 말하면, 현재 일본의 중국사 학계에서 이른바 교토학파京都學派는 나이토 고난內藤湖南 이래 당 말·오대를 중세에서 근세로의 이행으로 파악하고 있다. 이에 대해서 당 말·오대를 고대에서 중세로의 이행으로 파악하는 사고가 오히려 일본 역사학계에서는 일반적이지만, 국제적으로 보면 나이토 고난 학설의 영향력은 절대적이다.

그건 어쨌거나 상술한 바와 같이 마에다 나오노리가 제기한 과제에 정면에서부터 대응하려 한 것이 니시지마였다. 니시지마는 자기완결된 문화권으로서의 동아시아 세계를 제창했는데 그것은 한대 이후 중국 황제를 중심으로 주변 여러 민족의 군장과의 사이에 작위·관직을 매개로 하는 정치 시스템(책봉체제)이 정치권을 형성하고, 이 시스템이 한자, 유교, 율령, 한역 불교를 공유하는 문화권의 형성을 촉구한 점에 주목했다. 이러한 문화권과 정치권이 일체가 된 지역 세계를 '동아시아 세계'라고 명명하고, 이 지역 세계의 형성, 발전, 멸망(1911년의 신해혁명)을 논했다. 이 지역에는 중국·한국·일본·베트남 등이 포함된다.[6]

동아시아 세계는 한대부터 신해혁명에 이르는 2천 년을 시야에 넣은 지역 세계인데 당 멸망 후에 일단 쇠퇴하며 이를 대신하여 동아시아 교역권이 형성되었다고 간주하고, 이로써 중국을 중심으로 하는 문화적·정치적 가치 체계가 이완한 점에 니시지마는 착안했다. 바로 이때 중국 주변 민족들 사이에는 한자에 의한 자국어 표현이라는 모순이 표면화하고 그 결과로서 여러 민족 사이에서 고유문자를 작성하게 된다고 한다. 먼저 거란에서 거란문자가 작성되는 데에서 시작하여 이어서 서하에서 서하문자가 작성되고 거란 멸망 후 이를 대신한 여진족의 금 왕조가 12세기 전반에 여진문자를 작성한 것으로 나타났다고 한다.[7]

일본의 가나문자는 10세기가 되어 갑자기 작성된 것이 아니라 그 이전에 한자를 사용하여 일본말을 표현하는 방법으로서 만요가나萬葉假名와 같은 용법이 쓰였는데 가나문자만으로 일본말을 표현하는 문학의 형성이 정착된 것은 10세기 이후의 일이라고 간주한다. 여기에는 정치 세계의 한자문화에 대한 집착과, 사생활에서의 한자문화로부터의 이탈이 인식된다고도 지적했다.[8]

이에 비해 고려나 베트남에서는 그러한 일이 일어나지 않고, 한국 고유의 문자인 한글 작성은 15세기이며 베트남 글자인 쯔놈의 현존 최고最古 사료가 14세기인 것 등으로 미루어 이 나라들은 10세기 시점에는 한자문화권에서 이탈하지 않았다고 한다. 또 이러한 현상은 양국이 고유 문자를 작성한 타국들과는 다른 국제관계에 처해 있었던 데에 기인한다고 여긴다. 즉 고려의 경우는 송이나 거란에게 책봉을 받는 등 중국 여러 왕조의 정치적 규제가 있었던 점이나, 신라 이래 이두와 같은 한자에 의한 자국어 표현 방식이 발달했던 점, 고려가 되어 신라 시대 이상으로 중국식 율령 체제를 강력하게 시행하려 했기 때문이라고 설명했다. 또 베트남도 고려와 마찬가지였다고 보았다.[9]

그렇지만 뒤에 기술하는 바와 같이 10세기를 경계로 나타나는 동아시아 민족들의 변화를 단순히 한자문화권에서의 이탈로 간주하는 것은 지금의 연구 상황에 입각하면 곤란한 듯하다. 이 시기의 변화를 새삼 동아시아 규모로 다시 파악하고 싶다.

2. 일본사 연구에서의 헤이안 시대 재평가

일본 고대사 연구에서 니시지마의 동아시아세계론의 제창(1970년) 이래 국제관계는 물론이고 여러 제도나 문화사 연구는 동아시아사의 관점에서 추구되었다. 다만 그로부터 더 거슬러 올라가 1960년대부터 다이호율령大寶律令 제정(701년)을 하나의 정점(율령국가 체제의 성립)으로 하여 견수사遣隋使에서부터 다이호 율령까지를 중국(수·당)과의 교류 속에서 중국문명화의 과정으로서 파악하는 시점은 널리 공유되었다고 말해도 좋다. 여기서는 중국 율령의 수용사가 중심을 이룬다.

그런데 근래 두 가지를 계기로 해서 일본열도의 중국문명화를 상술한 바와 같이 중국·일본 간에 파악하려는 데 대한 의문이 부상하고 있다. 하나는 천성령天聖令(1029년)의 발견이며,[10] 다른 하나는 한국 목간의 발견이다.[11] 1999년 천성령 사본 발견 이래 내용 분석이 진전되자 천성령을 통해 복원된 당령唐令은 다이호 율령과 흡사하며 다이호 율령과 그 전 단계의 아스카 기요미하라령飛鳥淨御原令(689년)이 현격히 차이가 남이 밝혀졌다. 즉 아스카 기요미하라령과 다이호 율령 사이에는 단절이 있어서 견수사 이래 계속적인 문명화의 도달점이 반드시 다이호 율령이라고는 말할 수 없게 된 것이다.[12]

또 한국 목간의 발견과, 일본 출토 목간과의 비교연구의 진전으로 7세기 초부터 기요미하라령 단계까지의 고대 일본의 여러 제도는 백제나 신라의 제도일 가능성이 높아졌다. 그것은 목간의 문서 형식을 비롯하여 출거出擧 제도나 도성제都城制에 이르기까지 광범위한 구체적 사례에 의해 뒷받침된다.[13]

요컨대 기요미하라령과 다이호 율령의 단절은 그 이전에 백제·신라·고구려의 삼국을 통해 수용한 중국문명에서부터 직접 당에서 수용한 중국문명으로의 이행이라 말할 수 있다. 학설상 지금까지도 다이호 율령은 7세기 초 이래 중국에 대한 외교 과정을 거쳐 점차 완성에 이르는 도달점이 아니라 다이호 율령이 제시한 국제國制의 틀은 건설해야 하는 국가의 청사진이어서 당연히 그러해야 할 목표를 제시한 것이라 보아야 하며 법 시행과 동시에 실현한 것은 아니었다는 지적이 있다.[14] 당연히 그러해야 할 목표로서 설정되었지만 좀처럼 실현되지 못하여 그 후에 방침이 바뀌고 결국 애당초 목표와는 다른 국제, 문화가 확립·정착되었다고 보는 것이다.

근래 일본 예제사禮制史 연구에서 전형적으로 보이는 바와 같이 간무桓武

천황(781~806년) 이후 헤이제이平城, 사가嵯峨의 3대(781~823년) 천황 때에 궁정이 본격적으로 중국문명을 받아들인 점에 주목한다. 또 조정의 의식 (예제)은 당풍화唐風化가 심화하고 9세기 후반의 조간貞觀 연간(859~876년) 에 중국문명의 수용은 정점을 맞이했다고 한다.[15]

종래 9세기 후반은 견당사遣唐使도 폐지되어 '국풍문화'가 꽃피웠다고 말해왔는데, 국풍문화라 해도 중국문화의 영향을 거부하는 것이 아니라 중국문화의 강한 영향 아래에 일본적 문화를 형성해가는 모습이 주목된 다. 세이 쇼나곤淸少納言이나 무라사키 시키부紫式部에게 깊은 한문 교양이 있었던 것처럼 9, 10세기에 중국문화가 폭넓은 층에 침투되어 중급 관 리의 딸들도 한적漢籍을 접하는 것이 가능하게 된 점에 유의해야 한다고 말한다. 또 귀족사회에 한문 침투가 절정을 이룬 것이 11세기 초의 이치 조一條 천황(986~1011년) 무렵이며 중국문화를 수용할 수 있는 층도, 그리 고 중국문화의 양도 종래보다 현격히 확대되어 귀족층에 널리 파급되고 이로써 궁정 사회가 성립되었다는 것이다.[16]

국풍문화란 견당사가 폐지된 후 '나라를 닫은 시대'의 산물이 아니라 신라 상인이나 중국 상인에 의한 민간 교역이 성행하고, 국가 간이 아니 라 민간무역의 비중이 현격히 커지게 된 시대의 산물이기도 하다고 파 악한다.

먼저 가나문자에 주목한 니시지마의 설을 소개했는데, 거기서는 가나 문자만으로 일본말을 표현하는 문학의 형성이 정착한 것은 10세기 이 후로 간주하고 '정치 세계의 한자문화에 대한 집착과, 사생활에서의 한 자문화로부터의 이탈이 인식된다'라고 단정했다. 그러나 오쓰 도루大津 透가 『화한낭영집和漢朗詠集』을 사례로 "한문과 와카和歌가 병렬되며 게다가 한문은 중국과 일본 작품이 반반인 점이 이 시대의 중국풍 문화와 이른 바 국풍문화가 병존하는 특색을 잘 반영한다"[17]라고 지적한 바와 같이 중국문명이 사회에 깊숙이 침투됨으로써 국풍(=비중국적인 것)이 자각된 시대라고 보아야 한다. 그러한 전제로서의 중국문명화의 고조는 결코 경시할 수 없다는 점에 주의를 환기한 것이다.

3. 중국문명화에서 본 신라 하대·고려 전기

일본 고대의 중국문명화가 심화하는 동시대의 신라 하대(780~935년)는 빈번하게 신라 왕조의 쇠퇴에 역점을 두어왔다. 그런데 시점을 바꿔보면 도당渡唐 유학생이 증대할 뿐만 아니라 많은 입당승入唐僧도 배출하는 등 중국문명화가 촉진되는 시대이기도 한 사실이 주목된다. 신라 말·고려 초기에 새긴 비석의 내용도 언뜻 보면 알 수 있듯이 신라 사회에 중국문명화가 심화하고 종래 왕도 경주에 치우쳐 있던 문화가 지방 사회에 확산되는 시대이기도 했다. 많은 입당승이 귀국하여 지방 사찰이 전국에 건립되는 점으로 상징되듯이 신라 말기의 지방분권화가 진전되어 9세기 말에는 후삼국이라 부르는 국가 분열이 초래되는 등 신라 사회가 다이내믹하게 변동하는 시기이기도 했다.

이러한 하대의 현저한 특징은 상술한 바와 같이 도당 유학생의 급증이다. 이 시대에는 왕자를 비롯해 귀인의 자제를 당에 파견하여 궁성에서 숙위宿衛하게 하거나 당의 태학太學에 유학시켰다. 학생은 많을 때는 100여 명에 이르고 그들에게는 본국에서 매서은買書銀이 지급되었다. 유학생 중에는 외국인에게 열려 있던 빈공과賓貢科에 등제한 뒤에 당 조정에 출사하는 자도 많아서 당 말까지 58명, 오대·후량後梁·후당後唐 시기에도 32명에 이르렀다. 신라 말·고려 초기의 비명碑銘은 최치원이나 그의 종제 최언곤崔彦㧦을 비롯하여 도당 유학생 손으로 쓴 것이 많이 남아 있다.

덧붙여 말하면, 최치원은 경문왕 8년(868년) 12세에 중국에 건너가 건부乾符 원년(874년)에 빈공과 진사에 급제하여 당의 관료로서도 활약하다가 885년 17년 만에 귀국했다.

유학생과 함께 빈번하게 당에 건너간 것은 이미 언급한 구법승求法僧들이며 귀국한 그들의 사적은 각지에 남아 있는 비명으로 알 수 있다. 요컨대 신라 하대부터 고려 초기까지는 신라에서 당으로 도항하는 자들이 급증하고 그에 따라 왕도뿐 아니라 신라 지방 사회의 중국문명화가 촉진되었음을 간과해서는 안 된다.

또 중요한 점은 936년에 고려에 의해 통일된 후에도 이 경향에 박차를 가했고 계속해서 고려 중기까지 이어져서 광종·정종·문종을 거쳐 예종·인종과 같은 여러 왕(949~1146년)까지 계속되었다. 이 왕들 아래에서 문운文運이 융성하고 불전이나 중국 서적의 수집과 간행에 힘썼다. 특히 정종·문종 무렵부터는 사전史傳·제자백가·구경九經은 물론이고 의醫·복ㅏ·지리·율律·산算의 제본 판각에 의한 인쇄가 성행하고 서적 인쇄가 학술의 발달을 촉진한 것은 특필해야 하는 점이다.[18]

이 시기에 이자겸李資謙 일족이 외척으로서 누린 현달과 영화, 전횡은 헤이안 시대의 후지와라藤原 씨와 흡사하며 고려왕조에서 가장 융성함을 뽐냈다. 외척 경원 이씨 일족은 헤이안 시대 한 시기를 구획한 후지와라 씨와 같은 경향을 보인다는 지적도 있다.[19]

이상과 같이 10세기 초에 신라에서 고려로의 왕조 교체는 있었지만, 신라 하대부터 12세기 중엽까지는 중국문명화의 침투가 심화한 시대인 동시에 그로 인해 고유문화에 대한 자각이 깊어진 시대이기도 하다는 점은 괄목할 만하다. 그러한 시대의 문화를 대표하는 것으로 향가鄕歌가 있다. 향가는 『삼국유사』 등에 26수가 전해지는데, 향가란 한자의 음과 뜻을 빌려 우리말을 표기하는 방법(향찰)으로 표기된 시가로, 일본의 『만엽집萬葉集』의 시가나 『고사기古事記』, 『일본서기日本書紀』에 등장하는 가요歌謠와 유사하다고 본다.

일반적으로는 향가라는 명칭은 널리 사용되어 오래전으로 거슬러 올라가는 것처럼 생각하지만 사료에 따르는 한 가장 오래된 용례는 『삼국사기』 진성왕 2년(888년)조에 "(진성왕이 위홍과) 대구화상大矩和尙에게 명하여 향가를 수집하게 했다. 이를 삼대목三代目이라 한다"라고 하는 '향가'가 그것이다.

중국에 대해 자국을 '향鄕'이라 칭한 용례로는 이미 하마다 고사쿠浜田耕策가 지적한 대로 최치원이 당에 있으면서 신라에서 온 사자를 '향사鄕使 김인규金仁圭'(『桂苑筆耕』권20, 「上太尉別紙五首」)라고 적고, 귀국 후에 쓴 숭복사崇福寺 비명에 "지금 향사鄕史를 읽으니"라고 신라의 역사 내지 역사서를 '향사'라고 적은 것이다.

또 최치원의 용례에 더해야 하는 것은 『삼국사기』권32 잡지雜志 악지樂志 소재 '최치원시유향악잡영오수崔致遠詩有鄕樂雜詠五首'에 보이는 '향악'이다. 그런데 하마다는 이러한 용례를 근거로 앞에 '향'을 붙인 표현이 최치원부터 시작했다고는 단언할 수 없지만 가장 오래된 사례임을 지적하고 그 함의는 "'향'이란 중화 밖에 있는 이夷(동이)가 아니라 '중화'에 내접 혹은 외접하여 광역의 '중화' 문화 세계를 구성하는 향이라고 하는 최치원의 모화주의 입장에서의 이해와 용법일 것이다"라고 지적했다.[20] 즉 중화의 입장에서 중화 변경에 대해 '향'이라 지칭한다는 것이다.

하마다의 지적은 앞의 두 용례(鄕使·鄕史)에 대해서는 그대로 따라야 할 것이다. 다만 중대한 문제로서 간과할 수 없는 것은 하마다가 『삼국사기』악지 소재 최치원의 '향악잡영오수'를 "신라의 음악이나 유희를 향악이라 부르고 『향악잡영』의 5수를 읊었다"라고 해석한 점이다. 『삼국사기』악지 소재 「금환金丸」, 「월전月顚」, 「대면大面」, 「칙독則毒」, 「산예狻猊」 5수는 각각 이역에서 당으로 들어온 무악舞樂으로, 각각 북족北族이나 서역에 기원하는 것이어서 이 5수는 아마도 최치원이 당조唐朝에서 창작한 시였을 것이다. 즉 최치원은 신라의 음악이나 유희를 가리켜 향악이라 부른 것이 아니다. 오히려 이러한 용례에서 판명되는 중요한 점은 '향'이란 중국의 동방뿐만 아니라 북방, 서방의 변경도 가리킨다는 사실이다.

요컨대 김부식 등 『삼국사기』편자는 '향악잡영'이라는 표기를 근거로 해서 12세기 고려 시대의 '향가' 용례에서 오인하여 악지에 최치원의

'향악잡영오수'를 실은 것이라 간주하지 않을 수 없다. 여기서 교묘하게 보이는 바와 같이 고려 시대에 앞에 '향' 자를 붙인 용어가 하마다의 지적처럼 최치원의 용례에서 시작되었다 하더라도 그 후에 변용을 초래하여 전혀 새로운 의미를 띠는 용어로 바뀐 정치적, 문화적인 배경에 주의해야 한다.

왜냐하면 이미 많은 논자가 지적한 바와 같이 고려 시대는 전대의 신라 시대 말기부터 조짐이 있었지만 그 위에 더 중국풍의 지배 기술, 명칭, 조직을 채용하려 하여 표면적으로는 그것을 완성했다고 보일 정도로 당송의 여러 제도에 의해 외견을 갖추었다.[21] 그렇지만 그러한 경향과는 정반대로 고려적·민족적 특색을 보유하려는 경향을 한편으로 강하게 가지고 있었다. 그것을 상징하는 것이 '향직鄕職'이라 부르는 고려 독자의 작제爵制이다. 향직이란 바로 고려의 국가적 신분 질서 체계를 의미했다. 즉 왕실, 국가에 대한 공로자, 고령자, 군인, 서리胥吏, 장리長吏의 상층(戶長), 양반, 여진의 추장 등에게 향직을 수여하여 독자의 질서 체계에 흡수하고 고려 독자의 세계를 형성했다. 이 세계는 고려 고유의 사회일 뿐 아니라 고려왕조의 권력 지배가 직접 미치지 못하는 여진 사회도 포섭하며 외국의 지배 질서와 경합하면서 유지, 확대되었다.[22] 10세기부터 13세기 무렵까지 대략 300년에 걸쳐 유지된 향직의 '향'이란 중국에 대한 향이며 국풍, 고려풍을 의미했다. 그것은 하마다가 최치원의 용어(鄕使·鄕史)에 부여한 의미와는 분명히 다르다. 향직과 같은 용례로는 당악唐樂에 대해서 향악이 있고 그 밖에도 향무鄕舞, 향속鄕俗, 향언鄕言, 향전鄕傳, 향찰鄕札, 향약鄕藥, 향의鄕醫 등이 있다. 바로 향가는 그와 같은 유형의 하나로 변용했을 가능성이 있다.

즉 신라 진성왕의 『삼대목』 편찬 기사의 용례에는 하마다가 지적하는 함의가 있다 하더라도 고려 시대에 들어와 널리 일반적으로 사용되는 '향' 자를 앞에 붙인 용어는 향직적 세계가 형성된 시대에 '향가'라는 용어도 그 뉘앙스로 변용했던 것은 아닐까 추측되는 것이다. 이미 많은 지적이 있는 바와 같이 신라에는 토속 노래의 장르 중 하나로서 '사뇌가詞腦歌'가 있고 이것들이 일반화되어 있었다.[23] 결국은 향가는 신라 말에 이제 막 사용되기 시작한 당을 인식 주체로 한 새로운 호칭이다. 그런 까닭에 『삼국사기』 악지와 같은 오류도 생긴 것이다.

공교롭게도 고려 시대에는 이러한 신라 시대의 사뇌가에 필적하는 향가는 혁련정赫連挺의 『균여전均如傳, 大華嚴首座圓通兩重大師均如傳』(10세기)에 겨우 균여(917~973년)의 불교 가요가 11수 전하는 데에 불과하다. 그렇지만 거기에도 향가는 균여의 동시대인 최행귀崔行歸가 번역한 노래로서 한시漢詩와 짝이 되어 남아 있는 것이 주목된다.

요컨대 신라 말기인 9세기 말에 사뇌가 가집歌集 『삼대목』이 정리되었는데 그 시대에는 최치원과 같은 중국 교양을 가진 지식인은 자국(신라)을 당 왕조의 한 지방으로 파악하고 '추가雛歌=향가'라 칭했던 것이다. 실제로 최치원이나 종제 최언곤이 지은 비문은 입당승의 출신이나 경력을 '당신라국唐新羅國', '유당신라국有唐新羅國', '대당신라국大唐新羅國', '대당고려大唐高麗'라 쓰기 시작했다.[24] 마침내 중화 세계와는 별개의 향직적 세계의 형성과 궤를 하나로 하듯이 고려 고유의 세계를 보여주는 뉘앙스를 가지고 새삼 '향가'라 불렀을 것이다. 그렇다면 『삼대목』 편찬은 신라 하대 이후 중국문명의 침투와 강한 영향 아래에서 반작용처럼 자기를 중심으로 하는 문화의식이 형성되기 시작했음을 말해주는 한국사에서의 국풍의 단서로 볼 수 있다.

맺음말

동아시아라는 역사관을 의식함으로써 종래 간과했던 신라 말·고려 전기의 문화 상황과 동시대 일본의 문화 상황과의 공통항이 보이는 게 아닌가 생각했다. 지금까지 전근대 일본의 중국문명 수용은 이른바 중국

제4부 동아시아세계론의 행방

과 일본을 일대일 관계의 모델로서 생각해왔다.[25] 그렇지만 한국에서의 목간 연구 등 출토 문자자료의 발견에 의해 바야흐로 "한국 고대 목간에 의거하지 않고는 일본 고대의 문자문화를 이야기하는 것은 불가능해졌다"라고 일본의 국어학자도 지적하게 되었다.[26] 또 목간과 같은 문자의 전국적인 운용에 보이는 7세기 후반의 시스템 성립에는 문자문화에 숙달된 담당자가 백제로부터 대량 이동되었음이 상정된다.[27]

이와 아울러 주목되는 점은 한국과 일본에서 불교 경전을 조사하는 과정에서 각필角筆(상아 등의 뾰족한 끝으로 지면을 눌러 움푹하게 들어가게 해서 글자나 부호를 썼던 필기구)에 의한 훈점訓點의 부호나 글자가 발견된 것이다. 각필로 기입한 글자로는 일본말에 비유하면 오쿠리카나送り假名[28]나 후리카나振り假名[29]에 해당하는 신라의 구결口訣이 발견되며 오코토텐をこと點[30]에 의한 훈독과 아울러 일본의 한문 훈독 기원이 신라에 있을 개연성이 높아지고 있다. 말할 필요도 없이 8세기 일본에 한문 훈독은 존재했지만 거의 동시기에 신라에도 한문 훈독의 존재가 증명됨으로써 일본의 훈독 발달에는 신라의 영향이 있었음이 제기되고 있다.[31]

신라 고승 원효의 아들인 설총은 "방언으로 구경을 읽고 후세를 훈도(교육)한다. 지금(고려)에 이르는 학자는 이를 종宗(근본)으로 여긴다"라고 『삼국사기』 설총전에 전하는데, 이 기사는 7세기 말에는 신라에서 한문 훈독이 정식화하고 한적을 훈독에 의해 배우는 많은 학습자를 재생산하고 있었음을 생생하게 떠오르게 한다. 신라와 일본에서는 공통의 유교 경전이나 불교 경전을 한어(중국어) 학습을 개재하지 않고 각각 자국어로 읽는 것을 본격화한 것이다.

이러한 양국에서 한적을 자국어로 읽은 동료 간의 교환交歡을 전하는 에피소드가 남아 있다. 신라 서당화상비誓幢和尙碑(9세기 초)나 『삼국사기』에 전하는 사연이다. 779년 7월에 설총의 아들이며 원효의 손자인 설중업薛仲業이 신라 사절 일행으로 일본에 건너갔다. 그때 '일본국 진인眞人'(오미노 미후네淡海三船)이 원효의 『금강삼매경』을 읽고 있지만 저자를 만나볼 수 없었는데 지금 원효의 손자인 중업을 만난 기쁨을 시로 지어 증정했다고 전해진다. 아마도 설중업과 오미노 미후네 두 사람처럼 설령 일부의 엘리트라고 하더라도 서로가 공유하는 지식 체계에 바탕을 둔 커뮤니케이션은 가능했을 것이다. 이미 이 당시에 공유한 한적도 적지 않았을 것이다.[32] 고대 일본 초기의 중국문명화는 한반도의 한자문화 수용과 밀접한 관계가 있다. 그리고 새로운 단계의 중국문명화는 일본도 신라도 함께 9세기부터 심화되어갔으며 그것에 수반하여 자국의 고유문화에 대한 자각이 심화하는 양상에도 공통점이 있음을 인정해야 한다.

그런데 근래 신라의 역사 고사나 기이담을 모은 『신라수이전新羅殊異傳』이 고미네 가즈아키 역주서 간행으로 일본에도 널리 알려지게 되었다.[33] 저자라 추정되는 박인량朴寅亮은 1096년에 세상을 떠났기 때문에 10세기 후반부터 11세기에 걸친 작품이라 추정된다. 박인량은 송나라 사람에게서 척독尺牘(서간), 표장表狀, 제영題咏을 격찬받은 당대 제일이라고 말해도 좋을 정도의 문인이다. 이 장에서 논한 고려 전기의 중국문화 침투에 강한 영향력이 있는 한편 '향'(국풍) 의식이 고조된 시대의 산물로 봄으로써 『신라수이전』에 수록된 여러 편은 종래와는 다른 견해가 가능하지 않을까 하고 향후의 연구를 기대한다. 특히 여기에 수록된 '최치원(仙女紅袋)'은 표현이나 스토리 등의 유사점에서 『유선굴遊仙窟』과의 관계성이 논의의 대상이 된 지 오래다.[34] 중국 문학을 깊이 수용하면서도 고려 독자의 설화가 탄생했음을 『신라수이전』에 수록된 '최치원(仙女紅袋)'으로 알 수 있다.

중국문명의 심화와 고유(국풍)문화의 자각과 앙양은 모순되는 것이 아니라 양의적으로 파악할 필요가 있지 않을까. 최치원에 단서가 있는 '향' 자를 앞에 붙인 용어는 그와 같은 고유의 문화가 어떠한 계기로 자각화되었는지를 이야기해주는 점에서 결코 경시할 수 없다. 동아시아라는 역사관은 지금까지 간과해온 일본과 한반도에서의 공통된 문화 현상을 다시 파악하는 방법이 될 수 있을 것이다.

후기

발표한 논문들을 정리하여 이 책으로 묶을 때 구상의 핵심이 된 것은 1994년과 1995년에 잡지 『사상思想』, 『세계世界』에 게재한 두 편의 논문이다(제6장 및 제1장). 이 두 편의 논문은 간행되자마자 곧바로 요시다 다카시吉田孝 선생님께 헌정했다. 왜냐하면 1991년 역사학연구회 대회에서 논문 「발해사를 둘러싼 민족과 국가渤海史をめぐる民族と國家」(제4장)를 발표한 직후 그날 간담회에서 우연히 옆자리에 앉으신 요시다 선생님께서 "자네 발표를 들으면서 이노우에 미쓰사다井上光貞 선생과 함께 본 영화 〈아라비아의 로렌스〉를 상기했어요"라고 하시는 말씀을 들었기 때문이다. 발해 건국의 형성 과정과, 오스만제국에서의 아랍민족 독립운동을 겹쳐서 사고하는 신선한 지적 자극을 주신 것이다. 이것이 요시다 선생님과 친하게 이야기하는 계기가 되었다.

그 후 학회에서 재회했을 때 보내드린 두 편의 논문을 언급하시며 "일본 고대사는 따지고 보면 국민국가 이야기지요"라고 태평스레 웃는 얼굴로 말씀하신 것이 지금도 선명하게 기억에 남는다. 또 광개토왕비문의 왜倭 해석에 대해서도 "깊이 공감합니다"라는 코멘트를 해주셨다. 이런 일들은 당시 인생의 전환기와도 겹쳐서 여러 가지 고민을 하고 있던 필자에게 큰 격려가 된 잊지 못할 추억이다.

요시다 선생님과는 그 이전부터 왠지 인연이 있었다. 학부 졸업논문으로 번민하고 있을 때 해마다 통상 하코네箱根에서 개최하는 당대사연구회唐代史研究會 합숙에서 어느 선생님을 방문했다. 그때 옆자리에 계시던 요시다 선생님께서 일개 학부생인 필자에게 친절하고 정중하게 지도해

주신 적이 있다. 물론 요시다 선생님께서는 당시의 일을 기억하지 못하실 것임에 틀림없다.

젊었을 때 '왜 취직과는 인연이 먼 한국 고대사를 전공합니까'라는 질문을 받을 때마다 대답하기 몹시 궁색했다. 그럴 때 언제나 마음속에서 격려해준 것은 이시모다 쇼石母田正의 논문 「일본의 고대사를 배우는 사람에게日本の古代史を學ぶ人に」(『戰後歷史學の思想』)였다. 나중에 『이시모다 쇼 저작집石母田正著作集』(제4권 「古代國家論」, 1989년)에 수록되었을 때 요시다 선생님께서 해설을 담당하셨다. 필자는 저작집이 간행되고 나서 제법 지난 뒤에 손에 넣었는데, 해당 논문의 해설 말미에 "사삿일이라서 죄송합니다만 저는 한 사람의 학생으로서 그 강연을 들었을 때의 감격이 지금도 또렷이 생각납니다"라고 적은 것에 놀랐다. 요시다 선생님께서 해설을 쓴 것은 역사학연구회 대회에서 말씀을 나눈 2년 전의 일이었다.

일전에 좀처럼 이 책을 정리할 결단을 내지 못하고 있던 때 사학사를 다시 생각해볼 요량으로 손에 들었던 것이 『이시모다 쇼 저작집』 제4권이었다. 거기에 수록된 논문들은 어느 것이나 반세기 이상 이전의 것이었지만 깊이 마음을 울리는 어투에 크게 격려받았다. 그중에서도 「일본의 고대사를 배우는 사람에게」에 나오는 아래의 한 구절은 지금까지 필자에게 마음의 버팀목이기도 했음을 재확인했다.

고대는 언제나 새로운 사상과 낡은 사상이 투쟁하는 장소이며, 그냥 아무 생각 없이 조선사를 하는 것이 아니라 또 일본사를 하는 것이 아니라, 무엇을 위해 하는지 어떤 입장에서 하는지를 내걸고 낡은 사상과 투쟁하는 장소로 우리의 고대사를 되돌리지 않으면 안 된다고 생각합니다.

이 책의 서명은 이시모다 쇼 씨와 요시다 선생님의 학은에 감사하는 마음을 담아 '투쟁의 장으로서의 고대사'라 하기로 했다.

이와나미서점岩波書店 편집부의 이리에 다카시入江印 씨와 이 책의 간행을 약속한 것은 2009년 3월 즈음이었다. 제법 상세한 협의를 하고 1년 동안의 한국 체재 기간에 하기로 약속했다. 그 후에도 몇 번인가 수록 논문을 바꾸는 등 협의를 거듭했고 서문을 새로 쓰는 것으로서 간행 단계로 들어가고 싶다고 약속했는데, 그 서문을 쓰는 데에 8년이 걸렸다. 그렇기는 하지만 지금 되돌아보면 사학사 논문집으로 완결시키기 위해서 이 9년은 없어서는 안 되는 세월이었다. 무엇보다 이 책에 수록한 논문 반수 가까이가 2009년 이후에 발표한 것이기 때문이다. 전체 구성에서도 그 논문들이 없으면 분명히 이 책이 주제로 하는 사학사의 형태를 이루지 못했을 것이다.

먼저 참을성 있게 계속 기다려주신 이리에 씨에게 감사드린다. 또 사학사의 중요성을 이런저런 기회에 필자에게 환기해주신 고지마 기요시 小島潔 씨에게 이 자리를 빌려 감사의 말씀을 올린다. 그리고 작년 1월에 서거하셔서 이 책을 보여드리지 못한 요시다 다카시 선생님의 영전에 이 책을 바친다.

2018년 6월
이성시

옮긴이 후기

이 책은 이성시 교수가 쓴『만들어진 고대: 근대 국민국가의 동아시아 이야기』(2001년)의 속편에 해당하는『鬪爭の場としての古代史: 東アジア史のゆくえ』(岩波書店, 2018년)를 번역한 것이다.

역자는 2001년『만들어진 고대』에 이어 18년 만에 이 책의 번역을 끝내고 나서 곰곰이 생각해봤다. 역사란 무엇인가? 역사란 민족의 아이덴티티를 창출하는 것도 아니며 계급투쟁의 수단도 아니다. 그렇다고 하더라도 랑케의 역사주의와 같이 정치를 포함한 사회적 현실에 대해서 역사가 뭔가 그 역할을 하는 것을 포기해서도 안 될 것이다. 왜냐하면 역사는 단순한 '고증'이 아니라 사회 속에서의 '실천'이어야 하기 때문이다. 그러나 그것은 정치적 실천이 아니라 지적 실천이어야 할 것이다. 지적 실천이란, 예컨대 '민족의 아이덴티티'와 같은 관념이나 신화가 어떻게 만들어졌는지를 '역사적으로' 해명하는 작업임에 틀림없다. 역사학은 신화를 만드는 것이 아니라 그것을 해체하는 것이며, 그러한 지적영위 과정에서 역사학자는 정치와 관계한다 해도 과언이 아니다. 우리는 여기서 저자의『투쟁의 장으로서의 고대사』에 드러난 역사적 감각이 '과거로부터의 해방', 즉 '국민국가 이야기로서의 고대사에서 해방되는 것'에 의해 생성되는 것임을 상기할 필요가 있다. 저자의 문제의식과 역사작법은 서문과 한국어판 서문에 일목요연하게 제시되어 있으므로 굳이 부언하지 않겠지만, 이 책이『만들어진 고대』와 마찬가지로 한국 독자들에게 적지 않은 함의를 주고 경종이 될 것임을 믿어 의심치 않는다.

저자는 1952년 일본 나고야에서 태어나서 요코하마에서 성장하고 와세다대학과 대학원에서 한국 고대사를 중심으로 한 동아시아 고대사를 전공했다. 요코하마 국립대학 조교수를 거친 저자는 1997년부터 와세다대학 문학부 교수로 재직하며 많은 뛰어난 업적을 내는 한편, 조선사 연구회 회장을 역임했고 현재 재일한인역사자료관 관장과 한국목간학회 회장 등 시민사회에서의 사회적 학술 활동도 열심히 하고 있다. 그의 논저 중에서 논문을 제외한 대표적인 단행본을 소개하면 아래와 같다.

저서

『東アジアの王權と交易 正倉院の寶物が來たもうひとつの道』(靑木書店, 1997년)[김창석 옮김, 『동아시아의 왕권과 교역』(청년사, 1999년)]

『古代東アジアの民族と國家』(岩波書店, 1998년)

『東アジア文化圏の形成』(山川出版社 世界史リブレット, 2000년)[『만들어진 고대』에 수록]

『만들어진 고대』(삼인출판사, 2001년)

편저

西嶋定生, 『古代東アジア世界と日本』(岩波現代文庫, 2000년)[송완범 옮김, 『일본의 고대사 인식: ‘동아시아세계론’과 일본』(역사비평사, 2008년)]

『岩波講座 日本歷史 20 地域論』(岩波書店, 2014년)

『岩波講座 日本歷史 22 歷史學の現在』(岩波書店, 2016년)

공동편저

『古代朝鮮の考古と歷史』(雄山閣, 2002년)

『국사의 신화를 넘어서』(휴머니스트, 2004년)

『植民地近代の視座 朝鮮と日本』(岩波書店, 2004년)

『東アジア古代出土文字資料の研究』(雄山閣, 2009년)

『いま〈アジア〉をどう語るか』(弦書房, 2011년)

『「韓國併合」100年を問う』(『思想』 1029, 岩波書店, 2010년 1월 특집호)[최덕수 외 옮김, 『일본, 한국병합을 말하다』(열린책들, 2011년)]

『世界歴史大系 朝鮮史 1·2』(山川出版社, 2017년)

역자는 한국 독자를 위해 옮긴이 주를 달고, 남북한 연구자들의 논문 등 한국 자료에서 저자가 직접 인용한 부분은 중역을 피하기 위해 원문을 일일이 대조 확인했다. 끝으로 홍승권 부대표를 비롯한 삼인 식구들에게 감사드린다.

2019년 7월
박경희

주석

제1장 고대사에 나타난 국민국가 이야기

1 고대 일본의 한반도 지배와 '임나일본부'의 현재 연구 상황에 대해서는 이 책 제3장을 참조.

2 가야사의 최근 연구 동향에 대해서는 鈴木靖民 외, 『伽耶はなぜほろんだか』(大和書房, 1991년). 田中俊明, 『大加耶連盟の興亡と「任那」』(吉川弘文館, 1992년)을 참조.

3 1865~1942. 동양사학자. 근대 유럽 사학의 방법으로 동양사학을 개척했다. 한국사에서 시작하여 만주(중국 동북 지방)·몽고·중앙아시아로 연구 분야를 넓혀나갔다. 언어학·종교학·민속학에 걸친 다양한 지식을 이용하여 아시아 민족들 사이의 상호 관계를 밝히는 '시라토리 학풍'을 확립하여 많은 후진에게 영향을 끼쳤다. 특히 後藤新平에게 제언하여 남만주철도주식회사 내에 만선역사지리조사부를 설치하도록 하고 스스로 조사 연구 조직을 맡아서 일본 제국주의 정책을 뒷받침했다.─옮긴이.

4 白鳥庫吉, 「滿洲地名談 附好太王の碑文に就いて」(『中央公論』208, 1905년 8월. 나중에 『白鳥庫吉全集』5, 岩波書店, 1970년 수록), 454쪽.

5 李成市, 「表象としての廣開土王碑文」(『思想』842, 1994년 8월. 이 책 제6장).

6 조선민주주의인민공화국 사회과학원 역사연구소, 『조선전사(상)』(평양: 과학원출판사, 1962년).

7 근대 국민국가에서의 민족(nation)을 말한다. 임지현은 이것을 '민족체(nationality)'로 번역했다. 『민족주의는 반역이다─신화와 허무의 민족주의 담론을 넘어서』(소나무, 1999년), 59쪽 참조.─옮긴이.

8 사회과학원 역사연구소, 『조선전사』[1(원시편), 6(중세편 고려1)] 과학, (평양: 백과사전출판사, 1979년).

9 李成市, 「渤海史研究における國家と民族」(『朝鮮史研究會論文集』25, 1988년 3월).

10 小林一美, 「中國史における國家と民族─中華帝國の構造とその展開によせて」(『民族と國家』の諸問題』, 神奈川新聞社, 1991년).

11 村田雄二郎, 「中華ナショナリズムの現在」(『世界』588, 1993년 11월).

12 당에 파견한 일본의 외교 사절로, 630년부터 9세기 말까지 15회 파견되었다. 사절 일행의 규모는 유학생과 유학승을 포함하여 500~600명 정도였으며, 이들은 당의 선진 제도와 문물을 받아들여 일본 고대 문화 발전에 크게 기여했다.─옮긴이.

13 9세기 후반 이후에 형성된 일본풍 귀족 문화로, 894년 견당사 파견이 중지되자 먼저 유입되어 있던 당 문화를 일본의 고유문화에 동화시켜 만들어낸 일본적 색채가 짙은 문화를 말한다. 이 문화는 전 시대에 비해 역동적인 면은 없지만 우아하고 부드러우며 미적 감각에서 특징 있는 문화였다.─옮긴이.

14 栗田元次, 『奈良時代の特性』(日本放送出版協會, 1940년).

15 645년 中大兄皇子가 中臣鎌足 등과 함께 당시 조정의 실권을 잡고 있던 蘇我氏 일족을 토벌하면서 시작한 정치 개혁을 말한다.─옮긴이.

16 栗田元次, 주14 앞의 책, 62쪽.

17 內海孝, 「近代西洋文明への『遣唐使』=岩倉遣米歐使節團」(『歷史を讀みなおす4 遣唐使船』朝日百科日本の 歷史 別冊, 朝日新聞社, 1994년).

18 1825~1883. 明治維新期의 정치가. 교토 조정의 귀족 출신. 孝明天皇의 시종이 되었으나 막부에 호 응하여 公武合體를 주장했기 때문에 일시적으로 실각했다. 철저한 尊王攘夷論者로 討幕 운동에 가 담하고 1867년 大政奉還 후 大久保利通 등과 왕정복고의 쿠데타를 일으켰다. 明治 신정부에서는 1871년 右大臣이 되어 전권대사로서 구미를 시찰했다. 귀국 후 征韓論을 주창하는 西鄕隆盛 등을 추방하고 大久保利通 등과 내정을 충실히 하는 데 힘썼다. 또한 자유민권운동의 확대를 앞두고 대 일본제국헌법의 토대를 만들고 황실 제도의 정비에 특히 주력했다. —옮긴이.

19 1871년 11월부터 1873년 9월까지 岩倉具視를 특명전권대사로 삼아서 파견한 구미 사절단. 岩倉使 節團이라고도 한다. 목적은 조약 체결국에 대한 국서 봉정, 구미 각국의 제도·문물 조사, 조약 개 정의 예비 교섭이었다. 불평등조약 개정 교섭은 실패했지만 구미의 제도, 문물을 시찰하여 일본 근대화의 선택지를 모색했다. —옮긴이.

20 隋에 파견된 일본의 외교 사절로, 600년부터 614년까지 5회 파견되었다. —옮긴이.

21 遣隋使의 외교 자세를 둘러싼 논쟁이 1960년대에 시작된 것은 태평양전쟁 패전 전의 국가 이야기 가 어떠한 역사 상황에서 되살아났는지를 탐색하는 데에 시사적이다. 일본과 隋의 외교를 둘러싼 논쟁에 대해서는 李成市, 「高句麗と日隋外交」(『思想』795, 1990년 9월)를 참조.

22 栗田元次, 주14 앞의 책, 44쪽.

23 외국인에 대한 일본 국내 거주 자유권의 가부를 둘러싼 논쟁. 1888년 外相 大隈重信의 조약개정안 은 치외법권 철폐의 대가로 조약체결국 사람의 일본 국내 거주 및 여행, 토지 소유를 인정하는 내 지 개방 조항을 제기했다. 이 때문에 구 자유당계 정파나 국권주의 단체의 반발을 샀다. 1893년 陸奧宗光 外相의 조약 개정 교섭을 둘러싸고 이 문제는 다시 정치 문제화되었지만, 정부는 반대 파 세력을 억누르고 英日條約 개정을 단행했고 이로써 반대파의 세력은 약화되었다. 내지잡거는 1899년 실시되었다. —옮긴이.

24 安田浩, 「近代日本における『民族』觀念の形成」(『思想と現代』31, 1992년).

25 竹內實·西川長夫 편, 『比較文化キ-ワ-ド』(サイマル出版會, 1994년).

26 岸田秀, 『ものぐさ精神分析』(靑土社, 1977년).

27 三品彰英, 『朝鮮史槪說』(弘文堂, 1940년 초판, 1952년 증보판)은 그 전형으로서 특필할 만한 문헌이다. 첫머리에 실은 『朝鮮史の他律性』이라는 글에서는 한국의 역사·민족·문화의 속성으로서 "付隨性", "주변성", "변증법적 역사 발전의 자취가 매우 부족하다", "자유를 가진 적이 아주 적은 역사", "외래문화 수용의 역사", "국외 세력의 역사 고찰이야말로 조선사 이해에 대한 불가결한 조목", "독립성의 결여", "黨閥을 결성하는 것은 조선의 두드러진 국민성", "동족 의뢰주의", "뇌동성", "숙명론자", "도피, 우울, 찰라적 향락 등의 길을 선택한다", "명랑하게 웃는 것을 잊어버린 국민" 등이라 설명하고, "극동 여러 민족에 앞장서서 세계사적으로 성장한 일본이 조선을 동포로서 공 존"하여 "이에 비로소 반도사적인 것을 지양할 때를 얻었다"라고 지적했다.

제2장 근대국가의 형성과 '일본사', '일본문화'의 발생

1 平安 시대 이후에 발달한 일본적인 화풍을 이어받은 회화 전반을 가리키지만, 중국적인 주제의 그

314

림인 唐繪나 漢畵와 대비적으로 사용했기 때문에 語義가 애매하고 시대에 따라 변화했다.—옮긴이.

2   德川家康가 1600년 세키가하라 전투에서 승리하고 江戶(지금의 東京)에 막부를 연 무렵부터 1867년 15대 쇼군인 德川慶喜가 국가 통치권을 천황의 조정에 반납하기까지 약 260년간을 말한다.—옮긴이.

3   江戶 시대 회화의 한 流派. 大和繪 전통의 장식성과 왕조 고전의 문학 취미를 특색으로 하며, 개성이 서로 다른 俵屋宗達, 尾形光琳, 酒井抱一, 세 거장에 의해 발전했다. 근현대의 일본은 물론이고 구미의 미술계·디자인계에도 큰 영향을 끼쳤다.—옮긴이.

4   15세기 후반에 성립하여 19세기 말까지 계속된 일본 회화사상 가장 대표적인 유파.—옮긴이.

5   北澤憲昭, 「『日本畵』概念の形成にかんする試論」(靑木茂 편, 『明治日本畵史料』, 中央公論美術出版, 1991년).

6   北澤憲昭, 주5 앞의 논문, 522쪽. 高木博志, 「日本美術史の成立·試論—古代美術史の時代區分の成立」(『日本美術史』400, 1995년 12월), 74쪽.

7   高木博志, 「日本の近代化と皇室儀禮—1880年代の『舊慣』保存」(『日本史硏究』320, 1989년 4월), 75쪽.

8   北澤憲昭, 주5 앞의 논문, 491쪽.

9   1827~1910. 江戶 시대 말부터 明治 시대의 역사학자. 1875년 태정관 수사관에 들어가서 『大日本編年史』의 편집 등을 주재했다. 1888년에 제국대학 문과대학 교수가 되어 국사과를 설치했으며, 사학회 회장이 되어 久米邦武, 星野恒 등과 사학과의 기초를 쌓았다. 엄밀한 고증에 입각한 그의 학풍은 근대 역사학의 발달에 크게 영향을 미쳤다.—옮긴이.

10   1839~1931. 역사학자. 1871년 岩倉使節團을 수행하여 『特命全權大使米歐回覽實記』 5책을 편찬했다. 태정관 수사관에 들어가서 『大日本編年史』의 편찬에 참가하고 1988년에 제국대학 문과대학 교수가 되었다. 고증사학의 입장에서 많은 문제를 제기했으며, 또 고문서학의 영역을 확립했다. 1892년 논문 「神道は祭天の古俗」에 연루된 필화 사건으로 제국대학을 그만두었다.—옮긴이.

11   1839~1917. 明治 시대 역사가. 태정관 수사관에 들어가서 『大日本編年史』의 편찬에 참가하고 제국대학 교수가 되어 사학·한학을 강의하면서 사학과의 충실에 힘썼다.—옮긴이.

12   明治 시대 전기의 정부 최고 기관. 1885년 내각 제도가 창설되면서 폐지되었다.—옮긴이.

13   1850~1894. 외교관. 교토 조정의 귀족 출신.—옮긴이.

14   高木博志, 주7 앞의 논문.

15   같은 글, 99쪽.

16   Eric Hobsbawm·Terence Ranger 편(前川啓治 외 옮김), 『創られた傳統』(紀伊國屋書店, 1992년), 15쪽.

17   西川長夫, 「日本型國民國家の形成—比較史的觀點から」(西川長夫·松宮秀治 편, 『幕末·明治期の國民國家形成と文化變容』, 新曜社, 1995년), 27쪽.

18   內海孝, 「近代西洋文明への『遣唐使』=岩倉遣米歐使節團」(『歷史を讀みなおす4 遣唐使船』, 朝日百科日本の歷史 別冊, 朝日新聞社, 1994년), 54~55쪽.

19   李成市, 「古代史にみる國民國家の物語—日本とアジアを隔てるもの」(『世界』611, 1995년 8월. 이 책 제1장), 141~142쪽.

20   무용과 劇 요소를 갖춘 일본의 대표적인 假面 음악극.—옮긴이.

21   竹本裕一, 「久米邦武と能樂復興」(주17 앞의 책 『幕末·明治期の國民國家形成と文化變容』), 497쪽.

22   같은 글, 498쪽.

23   같은 글, 505쪽.

24   酒井直樹, 「日本社會科學方法序說—日本思想という問題」(『岩波講座 社會科學の方法』3, 1993년), 13쪽.

25   安田浩, 「近代日本における『民族』觀念の形成」(『思想と現代』31, 1992년), 70쪽.

26 宮地正人, 「日本的國民國家の確立と日淸戰爭—帝國主義的世界體制成立との關連において」(『黑船と日淸戰爭』, 未來社, 1996년), 333쪽.

27 小森陽一, 『漱石を讀みなおす』(ちくま新書, 1995년), 22쪽.

28 Benedict Anderson(白石さや·白石隆 옮김), 『增補 想像の共同體』(NTT出版 1997년).

29 1867~1916. 근대 일본의 대표적 작가.—옮긴이.

30 小森陽一, 주27 앞의 책, 110~132쪽.

31 西嶋定生, 「序說—東アジア世界の形成」(『岩波講座 世界歷史』4, 1970년. 나중에 李成市 편·西嶋定生, 『古代東アジア世界と日本』(岩波現代文庫, 2000년 수록).

32 西嶋定生, 「6~8世紀のアジア」(『岩波講座 日本歷史』2, 1962년. 나중에 주31의 『古代東アジア世界と日本』에 수록).

33 동아시아세계론의 구상 과정과, 역사적 배경에 대해서는 李成市, 『東アジア文化圈の形成』(山川出版社, 2000년)을 참조.

34 일반적으로 源賴朝가 실권을 잡고 鎌倉에 막부를 연 1185년부터 1333년까지 약 150년간을 鎌倉 시대라고 한다.—옮긴이.

35 일반적으로 足利尊氏가 실권을 잡고 교토 室町에 막부를 연 1392년부터 1573년까지 약 180년간을 가리킨다.—옮긴이.

36 익살, 해학을 주로 하는 對話劇으로 室町 시대 초기에 성립되었다.—옮긴이.

37 5·7·5·3句의 定型으로 이루어진 일본 독자의 短詩型 문예.—옮긴이.

38 江戶 시대에 대성한 일본의 대표적 연극.—옮긴이.

39 西嶋定生, 『中國史を學ぶということ』(吉川弘文館, 1995년), 20쪽.

40 같은 글, 19쪽.

41 여기서 酒井直樹(『死産される日本語·日本人』, 新曜社, 1996년)의 다음과 같은 지적에 유의하고자 한다. "고대 이래 일본이 항상 '중국'과의 대조에 의해 자기 정립을 행해왔다고 널리 받아들여지고 있는 견해는 근대의 국민 공동체가 對他的이며 또한 對自的으로 자기를 구상하는 도식을 비역사적으로 과거에 투사한 것에 지나지 않는다. 이 도식은 이제부터 서술하는 種的 동일성의 논리 속에서만 작용한다. 일본인과 중국인, 혹은 일본문화와 중국문화의 대조 자체가 국민으로서의 일본인이나 중국인을 전제해버린 것이기 때문에 여기서는 국민이라는 종적 동일화의 양식이 어떻게 근대에 한정되는 것인가 하는 자각이 전연 결여되어 있다."

42 西嶋定生, 주39 앞의 책, 16쪽.

43 이 장에서 서술한 바와 같이 西嶋定生의 동아시아세계론이 내포한 일국사의 한계는 있지만, 동아시아세계론이 가지는 사정거리와 역사이론으로서의 의의에 대해서는 이 책 제12장, 제13장 참조.

제3장 삼한정벌

1 광개토왕비문 연구 개요에 대해서는 李成市, 「表象としての廣開土王碑文」(『思想』842, 1994년 8월. 이 책 제6장) 참조.

2 일본 『古事記』, 『日本書紀』에 등장하는 제14대 仲哀天皇의 황후. 仲哀天皇이 九州의 熊襲 정벌 중에 급사하자 동행한 황후는 임신 중임에도 불구하고 熊襲 정벌을 달성한 후 바다를 건너 신라를 공격하고 백제, 고구려도 복속시켰으며(삼한정벌), 귀국 후 아들을 출산하고, 이 아들을 황태자로 세

우고 약 70년간 황태자의 섭정으로서 국정을 잡았다고 한다. 일부 역사서에는 女帝로 취급하는 인물이다.―옮긴이.

3 일본 『古事記』, 『日本書紀』에 등장하는 종족으로, 九州 남부에서 세력을 떨치며 大和政權에 저항했다고 한다. 인종, 민족 계통이 확실하지 않으나 남방계 민족이라는 설도 있다.―옮긴이.

4 直木孝次郎, 「神功皇后傳說の成立」(『歷史評論』104, 1959년 4월).

5 같은 글.

6 渡邊誠, 「日本古代の朝鮮觀と三韓征伐傳說―朝貢·敵國·盟約」(勝部眞人, 『文化交流史比較プロジェクト硏究センター報告書Ⅵ』, 廣島大學大學院文學硏究科, 2009년).

7 같은 글.

8 鎌倉 시대 후기에 쓰인 작자 미상의 책. 2권. 八幡大菩薩의 영험함을 아이들도 이해할 수 있도록 설명한 책. 같은 서명으로 내용이 다른 2종이 있다. 『群書類從』에 실린 本은 神功皇后의 삼한정벌, 황자이며 대보살로 여기는 應神天皇의 일, 두 차례의 몽고 침략 상황과 그 침략이 대보살의 힘으로 평정되었다는 것, 승려 叡尊의 기도가 큰 힘이 되었다는 것 등이 적혀 있다.―옮긴이.

9 塚本明, 「神功皇后傳說と近世日本の朝鮮觀」(『史林』79-6, 1996년 11월).

10 같은 글.

11 현재 일본 佐賀縣 唐津市 鎭西町의 중심지구. 壹岐, 對馬를 거쳐 한반도에 이르는 최단 거리의 장소로, 豊臣秀吉가 조선 침략 시 여기에 전진기지로서 名護屋城을 쌓고 주변 일대에 大名들의 진을 설치했다.―옮긴이.

12 塚本明, 주9 앞의 논문.

13 일본 『古事記』, 『日本書紀』에 전하는 일본 고대의 인물. 12대 景行天皇부터 16대 仁德天皇에 이르는 5대 천황을 섬겼으며, 神功皇后를 도와 신라 정벌 등에 공적이 있었다고 한다. 蘇我·葛城·巨勢·平群 등 중앙의 유력 호족의 선조이기도 하다.―옮긴이.

14 Ronald Toby, 「近世日本の庶民文化に現れる朝鮮通信使」(『韓』110, 1988년 7월).

15 Ronald Toby, 「近世日本の朝鮮像―庶民の目と耳をかりて」(朝鮮史硏究會 제32대회 강연, 1995년 10월 21일).

16 須田努, 「江戶時代民衆の朝鮮·朝鮮人觀―淨瑠璃·歌舞伎というメディアを通じて」(『思想』1029, 2010년 1월).

17 錦繪는 姜德相 편저, 『カラー版 錦繪の中の朝鮮と中國―幕末·明治の日本人のまなざし』(岩波書店, 2007년) 및 東京經濟大學 朝鮮錦繪型錄インデックス(http://www.tku.ac.jp/~library/korea/index02.zHTML)(2010년 12월)를 참조.

18 가부키의 인물이나 무대의 모습을 그린 판화.―옮긴이.

19 姜德相, 주17 앞의 책.

20 牧原憲夫, 「文明開化論」(『岩波講座 日本通史』16, 1994년), 252쪽.

21 吉野誠, 『明治維新と征韓論―吉田松陰から西鄕隆盛へ』(明石書店, 2002년).

22 多田井喜生, 『朝鮮銀行』(PHP硏究所, 2002년), 72~75쪽.

23 姜德相, 주17 앞의 책, 15쪽.

24 多田井喜生, 주22 앞의 책, 76쪽.

25 같은 글, 116쪽.

26 같은 글, 76쪽.

27 판권에는 편집처 日本歷史地理學會, 편집인 岡部精一, 발행처 三省堂書店으로 되어 있다.

28　永原慶二, 『20世紀日本の歷史學』(吉川弘文館, 2003년), 109쪽.

29　고대 한반도의 지명. 일본 신화에 나오는 신 素戔嗚尊가 천상의 세계 高天原에서 추방당한 후 하늘에서 내려왔다는 곳.―옮긴이.

30　岡部精一, 「『朝鮮號』發刊の辭」(『歷史地理』 임시증간호, 1910년 11월), 5~6쪽.

31　幣原坦, 「日韓交通の槪要」(주 30 앞의 책), 11쪽.

32　永原慶二, 주28 앞의 책, 60쪽.

33　喜田貞吉, 「韓國倂合と敎育家の覺悟」(주30 앞의 책), 136쪽.

34　岡部精一, 「神功皇后の三韓退治」(주30 앞의 책), 177쪽.

35　朝日新聞社 편, 『朝日日本歷史人物事典』(朝日新聞社, 1994년).

36　那珂通世, 「新羅古記の倭人」(주30 앞의 책), 146쪽.

37　같은 글, 152쪽.

38　永原慶二, 주28 앞의 책, 78쪽.

39　일본을 가리킨다.―옮긴이.

40　三浦周行, 「日韓の同化と分化」(주30 앞의 책), 171~173쪽.

41　永原慶二, 주28 앞의 책, 78쪽.

42　喜田貞吉, 주33 앞의 논문, 130~131쪽.

43　久米邦武, 「韓國倂合と近江に神籠石の發見」(주30 앞의 책), 50쪽.

44　大森金五郞, 「任那日本府の興廢」(주30 앞의 책), 112, 118, 129쪽.

45　星野恒, 「歷史上より觀たる日韓同域の復古と確定」(주30 앞의 책), 36, 40쪽.

46　時野谷勝 편저, 『日本史の完全硏究』(淸水書店, 1966년), 36쪽. 이 부분은 태평양전쟁 패전 후 일본의 한국 고대사를 리드한 井上秀雄의 집필이다.

47　上野千鶴子, 「〈外部〉の分節―記紀の神話論理學」(櫻井好朗 편, 『大系 佛敎と日本人―神と佛』, 春秋社, 1985년), 304쪽.

48　李成市, 「新たな現實と東アジア史」(『本鄕』25, 2000년 1월).

49　鈴木靖民, 『增補 古代國家史硏究の步み―邪馬台國から大和政權まで』(新人物往來社, 1983년), 45쪽.

50　金達壽, 『日本の中の朝鮮文化』 시리즈(講談社)는 1970년부터 1991년까지 21년에 걸쳐 12권이 간행되었다. 일본 사회에 널리 받아들여졌다고 보아도 좋을 것이다.

51　李進熙가 주장한 광개토왕비 개찬설은 현재로는 실증 단계에서 완전히 부정되고 있다. 이 책 제6장 참조.

52　鈴木靖民 외, 「座談會『東アジアの古代文化』成果とゆくえ」(『東アジアの古代文化』137, 2009년 1월).

53　근래 가야사의 성과 개요에 대해서는 田中俊明, 『古代の日本と伽耶』(山川出版社, 2009년)로 간단하게 알 수 있다.

54　村上陽一郎, 『科學のダイナミックス』(サイエンス社, 1980년). 村上陽一郎, 『歷史としての科學』(筑摩書房, 1983년).

제4장 발해사를 둘러싼 민족과 국가

1　小林一美, 「中國史における國家と民族―中華帝國の構造とその展開によせて」(中本信幸 외, 『『民族と國家』の諸問題』, 神奈川新聞社, 1991년).

2 菊池俊彦, 「コリャーク民族區の成立とシベリアの少數民族問題」(『變革期アジアの法と經濟』, 昭和60年
   度科研報告書, 1986년 3월).

3 田中克彦, 『言語の思想─國家と民族のことば』(日本放送出版協會, 1975년).

4 李成市, 「渤海史研究における國家と民族」, 『朝鮮史研究會論文集』25, 1988년 3월.

5 다만 2000년대에 들어와서 중국 학계에서는 고구려에 대해서도 이 장에서 논한 발해와 마찬가
   지로 '동북공정'의 일환으로서 중국의 지방정권이라는 견해를 강조하게 되었다.

6 李成市, 「東アジアの諸國と人口移動」(田村晃一·鈴木靖民 編, 『新版 古代の日本』2 アジアからみた古代日本,
   角川書店, 1992년. 나중에 『古代東アジアの民族と國家』, 岩波書店, 1998년).

7 權五重, 「靺鞨의 種族系統에 관한 試論」(『진단학보』49, 1980년 6월).

8 菊池俊彦, 「靺鞨の同仁文化の遺跡」(『北海道考古學』24, 1988년 3월).

9 平野健一郎 외, 『アジアにおける國民統合─歷史·文化·國際關係』(東京大學出版會, 1988년).

10 河上洋, 「渤海の地方統治體制─一つの試論として」(『東洋史研究』42-2, 1983년 9월).

11 鈴木靖民, 「渤海の首領制に關する豫備的考察」(『古代對外關係史の研究』, 吉川弘館, 1985년).

12 武田幸男, 「廣開土王碑からみた高句麗の領域支配」(『東洋文化研究所紀要』78, 1979년 3월. 나중에 『高句麗
   史と東アジア─「廣開土王碑」研究序說』, 岩波書店, 1989년).

13 李成市, 주4 앞의 논문.

14 大隅晃弘, 「渤海の首領制─渤海國家と東アジア世界」(『新潟史學』17, 1984년 10월).

15 酒寄雅志, 「渤海國家の史的展開と國際關係」(『朝鮮史研究會論文集』16, 1979년 3월).

16 李成市, 「八世紀新羅·渤海關係の一視角─『新唐書』新羅傳長人記事の再檢討」(『國學院雜誌』92-4, 1991년
   4월. 나중에 주6 앞의 책 『古代東アジアの民族と國家』).

17 古畑徹, 「日渤交涉開始期の東アジア情勢─渤海對日通交開始要因の再檢討」(『朝鮮史研究會論文集』23,
   1986년 3월).

18 池内宏, 「高麗太祖の經略」(『滿鮮史研究』, 吉川弘文館, 1979년). 池内宏, 「高麗朝に於ける東女眞の海寇」
   (앞의 책 『滿鮮史研究』).

19 武田幸男, 주12 앞의 논문.

20 河上洋, 「渤海の交通路と五京」(『史林』72-6, 1989년 11월).

제5장 출토 사료는 경계를 넘을 수 있는가

1 李成市, 「コロニアリズムと近代歷史學─植民地統治下の朝鮮史編修と古蹟調査を中心に」(寺內威太郎
   외, 『植民地主義と歷史學』, 刀水書房, 2004년. 이 책 제8장).

2 李成市, 「古代史にみる國民國家の物語─日本とアジアを隔てるもの」(『世界』611, 1995년 8월. 이 책 제1장).
   李成市, 「한국 고대사 연구와 식민지주의─극복을 위한 과제」(『한국고대사연구』61, 2011년).

3 佐伯有淸, 『古代史演習 七支刀と廣開土王碑』(吉川弘文館, 1977년). 李進熙, 『廣開土王碑と七支刀』(學生
   社, 1980년).

4 고대 한일 관계에 결정적인 영향을 준 '삼한정벌'과 임나일본부 관계에 대해서는 李成市, 「三韓征
   伐」(板垣龍太 외 지, 『東アジアの記憶の場』, 河出書房新社, 2011년. 이 책 제3장) 참조.

5 宮崎市定, 『謎の七支刀─五世紀の東アジアと日本』(中公新書, 1983년). 인용 부분에서 宮崎가 말하는
   '이것'이란 원문에서는 구체적으로 칠지도 명문의 '奇生聖音' 4자를 가리킨다. 또 宮崎의 이 책은

과학적인 조사를 무시한 번역문에 근거한 공상에 가까운 논고여서 전혀 성립될 여지가 없다. 상세한 것은 木村誠, 「百濟史料としての七支刀銘文」(『古代朝鮮の國家と社會』, 吉川弘文館, 2004년) 참조.

6 木村誠, 주5 앞의 논문. 木村誠의 논문 제목 「百濟史料としての七支刀銘文」은 칠지도 명문이 종래 백제 사료로서 논해지지 않았음을 시사한다.

7 광개토왕비문 연구의 재검토는 일본 근대사 연구자인 中塚明이 착수하고, 그것을 이어받아 李進熙가 육군참모본부 개찬설을 제기했다(中塚明, 「近代日本史學史における朝鮮問題―とくに「廣開土王陵碑」をめぐって」, 『思想』561, 1971년 3월. 나중에 『近代日本の朝鮮認識』, 研文出版, 1993년 수록. 李進熙, 주3의 앞의 책). 육군참모본부 스파이의 활동이 비문 연구에 깊이 관여했음은 佐伯有淸에 의해 해명되었다(佐伯有淸, 『研究史廣開土王碑』, 吉川弘文館, 1974년). 그리고 이 책 제6장 참조.

8 신묘년 조의 재해석을 둘러싼 문제점에 대해서는 李成市, 「表象としての廣開土王碑文」(『思想』842, 1994년 8월. 이 책 제6장) 참조. 또 원석 탁본에 근거한 개찬 문제에 대한 비판에 대해서는 武田幸男의 연구 『廣開土王碑原石拓本集成』(東京大學出版會, 1988년), 『廣開土王碑との對話』(白帝社, 2007년), 『廣開土王碑墨本の硏究』(吉川弘文館, 2009년)를 참조.

9 朴時亨(全浩天 옮김), 『廣開土王陵碑』(そしえて, 1985년). 武田幸男, 주8 앞의 책(1988년).

10 浜田耕策, 「高句麗廣開土王陵碑文の研究」(『朝鮮史研究會論文集』11, 1974년 3월). 武田幸男, 주8 앞의 책(1988년). 李成市, 주8 앞의 논문.

11 李成市, 「石刻文書としての廣開土王碑文」(藤田勝久・松原弘宣 編, 『東アジア出土資料と情報傳達』, 汲古書院, 2011년. 이 책 제7장).

12 孫仁傑, 「集安高句麗碑の發見の經緯と碑面の現狀」(『プロジェクト研究』9, 早稲田大學總合研究機構, 2013년). 耿鉄華, 「集安高句麗碑の立碑年代と發見の意義」(『プロジェクト研究』9).

13 武田幸男, 「集安・高句麗二碑の研究に寄せて」(주12 앞의 책 『プロジェクト研究』9).

14 佐伯有淸, 『牛と古代人の生活』(至文堂, 1967년).

15 李成市, 「蔚珍鳳坪新羅碑の基礎的研究」(『古代東アジアの民族と國家』, 岩波書店, 1998년).

16 橋本繁・李成市, 「朝鮮古代法制史研究の現狀と課題」(『法制史研究』65, 2015년).

17 「特集 木簡の世界」를 게재한 『月刊しにか』(2-5-14, 1991년 5월)는 동아시아 여러 지역(중국, 한국, 티베트, 중앙아시아 등)의 목간을 취급한 최초의 시도였다.

18 近藤一成, 「アジア地域文化學の構築―總論」(早稲田大學アジア地域文化エンハンシング研究センター 編, 『アジア地域文化學の構築―21世紀COEプログラム研究集成』, 雄山閣, 2006년).

19 전자는 外村大, 三ツ井崇, 柳美那, 鄭仁盛이 담당하고, 후자는 平川南, 三上喜孝, 安部聡一郎, 橋本繁, 李成市가 담당했다. 전자의 성과에 대해서는 早稲田大學朝鮮文化研究所 編, 『21世紀COEプログラム關連シンポジウム コロニアリズムと「朝鮮文化」―朝鮮總督府「朝鮮古蹟調査事業」をめぐって』(2006년)를 참조.

20 국립창원문화재연구소, 『韓國의 古代木簡』(2004년).

21 朝鮮文化研究所 編, 『韓國出土木簡の世界』(雄山閣, 2007년). 早稲田大學朝鮮文化研究所・國立加耶文化財研究所 編, 『日韓共同研究資料集 咸安城山山城木簡』(アジア研究機構叢書 人文學篇 제3권, 雄山閣, 2009년).

22 공동연구에는 역사 연구자(일본사, 한국사, 중국사)는 물론이고 고고학, 미술사, 언어학, 일본 문학, 고문서학 등 다양한 분야의 연구자가 참여했다(國立歷史民俗博物館・平川南 編, 『歷博國際シンポジウム 古代日本と古代朝鮮の文字文化交流』, 大修館書店, 2014년).

23 국립중앙박물관, 『문자, 그 이후』(2012년). 人間文化研究機構 國立歷史民俗博物館, 『文字がつなぐ』(2014년).

24 朱甫暾,「韓國木簡學會の出帆と展望」(『木簡研究』30, 2008년).

25 한국 목간의 개요에 대해서는 李成市,「東アジアの木簡文化」(木簡學會 편,『木簡から古代がみえる』, 岩波新書, 2010년) 참조. 한국 고대 목간의 도록도 간행되고 있다. 국립창원문화재연구소, 주20 앞의 책 및『韓國의 古代木簡(개정판)』(2006년). 국립부여박물관,『백제목간—소장품조사자료집』(2008년). 국립부여박물관·국립가야문화재연구소,『나무 속 암호 목간』(2009년) 참조.
  근래까지의 연구 성과에 대해서는 朝鮮文化研究所 편, 주21 앞의 책. 工藤元男·李成市 편,『東アジア古代出土文字資料の研究』(アジア研究機構叢書 人文學篇 제1권, 雄山閣, 2009년) 참조.

26 한국목간학회에서는 매년 국제학술회의를 개최하는데, 여기에 중국에서 출토 문자자료 연구자, 일본에서는 목간 연구자가 반드시 초청을 받는다. 나아가 구미에서도 비석 연구자, 언어학자가 초청되기도 한다. 동북아역사재단, 성균관대학 동아시아학술원에서도 근래 10년간 같은 주제의 국제학술회의가 개최되고 있다.

27 李成市,「韓國出土の木簡について」(木簡學會 제18회 목간학회 연구집회, 1996년 12월).

28 제18회 목간연구집회에서는 犬飼隆, 平川南 두 사람에게서 다양한 시사를 받아 그 후 한국 목간 연구의 심화에 큰 힘이 되었다. 당시 연구 상황에 대해서는 李成市,「초창기 한국 목간 연구의 각서」(『木簡과 文字』4, 2009년) 참조.

29 李成市,「韓國出土木簡と東アジア世界論」(角谷常子 편,『東アジア木簡學のために』, 汲古書院, 2014년). 瀬間正之,『記紀の表記と文字表現』(おうふう, 2015년).

30 조선총독부의 조선사 편찬사업에 중심적 역할을 한 稲葉岩吉는 다음과 같이 말했다. "일본문화는 예전에 조선보다 늦어져 있었기 때문에 무슨 일이나 반도에서 배워서 이어받은 역사가 있다. 즉 일본문화의 계몽은 조선인에 의해 이루어진 것이 많은데 이는 조선인과 반도에 있던 중국의 콜로니를 구별하지 않은 얕은 견해라고 말해도 좋을 것이다. 일본은 반도의 조선인이 부락 시대를 탈출하지 못했을 때 재빨리 통일국가를 조직하고 일본에서 파견한 관리가 남조선에도 출장했다. 일본은 중국 콜로니인 낙랑, 대방에서 문화를 받아들인 사실이 있다고 말하지만 그것조차 경미한 것이며 대부분은 대륙에 직접 교통하여 이루어졌다"(稲葉岩吉,『朝鮮文化研究』, 雄山閣, 1925년, 182쪽. 원문의 방점은 고딕으로 표시).

31 李成市,「古代朝鮮の文字文化—見えてきた文字の架け橋」(『古代日本 文字の來た道』, 大修館書店, 2005년).

32 渡邊晃宏,『平城京 1300년「全檢證」—奈良の都を木簡からよみ解く』(柏書房, 2010년). 渡邊晃宏,「日本古代の都城木簡と羅州木簡」(『6~7세기 영산강유역과 백제』, 국립나주문화재연구소 개소 5주년 기념 국제학술대회, 2010년). 馬場基,「木簡の作法と100年の理由」(『日韓文化財論集Ⅱ』, 奈良文化財研究所學報87, 2011년). 나주 목간에 대해서는 李成市,「羅州伏岩里百濟木簡の基礎的研究」(鈴木靖民 편,『日本古代の王權と東アジア』, 吉川弘文館, 2012년)를 참조.

33 李成市,「日韓古代木簡から東アジア史に吹く 風」(『史學雜誌』124-7, 2015년 7월). 이 점을 大隅淸陽는 다음과 같이 표현했다. "고대 일본은 일직선으로 7세기 초의 견수사에서부터 8세기 초의 大寶律令으로 고대 일본의 중국적 율령의 수용 과정(唐風化)을 믿고 있던 종래의 인식 체계를 버리지 않을 수 없었다."(大隅淸陽,「これからの律令制研究—その課題と展望」,『九州史學』154, 2010년 1월).

34 市大樹,『飛鳥の木簡』(中公新書, 2012년).

35 鐘江宏之,「「日本の七世紀史」再考—遺隋使から大寶律令まで」(『學習院史學』49, 2011년). 鐘江의 "우리는 문득『일본서기』편찬자의 꾀에 빠져버려서 7세기를 상당히 중국화를 지향했던 시대라는 이미지로 봐버렸을 가능성이 있다"라는 지적이 이 장의 취지와 관련하여 경시할 수 없다.

36 大隅淸陽, 주33 앞의 논문.

37 李成市, 「平壤樂浪地區出土『論語』竹簡の歷史的性格」(『國立歷史民俗博物館硏究報告』194, 2015년 3월).

38 한국에서의 공동연구의 구체적인 조사 방법에 대해서는 橋本繁, 「韓國木簡のフィールド調査と古代史硏究—咸安·城山山城木簡の共同調査より」(『史滴』30, 2008년 12월)를 참조.

39 西川長夫, 「グローバル化時代のナショナル·アイデンティティ」(『〈新〉植民地主義論—グローバル化時代の植民地主義を問う』, 平凡社, 2006년).

제6장 표상으로서의 광개토왕비문

1 비문에는 광개토왕의 시호를 '國岡上廣開土境平安好太王'이라 적었는데 이 시호 끝부분을 약칭으로 사용하여 종종 광개토왕을 호태왕으로 불러왔다. 그러나 호태왕은 고구려 왕에 대한 美稱이므로 오히려 광개토왕을 약칭으로 사용해야 한다. 武田幸男, 「好太王の時代」(讀賣テレビ放送 編, 『好太王碑と集安の壁畵古墳』, 木耳社, 1988년) 참조.

2 본문에서 인용하는 광개토왕 비문의 釋文은 武田幸男, 『廣開土王碑原石拓本集成』(東京大學出版會, 1988년)에 따랐다.

3 酒勾景信에 대해서는 佐伯有淸, 『硏究史廣開土王碑』(吉川弘文館, 1974년), 259~272쪽 참조.

4 酒勾景信가 가지고 온 墨本은 지금까지 탁본 혹은 雙鉤本이라 불러왔지만, 그것은 비문을 먹으로 필사한 '墨水廓塡本'임이 밝혀졌다. 武田幸男, 주2 앞의 책, 243~246쪽.

5 佐伯有淸, 주3 앞의 책, 4~38쪽.

6 拓本은 비석이나 기물에 새긴 글씨나 그림을 그대로 찍어내는 것 또는 찍어낸 그 종이를 말한다. 비석이나 기물의 면에 종이를 대고 먹물로 문질러 찍어내므로 바탕은 검게, 글자·그림 부분은 희게 찍힌다. 이에 반해 雙鉤本은 글씨를 베낄 때 가는 선으로 획의 테두리만을 떠내는 방법이다. 墨水廓塡本이란 필묵으로 모사하여 글자의 흰 부분을 먹물로 채운 것이다.—옮긴이.

7 中塚明, 「近代日本史學史における朝鮮問題—とくに「廣開土王陵碑」をめぐって」(『思想』561, 1971년 3월. 나중에『近代日本の朝鮮認識』, 硏文出版, 1993년에 수록).

8 『회여록』이 중국인의 석문에도 적지 않은 영향을 미친 점에 대해서는 武田幸男 외 좌담회, 「廣開土王陵碑と古代アジア」(朝鮮史硏究會 編, 『古代朝鮮と日本』, 龍溪書舍, 1974년, 322쪽)에 佐伯有淸의 간략한 지적이 있다.

9 中塚明, 주7 앞의 논문, 147쪽 참조.

10 같은 글, 172쪽 참조.

11 白鳥庫吉, 「滿洲地名談 附好太王の碑文に就て」(『中央公論』20-8, 1905년 8월. 나중에 『白鳥庫吉全集』5, 岩波書店, 1970년에 수록), 454쪽.

12 旗田巍, 「日本における東洋史學の傳統」(『歷史學硏究』270, 1962년 11월).

13 白鳥庫吉, 주11 앞의 논문, 454~455쪽.

14 白鳥庫吉, 「戰捷に誇る勿れ」(『白鳥庫吉全集』10, 岩波書店, 1971년), 37쪽. 『白鳥庫吉全集』 편집자는 이를 「明治 38년(1905년), 강연 필기」라 했지만 佐伯有淸(주3 앞의 책, 147쪽)는 1907년 무렵의 강연으로 보아야 한다고 지적했다.

15 佐伯有淸, 주3 앞의 책, 149쪽.

16 이러한 비문 해독의 도식은 그 후『南淵書』라는 僞書를 낳게 되었다. 즉 南淵請安이 遣隋使의 귀로에 비석이 있는 集安에 들러 빠진 글자가 없는 全文을 베껴 써 온 것을 수록한 책이라 한다. 그 '전

문'에 따르면 왜는 한반도에서 압도적인 승리를 거두게 된다. 역사 속에서 南淵請安까지 동원해서 비문의 왜 관계 기사를 위조하여 '왜=일본'의 한반도 남부 지배의 영속성을 증명하려 했는데, 이러한 결과가 나온 것이야말로 바로 비문이 근대의 텍스트로서 해독된 가장 확실한 증거가 된다. 中塚明, 주7 앞의 논문, 167~169쪽 참조.

17 鄭寅普, 「廣開土境平安好太王陵碑文釋略」(『白樂濬博士還甲紀念國學論叢』, 1955년. 일본어 역, 井上秀雄·旗田巍 편, 『古代日本と朝鮮の基本問題』, 學生社, 1974년).

18 鄭寅普의 해석 번역문에 대해서는 武田幸男, 「その後の廣開土王碑文研究」(『年報朝鮮學』3, 1993년, 7쪽) 참조.

19 金錫亨, 『初期朝日關係史』(사회과학원출판사, 1966년. 일본어 역 『古代朝日關係史—大和政權と任那』, 勁草書房, 1969년).

20 朴時亨, 『廣開土王陵碑』(사회과학원출판사, 1966년. 일본어 역, そしえて, 1985년).

21 예를 들어 李亨求는 32자 중 '倭' 자는 원래 '後'였던 글자를 일본 육군참모본부가 '倭'로 개찬했다 하여 32자에서 왜를 지워 없애고 이 부분을 한반도 내에 국한된 국제관계로 보려 했다. 李亨求·朴魯姬, 『광개토대왕릉비 신연구』(동화출판공사, 1986년).

22 金錫亨 이후 근대 한국의 텍스트로서의 여러 가지 해석 시도에 대해서는 武田幸男, 주18 앞의 논문, 7~8쪽 참조.

23 金錫亨, 주19 앞의 책, 470쪽.

24 근대 이전의 한반도 여러 나라와 왜국 사이의 관계는 근대의 '일본인', '한국인'과는 직접 관계가 없음은 말할 필요도 없다. 그러나 오늘날에도 고대 한일 관계사에 관한 일본, 남북한의 연구를 보면 대체로 근대 nation state의 '민족'과, 그 이전 왕조 국가의 ethnic group의 집합체로 이루어진 '민족'을 자각적으로 변별하여 논하는 연구자는 결코 많지 않다.

25 喜田貞吉, 「日鮮兩民族同源論」(『民族と歷史』6-1, 1921년).

26 中塚明, 주7 앞의 논문, 174~176쪽.

27 佐伯有淸, 『研究史廣開土王碑』(주3 앞의 책). 佐伯有淸, 『廣開土王碑と參謀本部』(吉川弘文館, 1976년).

28 李進熙, 『廣開土王陵碑の研究』(吉川弘文館, 1972년).

29 여기서 말하는 '이데올로기'란 의식적인 정치상의 기만이라는 부정적인 평가를 함축한 의미로 사용하는 것이 아니라, Karl Mannheim이 지식사회학에서 방법상의 개념으로서 措定한 용법을 따른다.

30 李進熙 설의 반향과 문제점에 대해서는 後藤孝典, 「廣開土王陵碑—李進熙說に對するさまざまな反應について」(『東アジアの古代文化』 創刊號, 1974년 1월)에서 그 일면을 부각했다.

31 井上光貞, 「朝鮮史家の日本古代史批判」[『古代史講座(3刷)月報』13, 1973년. 나중에 『井上光貞著作集』, 岩波書店, 1985년 수록], 388쪽.

32 井上光貞, 『わたくしの古代史學』(文藝春秋, 1982년), 281~282쪽.

33 山尾幸久, 「戰後歷史學の古代東アジア史認識」(『戰後價値の再檢討』, 有斐閣, 1986년), 163쪽.

34 後藤孝典, 주30 앞의 논문, 18쪽.

35 李進熙, 주28 앞의 책. 武田幸男 외, 주8 앞의 좌담회.

36 武田幸男, 「廣開土王碑おぼえがき(上) 碑文解釋の鍵—「大前置文」說を提唱する」(『UP』17-2, 1988년 2월)는 비문의 독자적 표기법에 대한 '발견' 경위를 상세하게 논했으며, 거기에서는 마치 과학사에 나타나는 것과 같은 '동시 발견(다중 발견)'의 양상을 드러내고 있음을 간파할 수 있다.

37 武田幸男, 같은 글.

38 武田幸男, 주18 앞의 논문.

39 王健群, 『好太王碑の研究』(雄渾社, 1984년)는 王健群, 『好太王碑研究』(長春: 吉林人民出版社)의 일본어판으로서 같은 해 간행되었다.

40 王健群, 주39 앞의 책, 32쪽에 따르면, 1965년과 1977년 두 차례에 걸쳐 '화학적 밀봉 보호' 조치(수지 가공)를 했음이 밝혀졌다. 비석을 참관한 사람들에 의하면 그러한 조치로 인해 석회 도포 이전의 상황으로 회복시키기는 불가능한 듯하다.

41 李進熙, 주28 앞의 책, 145~169쪽.

42 王健群, 주39 앞의 책, 52~57쪽.

43 水谷悌二郎, 「好太王碑考」(『書品』100, 1959년 6월. 나중에 『好太王碑考』, 開明書院, 1977년 간행).

44 武田幸男, 주2 앞의 책.

45 武田幸男, 「『碑文之由來記』考略─廣開土王碑發見の實相」(『榎博士頌壽記念東洋史論叢』, 汲古書院, 1988년).

46 徐建新(中國社會科學院 世界歷史研究所)은 북경도서관을 비롯해 중국 각지에 남아 있는 원석 탁본을 계속 조사하여 현재까지 6본의 원석 탁본을 확인했다고 보고했다. 『讀賣新聞』(東京本社, 1994년 4월 21일자 조간). 徐建新, 「北京にある好太王碑原石拓本とその意義について」(1995년 5월 14일, 明治大學 구두 발표).

47 現碑의 조사에 의거한 王健群의 釋文과, 원석 탁본 조사에 의거한 武田幸男의 석문의 차이는 적지 않다. 양자의 대조와 석문의 재검토는 앞으로의 과제이다. 池田溫, 「『廣開土王碑原石拓本集成』(武田幸男 편저, 『書道研究』6, 1998년)에서 다케다와 王健群의 석문을 대조했다.

48 이 점에 대해서는 우선 Carol Gluck이 national history와 public memory라는 개념 아래 설명한 여러 국가의 '공동의 역사의식'을 참고하고자 한다.(「外からみた戰後日本の歷史學」, 『日本史研究』328, 1989년 12월).

49 關野貞, 「支那碑碣の樣式」(『支那の建築と藝術』, 岩波書店, 1938년). 錢存訓, 『中國古代書籍史』(宇都木章 외 옮김, 法政大學出版局, 1980년). 馬子雲, 『碑帖鑑定淺說』(北京: 紫禁城出版社, 1986년) 참조.

50 錢存訓 및 馬子雲, 주49 앞의 책.

51 예를 들어 白崎昭一郎, 『廣開土王碑文の研究』(吉川弘文館, 1993년)는 비의 건립 목적을 종래의 여러 설에 따라 ① 紀功碑 ② 墓誌 ③ 법령 선포의 石刻文書와 같은 세 기능을 추인한 뒤 여기에 더하여 고구려 국가가 향후 나아가야 할 방향을 선언하는 것을 최대의 목적으로 한 '국책 선언비'라고 지적했다. 이렇게 보면 비의 건립 목적이 명백하지 않음을 고백하는 것이나 다름없다.

52 예를 들어 근래 중국 吉林省에서 발해 제3대 문왕의 두 왕녀(貞孝公主·貞惠公主) 묘지가 잇따라 발견되었는데, 약 700자에 달하는 전문은 이름이나 생몰년과 극히 일부 글귀 이외는 동일한 문장임이 확인되었다. 王承禮, 「唐代渤海 『貞惠公主墓誌』と 『貞孝公主墓誌』の比較研究」(『朝鮮學報』103, 古畑徹 옮김, 1982년 4월).

53 武田幸男, 「新領域の城─戶支配」(『高句麗史と東アジア』, 岩波書店, 1989년), 40쪽.

54 같은 글, 54~55쪽.

55 武田幸男, 「四~五世紀の朝鮮諸國」(『公開シンポジウム 四, 五世紀の東アジアと日本─好太王碑を中心に』 요약집, 1985년 1월)에 의거하여 일부를 고쳤다.

56 『資治通鑑』 권112, 晉紀34. 권113, 晉紀35.

57 武田幸男, 「長壽王の東アジア認識」, 주53 앞의 책, 217쪽.

58 武田幸男, 「廣開土王の領域擴大」, 주53 앞의 책, 29~31쪽.

59 武田幸男, 주53 앞의 논문, 44~54쪽. 다만 그 일부는 고구려가 종전의 '성'을 해체하고 새롭게 징

발 단위로서 개편한 것이었다는 사실이 지적되었다.

60 같은 글, 44~54쪽.

61 비문에 나타난 '조공' 개념의 고구려적 특색에 대해서는 武田幸男, 「『朝貢』關係の基本性格」(주53 앞의 책) 참조.

62 武田幸男, 「高句麗勢力圈の展開過程」, 주53 앞의 책, 131~137쪽.

63 『史學志』13, 중원고구려비 특집호, 1979년. 李基白, 「중원고구려비의 몇 가지 문제」(『한국문화』1, 1979년 10월).

64 이러한 상황이 얼마나 심각한 사태였는지는, 예를 들어 왕가뿐만 아니라 고구려 지배층이 얼마나 사후 세계를 중시했는지에 대해 말하는 『三國志』「東夷傳」 고구려조의 다음 기사를 보면 참고가 될 것이다. "남녀가 혼인을 하면 곧 한결같이 送終의 옷(葬衣)을 만든다. 후히 장사를 지내고 금은재화는 送死를 위해 진력한다. 돌을 쌓아 봉을 만들고 松栢을 줄지어 심는다." 즉 이로써 고구려 사회가 분묘 수호에도 대단한 관심을 품고 있었음이 쉽게 추측되며, 그 때문에 왕가의 능묘에 대해서는 더욱 여간 아니었다고 보아야 한다.

65 고구려 5부의 기본 사료가 되는 『三國志』「東夷傳」의 분석에 대해서는 武田幸男, 「魏志東夷傳にみえる下戶問題」(『朝鮮史研究會論文集』3, 1967년 10월)를, 또 고구려 5부의 성격에 대해서는 武田幸男, 「六世紀における朝鮮三國の國家體制」(『東アジア世界における日本古代史講座』5, 學生社, 1981년) 참조.

66 李成市, 「高句麗泉蓋蘇文の政變について」(『古代東アジアの民族と國家』, 岩波書店, 1998년 3월), 119~120쪽.

67 같은 글, 120~125쪽.

68 고구려 건국 전설이 고구려 왕권과 5부의 상극 속에서 왕권의 정통성, 초월성을 획득한 담론으로서 탄생한 것에 대해서는 李成市, 「高句麗の建國傳說と王權」(『史觀』121, 1988년 9월) 참조.

69 Carl Schmitt(田中浩·原田武雄 옮김), 『政治的なものの概念』(未來社, 1970년).

70 Leo Strauss(谷喬夫 옮김), 「カール·シュミット『政治的なものの概念』への注解」(『みすず』341, 1989년 7월), 44쪽.

71 프로이트는 비교적 작은 문화권에는 자기 문화권에 속하지 않는 인간을 적대시함으로써 공격 충동을 발휘할 수 있는 이점이 있음을 중시하고, 공격 본능의 대상이 될 수 있는 인간이 잔존하는 한 항상 상당수의 인간을 상호 사랑으로 결합할 수 있다고 지적했다. Sigmund Freud(濱川祥枝 옮김), 「文化への不滿」(『フロイト著作集』3, 人文書院, 1969년), 471쪽.

72 자기의 정치적 정당성을 주장하기 위해서 대립하는 정치 집단에 대해 어떤 나라의 '괴뢰'라 선전하는 것을 상기하기 바란다.

73 Roger Chartier(『讀書の文化史』, 福井憲彦 옮김, 新曜社, 1992년, 159쪽)는 "표상 간의 투쟁을 거침으로써 사회적인 환경이나 사회집단의 아이덴티티, 나아가 사회집단의 존재 그 자체조차 재조직할" 가능성을 언급했다.

74 Geoffrey Barraclough(松村赳·金七紀男 옮김), 『歷史學の現在』(岩波書店, 1985년), 189쪽.

75 이 점에 대해서는 발해사 연구를 그 사례로 논한 바 있다. 李成市, 「渤海史研究における國家と民族―'南北國時代'論の檢討を中心に」(『朝鮮史研究會論文集』25, 1988년). 李成市, 「渤海史をめぐる民族と國家―國民國家の境界をこえて」(『歷史學研究』626, 1991년 11월. 이 책 제4장).

제7장 석각문서로서의 광개토왕비문

1 井上秀雄, 「古代朝鮮金石文としての好太王碑」(『書道研究』1-1, 1987년 6월), 56쪽.

2 武田幸男, 「新領域の城―戶支配」(『高句麗史と東アジア』, 岩波書店, 1989년), 54~55쪽. 그리고 불충분하지만, 광개토왕 비문이 석각문서이며 법령 선포의 매체로서의 성격을 갖추었다는 점을 개인적인 견해로 서술한 바가 있다. 李成市, 「表象としての廣開土王碑文」(『思想』, 842, 1994년 8월. 이 책 제6장).

3 광개토왕 시대부터 약 100년 후의 고구려이긴 하지만, 『隋書』 고려전에 따르면, "死者殯於屋內, 經三年擇吉日而葬, 居父母及夫之喪, 服皆三年, 兄弟三月"이라고 한다.

4 李成市, 주2 앞의 논문.

5 稲葉蓉子, 「廣開土王碑の文章構成の檢討」[稲葉 씨가 早稲田大學 제1문학부 재학 중(2004년) 제출한 학기말 리포트].

6 李成市, 주2 앞의 논문.

7 武田幸男, 주2 앞의 논문, 40쪽.

8 朴時亨, 『廣開土王陵碑』(평양: 사회과학원출판사, 1966년. 全浩天 옮김, そしえて, 1985년), 265쪽.

9 李成市, 주2 앞의 논문. 이 책 144쪽.

10 분명히 수묘인 연호에는 沙水城, 豆比鴨岑韓, 求底韓, 炅古城, 客賢韓, 巴奴城, 車水城, 須鄒城, 農賣城, 味城, 就咨城, 比利城 등 무훈 기사에는 보이지 않는 성이 실재한다. 그러나 武田幸男(주2 앞의 논문, 44~54쪽)가 지적한 바와 같이, 이들 중 일부는 고구려가 종전의 '성'을 해체하고 새롭게 징발 단위로서 개편한 것이 있었다는 해석에 따른다.

11 武田幸男, 주2 앞의 논문, 44~54쪽.

12 李成市, 주2 앞의 논문, 39쪽. 이 책 142쪽.

13 浜田耕策, 「好太王碑文の一, 二の問題」(『歷史公論』8-4, 1982년 4월), 110쪽.

14 武田幸男, 「好太王の時代」(讀賣テレビ放送 편, 『好太王碑と集安の壁畵古墳』, 木耳社, 1988년, 35쪽) 참조. 다만 『삼국사기』에 따르면, 고구려 제9대 고국천왕도 '국' 시호를 가진 왕인데, 武田幸男는 고국천왕이 국내성 천도 이전의 왕이며, 國祖王과 함께 "대략 4세기 말부터 5세기 초에 걸쳐, 즉 광개토왕 무렵에 가공의 두 왕이 加上되었다고 추정할 수 있다"라고 지적했다. 武田幸男, 「高句麗王系成立の諸段階」(주2 앞의 책, 287쪽). 武田幸男, 「丸都·國內城の史的位置」(주2 앞의 책, 424쪽) 참조.

15 門田誠一, 「高句麗王陵における廣開土王碑の相對的位置―『墓上立碑』の再吟味を通して」(『古代東アジア地域相の考古學的研究』, 學生社, 2006년, 316쪽)는 "시호 혹은 장지에 '국' 자를 포함하고 또 실재했던 왕의 계보는 국내성을 쌓은 고국원왕에서 시작되어 광개토왕에 이르기 때문에 국내성에 왕도를 두었던 시기의 모든 왕릉에 대해서 '수묘인·연호' 조는 이를 대상으로 하고 실행력의 발현을 기대했다고 생각한다"라고 서술하여 약간 완곡한 표현이긴 하지만 결과적으로는 국내성 시대의 고국원왕부터 광개토왕까지 4대의 왕릉을 대상으로 수묘인을 설정했다고 생각한 듯하다.

16 武田幸男, 「高句麗王系成立の諸段階」(주2 앞의 책), 287쪽.

17 같은 글, 287쪽.

18 이미 金賢淑은 논문 「광개토왕비를 통해 본 고구려 수묘인의 사회적 성격」(『한국사연구』65, 1989년)에서 광개토왕 비문에 기록된 수묘인이 광개토왕릉을 대상으로 한 것이 아니라 集安(국내성)에 있는 모든 왕릉의 수묘역에 관한 내용이라 보았는데, 구체적인 왕릉 수나 수묘인 호수에 대해서는 검토하지 않았다.

19 朴時亨, 주8 앞의 책, 261~262쪽.

20 武田幸男, 「丸都·國內城の史的位置」(주2 앞의 책), 422쪽.

21 물론 계산상 11호를 하나의 단위로 하는 30집단에 3 내지 4호의 舊民을 별개로 배합하는 것은 가능하다. 그러나 전체 수의 규모와 정합성에서 배합 비율이 다른 방식은 취하기 어렵다고 생각된다.

22 武田幸男, 「高句麗王系成立の諸段階」(주2 앞의 책, 287쪽, 302쪽). 다만 고국천왕이 '실재하지 않고 후대의 왕계 정비 때 加入되었다'라고 하면서도 그것이 가상된 시기의 하한은 광개토왕 시대, 대략 5세기 초라고 추정한다.

23 광개토왕 비문에 기록된 '諸王·先王'의 여러 왕릉 곁에 세웠다는 각 비에는 33호의 수묘호가 기록된 것이 된다. 사견으로는, 국내성 시대 10왕의 수묘역 체제 재편의 역사적인 배경으로서, 이 무렵에는 평양 천도(427년)가 이미 결정된 방침이었으며 그에 따라 수묘역 체제의 정비가 왕실에는 빨리 처리해야 하는 과제였음이 큰 요인으로 추정된다. 또한 한국 학계에서는 산상왕에 의한 국내성 천도(새 국가 건설)를 인정하지 않는 설도 있지만, 이 장에서는 산상왕에 의한 국내성 천도(伊夷模의 새 국가 건설)를 전제로 한다. 천도와 고구려 왕계에 대해서는 武田幸男, 「高句麗王系成立の諸段階」(주2 앞의 책, 295~298쪽) 참조.

24 狩野行雄, 「廣開土王碑文にみえる守墓役とその對象墓について」[『歷史民俗』4, (早稻田大學第二文學部 歷史·民俗專修), 2006년].

25 李成市, 『東アジア文化圈の形成』(山川出版社, 2000년). 李成市, 「漢字受容と文字文化からみた樂浪地域文化」(早稻田大學 アジア地域文化エンハンシング研究センター編, 『アジア地域文化學の構築』, 雄山閣, 2006년).

26 냉수비에 대해서는 한국고대사연구회 편, 『한국고대사연구』3 영일 냉수리신라비 특집호(1990년). 深津行德, 「迎日冷水里新羅碑について」(『韓』116, 1990년) 참조.

27 李成市, 「蔚珍鳳坪新羅碑の基礎的研究」(『古代東アジアの民族と國家』, 岩波書店, 1998년).

28 井上秀雄, 주1 앞의 논문, 56쪽.

29 永田英正 編, 『漢代石刻集成』(同朋舍出版, 1994년) 本文篇, 79~82쪽. 같은 책 圖版·釋文編, 114~115쪽.

30 大庭脩, 「漢代の制詔の形態」(『秦漢法制史の研究』, 創文社, 1982년), 211쪽.

31 富谷至, 『木簡·竹簡の語る中國古代 ― 書記の文化史』(岩波書店, 2003년), 30쪽.

32 角谷常子, 「秦漢時代の石刻資料」(『古代文化』43-9, 1991년).

33 이 과정을 말할 때 비문은 '이로써 명령한다'라고 기록했다. 광개토왕의 왕명을 전제로 한 심의에 의한 개정 과정이라 간주하고 싶다.

34 李成市, 「東アジアからみた高句麗の文明史的位相」(早稻田大學アジア地域文化エンハンシング研究センター 編, 『アジア地域文化學の發展』, 雄山閣, 2006년 11월).

35 吉林省文物考古研究所·集安市博物館 編著, 『集安高句麗王陵―1990~2003年集安高句麗王陵調査報告』(北京: 文物出版社, 2004년), 254~257쪽.

36 중국학계에서는 태왕릉에서 '太王陵'이라 새긴 벽돌이나 '辛卯年好太王□造鈴' 명문이 있는 銅鈴이 출토된(주35 보고서, 272쪽 참조) 점에서 태왕릉을 광개토왕릉으로 간주하고 있다. '태왕', '호태왕'이란 원래 고구려 왕의 美稱이어서 보통명사이므로 그것을 가지고 광개토왕과 동일시할 수 없다.

37 永島暉臣愼, 「集安の高句麗遺跡」(주14 앞의 책, 201쪽).

38 田村晃一, 「高句麗の積石塚の年代と被葬者をめぐる問題について」(『青山史學』8, 1984년). 東潮, 「高句麗の王陵と王權―陵園制·戰爭·支配形態」(西谷正 編, 『韓半島考古學論叢』, すずさわ書店, 2002년).

39 묘비의 이해에 대해서는 角谷常子, 「碑の誕生以前」(藤田勝久·松原弘宣 編, 『古代東アジアの情報傳達』, 汲

古書院, 2008년) 참조.

40 이상과 같은 정책 결정 과정 자체는 광개토왕 시대가 되고 그 때문에 광개토왕의 훈적이 된다. 다만 비문의 법령 선포의 주체는 비석 건립자인 장수왕일 것이다.

제8장 콜로니얼리즘과 근대 역사학

1 黑板勝美의 일반적인 업적과 평가에 대해서는 黑板博士記念會 편, 『古文化の保存と硏究—黑板博士の業績を中心として』(吉川弘文館, 1953년) 참조. 이 장에 관련된 주요 저작은 『虛心文集』 전8권(吉川弘文館, 1939~1940년). 黑板勝美先生誕百年記念會 편, 『黑板勝美先生遺文』(吉川弘文館, 1974년) 참조.

2 『國史大辭典』(제4권, 吉川弘文館), 『歷史學事典』(제5권, 歷史家とその作品, 弘文堂, 1997년) 등에 수록된 '黑板勝美'를 참조.

3 中村榮孝, 「朝鮮史の編修と朝鮮史料の蒐集」(『古文化の保存と硏究』, 주1 앞의 책), 359쪽. 나중에 中村는 『朝鮮史』에 대해 田中健夫, 北島萬次의 물음에 다음과 같이 응했다.

   田中: 조선사 편수라는 사업은 조선인들에게도 기대되고 환영받은 사업이었습니까. (중략) 『朝鮮史』는 객관적인 편년체 서술 방식을 취하고 있어서 우리는 많은 은혜를 받고 있는데 현재 한국에서도 매우 높이 평가되고 있는 듯합니다.

   中村: 그건 그렇습니다. 잘 알아주고 있습니다.

   北島: 오늘날 한국에도 그것이 있는 것과 없는 것은 연구 수준이 상당히 다르지 않습니까.

   田中: 다르지요.(中村榮孝·田中健夫·北島萬次, 「朝鮮史と私」, 『日本歷史』400, 1981년, 54~55쪽)

4 中村榮孝, 주3 앞의 논문.

5 같은 글, 423쪽.

6 藤田亮策, 「朝鮮古蹟調査」(『古文化の保存と硏究』, 주1 앞의 책), 344쪽.

7 『朝鮮史』 편수 사업에 대해서는 조선총독부 중추원, 『朝鮮舊慣制度調査事業槪要』(1938년). 조선총독부 조선사편수회, 「朝鮮史編修會事業槪要」(『朝鮮史』 卷首 「總目錄·事業槪要」에 수록, 1938년). 中村榮孝, 주3 앞의 논문. 金性玟, 「朝鮮史編修會의 조직과 운용」(『한국민족운동연구』3, 1989년 5월) 참조.

8 조선총독부 중추원, 주7 앞의 책, 139쪽에는 다음과 같이 쓰여 있다. "이번 역사 편찬이 목적하는 바는 현재의 입장에서 돌아보고 냉정한 태도로 허심탄회하고 환심을 사려고 하지 않으며 폄하하지 않고 조금도 편파적인 붓을 잡지 않으며 역사상의 事實을 오로지 선의로 기술하여 유일하고 완전무결한 조선사를 편찬하는 데에 있다. 여러분은 열성을 가지고 이에 임하여 권위 있는 조선 역사를 편찬할 각오를 하기 바란다."

9 조선총독부, 『朝鮮半島史編成ノ要旨及順序 朝鮮人名彙考編纂ノ要旨及順序』(1916년, 4쪽)의 해당 부분은 다음과 같다.

   "조선인은 야만스럽거나 아직 개화하지 못한 다른 식민지의 민족과 달리 독서와 屬文에서 감히 문명인보다 뒤지지 않는다. 예부터 史書가 많으며 또 새로 저작한 것도 적지 않다. 전자는 독립 시대의 저술로서 현대와의 관계가 결여되고 헛되이 독립국의 옛꿈을 돌이켜 생각하게 하는 폐단이 있다. 후자는 근대 조선에서의 일청, 일러의 세력 경쟁을 서술하고 조선의 향배를 설명하여 혹은 韓國痛史라고 부르는 재외 조선인의 저서와 같이 일의 진상을 구명하지 않고 공연스레 제멋대로 妄說을 한다. 이러한 史籍이 인심을 현혹하는 해독은 참으로 커서 차마 말로 다 할 수 없다. 그렇지만 이의 절멸 방책을 강구하는 것은 헛되이 애써서 功이 없을 뿐만 아니라 어쩌면 그 전파를 격려할지도 알 수 없어서 오

히려 舊史를 금압하는 대신에 공명 적확한 史書로써 하는 것이 첩경이며 또 효과가 더 현저하다. 이
것이 조선반도사의 편찬을 필요로 하는 주된 이유이다. 만일 이 책을 편찬하지 않는다면 조선인은
만연히 병합과 관련이 없는 古史 또는 병합을 저주하는 서적을 읽는 데에 그치지 않고 이렇게 하는
일 없이 세월을 보내면 당면한 목전의 현상에 익숙해져서 지금의 밝은 세상이 오직 병합의 은혜로
인함을 망각하고 헛되이 구태를 회상하며 도리어 改新進의 기력을 잃을 우려가 없다고 할 수 없다.
이와 같이 된다면 어떻게 해서 조선인의 同化 목적을 달성할 수 있겠는가. 조선반도사의 주안점은 대
체로 다음과 같다. 첫째, 日鮮人이 동족인 사실을 밝히는 것. 둘째, 상고부터 李朝에 이르는 군웅의 興
亡起伏과 역대 革命易姓에 의해 많은 백성이 점차 피폐해져서 빈약함에 빠진 실황을 서술하고, 지금
의 시대에 이르러 聖世의 혜택에 의해 비로소 인생의 행복을 완전히 누릴 수 있게 된 사실을 상세히
서술하는 것. 셋째, 편성은 전부 신뢰할 만한 사실을 기초로 할 것."

10 이때의 조사는 東京帝國大學의 출장 명목으로 행해졌다(黑板勝美, 「朝鮮史蹟遺物調査復命書」, 『黑板勝美
先生遺文』, 주1 앞의 책). 거기에는 4월 30일부터 7월 26일에 이르는 조사 일정과 성과가 적혀 있고,
총독부 계열 한국어 신문인 『每日申報』(7월 29일~8월 17일)에는 15회에 걸쳐 그간의 조사 개요가
구로이타의 담화로 연재되었다.

11 현해탄에 떠 있는 둘레 약 4킬로미터의 섬. 고대의 祭祀 유적으로 유명한 섬으로, 유적은 4세기부
터 9세기에 이르며, 중국이나 한반도에서 유입되었다고 추정되는 儀仗 기구나 馬具가 출토되었
다. 일본 국보로 지정된 것을 포함하여 고분의 부장품에 공통되는 유물이 다수 출토되었는데, 제
사에는 일본열도 畿內의 세력이 관여했다고 생각되며 한반도와의 교류를 탐색하는 데에 중요시
되고 있다. ―옮긴이.

12 末松保和는 黑板가 편수회 창설에 앞서 '大正4년(1915년) 무렵부터' 총독부 조사에 관여하고 있었
다고 회상했다. 末松保和·平野邦雄·田中健夫, 「朝鮮史の硏究と私」(『日本歷史』560, 1995년 1월, 28쪽).
해당 부분은 다음과 같다.
平野: 『朝鮮史』 最終卷의 사업 내용 회의록 등을 拜見하면, 편집 방침은 黑板 선생, 그리고 黑板 선
생의 의향을 가장 잘 체현한 것은 修史官 稻葉 씨인 듯한 느낌을 받았습니다만. 黑板 선생과 內藤
선생이 고문이 되신 것은 大正14년(1925년)이 되고 나서이지요. 그러나 黑板 선생은 編修會가 생기
기 전부터 총독부의 그러한 조사에는 쭉 관여하신 것이군요.
末松: 그렇습니다. 大正4년(1915년) 무렵부터 최초 조선의 학문적 시대에 역사학으로서는 黑板 선
생, 조선사 방면에서는 關野貞 선생, 그리고 두세 명의 스태프가 있었습니다.

13 黑板勝美, 「朝鮮の歷史的觀察」(『朝鮮』78, 1921년 8월).

14 조선총독부 중추원, 주7 앞의 책, 141쪽.

15 中村榮孝, 「朝鮮史の編纂と朝鮮史料の蒐集」(주3 앞의 논문, 362~363쪽)에는, "반도사 편찬사업은 大
正7년(1918년) 1월이 되어서 중추원의 조직 개정과 함께 舊慣制度 조사를 하는 조사과와 나란히 설
치된 編纂課에 속하여 그 촉진을 도모했다. (중략) 그러나 자료 수집에 예상을 넘는 곤란을 느껴
조사 중도에 예정 연한이 경과되었으므로 다시 계획을 연장하여 그 일을 계속하게 되었다. 때마
침 조선에서는 大正8년(1919년) 3월의 만세사건(삼일운동)이 일어났는데 이는 일본의 조선 지배에
대한 대규모 저항으로, 제1차 세계대전 후에 일어난 민족자결주의에 바탕을 둔 독립운동이다. 이
사건을 계기로 조선 통치의 방침은 일대 전환을 하지 않을 수 없었다. 반도사 편찬은 그 후 얼마
동안 속행되었으나 결국 유종의 미를 거두지 못한 까닭도 여기에 있었을 것이다"라고 했다.

16 같은 글, 371~372쪽. 旗田巍 외, 「朝鮮硏究の現狀と課題」(『東洋文化』36, 1964년 6월). 末松保和도 조
선사의 편집 방침 결정과 관련해 구로이타의 뜻대로 되었다고 썼다(「朝鮮史の硏究と私」, 주12 앞의

좌담회, 28쪽). 그 내용은 다음과 같다.

平野: 寺內正毅 총독 시대부터 關野 선생이 관여하셨다….

末松: 그렇습니다.

平野: 黑板 선생도 대략….

末松: 네, 寺內 총독과 나란히 고적 발굴을 하셨지요.

平野: 黑板 선생은 이러한 편집 방침을 결정하는 경우에 총독부에서는 절대적인 영향력을 가지셨던 것입니까.

末松: 거의 선생의 뜻대로 아닙니까. 그리고 內藤 선생은 黑板 선생과 나란히 고문이었습니다. 게다가 조선인 權重顯이라는 고문이 계셨지만 그러나 실제적으로는 黑板 선생과 內藤 씨가 고문. 內藤 씨는 의견을 말할 뿐 한 번도 오지 않으셨고. 그러니까 黑板 선생 혼자였습니다.

平野: 위원회의 발언 기록을 보면, 뭔가 발표하시는 것이 稻葉 선생과 아주 닮으셨습니다. 黑板 선생의 기본방침을 稻葉 씨가 아주 잘 구체화했다는 느낌이 언뜻 듭니다만.

末松: 그건 그렇지요. 사전 협의는 黑板 씨가 아주 잘했지요. 稻葉 씨의 의견을 내세우듯이 하고 그리고 稻葉 씨에게 말하게 하는. 그 점에서는 지금은 국사 선생으로 그런 훌륭한 선생은 이제 없지요. 정치가를 움직이는.

또 黑板勝美와 有吉忠一에 대해서는 稻葉岩吉의 다음과 같은 회상이 남아 있다. [ ]은 필자의 보충. "大連의 야마토호텔에 귀착한 것은 마침 [1922년] 11월 중순이었다고 기억하는데, 거기서 맡겨둔 內藤[虎次郎] 선생의 서간을 접했다. 열어보았더니 뜻밖에도 '조선총독부에서 조선사 편수 기획이 있어서 자네를 추천하고 싶으니 돌아오는 길에 반드시 경성에 들러 有吉忠一(정무총감)를 방문하게, 그리고 상세한 내용은 나에게도 이야기해주기 바란다'는 것이었다. 얼마 안 있어 나는 경성에 들어와 곧바로 有吉 씨를 방문하고 회견 모습을 선생님께 보고한 것이 11월 말이었다고 기억하는데, 선생님은 열심히 이 사업의 담당을 종용하고 귀경 후 黑板勝美 박사(虛心)를 보고 함께 간담해야 한다는 것이었다. 나는 이미 두 박사의 설득도 있어서 오히려 이 사업의 개시를 기뻐했다."(稻葉岩吉, 「予が滿鮮史硏究過程」, 稻葉博士還曆記念會 편, 『稻葉博士還曆記念滿鮮史論叢』, 1938년, 21쪽).

17 中村榮孝, 주3 앞의 논문, 381쪽.

18 같은 글, 380~381쪽.

19 岩井長三郎, 「新廳舍の計劃に就て」(『朝鮮と建築』5-5, 1926년), 6쪽.

20 조선총독부 조선사편수회, 『朝鮮史』 卷首 「總目錄·事業槪要」, 1938년, 114~119쪽.

21 中村榮孝, 주3 앞의 논문, 385쪽.

22 中村榮孝, 주3 앞의 논문, 375쪽에는 "이번 사업은 조선 전토에 산재하는 수많은 자료를 집대성하고 학술적 견지에 서서 공평한 편찬을 함으로써 귀중한 자료가 산일되기 전에 고문화 보존의 조치를 강구하는 동시에 현대에 적응하는 조선사를 만들어내는 것이 요청되는 바이다. (중략) 여기서 말하는 현대에 적응하는 조선사란 앞서 말한 바와 같은 당시의 政情을 생각하면 언뜻 특수한 정치적 의도가 감춰져 있는 듯하지만, 이것조차도 이른바 학술적 견지로 이어짐은 (하략) 추찰된다"라고 되어 있다. 그러나 나카무라는 뒷날 여러 가지 이유를 붙이려 했지만 결국 조선사편수사업은 총독부에 의한 조선 통치를 위한 정치적 사명을 띠고 있었다고 말했다.(中村榮孝·田中健夫·北島萬次, 「朝鮮史と私」, 주3 앞의 좌담회, 50쪽). 해당 부분은 다음과 같다. "좋게 말해서 여러 가지 편찬의 일이 형태를 바꾸어 되풀이되었지만, 요컨대 조선 통치를 위해서 한 일이었으니까요. 그것만은 틀림없다. 그 사명을 갖고 만들어간다. 더욱이 총독부 자신의 손에 의해서요. 뭐, 白紙 기관으로 만든 것이 아니니까요."

330

23　稲葉岩吉,「朝鮮史研究の過程」(稲葉岩吉·天野仁一,『世界歷史大系11 朝鮮·滿洲史』, 平凡社, 1935년, 199쪽).
　　해당 부분은 다음과 같다.

　　　　"반도를 바라보면 단군 신앙이 현저하게 대두되어왔다. 종속성을 발휘한 箕子 신앙의 자리는 상실된
　　꼴이다. 한국 말기부터 조선사의 대계를 조직하여 學部와 같은 데에서도 출판되었는데 金澤榮의 두세
　　저서와 같은 것은 대표적이다. (중략) 단군 신앙은 최근 두세 사람의 제창에 의해 급속하게 발전하여
　　전에는 일고의 여지조차 없던 조선사 연구는 보조가 맞지 않았지만 조선인 사이에 일대 풍조를 이루
　　었다. 이제는 日韓同源論 등으로 해결되어 없어졌기 때문에 조선총독부는 오히려 나서서 조선사 편찬
　　을 계획하여 이 풍조를 정당하게 이끌고 착각 없도록 노력함으로써 시의를 얻었다고 보아 이에 조선
　　사편수회의 칙령 공포를 보았다. 그것은 大正14년(1925년) 여름의 일이다. 이 편수회는 한편으로 전
　　조선의 사료를 探訪하고 한편으로는 編史에 종사하고 있다. (중략) 우리가 가장 愉悅을 느끼는 것은
　　병합 이래 우리 일본인이 반도의 문화 유적을 수색, 탐색하고 이를 표명하는 한 가지 일이 아니면 안
　　되었다. 그러나 반도인은 지금은 이것조차도 망각하고 그 심경은 공허해지려 하고 있지는 않은가."

24　조선총독부 조선사편수회, 주20 앞의 책, 19~71쪽.
25　藤田亮策, 주6 앞의 논문, 327쪽. 梅原末治,「日韓併合の期間に行なわれた半島の古蹟調査と保存事
　　業にたずさわった一考古學徒の回想錄」(『朝鮮學報』51, 1969년 5월)은 藤田亮策과 같은 입장에서 해방
　　후 한국인에 의한 비판이 완전히 핵심을 벗어났다고 재비판했다.
26　藤田亮策, 주6 앞의 논문, 330쪽.
27　같은 글, 333쪽.
28　같은 글, 334쪽.
29　조선총독부박물관,『博物館略案內』(조선총독부, 1936년 3월). 藤田亮策, 주6 앞의 논문, 334쪽.
30　藤田亮策, 주6 앞의 논문, 342쪽.
31　黑板勝美,「史蹟遺物保存に關する硏究の槪說」(『古蹟名勝天然記念物』1-3, 1-6, 1915년 1·6월).
32　藤田亮策, 주6 앞의 논문, 335쪽. 또 조선총독부박물관에 대해서는 李成市,「朝鮮王朝の象徵空間と
　　博物館」(이 책 제9장) 참조.
33　黑板勝美,「史蹟遺物保存に關する意見書」(『史學雜誌』23-5, 1912년 5월). 黑板勝美, 주31 앞의 논문.
34　같은 글.
35　조선총독부,『大正五年度 朝鮮古蹟調査報告書』(조선총독부, 1917년 12월, 3~5쪽)에 따르면 다음과 같다.
　　　古蹟及遺物保存規則(大正5년 7월 4일 朝鮮總督府令 제52호)
　　　제1조 본 令에서 古蹟이라 부르는 것은 패총, 석기·골각기류를 포함하고 있는 토지 및 竪穴 등의 선
　　사 유적, 고분 및 도성, 궁전, 城欄, 關門, 교통로, 역참, 烽燧官府, 祠社, 壇廟, 사찰, 陶窯 등의 遺址 및
　　戰跡, 기타 史實과 관계가 있는 유적을 말하며, 유물이란 연대를 거친 탑, 碑, 종, 금석불, 당간, 석등
　　등으로 역사, 공예, 기타 考古의 자료가 될 수 있는 것을 말한다.
　　　제2조 조선총독부에 별기 양식의 고적 및 유물대장을 갖추고 前條의 고적 및 유물 중에 보존 가치가
　　있는 것에 대해 있는 사항을 조사하여 이를 등록한다. (하략)
　　　제3조 고적 또는 유물을 발견한 자는 그 현상에 변경을 가하지 말고 3일 이내에 구두 또는 서면으로
　　그 지역 경찰서장(경찰서 사무를 취급하는 헌병분대 또는 분견소의 장을 포함한다. 이하 같음)에게 신고
　　해야 한다.
　　　제4조 고적 또는 유물에 대해 조선총독부에서 이를 고적 및 유물대장에 등록했을 때는 곧바로 그 뜻
　　을 해당 물건 소유자 또는 관리자에게 통지하고, 대장의 등본을 해당 경찰서장에게 송부해야 한다.
　　전 조의 신고가 있는 고적 또는 유물에 대해 고적 및 유물대장에 등록하지 않은 것은 속히 해당 경찰

서장을 거쳐 그 뜻을 신고인에게 통지해야 한다. 고적 및 유물대장에 등록한 것으로 등록이 취소되었을 때는 전 항에 준하여 그 물건 소유자 또는 관리자에게 통지해야 한다.

제5조 고적 및 유물대장에 등록한 물건의 현상을 변경하거나 이를 이전하거나 수선 혹은 처분하려 할 때, 또는 보존에 영향을 끼칠 만한 시설을 하려 할 때는 해당 물건의 소유자 또는 관리자는 아래 사항을 갖추어 경찰서장을 거쳐 미리 조선총독의 허가를 받아야 한다. (하략)

제6조 고적 또는 유물에 대해 대장의 등록사항에 변경이 생겼을 때는 경찰서장은 속히 이를 조선총독에게 보고해야 한다.

제7조 (생략)

제8조 제3조 또는 제5조의 규정을 위반한 자는 200円 이하의 벌금 또는 과료에 처한다.

(양식)

등록번호

명칭

종류 및 형상 大小

소재지

소유자 또는 관리자의 주소, 씨명 혹은 명칭

현황

유래, 전설 등

관리 보존의 방법

36 黑板勝美, 「史蹟遺物保存に關する意見書」(주33 앞의 논문) 제8장 「保存法令と監督局及び博物館」 참조.

37 黑板勝美, 「國立博物館について」(『新公論』33-5, 1918년 5월).

38 藤田亮策, 주6 앞의 논문, 344~345쪽.

39 같은 글, 349쪽.

40 같은 글, 349~352쪽. 경주연구소의 有光教一는 교토에서 黑板를 만나고 난 뒤에 경주에 부임했다고 한다.

41 조선총독부, 주35 앞의 책.

42 黑板勝美, 「大同江附近の史蹟」(『朝鮮彙報』, 1916년 11월).

43 黑板勝美, 주13 앞의 논문.

44 조선총독부 조선사편수회, 주20 앞의 책, 15쪽. 또 黑板는 「大同江附近の史蹟」(주42 앞의 논문)에서도 다음과 같이 서술했다. "우선 맨 먼저 말씀드리고 싶은 것은 조선 역사의 출발점은 어디에 있는가 하는 점이다. 작년에 나는 이 자리에서 말씀드렸다고 생각하는데, 무릇 각국의 역사를 연구하는 경우에는 첫째로 그 나라 역사의 출발점을 생각하지 않으면 안 된다. (중략) 또 단군에 관한 전설도 구월산 부근에 있어서 이것도 대단히 새로운 전설이며 새로운 국민의 신앙이지만 이것도 평양 부근에서 행했다고 하는 것은 역시 조선 사람의 생각에 평양 부근은 오래된 열린 지방이라는 생각이 있었기 때문이라 생각한다. (중략) 몇 해 전 이래 關野 박사가 고적을 조사하여 평양 부근에서는 이른바 낙랑군 시대의 고분이 많이 있음을 발견하고 후한 시대의 거울, 기타 유물을 발견한 것은 제군도 잘 아는 바인데, 총독부에서 발행한 「古蹟圖譜」에도 그 결과가 수록되어 있기 때문에 따라서 평양 부근의 평원이 가장 일찍 支那문명을 받아들인 것은 의심할 여지 없는 사실일 것이라 생각한다. 그래서 나의 이번 여행에서 한편으로 연구하고 싶은 마음을 일으킨 것은 첫째로 지나문명을 받아들인 대동강의 평원에 오늘날 남아 있는 지나문명을 얼마만큼 널리 받아들였는가 하는 점을 연구해보고 싶다고 생각한 것이다."

45 稻葉岩吉, 「朝鮮史研究の過程」(주23 앞의 논문, 196쪽)에는 다음과 같이 되어 있다. "우리나라의 조선 연구는 순서 있게 발전하지 않았다고는 말할 수 없다. 더구나 최근 고고학상의 탐구가 이루어져 혹은 평양의 낙랑 및 고구려 유적에서, 혹은 경주의 신라 유적 등에서 계속적으로 작업이 이루어지고 그 결과는 조선사의 체계를 한층 더 배양했다."

46 藤田亮策, 주6 앞의 책, 340쪽, 357~358쪽.

47 이때의 黑板勝美의 구미 도항은 田中光顯 백작의 조치에 의해 직전에 궁내성 촉탁의 辭令을 받게 되고 이 때문에 각국의 궁정박물관, 도서관 등에 자유롭게 출입할 수 있었다고 한다. 그 경위에 대해서는 黑板勝美, 「學藝の守護者」(富田幸次郎 편, 『田中靑山伯』, 靑山書院, 1917년)에 자신이 적었다. 이 사실에 관해서는 朴煥斌 씨의 교시를 받았다.

48 黑板勝美, 『西遊二年歐米文明記』(文會堂, 1911년). 黑板勝美, 「埃及に於ける發掘事業」(『考古學雜誌』1-6, 2-5, 1911년 2월, 1912년 1월).

49 黑板勝美, 주48 앞의 논문. 해당 부분은 다음과 같이 말했다.

"로제타석은 얼마 되지 않아 영국군이 프랑스군을 격파한 전승 기념으로서 영국 왕 소유로 돌아가고 지금은 런던 브리티시 뮤지엄에 진열되어 이집트 물건 중에서 이채를 띠고 있다. (중략) 프랑스군은 영국군에게 패했지만 19세기에 들어와서도 이집트에는 역시 프랑스 세력이 많이 늘어났다. 특히 프랑스인 레셉스가 수에즈운하를 開鑿한 이래 더욱 프랑스인 세력이 이집트에 미치게 된 것이다. 따라서 고분·고적의 발굴·보존 사업에도 프랑스인이 가장 많았다. 카이로에 있는 국립박물관 창립자는 프랑스인 마리에트이며, 이 사람은 나중에 파샤 칭호를 받았다. 지금도 古物局長은 역시 프랑스인이며 이집트 연구에 권위 있는 마스페로 씨이다. 그런데 영국이 인도를 보존하는 필요에서 한편으로 수에즈운하의 실권을 획득하는 동시에 결국 이집트 전체도 보호국으로 하고부터는 영국의 세력이 이 고적 발굴에서도 발전하여 프랑스를 능가하는 상태가 되었다. 그래서 현재의 古物局長은 마스페로 씨이지만 부장은 모두 영국인이라 해도 지장이 없다. 특히 상이집트에 웨이갈, 하이집트는 퀴벨 씨와 이 분야의 쟁쟁한 영국인이 부장이 되었다. 그리고 이 상하 이집트가 고적 중 가장 주요한 장소를 차지한 것이다."

黑板의 이집트 방문 의의를 고고학자 관점에서 논한 것으로 近藤二郎, 「黑板勝美のエジプト訪問の記録--近代日本のエジプト研究の先行者」(『別冊 生きる』, 安田火災海上保險株式會社, 2002년 2월)가 있다.

50 黑板勝美, 『西遊二年歐米文明記』(주48 앞의 책)「希臘の發掘事業と博物館」 참조.

51 Benedict Anderson(白石さや·白石隆 옮김), 『增補 想像の共同體』(NTT出版, 1997년), 296쪽. Benedict Anderson, *Imagined Communities——Reflections on the Origin and Spread of Nationalism*(London: Verso Editions, 1991, Revised Edition.

52 黑板勝美, 「南歐探古記」(『歷史地理』16-1~18-2, 1910년 7월~1911년 8월). 「古跡を巡りて(上)—マカオからインドまで」(『大阪每日新聞』1928년 8월 28일~9월 6일 연재). 「古跡を巡りて(中)—ペルシャの旅」(『大阪每日新聞』1928년 10월 19일~25일 연재). 「古跡を巡りて(下)—上古文明の搖籃の地イラク·シリヤを步くの記」—(『大阪每日新聞』1928년 10월 26일, 27일 연재) 등을 참조.

53 Benedict Anderson, 주51 앞의 책, 306쪽.

54 같은 책, 295쪽. 유적 발굴조사가 식민지 피지배민에게 준 충격에 대해서는 『조선사』 편찬에 대해 철저하게 저항한 최남선의 다음과 같은 말이 남김없이 전해지고 있다.

"그러나 미운 日本人은 동시에 고마운 日本人임을 생각하지 아니치 못할 것이다. 한 가지, 그래, 꼭 한 가지 日本人을 향하여 고맙다고 할 일이 있다. 그는 다른 것 아닌 '古蹟調査事業'이다. 모든 것이 다 마땅치 못한 가운데, 꼭 한 가지 칭찬하여 줄 일이, 古蹟의 探求와 遺物의 保存에 대하여 近代的·學

術的의 努力을 쌓아 감이다. 우리 自身으로 말하면 무안한 일이요, 부끄러운 일이요, 잔등이에 화톳불을 질러놓을 일이지마는, 朝鮮 사람이 하지 아니하는 朝鮮 일을 日本人으로 하는 것이기에 그 功績이 더욱 빛나는 것이다. 文化에는 國境이 없다 할지라도—學術에는 내남이 없다 할지라도, 日本人의 손에 비로소 朝鮮人 生命의 痕迹이 闡明된다 함은, 어떻게 큰 민족적 수치인 것은 더 할 말 없는 바이다. 日本人의 發見·闡明의 功塔이 一尺만 聳起하면 朝鮮人의 殘破毁棄의 辱牌가 一丈씩이나 加高하는 것을 생각할 때에, 몸에서 소름이 끼치지 아니할 수 없다. '앗시리아學'(Assyriology)이 뉘 손에 建設되든지, 墨西哥의 古蹟 考査가 뉘 힘으로 經營되든지, 이는 種族과 社會가 무수한 변천을 지낸 오늘날에 뉘게 더 榮華가 되고 더 恥辱이 될 것이 없는 일이라고 하겠지마는, 저 '埃及學'(Egyptology)이 埃及 以外人의 손에 건설되고, 印度의 古文化 硏究가 印度 以外 國民의 힘으로 경영되어가는 것이, 埃及과 印度人의 어떠한 상태의 반영임을 생각하면, 文化圈內에 있어서 埃及과 印度人의 짓밟힌 地位와 훔칠한 體面이 다른 아무것보다 여기 가장 잘 나타난다 할 만하다. 그 文化의 繼承者일 者가 도리어 破滅者가 되고, 그 民族的 財産의 利殖者일 者가 도리어 蕩敗者가 되는 곳에, 그네의 과거의 生命에 榮光이 줄고, 현재의 生命에 尊嚴이 없고, 장래의 生命에 期待가 있을 수 없는 것은 당연한 果報. 주워 가는 남이 있기는, 버리는 내가 있는 까닭이다. 日本人의 朝鮮古蹟 考査事業은, 아마 세계의 인류에게 영원한 感謝를 받을 일인지도 모르고, 또 우리들도 다른 이 틈에 끼여서 남만한 感謝를 주는 것이 當然한 일이지마는, 제가 할 일을 남이 한—남도 하는데 저는 모른 체한—내 집 세간을 샅샅이 들추어 내는 남이 있는 줄을, 임자라고 기척도 하지 못한 것이, 어떻게 廉恥없고 面目없는 일임을 생각하면—이 부끄럼이 언제까지든지 사라지지 아니할 것임을 생각하면, 감사하리란 勇氣조차 나오지를 못할 것이다. 우리가 이제 民族的 一大 覺醒을 가진 것은 사실이다. 그러나 그 覺醒은 아직 一混沌이다. 明瞭한 자각은 마땅히 整齊한 내용을 가질 것이다. 이름을 求하기 전에 實相을 만들 것이다. 이름도 찾겠지마는 實相이 따르게 할 것이다. 이름에 큰 精神을 차린 다음에는, 다시 한 번 實相에 깊은 정신을 차릴 것이다. 精神부터 獨立할 것이다. 思想으로 獨立할 것이다. 學術에 獨立할 것이다. 특별히 自己를 護持하는 精神, 自己를 발휘하는 思想, 自己를 究明하는 學術의 上으로 絶對한 自主, 완전한 獨立을 實現할 것이다. 朝鮮人의 손으로 '朝鮮學'을 세울 것이다. 朝鮮의 피가 속에 돌고, 朝鮮의 김이 겉에 서리는, 活潑潑한 大朝鮮의 經典을 우리 자리에서 우리 힘으로 만들어 놓을 것이다. 부끄러운 줄 알 것이다. 發奮할 것이다. 나를 내가 알아 둘 것이다. 내 生命의 샘을 내 손으로 칠 것이다. 내 榮光의 북을 내 손으로 도들 것이다.

朝鮮에서 實地의 遺物·遺蹟을 가지고 學術的 査究를 試하기는, 光武6년에 東京帝國大學의 關野 씨가 建築 調査에 著手한 것이 비롯이다. 그 결과가 그 이듬이듬해에 〈韓國建築調査報告〉로 났다. 隆熙3년에 大韓政府에서 古建築物 及 古蹟調査를 著手하게 되매, 저즘께 因緣으로 關野 씨가 그 所任을 맡게 되었다. 그 결과로 〈韓紅葉〉, 〈朝鮮藝術之硏究〉, 〈同 續編〉 등이 났다. 그 뒤에 일본 사람에게로 계승되어 규모가 점차로 확대되고 사업도 크게 進涉되었다. 이로부터 先史 遺蹟·古墳·史蹟 등의 探査·硏究·發掘·修補 등 諸方面으로 各 該方面 專門學者의 손에 상당히 볼만한 成績이 생겼다. 丙辰 이래로 해마다 내는 調査報告書와, 平安南道에 있는 漢置郡 及 高句麗의 遺蹟에 관한 特別報告書, 西比利亞에 있는 古民族의 유적에 관한 特別報告書 등은 다 그 勤勞의 産物이다. 그중에서도 〈朝鮮古蹟圖譜〉(旣刊 七冊)는 순수한 학술적 편찬으로 귀중한 내용을 가져서 學界에서 不朽의 建樹가 되었다. 그러나 朝鮮에서의 古蹟調査事業—더욱 古墳 考究는 아직 草創에 속하여, 不備와 無秩序가 심한 것이다. 學的 檢覈(검핵)을 지내어 學的 體系를 세우게 되자면 前途가 오히려 茫然한 것이다. 그러나 이 '茫然'이란 빈 구석 있음이, 실상은 우리에게 있어서 恥辱의 烙印을 가시게 할 수 있는 포소다. 우리의 奮發 努力의 如何—하고 아니 하고, 크고 작은 如何로써 얼마만큼이라도 과거를 追贖하고, 현재를 綢繆하고, 장래를

개척할 수 있는 關節이다. 아직도 늦을 것 없으니까, 이를 出發點으로 삼아서 자기의 眞面目을 如實的
으로 인식하게 되어야 할 것이다. 이것 하나를 가지고라도, 넉넉히 世界 學界를 向하여 우리의 知的
機能·學的 稟質을 흐뭇하게 나타내기도 할 것이다. 그러나 저러나 우리의 꼭 하여야 할 일임이 毋論
이다.

남 부러울 것 없는 훌륭한 古代史를 山野 到處에 가진 우리는, 하루바삐 그 글을 알아볼 눈을 떠야 하
겠다. 그 말을 알아들을 귀가 열려야 하겠다. 그리하여, 거기서 샘솟는 民族的 神祕의 醇醪(순료)로써
목마른 生命을 흠씬 축일 것이다."

高麗大學校 亞細亞問題研究所 六堂全集編纂委員會 편, 「朝鮮歷史通俗講話 開題」, 『韓國史2 檀君古朝鮮
其他』(六堂崔南善全集2), 玄岩社, 1973년, 415~417쪽. 이 글은 1922년 9월 17일에서 12월 17일까지
주간 시사 잡지 『東明』 제3호~제6호에 실렸다. 원문은 국한문 혼용이다.

55 藤田亮策, 「朝鮮古蹟調查」(주6 앞의 논문, 336~338쪽)에 다음과 같이 썼다. "이왕가의 창덕궁 東苑에
    설치된 박물관·동물원·식물원은 伊藤 통감의 示唆에 따랐다고 전해지는데, 明治40년대 이런 종류
    의 시설로서는 동양 제일을 자랑하며 가마터·벽화고분·선사유적의 발굴조사도 행해졌다. 나중에
    창경원이라 총칭하여 오로지 사회 교육과 미술품 보존에 노력하고 경성 시민 유일의 유락지로서
    이왕가의 개방이 감사받고 있다. 나중에 박물관만 덕수궁에 옮겨서 이왕가미술관이라 개칭하고
    순연한 미술박물관으로서 재출발했다. 새 미술관이 덕수궁 석조전을 개조하여 근대 미술품을 진
    열하여서 明治 초년 이래의 일본 회화·조각·공예의 모든 우수 작품을 가까이서 보아 근대 감각에
    접할 수 있게 되었다. 이는 경성인의 행복일 뿐 아니라 일본으로서는 최초의 진기한 시도이며 조
    선 在住者의 미술 감각을 높이고 근대예술에 직접 접하여 풍요로운 생활로 유인하는 것이 목적이
    었다. 文部省의 미술전람회·白馬會·美術院展 이하 각종 公私의 전람회에 전시된 우수품을 망라하
    고 明治·大正·昭和를 통하는 근대 예술작품은 남김없이 진열되고 시대도 파벌도 계통도 초월하여
    갈아 넣고 바꿔 넣어 진열을 교체해서 昭和8년 봄부터 18년에 이르기까지 10여 년을 계속한 것이
    다. 문부성·제실박물관·미술학교·宮內省 소장품은 물론 公私의 뛰어난 작품을 모으고 작가의 개
    인 소장의 출진도 적지 않았다. 이 정도의 진열은 지금 東京에서도 곤란할 것이다. 멀리 바다를 건
    너는 운송하물보험과 만전을 기하고 일본화와 같은 것은 매일 1회 되감기를 하고 20일마다 진열
    교체라는 신중을 기했다. 이러한 대담한 계획과 주도면밀한 실행은 실로 黑板勝美 선생이어서 비
    로소 가능했으며 篠田 이왕직장관과의 의논과 합의에 의한 것이다. 昭和6년 이래 黑板 선생은 조
    선사편수회로, 고적보존위원회로, 또 조선고적연구회 창립으로 연속해서 조선에 건너와서 조선
    에서의 문화사업에 가장 열심인 때였다." 또 黑板이 획책한 이 전시에 대해서는 李美那, 「李王家德
    壽宮日本美術展示─植民地期における美術の役割」(『東アジア/繪畵の近代─油畵の誕生とその展開』, 靜岡
    縣立美術館, 1999년) 참조.

56 藤田亮策, 주6 앞의 논문, 337쪽. 李王職 편, 『李王家德壽宮日本美術品圖錄』(李王職, 1933년)의 序(篠田
    治策)에도 이에 대응하는 말이 보인다.

57 李美那, 「李王家德壽宮日本美術展示」(주55 앞의 논문)는 '전시'가 실현되는 과정을 밝히고, 그것이 가
    진 정치성과 당시 한국 측의 반응, 黑板이 달성한 역할 등을 분명히 했다. 상세한 것은 이 책 제9장
    참조.

58 Benedict Anderson, 주51 앞의 책, 297쪽.

59 藤田亮策, 「ビリケン總督─朝鮮の思い出」1(『親和』52, 1958년 2월). 藤田亮策, 「朝鮮古蹟調查」(주6 앞의
    논문), 333쪽.

60 旗田巍, 「日本における東洋史學の傳統」(『歷史學硏究』270, 1962년 11월).

61 Georg G. Iggers(早島瑛 옮김), 『20世紀の歷史學』(晃洋書房, 1996년), 24쪽. Georg G. Iggers, *Geschichtswissenshaft im 20. Jahrhundert Ein Kritischer Üerblick im internationalen Zusammenhang*(Göttingen: Vandenhoech & Ruprecht GmbH&Co. KG, 1993). Gerard Noiriel(小田中直樹 옮김), 『歷史學の〈危機〉』(木鐸社, 1997년), 186쪽.

62 Georg G. Iggers, 주61 앞의 책, 25쪽.

63 黑板勝美가 지향하고 있던 국민교화의 역사의 구체적 사례로서 아래의 발언에 유의해야 할 것이다.

"이른바 史蹟이라는 것이 아무런 사학적 가치가 없고 보존을 강구할 필요가 없는 것이라도 만일 그 중에 사회 인심에 감화를 줄 수 있는 것이 있다면, 가령 그 사실이 전설적 또는 소설적이라 하더라도 역시 이것을 史蹟에 넣지 않을 수 없다. 왜냐하면 다년간 일반적으로 국민이 믿는 바가 되고 따라서 그 사적이라 칭할 수 있는 곳이 국민 사이에 위대한 감화력을 가진다면 그 사실이야말로 하등 사학적 가치를 가지지 않더라도 이른바 사적이 끼치는 영향은 역사의 발전상 지대한 관계를 가지며 사학상으로 논하더라도 국민의 風教 도덕 방면에서의 연구 자료로서 이미 일종의 사적이라 인정하지 않을 수 없기 때문이다. 현저한 일례로서 나는 여기에서 櫻井驛 터를 거론해마지않는다. 櫻井驛을 楠公 부자가 결별한 곳으로 한 것은 전문학자 사이에 논의할 점이 있더라도 이 미담이 후세의 감화력이 위대함은 다투지 않는 사실이며 그 터를 보존할 만한 가치는 실로 여기에 있다고 말하지 않을 수 없다. 歐洲에서 이런 부류의 적당한 예는 내가 스위스 빌헬름 텔 관계 유적에서 보았다. 텔이 실재 인물이 아니며 따라서 텔 전설이 史實이 아님도 역시 이미 定論이다. 그렇지만 텔은 스위스인이 애국자의 전형으로서 공경하여 우러러마지않는 바이다. 그 전설이 사회 인심에 미치는 것이 크기 때문에 그들은 오래전부터 이와 관련 있는 지점을 보존하고 아름다운 스위스 산하를 더욱 시적인 정취에 풍부하게 하는 것이 아닌가."(黑板勝美, 주33 앞의 논문).

"카이저프리드리히박물관에서 그리 멀지 않은 곳에 호엔촐레른 궁전이 있다. 유수한 정원과 질박한 건축에 옛날이 그리운 생각이 든다. 그 일부를 역사박물관으로 하여 프로이센 왕 역대의 보물을 진열하고 있는데 (중략) 여기를 유람하는 자로 하여금 황실을 존경하는 마음을 기르게 할 뿐만 아니라 국가적 관념을 왕성하게 함을 잊지 않고 그 준비성 있음을 살펴야 할 것이다"(黑板勝美, 『西遊二年歐米文明記』, 「伯林の博物館 下」, 주48 앞의 책).

"올림피아를 유람하고 雷雨를 무릅쓰며 제우스 신전의 폐허에 참배하고 잡초가 무성한 演技場을 배회하며 옛 그리스 문화가 연원하는 바가 여기에 있음에 생각이 미칠 때 나에게 天來의 소리가 있었다. '내가 국민이 숭경하고 신앙하는 伊勢神宮에 일대 스타디온을 세워 大祭日에 전 국민의 경기를 연기하게 하자'라고."(黑板勝美, 『西遊二年歐米文明記』, 「オリンピヤの回顧」, 주48 앞의 책).

64 藤田亮策, 주6 앞의 논문, 342~346쪽.

65 Edward W. Said(今澤紀子 옮김), 『オリエンタリズム』(平凡社, 1986년), 32쪽. Edward W. Said, *Orientalism*, New York: Georges Borchardt Inc., 1978.

66 예를 들어 1959년부터 본격적인 발굴조사가 시작되어 지금도 계속되고 있는 平城京에 대해 다음과 같은 언설이 있는데 黑板이 희구했던 이념의 顯現이라고 말할 수 있을지도 모른다. "奈良 平城京에 도성이 위치한 것은 8세기 초인 和銅3년(710년)의 일입니다. 그러나 그곳에 도성이 있었던 것은 불과 70여 년이었습니다. 그럼에도 불구하고 21세기를 앞둔 지금까지 약 1,300년 동안 일본인의 '마음의 고향'으로 계속 살아 있는 것은 어째서일까요?(奈良國立文化財研究所 편, 『なら平城京展 '98』, 奈良市, 1998년).

67 田中琢, 「ナショナリズム」(『AREA Mook 考古學がわかる』, 朝日新聞社, 1997년). 穴澤和光, 「世界考古學の系譜」(『AREA Mook 考古學がわかる』).

제9장 조선왕조의 상징공간과 박물관

1 지금까지 식민지기 한국의 박물관을 논한 것으로 全京秀, 「한국 박물관의 식민지주의적 경험과 민족주의적 경험 및 세계주의적 전망—이데올로기 지배와 문화 표상의 정치인류학」(松峴李光奎敎授停年紀念論叢刊行委員會 편, 『韓國 人類學의 成果와 展望』, 集文堂, 1998년). 宋起炯, 「'창경궁박물관' 또는 '李王家박물관'의 연대기」(『歷史敎育』72, 1999년). 睦秀炫, 「일제하 이왕가박물관의 식민지적 성격」(『미술사학연구』227, 한국미술사학회, 2000년 9월). 伊藤純, 「李王家博物館開設前後の狀況と初期の活動」(『考古學史硏究』9, 2001년 5월) 등이 있다.

2 이왕가박물관의 연혁에 관해서는 李王職 편, 『李王家博物館所藏品寫眞帖』(李王職, 1912년). 李王職 편, 『李王家美術館要覽』(李王職, 1938년). 『서울六百年史』 제3권(서울特別市史編纂委員會, 1979년). 李蘭暎, 『(新版)博物館學入門』(삼화출판사, 1993년) 등에서 개요를 볼 수 있다. 상세한 설립 경위에 대해서는 宋起炯, 「'창경궁박물관' 또는 '李王家박물관'의 연대기」(주1 앞의 논문). 睦秀炫, 「일제하 이왕가박물관의 식민지적 성격」(주1 앞의 논문)의 두 논고를 보면 비약적으로 해명된다. 이 장은 송기형, 목수현 두 분의 연구에 많은 것을 의거했다.

3 宋起炯, 「'창경궁박물관' 또는 '李王家박물관'의 연대기」(주1 앞의 논문), 睦秀炫, 「일제하 이왕가박물관의 식민지적 성격」(주1 앞의 논문)에 따르면, 한국병합 이전에는 이왕가박물관의 공식적인 호칭이 없었다고 한다. 근래 국립중앙박물관의 간행물에는 '제실박물관'이 사용되기도 하지만 그 전거로 보이는 『대한매일신보』(1908년 1월 9일)는 분명히 일반명사로 사용했다. 한국병합 후에는 이왕가사설박물관, 이왕가박물관, 창경궁박물관, 창덕궁박물관 등 다양하게 불렀는데, 이 장에서는 식민지 이전의 시기를 포함하여 편의적으로 '이왕가박물관'을 쓰기로 한다.

4 關野貞는 1902년에 한국의 고건축을 조사하고 그 성과를 『韓國建築調査報告』(東京帝國大學工科學術報告 제6호, 1904년)로 정리했다. 이에 따르면, "경성 내 주요한 왕궁 셋이 있다"라고 하며 창경궁, 창덕궁, 경복궁을 들었는데, 그중에서도 창경궁이 '당대 초기' 건축양식을 전하는 것이며 조선 500년의 건축을 이해하는 데에도 중요하다는 점이 강조되어 있다. 같은 책 123~128쪽.

5 『李王家美術館要覽』(주2 앞의 책)의 「李王家美術館沿革」에 의거한다. 또 박물관 설립 과정에 대해서는 宋起炯(주1 앞의 논문)이 여러 자료의 고증과 검토를 해서 상세하다.

6 이때 이용한 전각은 明政殿, 文政殿, 崇文堂, 歡慶殿, 景春殿, 通明殿, 養和堂, 迎春軒, 涵仁亭, 承華樓 등이 전해지며 이 전각들은 정전인 明政殿의 동북쪽에 위치하는 주변에 배치해 있다. 宋起炯, 「'창경궁박물관' 또는 '李王家박물관'의 연대기」(주1 앞의 논문) 참조. 또 1911년 11월에 본관이 건립되자 본관에는 불상·고려 시대의 토기·금속·木竹類·玉石器·신라 시대의 금속·옥석기를, 명정전 行閣에는 조선 시대의 토속품·삼국과 신라 시대의 석검·석촉·토기류·석기 시대의 석기류를, 환경전에는 조선 시대의 금속기 및 토속품류, 경춘전에는 조선 시대의 토기·목죽류·옥석기류, 통명전에는 회화류, 양화당에는 평안남도 강서군의 고구려 고분벽화 모사를 각각 전시하고, 함인정에는 일본과 중국에서 제작한 것이 참고 품목으로서 전시되었다고 한다. 睦秀炫, 「일제하 이왕가박물관의 식민지적 성격」(주1 앞의 논문) 87쪽 참조.

7 이왕가박물관에 대해서는 주1에서도 언급한 바와 같이 본격적인 논의는 全京秀, 「한국 박물관의 식민주의적 경험과 민족주의적 경험 및 세계주의적 전망—이데올로기 지배와 문화 표상의 정치인류학」(주1 앞의 논문)에서 시작된다.

8 末松熊彦, 「朝鮮の古美術保護と昌德宮博物館」(『朝鮮及滿洲』69, 京城朝鮮雜誌社, 1913년 4월). 末松는 대한제국기에 세관의 사무관이었는데, 박물관 개관 준비가 진행되던 1908년 5월에 박물관·동물원·

식물원의 서무 및 회계를 촉탁받았다. 1911년 2월 1일에 공포된 이왕직장분규정에 따르면, 창경궁의 박물관·동물원·식물원은 掌苑係 관할이며 末松는 박물관 사무를 총괄하는 주임이었다.

9   李王職 편, 『李王家博物館所藏品寫眞帖』(주2 앞의 책) 小宮三保松의 '緖言'에 따른다.

10 日本博物館協會, 『博物館研究』8-4(1935년 4월)에 게재된 「李王家昌慶苑」에는 "창경원은 이왕가 경영의 別項과 같은 박물관, 동·식물원의 총칭이어서" "본 苑은 明治41년(1908년) 당시 한국 총리대신 이완용의 발기로 계획되었으며 당초에는 이왕 전하의 慰樂에 제공할 목적이었다"라고 한다. 또 「朝鮮の博物館と陳列館(其一)」(『朝鮮』277, 1938년 6월)에는 "故 이왕 전하가 덕수궁에서 새로 창덕궁으로 이거하실 때 당시 총리대신 故 이완용 후작 및 궁내부대신 李允用 남작의 발의에 기초하여 전하의 위락에 제공할 취지로 동·식물원과 함께 동부 창경궁 터에 설치하였다"라고 한다.

11 睦秀炫, 주1 앞의 논문, 85쪽.

12 「總督府施設歷史調査書類 大正4年11月」 제1장 舊韓國皇室及宮內府ノ整理 第1節 制度及經費(山本四郎 편, 『寺內正毅關係文書 首相以前』, 京都女子大學, 1984년 수록), 192~193쪽.

13 같은 글, 193쪽.

14 東京國立博物館 편, 『東京國立博物館百年史』(第一法規出版, 1973년), 244쪽.

15 같은 글, 246쪽. 金子淳, 『博物館の政治學』(靑弓社, 2001년, 25쪽) 참조.

16 東京國立博物館 편, 주14 앞의 책, 206쪽.

17 박물관의 일환으로서의 동·식물원 설치에 대해서는 1872년의 박물관 등 건설안에 소급하여 박물관의 上野 이전에 앞서 동물원 건설지를 조사했다. 文部省 博物局의 町田久成는 박물관과 함께 도서관이나 동·식물원을 포괄하는 박물관 구상을 1873년에 상신했는데, 이는 파리의 Jardin des Plantes를 염두에 둔 것이었다고 한다. 東京國立博物館 편, 『東京國立博物館百年史』(주14 앞의 책, 206쪽). 台東區史編纂專門委員會 편, 『台東區史 通史編Ⅲ 上卷』(東京都台東區, 2002년, 57쪽). 또 잘 알려진 글인데, 1875년에 정부에 제출한 佐野常民의 「澳國博覽會報告書」에는 다음과 같이 적혀 있다.

"또 館 주위를 넓고 깨끗한 공원으로 만들고 동물원과 식물원을 그 가운데에 개설하여 여기서 노는 자로 하여금 잠시 한때의 쾌락을 취하고 정신을 기를 뿐만 아니라 한편으로 안목의 가르침을 받아 부지불식의 영역으로 나아가서 그러한 중에 慣染薰陶한다면 바로 박물관을 지목하여 보통 개화의 배움의 장이라 하더라도 어찌 무고하다 할 수 있겠는가."

18 東京國立博物館 편, 주14 앞의 책, 206쪽.

19 같은 글, 248쪽.

20 東京國立博物館 편, 주14 앞의 책, 246쪽. 金子淳, 주15 앞의 책, 25쪽 참조.

21 「總督府施設歷史調査書類 大正4年11月」(주12 앞의 책), 193쪽.

22 같은 글, 193쪽.

23 藤田亮策는 "이왕가의 창덕궁 東苑에 설치된 박물관·동물원·식물원은 伊藤 통감의 시사에 의해서라고 전해진다"라고 지적했다. 藤田亮策, 「朝鮮古蹟調査」(黑板博士記念會 편, 『古文化の保存と硏究—黑板博士の業績を中心として』, 吉川弘文館, 1953년), 336쪽.

24 『總督府施設歷史調査書類 大正4年11月』(주12 앞의 책), 194쪽.

25 1915년 3월에는 李王職事務分掌規定이 개정되어 1사(掌侍司), 6과(事務課, 會計課, 主殿課, 祭司課, 農事課, 掌苑課)가 설치되고, 박물관, 동물원, 식물원, 정원은 장원과가 관장하게 되었다. 이듬해 6월에도 사무분장규정이 개정되어 1사, 7과(儀式課가 더해짐)가 설치되었는데, 장원과가 그대로 관장했다.

26 『조선일보』 1938년 3월 26일.

27 「李王家昌慶苑」(주10 앞의 논문, 58쪽)에는 "조선은 물론 내지에서도 쉽게 볼 수 없는 일대 낙원으로

알게 되었다"라고 했다. 下郡山誠一「李王家博物館·昌慶苑開設回顧錄」녹음테이프, 朝鮮問題硏究所, 1966년 5월 19일(學習院大學 東洋文化硏究所 소장)]에 따르면, 하루에 5만 명의 밤벚꽃 구경꾼이 창경원에 몰려들어 조명장치를 갖춘 원내의 분위기는 上野公園도 비교되지 않을 정도였다고 한다.

28 藤田亮策, 주23 앞의 논문, 334쪽.

29 藤田亮策,「ビリケン總督―朝鮮の思い出(1)」(『親和』52, 1958년 2월, 2쪽)에 따르면, 共進會의 미술관을 박물관으로서 상설하는 것은 寺內 총독의 명령으로 최초부터 계획되었으며, 조선호텔을 설계한 독일인 기사에 의해 경복궁 궁전보존계획과 함께 그 동쪽에 커다란 박물관 건축설계도가 완성되어 있어서 미술관은 그 정면 현관으로 생각했다고 한다.

30 박물관 본관 건물은 해방 후 학술원·예술원 소관 시설로 이용되었는데, 1997년 김영삼 대통령에 의해 총독부 청사와 함께 철거되었다.

31 총독부박물관의 전시 방식이나 내용에 대해서는 朝鮮總督府博物館,『博物館略案內』(朝鮮總督府, 1936년). 小泉顯夫,「朝鮮博物館見學旅日記」(『ドルメン』滿鮮特集號, 1933년 4월). 編集部,「朝鮮總督府博物館」(『博物館硏究』8-4, 1935년 4월). 有光敎一,「私の朝鮮考古學」(姜在彦·李進熙 편,『朝鮮學事始め』, 靑丘文化社, 1997년) 등을 참조.

32 藤田亮策, 주23 앞의 논문, 334쪽.

33 藤田亮策,「朝鮮における古蹟の調査及び保存の沿革」(『朝鮮』199, 1931년 12월), 91쪽.

34 朝鮮總督府博物館,『博物館略案內』(주31 앞의 책), 1쪽.

35 박물관 및 고적 조사 사무는 당초 총독부 서무국 총무과에 속했는데, 나중에 서무부 문서과로 옮기고 중추원 서기관으로 겸임의 박물관 주임을 대표로 통일하고 박물관 촉탁 이하의 박물관원에 의해 일체의 사무를 집행했다. 이어서 1921년 10월에 사무분장규정이 개정되어 그때까지 서무부 문서관에 속했던 박물관 및 고적조사사업과, 학무국 종교과 소관의 古社 및 고건축 보존 보조에 관한 사무는 학무국 고적조사과에 두었다. 또 1924년에 고적조사가 폐지됨에 따라 박물관과 고적·고건축물·명승천연기념물 조사보존사업은 학무국 종교과에 이관되었다. 藤田亮策, 주33 앞의 논문, 91쪽.

36 藤田亮策,「朝鮮文化財の保存」(『朝鮮學報』1, 1951년 5월).

37 高木博志,「日本美術史と朝鮮美術史の成立」(『국사의 신화를 넘어서』, 휴머니스트, 2004년)에 따르면, 총독부박물관이 '문화사적 연구'에 입각하여 진열한 데 비해 이왕가박물관은 고려·조선의 '미술적·감상적'으로 배열하는 방식이 1925년 11월의 湯淺政務總監ニ供閱書類(宗敎課)(小川敬吉文書 1208, 京都大學工學部 소장)에 보인다고 한다.

38 黑板勝美,「博物館に就て」(『東京朝日新聞』1912년 가을, 나중에『虛心文集』4, 吉川弘文館, 1939년 수록) 481~487쪽. 이러한 黑板의 제언대로 총독부박물관에는 경주분관, 부여분관이 동일 계통 아래 설치되고, 나아가 개성부립박물관, 평양부립박물관도 "총독부박물관과 충분한 연락을 취하여 진열에 만전을 기했다"라고 한다. 齋藤忠,「朝鮮に於ける古蹟保存と調査事業とに就いて」(『史蹟名勝天然記念物』15-8, 1940년 8월), 45쪽.

39 黑板勝美,「國立博物館について」(『新公論』33-5, 1918년 5월. 나중에『虛心文集』4, 吉川弘文館, 1939년 수록), 516쪽.

40 藤田亮策,「朝鮮考古學略史」(『ドルメン』滿鮮特集號, 1933년 4월), 13쪽. 藤田에 따르면, 총독부박물관이 "얼마 안 되는 경비로, 게다가 10명도 되지 않는 적은 人件으로 古社寺國寶保存會·史蹟名勝天然記念物保存會와 帝室博物館의 3대 사업에 비교할 만한 일을 전 조선에 걸쳐" 요청받고 있었음이 지적되며, 이 논문을 통해 총독부박물관이 黑板의 '국립박물관' 구상에 따른 것이었음을 이해할

수 있다.

41 黑板勝美, 주39 앞의 논문, 516쪽. 1900년에 帝國博物館은 帝室博物館으로 개칭되었다. '제국'을 '제실'로 고친 것은 제국의회, 제국대학, 제국도서관 등이 정부 소관이었기 때문에 제실 소속의 박물관과 그것들을 구별하여 소속을 명료하게 하기 위해서였다. 또 이때의 새 官制에 의해 工藝部가 폐지되고 天産部도 정리되었으며, 역사·미술·미술공예의 3부가 중핵이 되어 역사미술관으로서의 성격이 강조되었다. 東京國立博物館 편, 『東京國立博物館百年史』(주14의 앞의 책, 307~311쪽) 참조.

42 藤田亮策, 주40 앞의 논문, 14쪽.

43 小泉顯夫, 「朝鮮博物館見學旅日記」(주31 앞의 논문).

44 朝鮮總督府博物館, 『博物館略案內』(주31 앞의 책).

45 이 책 제8장 주9 참조.

46 같은 주 참조.

47 黑板勝美, 「大同江附近の事蹟」(『朝鮮彙報』, 1916년 11월).

48 藤田亮策, 주29 앞의 논문.

49 崔南善, 「朝鮮歷史通俗講話4 古墳=開題4」(『東明』6, 1922년 10월. 나중에 고려대학교 아세아문제연구소 편, 『六堂崔南善全集』2, 현암사, 1973년 수록). 이 책 제8장 주54 참조.

50 小田省吾, 『德壽宮史』(李王職, 1938년).

51 1933년에 덕수궁에 설립된 미술관은 종종 이왕가미술관이라고도 불렸는데, 그것은 이왕가의 미술관이라 말하는 데에 불과하며 고유명사로서 사용된 것은 아니다. 더욱이 그러한 호칭은 새로운 제도로서 1938년에 성립한 '이왕가미술관'과의 사이에 혼란을 초래할 우려가 있다. 1933년에 덕수궁 석조전에서 개최된 일본 미술품 전시 제1집 도록의 표제는 『李王家德壽宮陳列日本美術品圖錄』이며, 제5집의 도록(1939년)에는 '근대 일본 미술 진열관인 석조전을 아울러 새로 명칭을 이왕가미술관'으로 했다고 명기하고 도록 표제는 『李王家美術館陳列日本美術品圖錄』으로 고쳤다. 또 黑板勝美를 필두 위원으로 하는 '작품 차용 의뢰서'(1935년 8월 18일)는 '덕수궁미술관' 명의로 제출되었다. 이를 뒷받침하듯이 「朝鮮の博物館と陳列館(其一)」(『朝鮮』277, 1938년 6월, 92쪽)에는 이왕가미술관이 되기 이전의 미술관을 '이왕가덕수궁미술관'으로 하여 설립 경위, 전시 내용 등을 소개했다. 따라서 1933년에 덕수궁에 설립된 미술관의 정식 명칭은 '이왕가덕수궁미술관'으로 해야 한다. 이 장에서는 편의상 덕수궁미술관이라 한다.

52 小田省吾, 주50 앞의 책, 69쪽.

53 같은 글, 70쪽.

54 이 문서는 조선총독 齋藤實이 내각총리대신 原敬 앞으로 보낸 「京城ニ離宮設定ノ件」(1918년 7월 8일, 國立公文書館, 公文雜纂 권25)에 첨부된 일본어 '번역문'에 있다. 상신서의 취지는 이왕직의 재정을 압박하는 창덕궁을 황실에 헌납하고 大正天皇의 離宮으로 할 것을 건의한 것이다. 문서의 소재에 대해서는 朴煥斌 씨의 교시를 받았다.

55 1933년 이래 개최되고 그때마다 간행된 『李王家美術館陳列日本美術品圖錄』의 첫머리에는 역대 이왕직장관의 서문을 실었는데 거기에는 덕수궁이 순종(이왕 전하)의 탄생지이며 예부터 유서 있는 궁전임이 거듭 강조되어 있다.

56 小田省吾, 주50 앞의 책, 4쪽.

57 「德壽宮を府民に開放」(『朝鮮』221, 1933년 10월).

58 『朝鮮日報』1933년 5월 9일.

59 『朝鮮日報』1933년 5월 9일. 9월 7일의 『朝鮮日報』에는 "이왕직 소장 고미술과 현재 미술가들의

대표작"이라 되어 있다.

60 李美那, 「李王家德壽宮日本美術展示—植民地朝鮮における美術の役割」(『東アジア/繪畫の近代—油畫の誕生とその展開』, 靜岡縣立美術館, 1999년), 123~124쪽.

61 같은 글.

62 藤田亮策, 주23 앞의 논문, 337쪽.

63 같은 글, 337쪽. 또 「朝鮮の博物館と陳列館(其一)」(주51 앞의 논문)에는 "주로 일본 근대 대가의 작품에 관련된 현란한 미술품을 진열하여 이로써 이러한 최고 예술품을 접할 기회가 드문 반도 재주자의 觀賞에 제공하고 또 반도에서 이 길을 계발하는 데에 사표로 삼을 것을 기대했다"라 했다.

64 權九玄, 「德壽宮石造殿の日本美術をみて(上)」(『東亞日報』 1933년 11월 9일).

65 佐藤明道, 「李王家美術館成る」(『博物館研究』11-7·8, 1938년 7월).

66 이왕가박물관은 이왕가미술관으로 고치는데, 李王職長官 李恒九는 "이왕가박물관은 時運의 추세에 순응하고 또 조선총독부박물관과의 병립을 피해 박물관 명칭을 폐하고 이왕가미술관으로 고쳐 昭和13년(1938년) 6월 5일부터 이를 공개하기에 이르렀다"라고 적었다. 『李王家美術館陳列日本美術品圖錄 第7輯』(李王職, 1941년).

67 東京國立博物館 편, 주14 앞의 책, 400~410쪽.

68 같은 글, 522~535쪽.

69 佐藤明道, 주65 앞의 논문.

70 1536~1643. 安土桃山 시대부터 江戶 시대 초기의 천태종 승려. 시호는 慈眼大師. 德川家康의 측근으로서 에도 막부 초기의 조정 정책, 종교 정책에 깊이 관여했다.—옮긴이.

71 寒松院은 德川家康 恩顧의 大名이었던 藤堂高虎가 寬永寺의 子院으로서, 또 上野東照宮의 別當寺로서 건립한 것인데, 여기에 高虎의 묘도 있었다. 上野東照宮의 창설도 高虎의 건의에 의해서였다. 이 寒松院은 동물원이 개설된 당시는 수령 300년이 넘는 거목이 솟아 있어 무성해서 낮에도 어둡고 마치 東照宮이 있는 日光 주위의 풍경을 방불케 하는 명승지였다고 한다(東京都台東區役所 편, 『台東區史 社會文化編』, 東京都台東區役所, 1966년, 100~110쪽). 이러한 곳에 동물원이 창설되어 오늘에 이르렀는데 東照宮의 건조물이나 부근의 황폐함은 눈을 가릴 뿐이다.

72 Kornicki, P. F., 「明治五年の和歌山博覽會とその周邊」(吉田光邦 편, 『萬國博覽會の研究』, 思文閣出版, 1986년).

73 村松伸, 「討伐支配の文法—大東亞共榮圈建築史序說」(『現代思想』23-10, 1995년 10월), 20쪽.

74 高木博志, 「近代天皇制と古代文化—「國體の精華」としての正倉院·天皇陵」(『岩波講座 天皇と王權を考える』5, 岩波書店, 2002년).

75 內田好昭, 「日本統治下の朝鮮半島における考古學的發掘調査」(『考古學史研究』9, 2001년 5월), 59쪽.

제10장 식민지기 한국의 마르크스주의사학

1 白南雲, 『朝鮮社會經濟史』(改造社, 1933년). 白南雲, 『朝鮮封建社會經濟史』上(改造社, 1937년).

2 武田幸男, 「奴隸制と封建制」(朝鮮史研究會·旗田巍 편, 『朝鮮史入門』, 太平出版社, 1966년), 107쪽.

3 宮嶋博史, 「日本史·朝鮮史研究における「封建制」論—1910~45年」(宮嶋博史·金容德 편, 『近代交流史と相互認識Ⅱ 日帝支配期』, 日韓共同研究叢書12, 慶應義塾大學出版會, 2005년).

4 李基白, 「사회경제사학과 실증사학의 문제」(『문학과지성』1971년 봄호. 나중에 『民族과 歷史 新版』, 一潮

閣, 1994년 수록, 35쪽)에는 다음과 같이 지적했다. "한국사의 체계화를 위한 노력으로서 그의 업적이 높이 평가되고 있다는 것은 이미 이야기한 바와 같지만 그의 체계는 구체적 연구에 입각한 귀납적 결론이 아니라, 법칙을 일방적으로 적용시킨 것에 불과하다. 이러한 방법이 높이 평가되어 온 데에서부터 받은 한국사학의 상처는 심각한 것이었다. 오늘날 서구에서 배워온 각종 이론들이 한국사 내지는 한국 사회를 해석하는 데 난무하다시피 하여 우리의 올바른 인식을 방해하고 있는 한 가지 사실로써도 이는 짐작이 가리라고 믿는다. 그 이후 잘 알지도 못하는 이론을 아는 척하고 내세우는 사상가들이 역사가로 오인되어오기도 한 것이다. 오늘의 한국사학이 겪고 있는 고민의 하나가 이런 데서 싹텄던 것이다." 또 진단학회 편, 『歷史家의 遺香: 斗溪李丙燾先生追念文集』(一潮閣, 1991년)에는 이병도와 이기백의 대담 중에 백남운에 대한 부정적인 평가가 강조되었다.

5 宮嶋博史, 주3 앞의 논문, 298~307쪽.

6 1900~1934. 일본의 재야 마르크스주의 경제학자. 태평양전쟁 패전 전 비합법정당 시대의 일본 공산당의 이론적 지도자 중 한 사람인 동시에 비합법 시대 최후기에는 간부(위원장)로서 당을 지도하는 등 실천 활동에도 관여했다.─옮긴이.

7 1901~1956. 1928년 마르크스주의의 입장에서 『明治維新史』를 발표. 中央公論社 초대 출판부장을 거쳐 프롤레타리아과학연구소 연구원. 강좌파 논객으로 알려졌다.─옮긴이.

8 1901~1982. 昭和 시대의 일본사학자, 사회운동가. 1927년 공산당 입당. 1928년 3·15사건으로 검거되고 이를 계기로 일본 고대사 연구를 시작. 1946년 민주주의과학자협회 간사장. 1949년 중의원 의원. 1964년 당내 민주주의를 요청하고 당으로부터 제명되었다. 저서로 『日本母系時代の硏究』, 『日本古代社會』 등.─옮긴이.

9 白南雲에 해당하는 연구는 方基中, 『한국근현대사상사연구─1930·40년대 백남운의 학문과 정치경제사상』(역사비평사, 1993년). 1920·1930년대 한국인의 마르크스주의 사상 수용에 대해 東京 유학생이 한 역할에 대해서는 外村大, 「日本史·朝鮮史硏究と在日朝鮮人史─國史からの排除をめぐって」(宮嶋博史·金容德 편, 『近代交流史と相互認識Ⅲ 1945年を前後して』, 日韓共同硏究叢書17, 慶應義塾大學出版會, 2006년) 참조.

10 方基中, 『한국근현대사상사연구─1930·40년대 백남운의 학문과 정치경제사상』(주9 앞의 책) 제2장 「일제하 역사사상과 정치경제사상」에는 넓은 시야로 1930년대 일본의 연구 동향과의 관계를 추적하려는 시도가 있다.

11 Andre H. Schmid(糟谷憲一 외 옮김), 『帝國のはざまで─朝鮮近代とナショナリズム』(名古屋大學出版會, 2007년). 李成市, 「東アジアにおける古代認識の分岐と連環」(단국대학교 개교60주년기념 동양학연구소 국제학술회의 「동아시아 삼국의 역사인식과 영토문제」, 단국대학교동양학연구소, 2007년 10월).

12 李基東, 「한국 시대구분론의 반성과 전망」(『전환기의 韓國史學』, 一潮閣, 1999년), 15~17쪽.

13 西嶋定生, 「古代史學の問題點」(『古代史講座』1, 學生社, 1961년. 나중에 『西嶋定生東アジア史論集』5, 岩波書店, 2002년 수록), 116쪽.

14 木村誠, 「朝鮮前近代の時代區分」(『新朝鮮史入門』, 龍溪書舍, 1981년), 28쪽.

15 木村誠, 주14 앞의 논문, 28쪽.

16 白南雲, 『朝鮮社會經濟史』, 주1 앞의 책, 3쪽.

17 1874~1930. 明治 말~昭和 전기의 경제학자. 일본 경제학의 창시자. 자본주의국가에서의 복지론에서도 선구적 역할을 했다. 제1차 세계대전 말기에는 吉野作造와 함께 黎明會를 조직하고, 태평양전쟁 패전 후에는 마르크스주의에 대해 비판적 입장을 명확히 하고 민주주의, 자유주의에 서면서 정부에 의한 사회·노동 문제의 해결을 제창하여 복지국가론의 선구자라고 평가된다.─옮긴이.

18 森谷克己, 『アジア的生産様式論』(育成社, 1937년).

19 白南雲, 주17 앞의 책, 1쪽.

20 白南雲의 역사학과 그 실천성에 대해서는 方基中, 주9 앞의 책, 147~152쪽.

21 方基中의 주9 앞의 책은 이러한 점에 착안한 최초의 논고이다. 이 장도 방기중의 저작에 많은 시사를 받았다.

22 白南雲, 주17 앞의 책, 6~7쪽.

23 이 책 제8장.

24 白南雲, 주17 앞의 책, 446쪽.

25 李基白, 주4 앞의 논문, 35쪽.

26 예를 들어 鶴園裕, 「近代朝鮮における國學の形成―『朝鮮學』を中心に」(『朝鮮史研究會論文集』35, 1997년 10월)는 1934~1935년 무렵에 "실증주의 역사학(이병도), 민족주의 역사학(정인보), 사회경제사학(백남운) 등이 각각의 입장을 달리하면서도 조선학이라는 국학운동 중에 적어도 적대적이지 않은 형태로 세 학파에 의한 최후의 통일전선적인 학문운동이 전개되었다"라고 한다. 그렇지만 뒤에 서술하는 바와 같이 그의 저작에 입각하면 이러한 유형화로는 백남운이 이루려 한 시도가 완전히 간과되고 만다. 또 실제로 이러한 견해가 성립될 수 없음은 의심할 여지가 없다. 이병도 자신이 정인보나 백남운과 아무런 교섭이 없었고 그들의 학문에 전혀 관심을 기울이지 않았음을 술회했기 때문이다. 震檀學會 편, 주4 앞의 책, 242, 282, 298쪽 등을 참조.

27 Andre H. Schmid, 주11 앞의 책, 73~76쪽.

28 이 책 제8장.

29 1876~1940. 明治~昭和 시대 전기의 동양사학자. 1900년 北京에 유학, 1908년부터 만철 조사부에서 『滿洲歷史地理』 편수를 담당했다. 1925년부터 조선총독부의 修史官으로서 『朝鮮史』 35권을 편수. 1936년 만주건국대 교수. 저작으로 『淸朝全史』 등이 있다. ─옮긴이.

30 稻葉岩吉, 「朝鮮史研究の課程」(稻葉岩吉·矢野仁一, 『世界歷史大系11 朝鮮·滿洲史』, 平凡社, 1935년), 198~199쪽.

31 1875~1932. 大正~昭和 전기의 한국사학자. 京都帝國大學 교수를 거쳐 1926년 京城帝國大學 교수가 되고 京都帝國大學 교수 겸임. 유적 조사나 고대사를 중심으로 연구했다. 사후에 『朝鮮古史の研究』, 『百濟史研究』, 『新羅史研究』 등이 간행되었다. ─옮긴이.

32 今西龍는 1922년에 「檀君考」를 중핵으로 하는 『朝鮮古史の研究』로 학위를 받았다.

33 李成市, 주11 앞의 논문. 예를 들어 1925년 9월 16일자 『동아일보』에 「恥辱의 一烙印, 『樂浪』遺蹟發掘隊」(崔南善에 의함)에는 "古朝鮮文化의 偉大한 遺跡 (중략) 朝鮮人衣裏寶珠인 것을 시방도 日本人은 樂浪時代의 遺物로만 認定하야"라는 기사가 게재되었는데, 최남선은 평양에서의 고적 조사가 단군을 부정하고 고대 조선을 중국문명에만 관련시킨 데 대해 주의를 환기시켰다.

34 李成市, 주11 앞의 논문.

35 白南雲, 주17 앞의 책, 444~445쪽.

36 白南雲, 「朝鮮自治運動に對する社會學的考察」(『現代評論』1-1, 1927년. 나중에 河日植 편, 『白南雲全集4 彙集』, 이론과실천, 1991년에 수록), 304쪽.

37 柳時賢, 「『文化政治』下の國內民族解放運動の進展」(姜萬吉 편저, 太田修·庵逧由香 옮김, 『朝鮮民族解放運動の歷史―平和的統一への摸索』, 法政大學出版局, 2005년), 104쪽. 또 자치론에 대해서는 尹大遠, 「1920년대 지식인의 식민지와 근대인식―자치운동을 중심으로」(權泰檍 외, 『한국근대사회와 문화』Ⅲ, 서울대학출판부, 2007년) 참조.

38 朴哲河,「국내민족해방운동의 활성화와 신간회운동」, 주37 앞의 책『한국근대사회와 문화』, 151쪽.

39 白南雲, 주36 앞의 논문, 304쪽.

40 같은 글, 305쪽.

41 같은 글. '確實'이라 번역한 어구는 원문에는 '確劃'으로 되어 있다.

42 같은 글, 307쪽.

43 같은 글, 310쪽.

44 그 학식의 한 부분은 猪谷善一,「朝鮮における産業革命」(『企業と社會』, 1928년 1월호, 나중에『朝鮮經濟
   史』, 大鐙閣, 1928년 수록)의 서평인「猪谷教授の『朝鮮における産業革命』を讀む」(『企業と社會』1928년
   2월호. 나중에 猪谷善一,『朝鮮經濟史』에 수록)에 유감없이 발휘되어 있다.

45 白南雲,「朝鮮研究の氣運に際하야 (一)朝鮮學은 어떠케 規定할가」(『동아일보』 1934년 9월 11일. 나중
   에 河日植 편, 주36 앞의 책에 수록), 464~467쪽.

46 李成市,「日本研究と朝鮮研究の間」(『歷博』1998년 1월).

47 子安宣邦,「日本ナショナリズムの解讀」(子安宣邦・崔文衡,『歷史の公有體としての東アジア—日露戰爭と日
   韓の歷史認識』, 藤原書店, 2007년), 42쪽.

48 같은 글, 44쪽.

49 白南雲,「『朝鮮社會經濟史』出版に對する所感」(『中央』창간호, 1933년 11월, 나중에 河日植 편, 주36 앞의
   책에 수록), 86쪽.

50 渡部義通 述・히어링그룹,『思想と學問の自傳』(河出書房新社, 1974년), 124, 125, 131쪽.

51 같은 글, 130쪽에는 "문헌 비판의 눈을 뜨게 해준 것이 좀 전에 말한 대로 津田 박사였으므로 그
   연구는 몹시 긴장된 마음가짐으로 정진했다. 맨 처음에는 津田 박사를 어쩌면 좌익사상가로 유물
   사관 등도 어떻든 연구하고 있으면서 그것을 표면으로는 꺼내지 않는 형태로 또 표면에 나타내지
   않는 조건하에 국체와 관련된 역사의 터부에 도전하고 있는 것이 아닌가 하는 생각조차 했을 정
   도였다"라고 되어 있어서 여기서도 백남운의 언사와의 호응 관계가 보인다.

52 白南雲, 주17 앞의 책, 447쪽.

53 白南雲, 주49 앞의 논문, 86쪽.

54 白南雲, 주17 앞의 책, 39~85쪽.

55 郭沫若(藤枝丈夫 옮김),『支那古代社會史論』(內外社, 1931년).

56 山部六郎,「日本氏族制度に關する二、三の論點」(『プロレタリア科學』, 1930년 8월).

57 渡部義通 외, 주50 앞의 책, 134쪽.

58 白南雲, 주17 앞의 책, 9쪽.

59 같은 글, 447쪽.

60 渡部義通 외, 주50 앞의 책, 124쪽.

61 같은 글, 158~173쪽. 또 27년테제 전후의 동향에 대해서는 小森陽一,「[總說]マルクシズムとナシ
   ョナリズム」(『岩波講座 近代日本の文化史』5, 編成されるナショナリズム, 2002년) 참조.

제11장 근대 일본의 아시아 인식

1 1990년대 이후의 일본 역사학에 대해서는 大津透・櫻井英治・藤井讓治・吉田裕・李成市 편,『岩波講座
   日本歷史』22, 歷史學の現在(2016년)를 참조.

2 그 한 부분은 能川元一·早川タダノリ, 『憎惡の廣告』(合同出版, 2015년)에서 볼 수 있다.

3 『津田左右吉全集』26(岩波書店, 1965년).

4 旗田巍, 「「滿鮮史」의 虛像─日本의 東洋史家의 朝鮮觀」(『日本人の朝鮮觀』, 頸草書房, 1969년), 188쪽.

5 家永三郎, 『津田左右吉の思想史的硏究』(岩波書店, 1972년), 208~219쪽. 增淵龍夫, 「歷史意識と國際感覺」(上田正昭 편, 『人と思想─津田左右吉』, 三一書房, 1974년). 增淵龍夫, 『歷史家の同時代史的考察について』(岩波書店, 1983년). 山尾幸久, 「津田史學の批判的繼承ということ」(『人と思想─津田左右吉』, 396쪽)은 "시무적 발언이나 일기에 보이는 중국 멸시는 바로 보기 힘들 정도이다. 조선에 대해서는 중국의 그것보다도 더 심한데, 형편없는 중국문화를 모방한 조선문화는 더욱 형편없으며, 조선인은 강자에 약하고 약자에 강하고 비리 무도하며 악질이고 일본에 병합된 것도 조선인의 심리와 행동 때문이다"라고 지적한다.

6 增淵龍夫, 주5 앞의 논문, 247쪽.

7 小田中直樹, 「東アジアの西洋史學と『グローバル·ヒストリー』」(『思想』1091, 2015년 3월), 2쪽.

8 같은 글.

9 大室幹雄, 『アジアンタム頌─津田左右吉の生と情調』(新曜社, 1983년).

10 增淵龍夫, 주5 앞의 논문, 248쪽. 원문에서는 '對象'이 된 부분을 '對稱'으로 고쳤다.

11 大室幹雄, 주9 앞의 책.

12 「年譜」, 『津田左右吉全集』補卷2(1989년).

13 『津田左右吉全集』27(1965년), 270쪽.

14 增淵龍夫, 주5 앞의 논문, 250쪽.

15 丸山眞男, 「ある日の津田博士と私」(『圖書』1963년 10월).

16 津田左右吉, 『支那思想と日本』(岩波新書, 1938년)의 구판 'まえがき' 텍스트는 『津田左右吉全集』(補卷2, 1989년)을 이용했다. 인용은 393쪽.

17 家永三郎, 주5 앞의 책, 362~365쪽.

18 石母田正, 「歷史觀について」(『社會科敎育體系』3, 三一書房, 1963년. 나중에 『石母田正著作集』15, 岩波書店, 1990년), 307쪽.

19 같은 글, 307~311쪽.

20 津田左右吉, 주16 앞의 책, 395쪽.

21 石母田正, 주18 앞의 논문, 308쪽.

22 津田左右吉, 「まえがき」(『シナ思想と日本』, 岩波新書, 1959년). 텍스트는 『津田左右吉全集』20(1965년), 199쪽.

23 津田左右吉, 주16 앞의 책, 395쪽.

24 같은 글, 397쪽.

25 같은 글, 396~397쪽.

26 같은 글, 397쪽.

27 같은 글, 398쪽.

28 같은 글, 399~400쪽.

29 『津田左右吉全集』21(1965년), 375쪽.

30 津田左右吉, 주16 앞의 책, 400쪽.

31 十重田裕一·尾崎名津子·鹽野加織, 「津田左右吉と岩波茂雄」(국제심포지움 「人文學の再建とテクストの讀み方─津田左右吉をめぐって」, 2017년 1월 14일, 早稻田大學 小野梓記念講堂). 당일 세 사람의 발표는 아래

와 같이 3부로 구성되었다. 十重田裕一,「二つの言論統制と對峙して」. 尾崎名津子,「戰前·戰中期の津田左右吉と岩波茂雄—內務省檢閱と津田事件」. 鹽野加織,「占領期の津田左右吉—岩波新書『支那思想と日本』の檢閱資料から」. 이 장에 관련된 인용은 당일 鹽野 씨의 파워포인트 자료에 의거한다.

32 津田左右吉,「まえがき」(『シナ思想と日本』, 岩波新書, 1947년), i 쪽.

33 같은 글, v 쪽.

34 같은 글, v ~ vi쪽.

35 上田正昭 편, 주5 앞의 책, 205쪽.

36 家永三郎, 주5 앞의 책, 172~177쪽.

37 『津田左右吉全集』27(1965년), 442쪽.

38 같은 글, 444~445쪽.

39 津田左右吉,「シナの史というもの」(『歷史學研究』122, 1946년 6월. 『津田左右吉全集』20), 414쪽.

40 津田左右吉,「日信」(『津田左右吉全集』27), 311~312쪽.

41 つだそうきち,「再び歷史教育について」(『中央公論』68-6, 1953년 6월. 『津田左右吉全集』20), 464쪽.

42 石母田正, 주18 앞의 논문, 310쪽.

43 磯前順一,「津田左右吉の國民史構想—多民族帝國における單一民族國家論の役割」(『アリーナ』(中部大學)19호, 2016년).

44 酒井直樹는 국민이 성립하기 위해서는 개인이 국민이라는 전체에 대해 자기 확정하는 공상적인 통로를 만들지 않으면 안 되며 친족이나 지연의 차원과는 다른, 種的으로 단숨에 전체로의 결합을 위한 회로를 획득할 필요를 논하고, 소설, 미술사, 박물관, 국가, 국민교육 등의 감성=미학적 잡다한 제도가 없으면 개인을 국민으로 개조할 수 없다고 지적한다(酒井直樹, 『希望と憲法—日本國憲法の發話主體と應答』, 以文社, 2008년, 107쪽). 이러한 국민 형성에 대한 津田左右吉의 분투를 大室幹雄(주9 앞의 책)는 남김없이 전한다.

45 酒井直樹, 주44 앞의 책, 146쪽.

46 임지현(小山哲 옮김),「國民史の布石としての世界史—日本と朝鮮における「愛國的世界史」と, その結果として生じるヨーロッパ中心主義について」(『思想』109, 2015년 3월), 16쪽.

47 松本三之介, 『近代日本の中國認識—德川期儒學から東亞協同體論まで』(以文社, 2011년), 226쪽.

48 酒井直樹,「パックス·アメリカーナの終焉とひきこもりの國民主義—西川長夫の〈新〉植民地主義論をめぐって」(『思想』1095, 2015년 7월), 25쪽.

제12장 동아시아세계론과 일본사

1   李成市, 『東アジア文化圈の形成』(山川出版社, 2000년). 李成市,「일본 역사학계의 동아시아세계론에 대한 재검토」(『역사학보』216, 2012년 12월). 西嶋定生의 동아시아세계론의 주요한 논문에 대해서는 李成市 편·西嶋定生, 『古代東アジア世界と日本』(岩波現代文庫, 2000년) 참조.

2   西嶋定生의 동아시아세계론이나 그 전제가 되었던 上原專祿의 세계사 구상이 현재에 이르기까지 일본 세계사 교과서의 기본적인 틀을 이루고 있는 점에 관해서는 羽田正, 『新しい世界史へ—地球市民のための構想』(岩波新書, 2011년)이 상세한 분석을 했다.

3   Thomas S. Kuhn(中山茂 옮김), 『科學革命の構造』(みすず書房, 1971년).

4   西嶋定生,「東アジア世界と日本史」(『歷史公論』창간호~2권 11호, 1975년 12월~1976년 11월. 西嶋定生,

『古代東アジア世界と日本』, 주1 앞의 책), 117쪽.

5 西嶋定生, 주4 앞의 논문, 118~119쪽.

6 西嶋定生, 「序說─東アジア世界の形成」(『岩波講座 世界歷史』4, 岩波書店, 1970년). 西嶋定生, 『古代東ア
   ジア世界と日本』, 주1 앞의 책), 4쪽.

7 같은 글, 7~8쪽.

8 같은 글, 22쪽.

9 같은 글, 121쪽.

10 山內晉次, 「日本古代史研究からみた東アジア世界論─西嶋定生氏の東アジア世界論を中心に」(『新しい
   歷史學のために』230·231합병호, 1998년 7월, 13쪽). 山內는 '공간적인 문제'라고 규정한 것은 아니지만
   또 하나의 의문인 '시대적인 문제'에 대해서 지역을 문제로 삼기 때문에 굳이 '공간적인 문제'라
   는 용어를 사용했다.

11 西嶋定生, 주6 앞의 논문, 4~5쪽.

12 山內晉次, 주10 앞의 논문, 13쪽.

13 같은 글, 14쪽.

14 山內晉次, 「東アジア史再考」(『歷史評論』733, 2011년 5월), 41쪽.

15 같은 글, 54쪽.

16 이러한 비판이 동아시아세계론의 오해에 기인한 점에 관해서는 이 장 268~269쪽 참조.

17 村井章介, 「〈地域〉と國家の視點」(『新しい歷史學のために』230·231합병호, 1998년 7월), 8쪽.

18 같은 글, 10쪽. 또 山內晉次는 '연계'라는 시점에서 더 넓은 '동부 유라시아'라는 시야를 적극적으
   로 제창했다. 야마우치에 따르면, 동부 유라시아란 동아시아(韓日中)+동북아시아+북아시아+중앙
   아시아+동남아시아의 범위에 해당한다고 한다. 새삼 板垣雄三의 'n地域論'(歷史學研究別冊特集, 『歷
   史における民族と民主主義』, 靑木書店, 1973년)을 인용할 것까지도 없이 역사에서 지역을 설정할 때에
   지역은 가변적이며 여러 지역 레벨에 대해 치환이 가능할 것이다. 그러나 정말로 어떤 'n지역'을
   설정하는지가 동아시아세계론의 입장에서 역사적으로 문제가 되는 것은 아닐까? 뒤에 상술하는
   바와 같이 니시지마는 '동아시아 세계'의 문화권을 역사적으로 묻는 의의를 명확히 했는데, 그러
   한 지역 설정에 대한 문제의식을 이해하지 않고 '경직된 틀' 등 정서적인 비판을 반복하고, 어느
   한정된 시대의 사람이나 물건의 '연계'에서 한없이 지역을 확대함으로써 역사로부터 어떤 해답을
   얻을 수 있을까? '연계'의 사실들은 역사상 무한하게 있겠지만, 그것들을 어떻게 해서 세계사로서
   구축하는 것이 가능한지 의문으로 삼지 않을 수 없다.

19 檀上寬, 「明淸時代の天朝體制と華夷秩序」(『明代海禁=朝貢システムと華夷秩序』, 京都大學學術出版會, 2013년),
   426쪽. 이와 관련하여 檀上는 다음과 같이 지적했다. '西嶋 씨는 互市라는 용어를 직접 사용하지
   는 않았지만, 송원 시대 동아시아의 경제적 교역권 형성에 중국과 주변 여러 나라와의 활발한 교
   역(互市)이 영향을 미친 점을 논증하고 국제관계 방면에서의 호시의 중요성에 주의를 환기시켰
   다.' 여기서 말하는 '互市'와 여러 지역의 관계에 대해서는 이 장 277쪽을 참조. 덧붙여 말하면, 西
   嶋는 고대의 '동아시아 세계'가 당의 멸망을 계기로 붕괴하고, 이를 대신하여 새롭게 경제적 교역
   권으로서의 동아시아가 형성되었다고 보고, 이러한 10세기 이후에 전개되는 새로운 '동아시아 세
   계'의 귀결로서 명 왕조를 '동아시아 세계'의 재편자로 자리매김했다. 山內가 '동아시아 세계'가
   정치에서 경제로 10세기 이후에 변모한 점에 대하여 '이 시기 각지의 왕권과 대외 교역의 밀접한
   관계에 주목하는 것이 아니라, 이 지역에서 활발하게 전개된 대외 교역을 단순한 사무역으로 파
   악하고 그 교역을 질서화하는 기구 등도 존재하지 않았다는 이해에 기초하여 묘사한 동아시아 세

계상은 당시 그 세계의 실태를 정확하게 파악하지 않았다'라고 비판하고, 이 시대의 정치성을 분명히 밝힌 점은 壇上가 互市의 禮制的인 일면을 밝힌 점과 아울러 경시할 수 없다. 山內晉次, 「東アジア·東南アジア海域における海商と國家」(『奈良平安期の日本とアジア』, 吉川弘文館, 2003년).

20 西嶋定生, 주6 앞의 논문, 5쪽.

21 西嶋定生, 「6~8世紀の東アジア」(『岩波講座日本歷史』2, 岩波書店, 1962년. 西嶋定生, 주1 앞의 책).

22 山內晉次, 주10 앞의 논문, 13쪽.

23 堀敏一, 「近代以前の東アジア世界」(『歷史學硏究』281, 1963년 10월. 『律令制と東アジア世界』, 汲古書院, 1994년).

24 藤野月子, 『王昭君から文成公主へ―中國古代の國際結婚』(九州大學出版會, 2012년).

25 壇上寬, 주19 앞의 논문, 425쪽.

26 같은 글, 422쪽.

27 같은 글, 420쪽.

28 같은 글, 422쪽.

29 같은 글, 423~424쪽.

30 壇上寬, 「明代朝貢體制下の冊封の意味―日本國王源道義と琉球國中山王察度の場合」(주19 앞의 책), 278쪽.

31 壇上寬, 「明朝の對外政策と東アジアの國際秩序」. 壇上寬, 「明代中華帝國論」. 壇上寬, 「明淸時代の天朝體制と華夷秩序」모두 주19 앞의 책.

32 岩井茂樹가 주장한 '互市體制'의 설에 대해서는 壇上寬, 주19 앞의 책을 참조.

33 당송 시대의 互市는 천조의 德化에 대한 蕃商의 慕化라는 도식으로 해석되며, 여기에는 국교 면에서의 조공 제도와 유사한 구도가 인정되며 천조체제의 예치, 덕치에 바탕을 둔 천자와 번상과의 개별적, 인격적인 관계로서 자리매김했다. 壇上寬, 주19 앞의 책, 431~445쪽 참조.

34 광개토왕비문에 기록된 조공에 관해서는 武田幸男, 『朝貢·關係の基本性格』(『高句麗史と東アジア』, 岩波書店, 1989년)을 참조.

35 李成市, 「6~8世紀の東アジアと東アジア世界論」(『岩波講座日本歷史』2, 岩波書店, 2014년), 232~234쪽.

36 李成市, 「韓國出土木簡と東アジア世界論」(角谷常子 편, 『東アジア木簡學のために』, 汲古書院, 2014년).

37 李成市, 「古代東アジア世界論再考」(『歷史評論』697, 2008년 5월), 46~49쪽.

38 西嶋定生, 주4 앞의 논문, 147쪽.

39 같은 글.

40 李成市, 주36 앞의 논문.

41 李成市, 주1 앞의 책.

42 李成市, 주36 앞의 논문, 142쪽.

43 吉田一彦, 「古代國家論の展望―律令國家論批判」(『歷史評論』693, 2008년), 38쪽.

44 西嶋定生, 주4 앞의 논문, 148쪽.

45 같은 글, 219~220쪽.

46 같은 글, 228쪽.

47 桃木至朗, 「『中國化』と『脫中國化』」(大峯顯 외 편, 『地域のロゴス』, 世界思想社, 1993년).

48 夫馬進, 「1609년, 日本の琉球倂合以降における中國·朝鮮の對琉球外交―東アジア四國における冊封, 通信そして杜絶」(『朝鮮史硏究會論文集』46, 2008년 10월), 22쪽. 또 夫馬進, 「北學派を中心とした朝鮮知識人による琉球の國際的地位認識」(『歷史學硏究』907, 2013년 7월)은 "중국 일국만의 이념이라면 몰라

도 동아시아의 국제 구조를 설명하는 개념으로서 이를 무슨 체제라고 불러야 할지 나는 잘 모르겠다. (중략) 나는 이 무슨무슨 체제라는 말 대신 일단 당시의 국제 구조를 모자이크 구조로서 이해한다"(12쪽)라고 서술했다.

49 夫馬進, 주48 앞의 논문, 1쪽.

50 같은 글, 12쪽.

51 夫馬는 "일본이라는 중국과 국교를 맺지 않은 나라의 존재를 포함한 국제질서를 새롭게 발상할 수 없었기 때문에 그들(조선왕조 지식인)은 모두 조선과 琉球의 사이에 왜 국교가 없었는지 해석할 수 없었다"라고 지적하지만(夫馬進, 주48 앞의 논문, 12쪽) 정반대의 해석이 가능하다.

52 山內晉次, 주10 앞의 논문, 15쪽.

53 이러한 현상이 동아시아 세계의 여러 나라(일본·조선·베트남)에 공통으로 보이는 사실에 대해서는 三谷博·李成市·桃木至朗, 「「周邊國」の世界像—日本·朝鮮·ベトナム」(『「世界史」の世界史(ミネルヴァ世界史叢書)』叢論, ミネルヴァ書房, 2016년)를 참조.

54 근세 琉球의 국제적인 위치와 국내 정치체제(왕명 내리는 방법, 왕명의 결정 과정, 琉球島를 비롯한 지방이나 원거리 섬의 지배)의 방식에 대해서는 豊見山和行, 「近世琉球の政治構造について—言上寫·僉議·規模帳等を中心に」(西村昌也·篠原啓方·岡本弘道 편, 『周緣と中心の槪念で讀み解く東アジアの「越·韓·琉」—歷史學·考古學研究からの視座』, 關西大學文化交涉學教育研究據點, 2012년)를 참조.

55 西嶋定生, 「世界史像について」(『岩波講座世界歷史』제25권 月報, 岩波書店, 1997년. 西嶋定生, 주1 앞의 책).

56 西嶋定生, 「八年間のゼミナール」(『圖書』1960년 10월).

57 上原專祿, 『民族の歷史的自覺』(創文社, 1953년). 上原專祿, 『アジア人のこころ』(理論社, 1955년). 上原專祿, 『世界史像の新形成』(創文社, 1955년). 上原專祿, 『世界史における現代のアジア』(未來社, 1956년). 上原專祿 편, 『日本國民の世界史』(岩波書店, 1960년) 등을 참조.

58 上原專祿, 「世界史像の新形成」(『世界史講座』月報1, 東洋經濟新報社, 1954년).

59 上原專祿, 「歷史研究の思想と實踐」(『歷史地理教育』102, 1964년 11월).

60 西嶋定生는 자신이 설명한 '동아시아세계론'과 上原專祿의 世界史像의 사상과의 관련에 대해서는 에세이 형식으로 「世界史像について」(주55 앞의 논문)에서 말했을 뿐 그 이외에는 전혀 언급하지 않았다.

61 西嶋定生, 주4 앞의 논문, 240~241쪽.

62 같은 글, 241쪽.

63 같은 글, 242쪽.

64 같은 글, 243쪽.

65 村井章介, 주17 앞의 논문, 1쪽.

66 李成市, 「近代國家の形成と『日本史』に關する覺え書き」(『現代思想』24-9, 1996년 8월).

67 歷史學研究會는 1991년, 1992년에 연속해서 대회 주제로 '國民國家を越えて'를 내걸고 개최했다. 일국사 극복을 정면에 내세워 국민국가론의 선구가 된 西川長夫, 『國境の越え方』(筑摩書房)는 1992년 간행이다.

68 동아시아 지역의 질서 구조의 변화에 대해서는 村田雄二郎, 「東アジアはどこにあるか?—冊封=朝貢體制論再考」(『アジア研究』5, 2010년 3월)를 참조했다. 또한 村田 씨께는 이 장과 관련하여 귀중한 교시를 받았다.

69 西嶋는 이 장에서 인용한 바와 같이 '동아시아 세계'의 소멸 과정을 언급했지만, 그 후의 세계사에 흡수된 동아시아의 '현재'를 구체적으로는 전혀 논하지 않았다. 한편, 上原는 동아시아의 현재

를 논하면서도 '동아시아 세계'를 파괴한 후의 일본을 중심으로 한 지역 질서에 대해서는 논하지 않았다. 다만 上原에게는 「世界史的考察の新課題」(『統制經濟』4-3, 1942년 3월)라는 논고가 남아 있어, 세계사학의 일반적 방법과 인류 발전의 世界史像을 확립하고 여기에 '대동아전쟁'의 자리매김을 통해 세계사적 의의의 파악을 시도하려 했다. 전시 체제에서 이루어진 '세계사적 고찰'을 구체적으로 발전시킨 논고는 태평양전쟁 패전 후에도 없지만, 태평양전쟁 패전 후의 世界史像의 구상에 이 논고가 학문적 계기가 되었다고 추측될 뿐으로 양자 간에 어떠한 관련이 있는지는 신중한 검토를 요하는 문제이다.

70 中野聰, 『東アジア』とアメリカ—廣域概念をめぐる鬪爭」(『歷史學硏究』907, 2013년 7월), 21쪽.

71 같은 글, 23쪽.

72 같은 글, 23쪽.

73 加藤典洋, 『戰後入門』(筑摩書房, 2015년), 507쪽.

74 中野聰, 주70 앞의 논문, 23~24쪽.

75 陳光興, 「アジアにおける獨立の問題」(『現代思想』33-6, 2005년 6월), 89쪽.

76 같은 글, 89쪽.

제13장 '동아시아'라는 역사관

1 西嶋定生, 「燒酎の空瓶」(『石母田正著作集』6, 月報7, 岩波書店, 1989년), 1~3쪽.

2 동아시아세계론에 대해서는 李成市, 「東アジア世界論と日本史」(『岩波講座日本歷史』22, 2016년. 이 책 제12장)를 참조.

3 小峯和明 편, 『日本文學史』(吉川弘文館, 2014년), 16쪽.

4 染谷智幸, ハルオ·シラネ, 小峯和明, 「トランス·アジアの文學」(『文學』2014년 5·6월호), 173쪽.

5 西嶋定生, 「中國古代社會の構造的特質に關する問題點」(鈴木俊·西嶋定生 편, 『中國史の時代區分』, 東京大學出版會, 1957년).

6 李成市 편, 西嶋定生, 『古代東アジア世界と日本』(岩波現代文庫, 2000년).

7 앞의 책, 170쪽.

8 앞의 책.

9 앞의 책, 171쪽.

10 大津透, 「古代日本律令制の特質」(『思想』1067, 2013년 3월).

11 李成市, 「東アジアの木簡文化」(木簡學會 편, 『木簡から古代がみえる』, 岩波新書, 2010년). 李成市, 「日韓古代木簡から東アジア史に吹く 風」(『史學雜誌』124-7, 2015년 7월).

12 大隅淸陽, 「大寶律令の歷史的位相」(大津透 편, 『日唐律令比較硏究の新段階』, 山川出版社, 2008년). 大隅淸陽, 「これからの律令制硏究—その課題と展望」(『九州史學』154, 2010년 1월). 鐘江宏之, 「「日本の七世紀史」再考—遣隋使から大寶律令まで」(『學習院史學』49, 2011년 3월).

13 鐘江宏之, 주12 앞의 논문. 市大樹, 『飛鳥の木簡—古代史の新たな解明』(中公新書, 2012년).

14 吉田孝, 『律令國家と古代の社會』(岩波書店, 1983년). 吉田一彦, 「古代國家論の展望—律令國家論批判」(『歷史評論』693, 2008년 1월).

15 大隅淸陽, 『律令官制と禮秩序の硏究』(吉川弘文館, 2011년). 大津透, 『律令制とはなにか』(山川出版社, 2013년).

16 大津透, 『日本古代史を學ぶ』(岩波書店, 2009년), 228쪽.

17 같은 글.

18 地內宏, 「高麗の學藝」(『滿鮮史硏究 近世編』, 中央公論美術出版, 1972년).

19 藤田亮策, 「李子淵と其の家系」(『朝鮮學論考』, 藤田先生記念事業會, 1963년).

20 浜田耕策, 「新羅の文人官僚崔致遠の'生'と'思想'」(浜田耕策 편, 『古代東アジアの知識人 崔致遠の人と作品』, 九州大學出版會, 2013년), 17쪽.

21 周藤吉之, 『高麗朝官僚制の硏究―宋制との關連において』(法政大學出版局, 1980년).

22 武田幸男, 「高麗時代の鄕職」(『東洋學報』47, 1965년 4월). 덧붙여서 말하면, 몽골에 제압된 13세기 이후에는 고려 독자의 향직적 세계는 사라져갔다.

23 金東旭, 『朝鮮文學史』(日本放送出版協會, 1974년).

24 鈴木靖民는 최치원이 쓴 비문 첫머리에 입당승의 출신이나 경력을 '唐新羅國' 등과 같이 게재한 데 대해 신라가 당의 책봉 아래에서 문화적으로도 당에서 배운 신라 문화의 진전이 있었던 한편 "비에서 보이는 '君子之鄕', '槿華鄕', '仁城'과 같은 표현은 신라를 찬미하여 꾸미고 자국의 아이덴티티를 강하게 주장한다. 여기에 사대주의와 민족의식의 교착, 병존을 엿볼 수 있다. 이는 아마도 중화화와 연동할 것이다"라는 시사점이 많은 지적을 했다. 「東部ユラシア世界と東アジア世界―日本古代と世界構造」(『文學·語學』214, 全國大學國語國文學會 편, 2015년 12월) 참조.

25 小峯和明, 「東アジアの漢字文化圈と日本の文學史」, 주3 앞의 책.

26 瀨間正之, 『記紀の表記と文字表現』(おうふう, 2015년).

27 馬場基, 「木簡の作法と100年の理由」(『日韓文化財論集』Ⅱ, 奈良文化財硏究所學報87, 2011년).

28 한문을 훈독하기 위해 한자 오른쪽 아래에 다는 가나.―옮긴이.

29 한자 옆에 읽는 법을 가나로 붙이는 것.―옮긴이.

30 한문을 훈독하기 위해 한자 네 귀퉁이에 점이나 선으로 읽는 법을 표시한 부호.―옮긴이.

31 小林芳規, 『角筆文獻硏究導論』上·下(汲古書院, 2004년).

32 李成市, 「文字文化交流の担い手」(國立歷史民俗博物館 편, 『國際企劃展示 文字がつなぐ―古代の日本列島と朝鮮半島』, 國立歷史民俗博物館振興會, 2014년).

33 小峯和明·增尾伸一郎 편역, 『新羅殊異傳』(平凡社, 2011년).

34 濱政博司, 「「遊仙窟」と「崔致遠」」(『水門―言葉と歷史』21, 勉誠出版, 2009년).